제2판

지적재산권법 개론

홍봉규

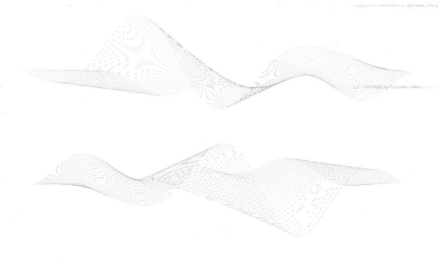

박영사

제2판 머리말

이 책이 출간된 지 3년 되었다. 그동안 지적(식)재산분야도 외면할 수 없는, 필연적으로 외면해서도 아니 될 4차 산업혁명시대를 맞게 됨에 따라 국가기관들은 변화에 발맞춘 혁신과 역점정책을 추진하는 등의 자구책을 강화하고 있다. 예컨대 특허청은 4차 산업혁명 관련기술, 디자인에 대해서는 우선심사를 하고 이에 따라 인공지능(AI), 사물인터넷(IoT), 3차원 프린팅, 자율주행차, 빅데이터, 클라우드컴퓨팅, 지능형로봇 등 7개 기술분야에 스마트시티, 가상증강현실, 차세대통신, 신재생에너지, 헬스케어, 드론(무인기), 지능형반도체, 혁신신약, 첨단소재 등의 9개 기술분야를 추가하여 16개 기술분야를 우선심사대상으로 확대하였다. 우수한 대리인에게 인센티브부여, 출원인에게도 선행기술조사 결과제공, 지식재산 외환거래 조사, 분석자료의 관계부처 제공, 핵심특허확보를 위한 출원수수료의 감면확대, 당사자의 신청에 의해 심판원장이 국선대리인을 선임하도록 규정신설(특허법, 실용신안법, 상표법, 디자인보호법)을 통한 심판의 공정성, 신속성, 정확성 확보 등이다. 뿐만 아니라 심판사건의 합리적 해결을 위해 심판장이 당사자의 동의를 받아 해당 사건을 산업재산권 분쟁조정위원회에 회부, 민사소송법 제146조의 적시제출주의(새로운 주장·증거의 제출시기를 심판장이 지정하고 뒤늦게 제출한 증거 등은 각하할 수 있음)를 특허법에서도 개정을 통해 도입할 수 있도록 법률개정안 발의 중(특허법, 실용신안법, 상표법, 디자인보호법)이며, 타인의 특허권, 영업비밀을 고의로 침해하면 손해액의 최대 3배까지 배상하는 징벌적 손해배상제도가 시행 및 적용(개정법률이 시행된 이후 최초로 위반한 행위부터)된다. 눈에 띄는 또 다른 개정은 상표법(2016년 9월 1일) 전부개정이다. 과도한 가지조항의 삭제, 상표제도의 악용을 방지하기 위해 사용주의가 보완되었고, 상표의 정의와 모방상표출원에 관한 규정의 정비 등 합리적인 상표제도를 구축하였다.

i

따라서 이번 제2판은 이러한 변화된 내용을 반영하고 보완하였다.

특히 지적(식)재산권법은 타법보다 잦은 개정을 하게 되는데 이것은 해당 분야의 시장경쟁이 날로 치열해지고 혁신적 변화를 수용하며 대비하기 위해서는 필연적으로 신속한 관련법의 개정이 뒤따라야 하고, 책도 이에 맞추어 내용을 보완해야만 한다.

이 책은 각 법 부문별로 변경된 내용을 담아 지적재산을 공부하는 학생들에게 강의교과서로서의 역할을 다하도록 하였다. 다만 아쉬운 점은 개론서로서 내용을 충분히 담지 못하였다는 아쉬움이 남는다.

끝으로 이 책의 출간을 허락해 주신 박영사의 안종만 회장을 비롯하여 한두희 대리, 정연환 대리 및 관여자 여러분에게 깊은 감사드린다.

2019년 8월

홍 봉 규 씀

머 리 말

오래전부터 국내에서 일상적 용어로 지적재산권이라는 말을 공공연히 사용하여 왔습니다. 특히 특허, 실용신안, 상표, 디자인, 저작 등의 용어는 법규적이면서도 한편으로는 일반인의 도덕적·윤리적 정립이 되지 않은 상태로 사용되어 왔던 것 또한 사실입니다. 근래에는 산업분야의 획기적 변화에 따라 많은 사람들 사이에 지적재산권에 관한 관심도가 한층 높아지고 인식 또한 정립되어 가고 있다고 판단됩니다. 우리의 일상생활 속에서 발명의 편리함과 그 기여도, 도덕적·윤리적 혹은 죄의식 없이 사용되고 있는 모방상표, 디자인 베끼기, 창작물의 불법복제 등은 우리 모두 지켜야 할 약속을 스스로 어기고 있었던 것입니다.

국내의 대학은 지적재산권분야의 중요성을 인식하고 이를 교육의 현장영역으로 끌어 들여 후학을 가르치기 시작한지는 그리 오래 되지는 않았습니다. 1995년에 4년제 종합대학 중 최초로 경기대학교의 산업재산권학과가 신설된 이후, 국내의 몇몇 대학은 특수대학원 석사과정으로, 또는 전문대학에서의 학과신설, 뿐만 아니라 특허청의 지식재산의 저변확대 정책지원을 받은 대학의 교양과목 및 전공과정을 도입하기 시작한 이래, 지금은 많은 대학에서 관련교육과정을 도입·운영 중에 있습니다. 이러한 교육지원의 환경이 지속적으로 유지되고, 대학에서의 지적재산분야의 학문적 체계정립 및 전문인력의 배출은 향후 우리나라 산업계의 발전에 크게 이바지할 것이라고 확신합니다.

이 책의 출간 동기는 두 가지입니다. 하나는 대학에서 법학을 가르치는 동안 저자의 뇌리를 떠나지 않았던 독일 어느 국법학자의 말인, "학문이론적 입장은 현실에 대한 참가와 실천적 활동을 통하여 완성될 수 있으며, 그러한 의미에서 현실적 관점을 상실한 법학은 단순한 규범논리 내지 법 없는 법학으로 전락한다"는 명언을 가슴깊이 새기며 이를 실천에 옮기기 위함입니다. 또 다른 하나는 본 저서집필 중 학교보직으로 잠시 중단했던 출간을 마무리하여 전공 및 비전공 학생, 그 밖의 비전문가, 기술만을 전공한 대다수의 지적재산권 실무자와 전공지식을 함께 공유하기 위함입니다.

우선 이 책은 지적재산권법에 관한 개설서입니다. 그러므로 이 분야의 입문서에 초점을 맞추다보니 부득이 전문적인 내용을 포함할 수는 없었고 아울러 분량도 대폭 슬림화함으로써 기존의 개설서와 차별화하되, 학생과 독자들이 이해하기 쉽도록 일반적인 서술체계를 취하였습니다. 뿐만 아니라 일반인들이 막연하게 느껴졌던 지적재산분야에 대한 개괄적 설명과 함께 실체법적 측면에 초점을 맞추었으며 관련사건에 대한 판결을 참고하도록 수록함으로써 사법부의 태도를 알 수 있도록 하였습니다.

첨언하여, 본 책의 출간과 관련하여 저자의 우려하는 점은 최근 저작물과 관련한 표절문제가 사회적으로 불거지고 있는 바, 저자가 기존의 문헌을 인용하면서 혹시 실수로 문헌표기를 놓친 경우가 있지 않을까하는 점입니다. 아무튼 표절문제가 발생하지 않도록 만전을 기하였으나 간혹 실수가 있었다면 양해하여 주길 바랍니다.

끝으로 이 책이 나오기까지 바쁘신 중에도 불구하고 크게 도움을 주신 몇 분의 교수님과 지인을 소개하면, 우선 변변치 못한 이 가장을 뒷바라지해 준 아내에게 고마운 마음을 전합니다. 그리고 제가 대학강단에 첫발을 디딜 수 있도록 이끌어 주시고, 제반 소송절차에 관하여 조언을 해주신 경기대학교 법학과 명예교수이신 장태환 교수님, 귀중한 자료제공을 해주신 한국산업재산권법학회 회장을 역임하신 로얄특허의 이수웅 대표변리사님, 집필방향에 아낌없는 도움을 주신 오원선 교수님, 윤여강 교수님, 김규남 교수님 등 제위께 감사를 올리며, 출판업계의 어려움에도 불구하고 기꺼이 출판을 허락해 주신 박영사의 안종만 대표님 및 편집을 맡아 수고해주신 한두희님, 기획과 마케팅을 담당하신 강상희 차장님과 표지디자이너 조아라님에게 깊은 감사를 드립니다.

2016년 7월
광교산 자락 연구실에서 저자 씀

차 례

제3장 | 디자인보호법 · 123

제4장 | 상표법 · 167

제5장 | 저작권법 · 209

제6장 | 기타 법 · 285

제7장 | 지적재산권관련 국제조약 · 329

제1 장

지적재산권법 제도 개관

제1장
지적재산권법 제도 개관

제1절 지적재산 일반

근래에 IT분야의 급격한 발전으로 세계는 어느 나라를 막론하고 산업구조가 정보화 방향으로 나아가고 있다. 이는 지금까지의 물질과 자원으로 대표되는 하드 중심에서 점차 지식·정보 및 서비스로 대표되는 소프트의 경제로 변모하고 있음을 말하는 것이다.

이러한 현상 변화는 무형의 지식을 바탕으로 인간의 창의력을 도구로 사용하여 산업의 효용성을 극대화시키는 추세로 나아가게 될 것이다.

우리는 세계사적 흐름을 판단할 때, 흔히 1945년 제2차 세계대전을 전후하여 그 이전 시대를 영토식민지시대, 그 이후의 시대를 시장식민지시대 그리고 우리나라를 포함한 개발도상국의 경제활동이 활발하던 1970년 이후를 지적식민지시대라고 부르기도 한다.[1]

영토식민지시대는 선진제국들이 원료공급지로서의 부동산확보에 열을 올리던 시기를 말한다. 그러나 제2차 세계대전이 끝난 후 민족주의정신에 기초한 많은 신생독립국이 탄생되자 선진제국은 전략을 수정하여 영토식민지에서 시

---

1) 황종환, 돈이 되는 나무, (재)한국지적재산관리재단, 1995, 16면.

장식민지로 전환하기 시작하였다. 즉 양차대전을 통해 침략과 그로인해 많은 사람을 사망케 하는 짓은 하지말자는 자기반성론에 이어서 선진제국은 개발도상국들의 값싼 노동력을 이용하여 상대국에 덤핑수출을 하는 등의 새로운 형태의 식민지를 구축하는 전략을 펴게 된다. 말하자면 영토식민지의 객체는 부동산, 시장식민지의 객체는 동산, 현대의 지적식민지의 객체는 지적재산이라고 할 수 있을 것이다.

이러한 세계의 흐름 속에서 선진제국은 자국의 산업보호를 위하여 부단한 노력을 하고 있는 반면, 우리도 지적재산보호의 당위성과 그 이점에 대한 인식이 절대적으로 필요하다고 생각한다.

제2절 지적재산권의 종류

Ⅰ. 의 의

지적재산권[2](Intellectual Property Right)이란 과학기술 및 문화적 창조활동의 지적인 소산물에 부여된 법적 권리를 말한다. 말하자면 이 개념은 근대산업사회에 들어와서 경제거래의 대상이 되는 생산수단이나 상품 등 유체재산에 대한 절대불가침의 지배권이라는 근대적인 소유권 개념으로부터 확립되었다.

---

2) 이 책에서는 지금까지 일반적으로 사용되었던 용어인 "무체재산권", "지적소유권"을 지적재산권으로 사용한다. 왜냐하면 위의 권리들은 그 속성이 단순한 재산권적 성격뿐만 아니라 인격권적 측면도 내포하고 있고, 일반 민사법상의 채권과 같은 상대적 권리와는 달리 권리자에게 일정한 범위내에서 독점배타적, 절대적 지배권을 부여한다는 점에서 유체물에 대한 "소유권"과 유사한 속성을 가지므로 "재산권"이라고 부르는 것이 옳다. 다만 1990년 2월 특허청은 이들 용어를 "지적재산권", "산업재산권"으로 고쳐 부르기 시작한 이후 두 용어간의 혼란이 극심해서 그동안 정부, 학계, 언론계와 일반국민까지 상당한 혼선을 빚어왔다. 혼선을 통일시키기 위하여 특허청은 1998년 4월부터 지식재산권이라는 용어를 공식으로 사용하고 있으며 나아가 지식재산기본법(2011년 7월 20일 시행)이 제정되었다. 요즈음에는 새로운 문제들로서 바이오 테크놀로지의 보호, 저작권 이외의 방법에 의한 컴퓨터프로그램의 보호, 트레이드 드레스, 프랜차이즈, 진정상품 병행수입, 상품화권, 프라이버시권과 퍼블리시티권, 사이버 스페이스에서의 지적재산권, 전통지식·유전자원·민간전승물과 지적재산권 등의 영역으로 확대되어 가는 추세이다.

이와 동시에 인간정신의 발달에 따라 재산권도 다양화 되어 학문예술에 대한 창작물이나 창조적 발명정신에 기초한 새로운 기술 등에 대한 권리도 하나의 소유물로서 보호되어야 한다는 사회경제적 욕구가 높아지게 되었고, 이에 따라 근대적 의미의 지적재산권이라는 개념이 탄생된 것이다.3) 일반적으로 지적재산권에는 산업재산권(Industrial Property)과 저작권(Copyright) 및 신지적재산권이 포함된다. 전자는 특허권, 실용신안권, 디자인보호권 및 상표권 등 전통적인 권리를 포함하고, 중자는 문학작품, 음악, 미술 등 문화예술분야의 창작과 관련한 권리를 말하며, 후자는 반도체집적회로배치 설계권, 부정경쟁방지와 영업비밀보호, 컴퓨터프로그램보호 등 산업형태가 다양화되고 발전함에 따라 법률로 보호할 필요는 있지만 기존의 전통적인 산업재산권 및 저작권으로는 보호하기 적당하지 않거나 할 수 없는 대상에 대해서 별도의 법률을 제정하여 보호하고 있는 지적재산권을 말한다. 산업재산권은 '산업상의 기여'를 보호의 본질로 하고 있으나, 오늘날의 저작권도 공학설계(engineering drawings)처럼 산업적 성격을 띤 경우가 많아 이러한 특징이 절대적인 것은 아니다.

Ⅱ. 산업재산권

산업재산권이라는 용어가 정착되기 전까지 공업소유권이라는 법령상의 용어가 오랫동안 관용되어 왔다. 이는 영어 industrial property를 번역시 오역한 용어로서, 1980년부터 특허청과 대한변리사회는 이를 폐기하고 대체용어인 산업재산권이라는 용어를 사용하기로 하였고, 법령용어도 산업재산권으로 변경되었다.

산업재산권에는 전통적 권리인 특허권, 실용신안권, 디자인보호권 및 상표권이 포함된다. 이들은 기본적으로 국회가 제정한 법률과 시행령, 기타 국제조약에 의거하여 인정되는 권리들이다. 특허청의 업무에 직접 적용되고 있는 산업재산권 관련 현행 법률과 조약은 다음의 [표 1]과 같다.

---

3) 정동섭·황희철 공저, 국제지적재산권법, 육법사, 1995, p.50에서 재인용.

[표 1] 산업재산권 관련 현행 법률과 조약 [4)]

	대통령령	부령
특허법	-특허법시행령 -특허등록령 -특허권의 수용·실시등에 관한 규정	-특허등록령시행규칙 -특허법시행규칙 -특허료 등의 징수규칙
실용신안법	-실용신안법시행령 -실용신안등록령	-실용신안법시행규칙 -실용신안등록령시행규칙
디자인보호법	-디자인보호법시행령 -디자인등록령	-디자인보호법시행규칙 -디자인등록령시행규칙
상표법	-상표법시행령 -상표등록령	-상표법시행규칙 -상표등록령시행규칙
발명진흥법	-발명진흥법시행령 -공무원직무발명의 처분·관리 및 보상등에 관한 규정	-공무원직무발명의 처분·관리 및 보상 등에 관한 규정시행규칙
부정경쟁방지 및 영업비밀보호에 관한 법률	-부정경쟁방지 및 영업비밀보호에 관한 법률시행령	
반도체집적회로의 배치설계에 관한 법률	-반도체집적회로의 배치설계에 관한 법률시행령	-반도체집적회로의 배치설계에 관한 법률시행규칙
변리사법	-변리사법시행령	-변리사법시행규칙
정부조직법	-특허청과 그 소속기관 직제	-특허청과 그 소속기관 직제 시행규칙
국제조약	-세계 지적재산권 기구(WIPO)설립 협약 -특허협력조약(PCT) -특허절차상 미생물기탁의 국제적 승인에 관한 부다페스트 조약 규칙 -상표법 조약 -상표법 조약 규칙 -무역관련 지적재산권에 관한 협정 -국제특허 분류에 관한 스트라스부르그 협정 -공업소유권의 보호를 위한 파리협약 -특허절차상 미생물기탁의 국제적 승인에 관한 부다페스트 조약 -표장의 국제등록에 관한 마드리드 협정에 대한 의정서 -표장의 등록을 위한 상품 및 서비스의 국제분류에 관한 니스 협정	

---

4) 특허청 홈페이지 www.kipo.go.kr

제3절 지적재산권제도의 연혁

Ⅰ. 서 언

지적재산권법의 정확한 이해를 위해 제도의 탄생과 변형, 발전 등을 간단히 살펴보면 다음과 같다.

Ⅱ. 특허제도의 기원

1. Patent의 어원(語源)

14세기 영국에서 국왕이 특허권을 부여할 때, 특허증서를 다른 사람이 볼 수 있도록 개봉된 상태로 수여된 문서, 즉 Letters Patent라 하였으며 그 후 "Open" 이라는 뜻을 가진 Patent가 특허권이라는 뜻으로 사용하게 되었다.

최초의 특허법(1474년)은 르네상스 이후, 이탈리아 북부 도시국가 베니스에서 모직물공업 발전을 위해 법을 제정하여 제도적으로 발명을 보호하였다고 하며, 천문학자 갈릴레오 갈릴레이의 양수·관개용 장치에 대한 특허(1594년)를 등록받았다고 한다.[5] 그 후 낙후된 공업을 끌어올릴 목적의 명분으로 여왕은 소금, 기름 등 공지된 물품에 까지 특허를 부여하게 되자 국민들의 불만이 폭발하였고, 1601년에 하원에서 언제든지 부당한 특허의 취소나 권리행사에 대한 구제를 재판을 통해 받을 수 있도록 하는 「은혜의 書(Book of Bountry)」로 공포된 후에 1623년에 독점(전매)조례(Statute of Monopolies: 1642~1852)로 입법되었다. 이 독점조례는 선발명주의, 새로운 발명에 대한 특허 이외에는 독점을 금지한다는 내용 및 공익위배대상은 특허를 인정하지 않음을 담고 있어서 이를 바탕으로 산업혁명의 근원이 되는 방적기, 증기기관 등이 탄생하게 되었다.

---

5) 베니스가 이 제도를 채택하게 된 배경은 북부도시를 거점으로 동서무역이 이루어지고 있었고, 상공인이 그들의 기반인 경제력의 확장과 함께 공화정책을 유지하려는 데 있었다. 시기적으로는 르네상스시대이므로 과학기술을 숭상하는 경향이어서 기술자나 발명자를 보호하는 분위기가 있었던 것도 한 원인이기도 하다. 따라서 그 당시에는 실용성에 초점을 맞추어 특허권을 주었던 것으로 생각된다.

따라서 이러한 배경이 오늘날의 근대 특허법의 단초가 된 것으로 높게 평가되고 있다.

2. 우리나라 특허제도의 연혁

우리나라에서 최초로 특허보호제도(산업재산권)가 마련된 것은 1908년 대한제국 특허령(칙령 197호)이다. 일제의 강점이 시작되고 해방이 될 때까지 무려 36년간은 일본의 특허제도가 우리나라의 전 영역을 지배하는 형상이었다. 그후 1946년 미군정법령에 의하여 특허원이 창설되고 특허법이 제정되었는데 당시의 특허법에는 실용신안, 미장까지 포함된 포괄적 의미의 법이었다. 1961년에는 구법령의 정비작업의 일환으로 제정된 상표법(1946. 11. 28. 법률 71호), 특허법(법률 950호), 실용신안법(법률 952호), 의장법(법률 951호)으로 대치되는, 즉 산업재산권 4법으로 분리되었다. 1977년에 특허청이 개청되고, 1979년에 세계지식재산권기구(WIPO) 및 1980년에 파리협약(Paris Convention), 나아가 1984년에 특허협력조약(Patent Cooperation Treaty)에 가입함으로써 명실공히 산업재산권보호에 관한 국제협약의 체약국으로서 역할을 하게 되었다.

Ⅲ. 상표제도의 기원

'상표'(brand)의 어원은 소나 말 등의 목축물에 火印하는 노르웨이의 고어 'brandr'로부터 유래하였다. 중세시대에 길드(Guild)라는 상인단체나 동업조합원이 상품생산활동에 대한 독점과 상품의 질과 양을 통제하는 수단으로 상품에 "生産標"(production mark)를 사용하였으나 이 당시의 '생산표(生産標)'는 소비자에 대해 자신의 상품을 식별하도록 하는 것이 아니어서 오늘날의 상표제도와는 차이가 있었다.

오늘날과 같은 상표제도는 산업혁명 이후 프랑스에서 1857년 6월 23일 상표의 기탁제도를 정한 사용주의 및 무심사주의를 내용으로 하는 '製造標 및 商品標에 관한 法律'이 세계 최초로 제정되었으며, 그 후 영국에서 1862년 商品標法 및 1875년 선사용주의를 중심으로 한 상표등록법(商標登錄法) 등이 제정되면서 상표제도의 기틀을 다지게 되었다.

　　우리나라 상표제도의 출발을 보면, 1908년에 한국 상표령이 공포되고, 정부수립 후 1946년에 특허원의 창립 및 1949년에 상표법이 제정되었다. 1963년에 상표법(법률 1295호)이 제정되었으며 1977년에 특허청이 개청되었고, 세계지식재산권기구(WIPO)의 가입(1979년) 및 2002년에 상표법조약 가입서를 WIPO에 기탁하고 2003년에 MADRID의정서와 가입서를 기탁하게 되었다.

　　2016년 9월에는 상표법을 전부개정하였다. 상표정의(定義)규정의 의미와 표현방식을 간결하게 정비하고, 지리적 표시를 부정한 목적으로 출원하거나 저명한 타인의 상표를 사용하는 경우에는 상표등록을 받을 수 없는 상표여부의 판단시기를 출원시로 하며 상표등록의 취소심판제도의 정비 및 법문장의 한글화와 간결화, 쉬운 용어로 바꾸었다.

Ⅳ. 디자인제도의 기원

　　디자인에 관한 보호제도의 기원은 1711년 10월 25일 프랑스 리용(Lyon)시의 집정관이 견직물업계의 도안을 부정사용하지 못하도록 발한 명령으로 보고 있으나 이 명령의 효력은 리용시에 한정되어 오늘날의 독점권과는 다른 모습이었다. 오늘날과 같이 독점권을 기본으로 하는 디자인보호는 1787년 7월 14일 프랑스 참사원이 내린 명령으로서 이는 창작자에 대해 독점권을 인정하면서 그 보호를 위해서는 원본 또는 견본을 기탁하도록 규정하고 그 효력도 프랑스 전국에 미치는 것이었다.

　　우리나라의 디자인제도의 변천을 살펴보면, 디자인(구 의장)제도는 특허제도와 마찬가지로 일본의 지배하에 놓여져 있었다. 1908년에 한국 의장령을 공포하였고, 1946년에 무체재산권에 관한 사무를 관장하기 위하여 특허원을 창설하고, 미군정법령의 영향을 받게 된 특허법제정(제3장 21조에 '미장특허'라는 디자인규정 제정)을 위한 기초에 착수하였다. 그 후 구법의 여러 가지 법체계상 모순되거나 불합리한 부분을 시정하고 독립된 법으로 새롭게 태어나기 위하여 1961년에 의장법 제정하였다. 1977년에 특허청을 개청하였고, 1979년에 세계

지식재산권기구(WIPO)에 가입하였다.

V. 저작권제도의 연혁

최근 과학기술의 진보가 이루어짐에 따라 저작권과 관련된 사회적 환경은 커다란 변혁기를 거치고 있다. 기존에는 서적이나 작품을 직접 복사하거나 표절하여 저작권 침해가 이루어졌지만, 요즈음은 온라인을 통해 언제 어디서든 원본과 동일한 저작물을 쉽게 획득하고, 나아가 그 범위와 대상도 점차 확대되고 있다.

우리나라에서 저작물에 대한 법적 보호가 시작된 것은 1908년 8월 12일 「한국에서의 발명, 의장, 상표 및 저작권에 관한 미일조약」이다. 이 조약은 일본의 저작권법을 의용한 것으로서 1957년 1월에 저작권법이 공표되기 전까지 시행되었으며, 2년 뒤인 1959년 4월에 개정된 저작권법이 공표·시행된 것은 그 출발부터 불요불급의 탄생이었는지도 모른다. 그 후 몇 차례의 개정이 있었지만 여타의 법률보다 시대에 맞지 않는, 즉 입법부나 행정부의 무관심을 증명하는 현상이 있었던 것은 사실이다. 그만큼 우리나라는 문화현상의 질서규범이 낙후된 방임주의가 계속되었다고 할 수 있다. 특히 저작권에 관한 국제적인 보호와 규제를 완전히 외면하여 외국으로부터 빈축과 압력을 받아 왔었고, 이를 타계하기 위하여 1987년 세계저작권조약(UCC) 및 레코드의 불법복제를 방지하기 위한 음반조약에 가입하였으며, 이어서 WTO/TRIPs협정이 타결됨에 따라 1994년과 1995년에 이를 수용한 개정 및 WIPO저작권조약과 실연음반조약(WPPT), 1996년 8월 베른조약에도 가입함으로써 세계적 추세인 상호주의를 기본적으로 표방하고 있다.

VI. 우리나라의 지적재산권 보호제도

지적재산권은 몇 개의 권리와 그 보호의 대상을 포함하고 있다. 특허권의 보호대상은 발명, 실용신안권의 보호대상은 고안, 디자인권의 보호대상은 디자인, 상표권의 보호대상은 상표, 저작권의 보호대상은 저작물(인간의 사상 또는 감정을 표현한 창작물)이다. 이에 관한 목적, 대상, 요건 등에 대한 현행 법률은 아래의 [표 2]와 같다.

[표 2] 지적재산권 관련법상의 주요내용

	특허법·실용신안법	디자인보호법	상표법	부정경쟁방지 및 영업비밀보호법	저작권법
목적	발명·실용적 고안의 보호를 통한 기술진보와 국가 산업발전에 기여	디자인 창작의 보호를 통한 디자인 창작 장려와 국가 산업 발전에 기여	상표보호를 통한 상표 사용자의 업무상 신용유지를 도모하여 산업발전에 이바지하고 수요자 이익보호	타인의 상표와 상호의 부정경쟁행위 및 영업비밀의 침해행위 방지를 통한 건전한 거래 질서유지	저작권 및 저작인접권의 보호 및 저작물의 공정이용을 통한 문화 및 관련 산업의 향상 발전에 기여
대상	자연법칙을 이용한 기술적 사상의 창작(발명, 실용신안)	시각을 통하여 미감을 일으키는 물품의 형상, 모양, 색채 또는 이들의 결합	상품의 생산, 제조, 가공, 증명, 판매업자가 자기의 업무에 관련된 상품을 타인의 상품과 식별되도록 하기 위하여 사용하는 표장	1) 국내에서 널리 인식된 상표, 상호, 기타 상품 및 영업상 표지 일체 2) 영업비밀	인간의 사상 또는 감정을 표현한 창작물(인접권, 출판권, 컴퓨터프로그램, 데이터베이스 포함)
요건	산업상 이용가능성, 신규성, 진보성	공업상 이용가능성, 신규성, 창작 비용이성	식별력	주지성	창작성
권리내용	독점실시(생산, 사용, 판매, 수입, 전시 등의 행위)	독점 실시(생산, 사용, 판매, 수입, 전시 등의 행위)	독점적 사용	부정경쟁행위의 금지청구	재산권으로 복제, 공연 등을 할 수 있는 배타적 권리
보호기간	특허: 등록일로부터/출원일로부터 20년 되는 날까지. 의약특허: 5년연장. 실용신안: 등록일로부터/출원일로부터 10년 되는 날까지	등록출원일 후 20년	등록일로부터 10년, 계속 사용하려는 자는 10년간씩 계속 갱신 가능	없음	저작자 생존 중과 사후 70년(인접권은 실연, 방송고정시부터 50년, 영상저작물 및 프로그램은 공표한 때부터 50년)

권리발생	등록	등록	등록	주지성 획득시	창작
권리침해에 대한 보호	금지청구, 손해배상, 부당이득반환청구, 형사처벌(친고죄)	금지청구, 손해배상, 부당이득반환청구, 형사처벌(친고죄)	등록금지청구, 손해배상, 부당이득반환청구, 형사처벌(비친고죄)	등록금지청구, 손해배상, 부당이득반환청구, 형사처벌(비친고죄)	금지청구, 손해배상, 부당이득반환청구, 형사처벌(친고죄, 다만 영리·상습시 비친고죄)

제 2 장

특허법 · 실용신안법

제 2 장
특허법 · 실용신안법

제1절 특허법 일반

Ⅰ. 서 언

특허제도는 발명자가 새로 개발한 유용한 발명을 속히 공개시켜 국가의 산업발전에 기여하는 방법을 체계화한 제도이다. 발명이 방임된 시대에 있어서 발명자는 산업에 이용할 수 있는 발명을 공개하지 않고 이를 비밀리에 보존하고 자력으로 발명의 보호에 힘써 왔다. 그러나 이것은 국가 전체적으로 볼 때 현저한 손실을 가져왔고 심지어 사장되는 경우마저 허다하였다. 그래서 특허법은 발명을 창작한 자에게 일정한 기간 동안 독점적인 권리를 부여하는 대신 이를 공개하여 일반 공중이 이를 이용할 수 있게 함으로써 산업발전에 기여하게 한 것이다.

Ⅱ. 특허제도의 목적과 보호대상인 발명

1. 제도의 목적과 규정

특허제도는 현행 헌법 제22조 제2항의 「저작자·발명가·과학기술자와 예술가의 권리는 법률로써 보호한다.」는 규정을 근거로 하여 그 하위규범인 특허

법 제1조에서 '발명을 보호·장려하고 그 이용을 도모함으로써 기술의 발전을
촉진하여 산업발전에 이바지함을 목적으로 한다'라고 규정하고 있다. 특허제도
는 기술적 창작물인 발명을 대상으로 하여 발명을 한 자에게는 국가에서 특허
권이라는 독점권을 일정기간 동안 부여하여 기술의 발전을 도모하고 국가의
산업발전에 이바지함을 그 목적으로 한다. 즉 기술 ➡ 공개 ➡ 공개기술 활용
➡ 산업발전이라는 형식의 의미를 말한다.

발명은 본래 자연 속에 내재하는 물건을 찾아내는 그 자체를 의미하는 발
견과는 상이한 것으로써 인간의 두뇌로 자연법칙을 이용한 기술적 창작을 의미
한다. 이러한 창작을 한 자를 국가에서 보호하지 아니하고 방치한다면 그것은
개인의 창작의욕을 상실할 뿐만 아니라 국가의 산업발전을 저해하는 요인이 되
므로 국가는 특허법을 제정하여 발명가에게 일정한 기간 동안 독점배타적으로
권리를 행사할 수 있게 함으로써 국가의 산업발전에 기여하게 한 것이다.

2. 발명기법

(1) 발명이란?

발명이라 함은 인간의 창작적 노력에 의하여 자연력을 이용함으로써 인간
에게 유용성을 가지는 새로운 물건 또는 방법을 재현성 있게 제공하는 것이라
고 말한다. 따라서 발명의 성립에 필요한 요소를 다음과 같이 도식화하면 다음
과 같다.

자연력 이용(자연법칙 이용) + 인간의 창작적 노력(창작성) → 유용성을 가
지는 새로운 물건 또는 방법을 재현성 있게 제공하는 것이다. 따라서 발명은
구체적 수단을 사용하여 구체적인 유용성(목적)을 만드는 기술적 사상이다. 이
를 바탕으로 발명기법과 성공한 발명사례를 살펴보자.

(2) 발명기법과 사례

발명은 매우 어려운, 탁월한 능력을 가진 자만이 할 수 있는 것으로 알고
있다. 그러나 다음의 기법과 사례에서 볼 수 있듯이 발명은 결코 어려운 것이
아니므로 관심만 있으면 누구든지 발명가가 될 수 있다.

1) 더해(+) 보자

산수의 기본 셈은 '더하기(+)'이듯 발명에서도 가장 기본적인 것이 '더하기(+)발명'이다. 글자 그대로 더하기만 하면 되기 때문이다. 즉 '물건＋물건'과 '방법＋방법'이 전부이다. 그것도 새로운 물건과 방법이 아닌 이미 있는 물건과 방법을 서로 더하면 되는 아주 간단한 방법이다. 예컨대 우리가 흔히 사용하는 '지우개달린 연필'은 미국의 무명화가에 의해 만들어졌고, 여러 기능을 더한 '다기능 휴대폰', 복합적인 물건인 '냉장고', '보온밥솥', '시계겸용 라디오', '담배', '원피스 드레스', 'TV' 등 수많은 물건을 우리 주변에서 찾아볼 수 있다.

2) 빼(−) 보자

세상에는 빼는 것만으로도 충분히 발명이 될 수 있다. 그래서 발명은 재미 있는 것이다. 뺀다는 것은 대부분 부피를 줄이면서 강도와 기능을 높게 하려는 것으로 보면 된다. 예컨대 머리빗 손 자루에 구멍을 내서 재료를 10%나 절감한다거나, 4칸 회전문을 3칸으로 줄여 제작비를 적게 들게 한다거나 설탕을 뺀 무가당 과일 주스, 튜브 없는 타이어와 연통 없는 난로 등 우리 주변을 둘러보면 아직도 빼기 발명의 대상이 많이 있다.

3) 아이디어를 빌려보자

발명왕 에디슨은 "타인이 많이 사용한 신기하고 흥미 있는 아이디어를 끊임없이 찾는 습관을 기르는 것이 곧 발명의 시작이다."라고 말한 것처럼 인간은 시행착오를 줄이고 나름대로의 아이디어를 찾는 노력을 한다. 더 나아가 남의 아이디어를 빌리려는 본능도 가지고 있는 것 같다. 발명의 세계에서는 남의 아이디어를 빌리는 것이 많은 이익을 주는 경우를 주변을 통해 많이 볼 수 있다.

그런데 아이디어의 모방은 가장 신속하고 노력 없이 목적을 달성할 수 있는 장점은 있으나, 도가 지나치면 그것은 단순한 모방이지 발명은 아니다. 우리의 제도는 아이디어를 빌려서 새로운 발명을 하도록 장려하고 있는데, 실용신안제도가 바로 그것이다. 즉 단순히 남의 아이디어를 빌리는 것에 그쳐서는 아니 되며 그 아이디어에서 힌트를 얻어 응용하여 좀 더 새롭고 편리하게 발명을 해야 하는 것이다. 이 때문에 특허를 대발명이라고 하고, 실용신안을 소발명이라고 부르기도 한다.

4) 크게 하고, 작게 해보자

확대하면? 무엇인가 부가하면? 시간과 횟수를 늘리면? 겹치게 하면? 다른 가치를 부여하면? … 등은 모두 크게 하는 개념이다. 예컨대 내시경, 두루말이식 TV화면, 반도체, 주부가 사용하는 절약형 세제효과, 드라이버 끝에 부착되어 어두운 곳에서도 정확히 나사를 조이고 뺄 수 있는 드라이버 라이트, 핸드폰과 연동된 스마트 스템프, 조리시간을 단축시킨 인스턴트식품, 접는 우산 등은 흔히 우리 주변에서 볼 수 있는 발명의 결과물들이다.

5) 모양을 바꿔보자

기존의 모양을 다른 모양으로 바꿈으로써 아름다운 모양이 되면 충분히 발명이 될 수 있는 것이다. '보기 좋은 떡이 먹기도 좋다'라는 속담을 보더라도 그 속에 담겨 있는 의미는 아름다움이다. 매장에 진열되어 있는 각종 독특하고 멋있는 상품은 나름대로 디자인이 뛰어나다. 오늘날 판매되고 있는 상품은 대체로 기능은 동일하지만 차별화된 디자인이 아니면 소비자로부터 선택받지 못하게 된다. 모양을 바꿈으로써 성공을 거둔 상품을 보자. 한트의 옷핀, 파커의 만년필, 루드의 코카콜라병 모양, 그 밖의 각종 문구류, 타이어의 트레이드부분, 패션가방, 다양한 가구제품, 나아가 옷감의 무늬 등 현대사회가 요구하는 새롭고 다양한 모양의 추구가 계속되는 대상물품의 증가는 계속될 것이다.

6) 용도를 바꿔보자

모든 물건은 나름대로의 용도가 있고 사람들은 대체로 그 용도로만 사용을 한다. 정해진 용도 외에 다른 용도로 바꿔서 성공한 발명은 수없이 많다. 미국의 플림톤의 스케이트에 바퀴를 부착한 롤러스케이트, 스트라우스의 청바지, 전등의 파장을 바꾼 GE의 살균램프 등이 있다.

7) 재료를 바꿔보자

단지 재료만을 바꿨어도 발명이 될 수 있다. 예컨대 배드민턴공의 깃털을 플라스틱 깃털로 바꾼 경우, 물에 약한 종이를 컵으로 만든 휴그무어의 종이컵, 규조토를 이용하여 액체화약을 고체화약으로 만든 노벨, 에드윈 랜드의 폴

라로이드 카메라, 나무젓가락, 플라스틱그릇 등이다. 그러나 무조건 재료를 바꾼다고 발명이 되는 것은 아니다. 재료를 바꿈으로써 더욱 편리하고 유용해서 소비자의 사랑은 받을 수 있는 것이어야 성공한 발명이라 할 수 있다.

8) 반대로 해보자

발명의 역발상, 즉 모양, 크기, 방향, 수, 성질 등을 반대로 생각해 보자. 양말에서 비롯된 벙어리장갑, 장갑에서 비롯된 발가락양말, 시계의 숫자배열을 반대로 한 시계, 원목의 뒤틀림을 해결한 도네트의 베니어합판, 강철의 탄력성을 반대로 이용한 스프링 침대, 거꾸로 세우는 화장품 그리고 볼펜의 스프링, 위에서 비추는 전등불빛을 거꾸로 아래에서 비추도록 한 영사기와 현미경 등이 대표적인 발명품이다.

9) 폐품을 이용해보자

폐품을 이용한 발명의 기법처럼 쉬운 기법도 드물 것이다. 폐품은 어떤 형태와 기능이든 그 형태와 기능을 유지하고 있어서 창작이 아닌 개선만으로도 목적(발명)을 달성할 수 있다. 여기서 중요한 사실은 폐품은 그대로 사용하면 중고품이고, 개선하면 발명품이라는 사실이다. 폐품의 성질 또는 기능을 파악하여 더할 것과 뺄 것은 없는가? 모양과 용도는 각각 바꿀 필요는 없는가? 용도를 바꿔 볼 필요는 없는가? 좀 더 크게 하거나 작게 해 볼 필요성은 없는가? 등등 가능한 다양하게 생각해 볼 수 있다. 폐품을 이용하여 성공을 거둔 발명품으로는, 석탄폐기물인 타르(Tar)에서 아닐린(Aniline)을 채취하거나, 폐타이어를 가루로 만들어 보도블록용으로 이용한 경우, 질긴 천막 천을 청바지로 만든 경우 등이다.

10) 불가능한 발명은 피하자

발명의 세계에는 불가능이 존재한다. 말하자면 허황된 발명 또는 쇳덩이로 금덩이를 만들겠다는 연금술 계통, 불노장생약의 발명 등과 같은 발명은 현실적으로 불가능한 것들이다. 이를 일컬어 '발명의 3대 불가능 분야'라고 부르고 있다. 그러므로 가장 현명한 방법은 불가능한 발명은 애당초 피해야 한다. 이에 집착하여 도전한 발명가는 모두 패가망신하였음을 명심해야 한다. 따라서 발명은 새롭고 진보하며 산업적 생산이 가능하고 생산된 물건은 반드시 실용적이어야 한다. 너무 간단하고 쉽기 때문에 그것도 발명이냐고 하겠지만, 최첨단 기술분야의 발명만이 훌륭한 발명이라고는 할 수 없다. 아주 사소한 아이디어일지라도 훌륭한 발명이 될 수 있는 것이다.

11) 정리

새로운 아이디어는 누구나 할 수 있는 것으로 인식하고 있음에 반해 발명은 소수의 천재들만이 할 수 있는 것으로 생각하는 경향이 있다. 이는 저명한 발명가를 연상하기 때문인 것으로 생각이 든다. 그러나 발명가는 위대한 발명가만 있는 것이 아니다. 남과 다른 또는 특별한 생각과 간단한 아이디어가 있으면 발명을 할 수 있는 것이다. 따라서 우리 주변에 있는 모든 사물에 대한 관심과 개선의 의지만 있으면 누구나 발명가가 될 수 있다. 그리고 훌륭한 발명품이 보호되기 위해 특허법이 뒷받침되어야 한다.

3. 발명의 종류(특수한 형태의 발명 포함)

발명은 대체로 두 가지로 구분해 볼 수 있다. 하나는 특허법상의 발명이요, 다른 하나는 학술상/실무상 발명이다. 전자에는 물건발명과 방법발명이 해당하고, 후자에는 기본발명과 개량발명, 독립발명과 종속발명, 결합발명(조합발명과 주합발명), 선택발명, 단독발명과 공동발명, 대발명과 소발명, 용도발명, 전자상거래 관련 발명, 미생물발명, 식물발명, 동물발명 등이 속한다. 본 책에서는 위의 발명 중 몇 가지의 발명만 설명한다.

(1) 물건발명과 방법발명

물건발명이라 함은 기술적 사상의 창작이 물건 또는 물질 자체에 구체화된 발명을 말한다. 이에는 기계, 장치 등과 같이 물품으로 되어 있는 발명과 화학물질, 조성물, 음식물과 같이 물품이 아닌 발명도 포함된다.

방법발명이라 함은 일정한 목적을 향한 관련성 있는 복수의 행위 또는 현상이 시계열적으로 구체화된 발명, 즉 발명의 실체가 방법적으로 요소에 있는 발명으로 물건을 생산하는 방법과 그 밖에 측정방법, 제어방법, 이용방법, 통신

방법 등과 같은 방법발명을 말한다.

발명을 보호하는 방법으로서 특허법 제94조는 일정한 기간 동안 독점배타적인 권리를 부여하고 있다. 독점배타적인 권리의 유형은 특허권자는 물건에 있어서는 업으로서 물건의 생산·사용·양도·대여 또는 수입하거나 양도 또는 대여의 청약(양도 또는 대여를 위한 전시를 포함)할 권리를 독점하고, 방법의 발명인 경우에는 그 방법을 사용하는 행위에 대한 권리를 독점할 수 있다. 여기서의 물건의 발명이란 기계, 장치, 화학물질, 미생물, 식품, 유전자, 동식물 등과 같은 유체물의 발명을 말한다. 방법의 발명이란 자동차엔진의 연비향상방법, 영상신호의 전송방법, 불안정적인 화학물질의 저장방법, 화학물질을 이용한 살충방법 등에 관한 발명을 말한다.

발명을 보호하는 수단으로서 발명자에게 각종의 혜택을 주고 있는데, 예컨대 지방세법과 소득세법에 의한 세금의 감면조치[1]를 받을 수 있고, 기업체마다 영전의 기회부여, 상장 및 부상수여, 보상금지급 등의 방법이 있다. 이 밖에도 발명자를 보호하는 법률로는 특허법, 실용신안법, 발명진흥법, 공무원의 직무발명보상규정 등이 있다.

(2) 동물발명

동물을 대상으로 한 발명의 인정여부 및 특허권의 부여여부에 관하여 국가마다 입장이 다르다. 다만 이에 대한 추이변화는 대체로 인정하는 듯하다. 그 이유는 유전공학의 발전으로 인하여 그동안 해독하지 못했던 유전자 DNA서열, 아미노산서열 등의 문제가 해결되었기 때문이다. 아직까지도 부정적인 생각을 하고 있는 근거로는, 유전조작에 의해 기형동물을 만들어내는 것은 윤리·도덕상 허용할 수 없고, 안정성의 문제, 인간의 사유화 또는 독점화의 우려 등 공서양속에 반하는 발명이 될 수 있다. 그러나 동물의 사육방법에 관한 발명 또는 양식방법에 관한 발명은 방법발명의 한 양태로 보아 특허를 받는 것은 가능하다고 생각한다. 일반적인 특허요건의 기준에 대입시켜 볼 때, 산업성요

---

1) 직무발명보상제도에 따라 기업이 발명자에게 지급하는 보상금에 대한 세제혜택이다. 즉 발명보상금을 전액 비과세처리해 개인소득세를 감면해 준다. 물론 발명보상금을 지급한 법인도 전액 경비처리함으로써 법인세를 절감할 수 있다.

건은 동물의 유용성을, 진보성요건은 공지동물의 형질비교를 통해 특성의 특이성 및 이용효과의 현저성이 있는 경우이면 된다.

특허청 심사기준에 의하면 특허가 불가능한 경우로는, 단순한 유전체 염기서열(DNA연기서열정보자체는 특허보호대상이 아니며, 특정기능이 규명된 유전자는 인정), 생태계 및 환경파괴동물, 인간에게 해를 끼치거나 혐오감을 주는 동물, 인간의 신체복제, 동물에게 심한 학대를 주는 결과를 초래할 수 있는 동물은 제외한다. 반면 특허가 가능한 경우로는 산업상 유용성이 밝혀진 유전자와 단백질(유전자 DNA서열, 아미노산서열), 단세포생명체(바이러스, 박테리아), 유전자조작동물 등이다.

(3) 식물발명

식량자원개발을 위해 유전공학적 방법의 식물신품종 개발은 식량확보 정책면에서 대단히 중요한 것이다. 특허제도를 실시하는 대부분의 국가는 오랫동안 식물에 대한 특허성을 부인하는 입장을 취하였다. 그 이유는, 식물은 자연의 창조물이고, 심사의 장기화 등의 이유 때문이다. 그럼에도 불구하고 미국의 식물재배업자들의 강력한 보호주장으로 특정 식물신품종개발에 대하여 특허성을 인정하는 입법을 하였다.

미국의 영향을 받은 우리나라는 1946년에 이를 수용하여 종전의 구 특허법 제31조에서는 "무성적으로 반복생식할 수 있는 변종식물을 발명한 자는 그 발명에 대하여 특허를 받을 수 있다"고 규정하였다. 그 후 오랫동안 식물신품종에 대한 발명을 실시하였고 더욱이 유전공학의 발전에 힘입어 특허권 보호대상의 범위를 확대함으로써 유성번식 식물도 포함하는, 즉 2006년 개정 특허법에서는 제31조를 삭제하여 유·무성번식식물 여부에 관계없이 모든 신규식물에까지 그 보호범위가 확대되었다.

식물발명의 일반적 특허요건 중 산업상 이용가능성은 균질성, 영속성, 안정성의 보장을, 신규성은 형태학적으로 크기, 형(形), 색깔, 냄새를, 생리학적으로는 내병성(耐病性), 내한성(耐寒性), 내풍우성(耐風雨性), 성장의 신속성, 수확량의 증대 등이 명료하게 구별되어야 한다. 그 밖에 진보성으로는 이미 알려져 있는, 이미 사용되고 있는 발명, 출원 전에 간행물의 기재된 발명으로부터 쉽게 생각할 수 없는 비자명성이 있으면 된다.

식물발명의 특유의 특허요건은 유·무성적으로 반복생식할 수 있는 변종식물이어야 한다. 여기서의 반복생식이라 함은 반복가능성을 말한다.

☞ 참고: 특허법원 2002. 10. 10. 선고 2001허4722 판결(확정)

> 특허법 제31조[2]가 규정하는 변종식물의 발명도 반복재현성을 가져야만 발명이 완성된 것이고 그러기 위하여는 첫째 단계로 출원발명의 특징을 가진 돌연변이가 일어난 변종식물을 얻을 수 있어야 하고, 그 다음 단계로서 그 변종을 자손대까지 수립 및 전달하는 과정에 모두 반복재현성이 요구되므로, 먼저 첫째 단계로 당업자가 육종소재(교배친으로 선택된 변종식물)를 사용하여 교배하는 교배친들의 개체수, 교배과정, 교배에 의하여 얻어진 자손의 개체수, 반복된 세대수, 재배조건, 변이개체를 선발하는 기준과 둘째 단계로 육종과정(무성생식)을 반복하면 동일한 변종식물을 재현시킬 수 있는 방법이 제시되어야 한다. 장미의 변종식물인 출원발명은 반복재현성이 없으므로 출원 당시에 완성된 발명이 아니어서 특허법 제29조 제1항 본문의 규정에 위배될 뿐 아니라, 그 명세서는 당업자가 용이하게 실시할 수 있도록 기재되어 있지 아니하여 특허법 제42조 제3항에 위배되므로 특허받을 수 없다.

(4) 물질발명

물질발명은 본래 화학방법에 의해 제조되는 물질에 관한 발명을 말한다. 이 물질발명특허는 기술집약적이고 고부가가치산업인 의약, 농약 등의 정밀화학분야와 화학공업이 고도로 발달한 나라에서 많이 발생한다. 최근에는 화학물질특허제도뿐만 아니라 의약품, 음식물을 포함하는 넓은 의미로 사용되고 있다. 물질발명은 그동안 영역을 매우 좁게 보호해 왔다. 그 이유는 의약품과 음식물은 국민생활과 직결되므로 특허에 의한 독점은 부적절하고, 우수한 화학기술력을 가진 기업이 그렇지 못한 후진공업국가를 잠식하게 되는 우려가 있을

---

2) 구 특허법 제31조를 말함.

수 있다. 따라서 기술선진국과 그렇지 못한 나라 사이에 물질특허를 둘러싼 논쟁이 특허제도의 국제화에 있어서 최대 쟁점으로 부각되어 왔던 사안이다.

우리나라는 초기(1946년 특허법)에는 의약 이외의 물질특허제도를 인정하였으나 제도의 실시여건이 미치지 못하여 1961년에 폐지하였다. 1980년대 접어들면서 신흥공업국으로 주목을 받자 여러 통상상대국의 강력한 요청으로 1987년 특허법개정을 통해 수용하였다. 물질발명은 대체로 4가지로 구분된다.

물질발명은 화학물질특허와 화학물질 제조방법에 관한 특허로 대별할 수 있다. 화학물질특허는 원료물질에 화학변화를 수반하는 처리수단을 이용하여 얻어지는 물질을 말한다. 일반적으로 물질은 순수한 물과 같이 동일 종류의 분자만으로 구성되어 기계적 조작이나 상태변화에 의하여 2종류 이상의 물질로 분리될 수 없는 순수물(원소, 고분자화합물 등)과 서로 다른 두 종류 이상의 물질로 분리될 수 있는 혼합물(조성물)로 구분할 수 있는데, 순수물은 특허법상 화학물질에 포함되고, 혼합물은 화학물질이 아닌 것으로 취급되어 왔다. 화학물질제조방법에 관한 특허는 방법발명의 한 형태로서 물질을 생산하는 제조방법을 발명의 대상으로 하는 것이다. 방법발명은 물질발명 이후의 후속적으로 경제적이고 능률적인 방법으로 이루어지는 예가 많다. 앞서 설명한 바와 같이 방법발명은 어떤 결과를 얻기 위해 특정의 물질을 처리하는 방식으로서 그 특정물질로 다른 상태나 다른 물질을 변형시키거나 변환시키는 일련의 행위를 말한다. 즉 어떤 결과물이 아니라 그 결과를 달성하기 위한 공정이나 수단을 말한다. 대체로 물질특허발명은 화학방법에 의해 제조될 수 있는 물질발명, 의약발명, 음식물·기호물발명, 원자핵변환방법에 의해 제조될 수 있는 물질발명 등으로 구분한다.

(5) 직무발명[3]

산업이 기업화되기 이전의 발명은 주로 개인에 의해 이루어졌다. 그러나 산업이 기업화되면서 많은 종업원을 두게 되었고, 발명은 이들 종업원에 의하여 이루어지는 형태로 바뀌는 듯하다. 기업은 자본과 경영구조를 바탕으로 운

---

3) 제2장 제13절에서 좀 더 자세하게 설명한다.

영 · 성장해 가고 있지만 이를 실제로 경영하는 것은 그 조직구성원인 종업원이 며 그들의 두뇌활동에 기대할 수밖에 없다. 따라서 기업은 새로운 시장확보를 위한 신제품개발, 원가절감, 업무능률의 향상, 국제경쟁력의 강화 등을 위해 종 업원에게 연구할 수 있는 분위기를 조성해 주고 그들의 연구결과를 기업활동 에 활용할 수 있도록 여러 가지 방향으로 노력하게 된다. 이러한 상황 속에서 종업원의 발명은 기업 발전에 직접 기여하는 가장 중요한 요소라 할 것이므로 이를 위하여 기업은 모든 종업원에게 발명을 유도하고 있고 나아가 막대한 자 본과 설비를 투입하여 연구소를 설립하고 연구원에게 기술개발에만 전념하도 록 함으로써 조직적으로 발명을 이끌어내고 있다. 이러한 경우 발명의 성과를 누구에게 귀속시킬 것인가 하는 점이 문제로 대두하게 된다.

사용자의 입장에서 보면, 발명은 연구할 수 있는 자본과 설비제공의 결과 의 산물이며, 종업원에게는 근무에 따른 보수도 지급하므로 당연히 사용자에게 귀속되어야 한다고 주장할 것이다.

종업원의 입장에서 보면, 발명은 자본과 설비를 투입하고 보수를 지급받았 다고 하더라도 발명은 누구나 할 수 있는 것이 아니라 자기의 창의적인 노력없 이는 불가능하므로 마땅히 종업원에게 귀속되어야 한다고 주장한다. 여기서 양 자 중 일방에게만 발명을 귀속케 한다면 발명의욕이 저하되어 기술발전은 기 대하기 어렵게 된다. 나아가 이 문제는 단순히 양자의 문제에 그치는 것이 아 니라 국가의 산업정책과도 밀접한 관계가 있는 극히 중요한 문제이므로 사용 자와 종업원의 이익조정을 규율할 필요성이 생기게 된 것이다.

이러한 의미에서 현행 발명진흥법 제2조 제2호에 의하면 '직무발명이라 함 은 종업원, 법인의 임원 또는 공무원(이하 "종업원 등"이라 한다)이 그 직무에 관 하여 발명한 것이 성질상 사용자 · 법인 또는 국가나 지방자치단체(이하 "사용자 등"이라 한다)의 업무범위에 속하고 그 발명을 하게 된 행위가 종업원등의 현재 또는 과거의 직무에 속하는 발명을 말한다.'고 규정하고 있다.

직무발명이 성립하기 위한 요건으로는 발명이 사용자의 업무범위에 속할 것, 종업원 등(종업원, 법인의 임원 또는 공무원) 등이 그 직무에 관하여 한 발명 일 것, 발명을 하게 된 행위가 종원업 등의 현재 또는 과거의 직무에 속해야 한다.

이러한 요건을 충족하면, 사용자는 무상의 통상실시권과 권리승계예약을, 종업원은 정당한 보상을 받을 권리를 가지게 된다. 뿐만 아니라 양자는 의무를 지게 되는 바, 사용자는 승계 여부 통지의무를, 종업원 등은 직무발명 완성사실 통지의무 및 비밀유지의무가 발생한다.

(6) 비즈니스모델(BM) 발명 및 전자상거래 관련 발명

정보통신기술과 인터넷을 통한 전자상거래분야가 급속히 발전하면서 이와 관련된 발명이 국민의 생활 전반에 미치고 있다. 또한 지식재산권 분야에 있어서도 인터넷을 이용한 기술의 개발과 변화를 가져오고 있다. 1998년 미연방항소법원(CAPC)이 State Street 사건에서 인터넷상에서의 영업방식을 수행하는 컴퓨터시스템도 특허대상이 된다고 판시한 이후, 국내외적으로 Business Method (또는 Business Model)[4]에 관한 특허성 논쟁이 전개되었다.

BM발명은 그 정의를 내리기 매우 어렵다. 왜냐하면 그동안 확립된 개념정의도 없었고, 연구자마다 각양각색으로 정의를 내림으로써 혼란만 가중되었던 것도 사실이다. 영업방법(Business Method)의 개념에 관하여 한국 특허청은, 영업방법(BM) 특허란 영업발명 등 사업 아이디어를 컴퓨터, 인터넷 등의 정보통신기술을 이용하여 구현한 새로운 비즈니스 시스템을 말한다. 따라서 컴퓨터 및 네트워크 등의 통신기술과 사업 아이디어가 결합된 영업방법 발명에 대하여 특허심사를 거쳐 등록되면 영업발명(BM) 특허가 된다.

BM발명에 있어서 논란의 핵심사항인 컴퓨터프로그램의 적격성여부가 특허법의 일반적 성립요건에 합치하는가이다. 학계에서는 이에 관하여 부정설과

---

4) 이 용어는 다양하게 사용되고 있다. 미국은 주로 Business Method, 우리나라 특허청은 영업발명이라고 사용하고 있다. Business Model, Business Method, 영업방법은 명칭은 다르지만 동일한 의미로 사용되고 있다고 보여 진다. 그러나 이 명칭들은 엄격히 다르다. BM발명은 Business Model과 Business Method 모두를 포함하지만, Business Method는 비즈니스 방법에 관한 것으로 물건에 관한 발명이 배제될 수도 있으므로 영업방법 뿐만 아니라 영업에 관한 장치, 물건 등을 모두 포섭할 수 있는 Business Model이 더 적합하다고 생각한다. 같은 생각, 이두형, "비지니스 모델(Business Model)의 발명으로서의 성립성," 특허소송연구 제2집, 특허법원(2001), 382면, 각주1).

긍정설의 대립이 있는 바, 특허청은 절충의 입장을 취하고 있다. 예컨대 박보장기를 푸는 프로그램이라면 이는 장기의 룰에 기초한 것이므로 자연법칙의 이용이라고 할 수 없으나, 압연기의 특성과 피압연재료의 성질에 착안해서 그들을 이용하여 소정의 형상으로 압연하도록 압연기를 수치 제어하는 컴퓨터프로그램이라면 방법의 기초로 되어 있는 인과관계 중에는 자연법칙에 기한 것도 있다면 이것은 자연법칙을 이용한 것이라고 할 수 있다.[5]

현재까지도 특허청은 자연법칙 이외의 법칙(자연법칙, 수학공식), 인위적인 약속(게임의 규칙 등), 또는 인간의 정신활동(영업계획 등)을 이용하고 있는 경우에는 발명에 해당하지 않는다는 것이 특허청의 일관된 입장이다.

(7) 용도발명

용도발명이라 함은 널리 알려져 있는 기존물질에 존재하는 내재적인 특성에 대하여 발명적 가치를 한정하여 특허권을 인정하는 것을 말한다. 실무상 어떤 발명이 용도에 발견적인 요소가 있다하더라도 발명적 요소로 보고 이를 인정하여 주는 것이다. 종전까지는 용도발명에 대하여는 특허로써 보호될 수 없다는 것이 지배적이었다. 그 이유는 용도발명은 발견이지 발명은 아니므로 발명성립의 고전적 개념에 충실하고자 한 것이다. 그러나 1986. 12. 31 특허법 개정을 통해 특허를 받을 수 있도록 하였다. 개정취지는 개량된 제조방법에 대한 개발 및 현대에 와서 막대한 자금과 노력 그리고 시간을 요하는 신물질발명보다는 이미 알려져 있는 화학물질에 대한 새로운 용도에 중점을 두게 됨에 따라 새로운 용도에 관한 결과가 속출하게 되고 산업상 이용가치가 높으므로 보호의 필요성을 인정하게 된 것이다.

용도발명의 대상이 되는 물(物)은 그 대상의 제한여부에 관한 학설대립은 있지만 물(物)의 발명 내지 특허가 성립하지 않는 경우에만 성립하는 것이고, 이렇게 해야만 용도의 발견에 본질이 있는 발명이라고 할 수 있다. 따라서 일반적으로 신규하고 특허성이 있는 물(物)을 제외하는 것은 당연하지만, 기존물(既存物; 공지물＝신규성이 없는 물(物))에 한정할 필요는 없고 특허될 수 있는 물

---

5) 이두형, 위의 책, 393면.

(物)이면 충분하다.6)

(8) 미생물발명

미생물이란 육안의 가시한계를 넘어선 0.1mm 이하의 크기인 미세한 생물체로서 곰팡이, 효모, 세균, 바이러스, 원생생물, 단세포조류, 동·식물의 분화되지 않은 세포 및 조직배양물 등을 말하며, 미생물발명이라 함은 이들 미생물 자체 발명 및 미생물을 이용한 발명을 말한다.

종전에 미생물발명제도를 실시하던 국가들의 불인정 이유는, 물질발명이나 의약발명처럼 불특허대상 때문이 아니라 발명이 완성되지 않았다는 점과 미생물을 포함한 생명체는 발명이 아니라는 점이다. 즉 생명체는 자연 또는 신의 창조물이지 인간의 창조물이 아니라는 점이다. 말하자면 생명체는 신의 창작을 단순히 인간이 발견한 것에 불과한 것이다. 또한 생명체는 그 개체마다 달라 기후나 토양 등 자연조건에 따라 동일 종의 생물도 각각 다르게 성장되므로 반복 가능성이 없어 발명의 완성이 확인되지 않기 때문이다. 그러나 미생물발명의 법적 인정 여부의 문제도 유전공학기술의 발전으로 그동안 걸림돌이었던 DNA가 밝혀지고 유전공학의 발달결과 생명체의 창조가 가능해짐에 따라 인정하게 되었다. 미생물발명은 살아있는 생명체를 대상으로 하므로 일반적인 발명에 비하여 특이한 점이 있다.

명세서 기재만으로는 발명이 완성되었다고 볼 수 없는 경우가 있으므로 명세서제출 전에 미생물자체의 존재를 입증하여야 한다. 뿐만 아니라 특허청장이 정하는 기탁기관(한국생명공학연구원 미생물자원센터, 한국미생물보존센터, 한국세포주연구재단, 국립농업과학원 또는 WIPO가 승인한 국제기탁기관)에 기탁하여야 한다. 기탁된 미생물의 시험 또는 연구실시를 하는 자는 그 미생물시료를 분양받을 수 있으나 타인에게 이용하게 하여서는 아니 된다.

미생물발명의 특허요건으로는 발명의 성립성, 산업상 이용가능성, 신규성, 진보성을 갖추어야 한다. 다만 다음의 경우는 완성된 발명으로 보지 않는다. 자연계의 미생물을 단순히 발견한 경우, 명세서상 균학적 성질의 설명이 충분

---

6) 성기문, 용도발명에 관한 소고, 특허소송연구 제2집, 특허법원(2001), 355면.

치 못한 경우, 미생물이용 결과, 신규물질에 관한 불충분한 자료기재인 경우 등이다. 뿐만 아니라 미생물자체 발명, 이를테면 공지의 균주와 특정발명의 균주가 동일 균학적 성질인 경우, 공지의 종과 특정발명의 종이 동일 균학적인 경우, 공지의 균주와 그 종에 속하는 특정발명의 종의 경우, 다만 특정발명의 균주가 공지의 종에 비하여 현저한 효과를 갖는 경우는 신규성이 인정된다. 그러나 다음과 같은 미생물발명의 경우는 특허를 받을 수 없다. 생태계를 파괴하거나 환경오염의 초래, 인간에게 해를 끼칠 우려가 있는 경우 등 공서양속을 문란하게 하거나 공중의 위생을 해할 염려가 있는 경우 등이다.

(9) 선택발명

선택발명이라 함은 선행발명에 구성요건이 상위개념으로 기재되어 있는 상태에서 위 상위개념에 포함되는 하위개념을 구성요건의 전부 또는 일부로 하는 발명을 말한다. 대체로 화학발명에서 다루는 발명으로 기초발명의 활용과 개선을 촉진하여 산업의 발달과 공익의 증진을 도모할 목적으로 선행발명이 특별히 인식하지 못한 우수한 효과를 가진 하위개념 발명에 한하여 예외적으로 특허를 부여하는 것이다.[7]

(10) 수치한정발명과 파라미터발명

수치한정발명이라 함은 발명의 구성요건 중 온도, 배합비율 등과 같은 것에 대한 수치를 특정하거나 수치범위를 수량적으로 표현한 발명을 말한다. 수치한정발명은 그 대상에 따라 ㉠온도, 압력, 조성, 형상, 치수 등 어떤 기술적 대상을 수치적으로 특정하는 것에 관용적으로 사용되는 변수를 하나 이상 독립적으로 규정하는 구성을 포함하는 발명 ㉡출원인이 자기의 발명을 표현하기 위하여 창출한 기술적 변수(파라미터)를 규정하는 구성을 포함하는 발명 ㉢필요하다면 식을 사용하여 복수의 변수를 상관적으로 규정하는 구성을 포함한 발명으로 구분된다. 일반적으로 ㉠을 협의의 수치한정발명이라 하고, ㉡과 ㉢을 파라미터발명이라고 부른다. 말하자면 파라미터발명이란 수치한정발명 중에는 발명자가 새롭게 창출한 특수한 파라미터 등을 이용하여 그 파라미터의 수치

---

7) 조영선, 특허법, 박영사(2013), 204면에서 인용.

30 지적재산권법 개론

범위를 한정한 발명을 말한다. 결국 광의의 수치한정발명은 협의의 수치한정발명과 파라미터발명을 포함한 발명을 말한다.[8]

(11) 컴퓨터 관련 발명

컴퓨터 관련 발명이란 컴퓨터프로그램 관련 발명, 이와 관련된 영업방법 발명, 방대한 양의 데이터를 처리하는 기술과 데이터베이스, 인터넷보안기술, 멀티미디어 기술 등의 IT 관련 기술에 관한 발명을 말하고 그 범주는 방법발명, 물건발명(물건 및 매체) 등을 포함한다. 컴퓨터 관련 발명의 보호에 관하여 국가마다 내용과 특징은 대체적으로 동일하다(※뒷 장의 두 개의 표는 특허청 홈페이지에서 캡처).

최근 특허청은 인공지능(AI)관련 특허 판단 기준을 확정하였는데, 인공지능기술이 발명의 성립성을 충족할 수 있는지에 관하여, 인공지능기술 관련 발명은 인간의 정신적 활동의 개입이 없이 반복하여 동일한 효과를 얻을 수 있도록「사용목적에 따른 특유의 정보의 연산 또는 가공을 실현하기 위한 소프트웨어와 하드웨어가 협동한 구체적 수단 또는 구체적 방법」이 청구항에 기재되어 있는지 여부에 따라「자연법칙을 이용한 기술적 사상의 창작」에 해당하는지를 판단하여야 한다. 그리고 진보성 판단기준에서 볼 때, 선행기술 또는 주지관용 기술을 인공지능 기술로 구현한 경우에는 청구항에 해당 인공지능 기술이 특정의 과제를 수행하도록 학습된 모델에서 얻어지는 특유의 정보처리에 관하여 특정하고 있고, 발명의 설명 및 기술상식을 참작하여 볼 때 선행기술 또는 주지관용 기술에 비하여 더 나은 효과가 있는 경우에는 그 발명의 진보성이 인정된다고 판단하였다.

그러나 발명에서 채택하고 있는 인공지능 기술이 학습모델에서 얻어지는 특유의 정보처리에 관하여 특정하지 않은 채 단순히 선행기술 또는 주지관용 기술을 인공지능 기술로 구현한 것에 불과하고, 선행기술 또는 주지관용 기술에 비하여 더 나은 효과가 있는 것으로 인정되지 않는 경우에는 청구항에 기재

---

8) 최종선, 수치한정발명의 이질적 효과, 저널 Law & Technology(제10권 4호), 서울대학교 기술과법센터, 2014. 7, 참고.

된 발명의 진보성이 있는 것으로 보기 어렵다는 기준을 확정지었다(특·실 심사기준 개정사항, 2019년 특허제도 통합설명회, 특허청 발표자료 11쪽에서 인용).

[컴퓨터 관련 발명의 범주]

방법발명		컴퓨터를 사용한 발명이 시계열적으로 연결된 일련의 처리 또는 조작, 즉 단계로 표현할 수 있을 때, 그 단계로 특정된 방법
물건발명	물건	컴퓨터를 사용한 발명이 복수의 기능요소로 표현할 수 있을 때 그 기능요소로 특정된 물건
	매체	- 프로그램을 설치하고 실행하거나 유통하기 위해 사용되는 '프로그램을 기록한 컴퓨터로 읽을 수 있는 매체' - 기록된 데이터 구조로부터 컴퓨터가 수행하는 처리 내용이 특정되는 '구조를 가진 데이터를 기록한 기록 매체' - 하드웨어와 결합되어 특정과제를 해결하기 위하여 '매체에 저장된 컴퓨터프로그램'

[국가별 컴퓨터 관련 발명의 보호 동향]

국가	미국	일본	유럽	한국
내용	특허법 제101조에 법정특허대상만 규정(방법, 기계, 제조물, 조성물)	특허법에 컴퓨터프로그램을 물건으로 규정, 물건의 양도에 전기통신회선을 통한 제공 포함	컴퓨터프로그램 자체는 불특허대상으로 규정하고 있으나, 기술적 특징이 포함되면 특허적격 인정	컴퓨터프로그램 관련 명시적 규정이 없으나, 심사기준에 의해 기록매체 형태로 인정
특징	유용하고 구체적이며 유형의 결과를 생성해야 하고, 추상적 아이디어에 불과한 경우에는 특허적격성에서 배제되고, 컴퓨터프로그램 프로덕트 청구항을 인정	소프트웨어에 의한 정보처리가 하드웨어를 통해 구체적으로 구현되면 발명으로 인정되고 컴퓨터프로그램 청구항을 인정	더 나은 기술적 효과가 있으면 특허대상으로 인정하고, 컴퓨터프로그램 프로덕트 청구항을 인정	소프트웨어에 의한 정보처리가 하드웨어를 통해 구체적으로 구현되면 발명으로 인정되고, 매체에 저장된 컴퓨터프로그램 청구항을 인정

4. 민·형사상 제재방법

발명의 보호수단의 구체적 방법은 특허권이 발생한 후에 이를 타인이 무단으로 실시하거나 침해한 때에는 특허법에 의하여 민·형사상의 제재를 가할 수 있다. 민사적으로는 손해배상청구, 권리침해금지, 신용회복청구 등을, 형사적으로는 침해죄로 고소할 수 있다.

Ⅲ. 발명의 이용(공개·실시) 및 장려

1. 발명의 보호와 이용의 조화

발명의 보호와 이용의 장려가 특허제도를 발전시키기 위한 불가결한 요소라고 하더라도 그 보호의 극대화에 의한 산업발전의 저해를 가져오지 않도록 하기 위하여 발명의 보호와 이용의 상호조화를 바탕으로 발명을 장려하고 기술발전을 촉진하게 하는 역할을 한다.

2. 발명의 공개

발명의 공개는 일정한 조건이 갖추어진 후에 공개하여야 하며 특허출원을 하지 않은 상태에서 공개하게 되면 미완성발명에 해당하기 때문에 특허를 받을 수 없고 타인이 이를 모방하여도 제재할 수 있는 방법이 없으므로 발명의 공개는 선행적으로 특허출원 후에 하여야 한다. 따라서 발명의 이용은 명세서를 기재하고 출원공개를 하여야 한다.

3. 발명의 실시

발명이 본래의 목적을 달성하기 위해서는 현실적이고 산업적으로 실시하게 하고, 제3자에게 이용하게 하면 궁극적으로 산업발전에 기여할 수 있다. 이를 실천하기 위하여 특허법은 여러 종류의 실시권을 두고 있다. 특허법상의 실시권이라 함은 특허권자 이외의 자가 정당하게 업으로서 특허발명을 실시할 수 있는 권리를 말한다. 실시권으로는 허락실시권, 강제실시권, 통상실시권, 법정실시권,

연구·실험을 위한 자유실시, 특허권존속기간만료후의 자유실시 등이 있다.

4. 발명의 불실시의 조치

특허발명이 천재·지변 기타 불가항력 또는 대통령령이 정하는 정당한 이유 없이 계속하여 3년 이상 국내에서 실시하지 아니한 경우에 한하여 특허권을 취소하는 재정을 청구할 수 있도록 하고 있다.

5. 발명의 장려

특허법에 의하여 발명이 보호되고 실시가 보장된다면 발명의 이용을 통한 기술의 진보가 이루어지는 한편 나아가 발명의욕이 배가 되는 등 발명의 장려 분위기가 고조된다. 따라서 국가는 발명을 장려하기 위하여 다양한 감면혜택도 부여하고 있다.

제2절 발명의 요건

Ⅰ. 발명의 정의

특허법 제2조 제1호에 의하면 "발명이라 함은 자연법칙을 이용한 기술적 사상의 창작으로서 고도한 것을 말한다"고 정의하고 있다. 이 발명의 개념은 국가마다 상이하나 대체로 대동소이하다고 할 수 있다. 이를 분설하면 다음과 같다.

Ⅱ. 발명의 성립요건

1. 자연법칙의 이용

발명은 자연의 자연력을 유효하게 활용하고 기술적 효과가 있다는 점에 특징이 있는 것이다. 그리고 자연법칙이란 뉴턴의 만류인력의 법칙, 에너지 보존의 법칙과 같은 자연과학적으로 명명된 법칙을 말하는 것이 아니라 자연계에서 경험에 의해 발견되는 법칙으로서 일정의 원인에 의하여 일정한 결과가 발생하는 경험칙도 포함된다. 즉 발명은 자연 속에 내재하는 자연물과 자연현상을 이용한 것이다.

　　자연법칙을 이용한 경우, 즉 자연법칙의 이용성이란 예컨대 "물은 높은 곳에서 낮은 곳으로 흐른다", 또는 "가벼운 물체는 물에 뜬다", "천둥은 번개를 일으키며 소리가 난다", "나뭇잎은 일반적으로 녹색을 지닌다" 등의 자연법칙을 바탕으로 기술적 효과를 발생하는 것9)이어야 하며 특허법은 이와 같이 자연법칙을 바탕으로 그것을 이용하는데 더 의미를 부여하고 있다. 예컨대 물의 낙차를 이용하여 물레방아를 발명한 것이 바로 자연법칙의 이용에 해당된다. 그리고 자연법칙을 이용하지 아니한 경우란 인간의 정신적 활동에 의하여 창안된 계산방법, 암호작성방법과 인위적 결정인 금융보험제도, 과세방법 및 경제학상의 법칙이나 심리적 법칙 등은 자연법칙에 해당하지 아니한다. 그 밖에도 우리나라 판례는, 영구기관과 같이 에너지보존법칙에 위배되는 것은 자연법칙을 이용한 발명에 해당하지 않는다고 한 사례,10) 외국어 발음표기문자의 형성방법이 인위적인 약속에 지나지 않는다는 이유로 자연법칙을 이용한 것이 아니라고 한 사례,11) 기술적 가치없는 단순한 정보의 제시 내지 특허출원 등에 관한 제도 개선안에 불과할 뿐만 아니라 입법 작용이라는 정신적 판단 내지 인위적 결정이 있어야 실시할 수 있는 것이라는 이유로 자연법칙의 이용성을 부정한 사례,12) 종래의 인쇄기를 이용하여 색상의 배열이나 다른 일련의 파일 묶음을 인쇄함에 있어서 생산공정의 단순화라는 목적을 달성하기 위한 구체적 수단으로서 단위별 및 색상별 순차 인쇄라는 인쇄공정을 개시하고 있다는 논

---

9) 특허법원 지적재산소송 실무연구회, 지적재산소송실무(박영사, 2010), 139면; 송영식, 지적소유권법(상)(육법사, 2008), 224−228면; 정상조·박성수 편, 특허법주해 I (김관식 집필부분)(박영사, 2010), 25면 이하; 吉藤幸朔, 特許法概說(제13판, 대광서림, 유미특허법률사무소 역, 2005), 76면 이하 등 참조.
10) 대법원 1998. 9. 4. 선고 98후744 판결 등.
11) 특허법원 2002. 1. 17. 선고 2001허3453 판결(대법원 심리불속행 기각으로 확정).
12) 특허법원 2002. 3. 22. 선고 2001허4586 판결(대법원 상고각하로 확정).

거로 자연법칙의 이용성을 인정한 사례[13]가 있다. 또한 발명은 그 목적제시가 분명하여야 하고, 해결하고자 하는 목적이 존재하여야 하며, 문제의 제시만으로는 부족하다. 문제의 제시는 단순히 종래의 발명의 불비한 점, 결합부분 등을 표출시키는데 불과하므로 발명의 성립으로는 부족하지만 그 발명이 해결하고자 하는 목적수단이 합리적으로 표현되어 있어야 한다. 그리고 반복가능성과 실시가능해야 한다. 발명은 자연법칙을 이용하되 100%의 확실성을 요하지 않지만 가능성이 있어야 한다. 다만 발명자가 자연법칙에 대한 정확하고 완전한 인식을 가질 필요는 없다. 자연법칙의 전체 또는 일부를 이용해야 하는가에 대하여서는 견해대립이 있으나 일반적으로는 전체를 이용한 발명이어야 한다는 것이 지배적이다.

2. 기술적 사상

기술은 일정한 목적을 달성하기 위한 구체적 수단이 합목적적으로 구성되는데 있다. 그러므로 발명은 일정한 자연법칙을 이용함으로써 목적을 반복적이면서 실현할 수 있는 수단이 합리적으로 구성되는데 있다. 특허법상 발명으로 보호되는 것은 기술이다. 그러므로 기술은 객관적 지식이며 타인에게 전달될 수 있어야 한다. 전달될 수 없는 기술은 실시불가능하고 창작성이 없으므로 발명이라고 할 수 없다.

기술적 사상에서의 사상(idea)이라 함은 이념(ideology)이나 철학(philosophy)의 의미를 뜻하는 것이 아니라 구체적인 기술의 아이디어를 말한다고 보아야 한다. 발명은 물건발명과 방법발명으로 나눌 수 있는데, 전자는 기술적 사상이 구체적인 형태로 나타난 창작물임을 이해할 수 있으나, 후자는 구체적으로 나타난 창작물이라 할 때 그 추상성을 고려하지 않을 수 없다. 따라서 방법발명은 그 자체로서 구체화된 물(物)의 개념으로 보는 것이 옳다. 이렇게 보는 이유는 기술적 사상과 기술적 사상의 창작물을 구분하기 위한 것이다. 특허법은 단순한 기술적 사상이 아닌 기술적 사상의 창작물 내지 기술적 사상의 구체화된

---

13) 대법원 2004. 4. 16. 선고 2003후635 판결.

이용물을 특허대상의 핵심으로 보는 것이다.14) 이와 관련한 우리나라 판례로서, 수학적 연산을 통하여 변환되는 데이터를 이용하여 특정한 기술수단의 성능을 높인다거나 제어함으로써 유용하고 구체적이고 실용적인 결과를 얻을 수 있는 기술적인 장치나 방법이라는 이유로 "인터넷상에서의 원격교육방법 및 그 장치"에 대하여 자연법칙의 이용성을 인정한 사례15)가 있다.

3. 창작

창작이라 함은 새로이 만들어 낸 것을 말한다. 즉 주관적이 아니라 객관적으로 새로운 것을 만들어 낸 것이어야 한다. 발견은 자연 속에 내재하고 있는 사물 자체를 찾아내는 것을 말하므로 창작성이 결여되어 특허가 될 수 없다. 발명은 새로운 사실을 창작하는 점에서 발견과 구별되며, 창작이기 위해서는 종래의 창작과는 상이하여야 하고 진보된 것이어야 한다. 따라서 타인의 창작을 도용하거나 모방 및 동일성 있는 발명은 창작이라고 할 수 없다. 기술적 사상만으로는 특허의 요건인 산업상 이용가능성, 신규성, 진보성을 판단하기에는 다소 미흡하므로 발명의 보호를 보다 완벽하게 하기 위하여 창작을 필요로 하는 것이다.

4. 고도성

고도성은 특허를 받기 위한 요건 중에 하나로서 기술수준이 높아야 함을 말한다. 즉 당해 기술분야에서 통상의 지식을 가진 자가 용이하게 발명할 수 없을 정도로 높아야 한다. 특허법의 보호대상은 실용신안법의 보호대상보다 더 고도의 기술을 가지고 개발되어야 함을 요구하는 것이다. 이 고도성은 실용신안법의 고안과 구별하기 위한 것이다.

---

14) 최덕규, 특허법, 세창출판사, 1996, 37쪽.
15) 특허법원 2002. 12. 18 선고 2001허942 판결(확정).

제3절 특허의 요건

모든 발명은 그 요건을 갖추었다고 하더라도 당연히 특허를 받을 수 있는 것은 아니다. 발명이 특허등록 되기 위해서는 반드시 특허법에서 규정된 요건을 충족해야만 한다. 즉 발명의 요건과 특허의 요건은 다르다는 점이다. 아무리 훌륭한 발명품이라 하더라도 특허법상의 요건인 제29조를 충족하지 않으면 발명은 그 특허권을 얻을 수 없다.

특허법상의 요건을 살펴보면, 산업상 이용가능성이 있을 것, 신규성이 있을 것, 진보성이 있을 것 등이다.

Ⅰ. 산업상 이용가능성이 있을 것

특허제도의 궁극적 목적은 국가의 산업발전으로 귀결된다. 그러므로 발명이 특허를 받기 위해서는 산업상 이용할 수 있는 것이어야 한다. 현행 특허법 제29조의 "산업"은 과거 개정 전 특허법의 "공업"이라는 용어보다는 그 범위가 확장되었다고 할 수 있다. 즉 "공업"은 "산업"의 범위에 포함됨으로 그만큼 특허의 영역이 과거보다는 확대되었음을 의미하므로 기술을 통해 실용적인 결과를 얻는 인간의 현재의 모든 활동 영역 및 장래의 산업상 이용가능성까지 포함하는 것이라는 의미로 이해되어야 한다. 이에 관하여 대법원 판례는, 장래의 산업상 이용가능성이 생겨나는 것까지 포함하는 것은 아니라고 한다.16) 즉 "특허출원된 발명이 출원일 당시가 아니라 장래에 산업적으로 이용될 가능성이 있다 하더라도 특허법이 요구하는 산업상 이용가능성의 요건을 충족한다고 하는 법리는"이라 하여, 산업상 이용가능성은 그 즉시가 아니라 장래에 이용될 수 있으면 족하다고 보고 있으나, "해당 발명의 산업적 실시화가 장래에 있어서도 좋다는 의미일 뿐 장래 관련기술의 발전에 따라 기술적으로 보완되어 장

---

16) 대법원 2003. 3. 14. 선고 2001후2801 거절결정(특).

래에 비로소 산업상 이용가능성이 생겨나는 경우까지 포함하는 것은 아니다"
라는 판시는 납득하기 어렵다. 따라서 산업상 이용가능성의 적용범위는 장래에
이용될 가능성만 있으면 되는 것이며, 장래의 기술발전을 예측하는 것이 곤란
하기 때문에 가능성의 요건은 최대한 느슨하게 해석되어야 하고, 설령 그 발명
이 장래 이용할 수 없다고 밝혀졌다고 하더라도 특허를 부여함에 따른 폐해가
별로 없다는 것 등을 고려할 때, 산업상 이용가능성은 결국 현재뿐만 아니라
장래에도 산업상 이용이 불가능하다는 것이 명백한 발명 정도가 제외되는 것
으로 해석함이 타당하다.[17]

☞ 참고: 대법원 2003. 3. 14. 선고 2001후2801 판결

> 특허출원된 발명이 출원일 당시가 아니라 장래에 산업적으로 이용될 가능성이 있다
> 하더라도 특허법이 요구하는 산업상 이용가능성의 요건을 충족한다고 하는 법리는 해
> 당 발명의 산업적 실시화가 장래에 있어도 좋다는 의미일 뿐 장래 관련기술의 발전에
> 따라 기술적으로 보완되어 비로소 산업상 이용가능성이 생겨나는 경우까지 포함하는
> 것은 아니다.

1. 실시 불가능한 발명

일반적으로 발명은 이에 부수하여 새로운 효과와 함께 불이익을 수반하는
경우가 있다. 불이익을 제거할 수 없는 발명의 본질적인 요소가 내재하고 있어
서 이용실시의 불가능함이 있거나 안정성이 결여되어 있는 발명은 산업상 이
용할 수 없다고 보아야 한다.

2. 현실적으로 명백하게 실시할 수 없는 발명

이론상 그 발명을 실시할 수 있더라도 그 실시가 현실적으로 전혀 불가능
하다는 사실이 명백한 발명은 산업상 이용할 수 있는 발명에 해당하지 않는 것

---

17) 홍정표, 同旨, "산업상 이용가능성에 대한 고찰, 한국특허법학회 편, 특허판례연구, 박영사,
   2012. 4. 15, 46−51면.

으로 취급한다. 예컨대, 오존층의 감소에 따른 자외선의 증가를 방지하기 위하여 지구표면 전체를 자외선 흡수플라스틱 필름으로 둘러싸는 방법 등이다. 다만 그 발명이 실제로 또는 즉시 산업상 이용되는 것이 필요하지 않고, 장래에 이용될 가능성이 있으면 산업상 이용할 수 있는 발명이라 판단한다.

3. 의료행위 등

의료행위에 관한 발명은 대체로 부정되고 있다. 예컨대 인간을 수술하거나 또는 진단하는 방법, 즉 의료행위에 대해서는 산업상 이용할 수 있는 발명에 해당하지 않는 것으로 한다. 다만 의료기기를 이용하여 인간을 수술하거나 의약품을 사용하여 인간을 치료하는 방법은 의료행위에 해당된다. 그리고 인체를 처치하는 방법이 치료 효과와 비치료 효과(예: 미용효과)를 동시에 가지는 경우, 치료 효과와 비 치료 효과를 구별 및 분리할 수 없는 방법은 치료방법으로 간주되어 산업상 이용가능한 것으로 인정하지 않는다. 그러나 인간을 수술 또는 치료하거나 진단에 사용하기 위한 의료기기나 의약품개발, 의료기기의 작동방법 및 측정방법 발명이 의료기기 간의 상호작용 또는 실질적인 의료행위를 포함하는 경우를 제외하고는 산업상 이용가능한 것으로 취급한다. 뿐만 아니라 신체로부터 자연적으로 배출된 것(예: 소변, 변, 태반, 모발, 손톱) 또는 채취된 것(예: 혈액, 피부, 세포, 종양, 조직)을 처리하는 방법이 의료행위와는 분리 가능한 별개의 단계로 이루어진 것 또는 단순히 데이터를 수집하는 방법인 경우는 발명에 해당한다.[18]

4. 아직 완성되지 아니한 발명(미완성 발명)

발명의 과제를 해결하기 위한 구체적 수단이 결여되어 있거나 또는 제시된 과제의 해결수단만으로는 과제의 해결이 명백하게 불가능한 경우, 즉 출원 당시 발명이 완성되지 않은 경우이다.

---

18) 특허청, 특허 · 실용신안 심사지침서(2007년 추록), 2204면~2205면.

Ⅱ. 신규성이 있을 것

신규성이라 함은 발명품이 이미 알려진 기존의 발명과 동일하지 아니하고 새로운 기술적 사상의 창작을 말한다. "신규성"이라는 용어는 특허법상 명문으로 규정되어 있지 않으나, 특허법 제29조 제1항 각 호의 1에 규정된 발명에 의하여 용이하게 발명할 수 있는 발명을 말한다. 즉 특허출원전에 ① 공지된 발명, ② 공연히 실시된 발명, ③ 간행물에 게재된 발명, ④ 대통령령이 정하는 전기통신회선을 통하여 공중이 이용할 수 있는 발명은 특허를 받을 수 없다고 규정하여 신규성을 특허요건의 하나로 보고 있다.

신규성을 어떤 기준에 의하여 인정할 것인지의 문제는 국가의 산업정책과 관련된 것이므로 그 판단기준도 나라마다 상이하다. 위의 특허법 규정에서 알 수 있듯이 신규성을 적극적으로 규정하지 아니하고 신규함을 잃게 되는 사유를 한정적으로 열거하고 이에 해당하지 아니한 발명은 신규성이 있는 것으로 보고 있음에 주목해야 한다.

신규성의 판단기준은 시간적, 지역적으로 구분할 수 있고, 그 판단방법은 명세서의 청구항을 바탕으로 하며, 신규성의 상실사유도 법 제29조 제1항 각호를 바탕으로 한다.

신규성의 시간적 판단은 출원일이 아닌 「출원시」를 기준으로 한다. 즉 발명의 정의규정(법 제2조 제1호)은 발명의 성립요건으로의 창작성 판단시점은 발명을 완성한 때가 기준이 되지만, 특허요건에 있어서 신규성의 판단시점은 특허출원한 때를 기준으로 한다. 예컨대, 갑(甲)이 오전에 A발명을 공지시킨 후 을(乙)이 오후에 A발명을 특허출원하였다면 비록 갑(甲)과 을(乙)의 행위가 같은 날에 이루어진 경우라 하더라도 갑(甲)의 공지행위시점보다 출원시점이 늦은 을(乙)의 발명은 신규성을 상실한 발명이 된다. 다만 신규성 판단시점이 실제의 출원시점이 아닌 원출원시점까지 소급되는 예외적인 경우가 있다.[19]

또 다른 신규성의 지역적 판단기준으로는, 어떤 지역 내에서 발명이 공지

---

19) 천효남, 특허법, 법경사, 2002, 161면.

된 경우에 신규성이 없다고 볼 것인가이다. 지역의 범위를 정하는 것을 놓고 학설이 대립되고 있다. 특정국가에서 발명이 공지되고 있으면 이를 부정하는 국제주의, 설령 외국에서 공지되었다고 하더라도 자국 내에서 공지되지 않았다면 신규성을 인정하는 국내주의, 그리고 양 주의를 병행하는 절충주의가 있다.

신규성 상실사유는 출원발명이 공지상태에 놓여진 발명을 말한다. 즉 출원발명이 공지된 발명, 공연히 실시된 발명 또는 반포된 간행물 등에 기재된 발명과 동일한 것일 경우에는 그 발명은 신규성이 없다.

Ⅲ. 진보성이 있을 것

완성된 발명이 특허를 받을 수 있기 위해서는 신규성 이외에 진보성이 있어야 한다. 진보성이라 함은 발명의 창작수준이 그 기술분야에서 통상의 지식을 가진 자가 공지발명으로부터 용이하게 발명할 수 없을 정도로의 난이도가 있음을 말한다. 진보성 용어는 정식의 법률용어는 아니지만 특허법 제29조 제2항의 내용을 약칭하여 통상적으로 불리어지는 특허관용어[20]이다.

신규성과 진보성은 모두 특허요건에 해당하지만 양자의 차이점은, 신규성은 출원발명이 공지발명과 동일하면 특허를 받을 수 없다는 의미이지만, 진보성은 출원발명이 공지발명과 동일하지는 아니하여 신규성은 갖추고 있다 하더라도 그 발명의 창작수준이 낮을 경우 특허를 줄 수 없다는 취지이다. 이와 같이 진보성을 특허요건의 하나로 규정한 이유는 기술수준에서 용이하게 창작할 수 있는 정도의 발명에 대하여 까지 신규한다는 이유만으로 특허를 내 주게 된다면 특허권의 난립으로 인한 기술이용상의 제한으로 인한 산업발전의 역행 및 신규성과의 구별을 통한 기술의 비약적 발전을 유도하기 위하여 최소한의 외연을 설정해 놓은 것이라고 할 수 있다.

이러한 소극적 의미에서 진보성을 판단할 때 문제점은 없는지에 대해 생

---

20) 진보성을 다른 말로는 발명의 비자명성, 발명구성의 곤란성 또는 발명의 비용이성이라 부르기도 함(천효남, 앞의 책, 185면 각주 34)에서 인용).

각해 볼 필요가 있다. 오늘날 대부분의 발명은 획기적인 발명보다는 기존 발명을 기반으로 하여 약간의 발명적 요소가 더해지면 그에 대해서도 독점권을 부여함으로써 기술의 진보라는 결과를 낳게 된다. 이와 같이 점진적 진보가 한 국가의 산업발전에 기여하는 정도가 높으므로 높은 진보성의 기준보다는 훨씬 바람직하다. 다만 진보성은 신규성 요건만으로는 자칫 산업발전에 역행하는 폐해가 발생할 수 있어 특허법은 이를 소극적으로 규정한 것이다.

진보성 판단기준은 (1) 자연적 수준의 진보밖에는 이루어지지 않은 정도의 것이어서 선의의 침해자가 빈발할 수 있고 따라서 그와 같은 영역에 특허를 허용하는 경우 오히려 산업발전에 역행하는 폐해가 발생할 우려가 있는 영역이 아닐 것, (2) 기술개발자에게 발명공개에 대한 인센티브를 제공함으로써 당해 기술의 실시를 통한 산업발전을 촉진한다는 특허제도의 취지에 부합할 것이라는 두 가지 조건의 합일점에서 이루어져야 한다.

이와 같은 관점에서 보면 진보성 기준은 높지 않아도 된다. 왜냐하면 진보성 판단기준을 가능한 낮추어 인센티브를 주는 것이 보다 많은 발명을 창작하고 공개하게 하는 원동력이 되기 때문이다. 다만 진보성이 낮은 정도의 발명도 충분히 보호의 필요성은 있으나 진보성의 정도가 낮은 발명은 작은 보호, 진보성의 정도가 높은 발명은 큰 보호를 해 주면 된다.[21]

4차 산업혁명은 피할 수 없는 당위의 문제로서, 정보통신(Information and Communication Technology; ICT)기반 혁신적 기술의 등장으로 상품이나 서비스의 생산, 유통, 소비 등 모든 과정이 서로 연결되고 지능화되면서 업무의 생산성이 비약적으로 향상되고 삶의 편리성이 극대화되는 사회·경제적 현상을 말한다. 대표기술로는 사물인터넷(Internet of Things), 빅 데이터(Big Data), 지능형 로봇(Advanced Robotics), 인공지능(Artificial Intelligence AI), 3D프린팅, 자율주행차, 클라우드컴퓨팅 등이 있다. 이에 추가하여 스마트시티, 가상증강현실, 차세대통신, 신재생에너지, 헬스케어, 드론(무인기), 지능형반도체, 혁신신약, 첨단소재 등의 9개 기술분야도 포함한다. 4차 산업혁명기술발명은 이종기술 간의 융합

---

21) 同旨, 정차호, 특허법의 진보성, 박영사, 2014, 525면에서 인용.

또는 기존 기술들의 초기능(super－intelligence) 및 초연결(hyper－connectivity)을
통해 이루어진다. 이들 발명도 현행 특허 · 실용신안 심사기준에 따라 진보성유
무를 판단하는데, 기술의 융합이나 초기능 · 초연결에 각별한 곤란성이 있거나,
이로 인한 작용효과가 공지된 선행기술로부터 예측되는 효과 이상의 더 나은
효과가 있다고 인정되는 경우에는 진보성이 인정될 수 있다. 예컨대, 사물인터
넷, 인공지능 또는 3D프린팅 관련기술의 발명은 선행기술과의 차이점에 있어
서, '물건'이 네트워크와 접속됨으로써 얻을 수 있는 정보의 활용, 특정과제를
수행하도록 학습된 모델에서 얻어지는 특유의 출력 정보 또는 특정 구조를 가
지는 데이터에 의해서 규정되는 특유의 정보처리에 의해 더 나은 효과가 있는
것으로 인정되는 경우에는 해당 효과를 진보성이 있는 것으로 고려할 수 있다.

아래의 표는 4차 산업혁명기술 발명의 진보성판단 최근 사례로서 선행기
술과 대비하여 진보성을 판단한 것이다(출처: 특허 · 실용신안 심사기준(2019), 9B02
인용, 특허청).

발명의 명칭	기술분야	진보성
1. 차량 입출고에 따른 가전기기 제어방법	사물인터넷	○
2. 지하수관정 감시 및 원격제어방법	사물인터넷	○
3. 입체형 공동구 관리시스템	사물인터넷	×
4. 스크린과 실제골프장의 경기이력 제공시스템	사물인터넷	○
5. 무선통신 조명시스템	사물인터넷	○
6. 인체 생리정보 및 환경정보 검출장치	사물인터넷	×
7. 차량 내에서의 건강측정 시스템	사물인터넷	○
8. 응급환자 이송시, 응급정보 전송시스템	사물인터넷	×
9. 위치정보 집계장치	빅데이터	○
10. 원격 건강 컨설팅 정보 제공방법	빅데이터	×
11. 로봇 전시안내 시스템	로봇	×
12. 무인 반송차	자율주행, 인공지능	○
13. 인공지능차트를 이용한 주식정보 제공방법	인공지능	×
14. 3D 조형 방법	3D프린팅	○

진보성의 판단은 시기와 지역으로 구분한다. 시기적 판단은 신규성의 경우와 같이 출원시이다. 지역적 판단으로는 국내의 기술전문가를 기준으로 하는 것이 타당하기 때문에 국내로 한정하는 것이 타당하다. 왜냐하면 진보성규정의 근본취지, 판단의 명료성, 국내의 기술수준 등을 고려하여야 하기 때문이다.

제4절 특허를 받을 수 없는 발명

특허법상 특허를 받을 요건을 갖춘 훌륭한 발명이라고 하더라도 여러 가지 이유, 즉 산업정책상 또는 공익상의 이유로 특허를 받지 못하는 발명이 있다. 이러한 발명을 불특허발명이라고 한다. 불특허발명의 대상은 국가에 따라 또는 시대의 상황에 따라 다르다.

우리나라의 불특허발명의 변천을 보면, 1980년도에는 음식물 또는 기호물의 발명, 의약 또는 2 이상의 혼합의약을 1의 의약을 조제하는 방법발명, 화학방법에 의하여 조제될 수 있는 물질발명, 원자핵 변환방법에 의하여 조제될 수 있는 물질발명, 화학물질 용도발명, 공공질서 또는 선량한 풍속을 문란하게 하거나 공중위생을 해할 염려가 있는 발명 등은 당 시대의 판단기준에 따라 특허를 받을 수 없도록 규정하였다.

1986년도에는 특허법개정을 통해 기존의 불특허발명 중 일부의 발명은 특허를 받도록 완화하였는데, 그 이유는 국제적 무역환경의 변화에 대처함으로써 통상마찰을 피하기 위해서이다.

1990년도에는 불특허발명의 대상을 보다 축소하였다. 예컨대 음식물 또는 기호물의 발명, 의약발명 등이 특허대상으로 전환하는 계기를 맞게 되었다.

현재의 특허법은 기존 불특허발명 중 공익상의 이유로 규제를 받고 있는 「공공의 질서 또는 선량한 풍속을 문란하게 하거나 공중의 위생을 해할 염려가 있는 발명」은 특허를 받을 수 없다. 예컨대 화폐 위조기, 아편 흡입기, 사기 도박기구 등이다. 그 밖에도 특별한 목적 하에서 일정범위의 발명에 대하여 적용되는 특허거부사유가 있다. 예컨대 국방상 필요한 경우에는 정부의 허가없이 외국의 특허출원을 금하거나 출원인 등에게 그 발명을 비밀로 취급하도록 명할 수 있거나 또는 특허권을 주지 아니할 수도 있으며 정부가 강제 수용할 수도 있다. 이러한 의미는 산업상 보호할 가치가 없다고 제한조치를 내리는 것이 아니라 국방상 등 공익적 이유에서 특정인에게 독점권을 주지 않기 위해서이다.

제5절 특허를 받을 수 있는 자

Ⅰ. 서 언

하나의 발명이 특허가 되기 위해서는 일정한 요건을 갖추어야 하며, 이에 관하여 특허법 제33조는 "발명자와 그 승계인으로 제한하되 특허청 직원과 특허심판원 직원은 상속 또는 유증의 경우를 제외하고는 재직 중 특허를 받을 수 없도록 하고 있다." 따라서 특허를 받을 수 있는 자는 본래 발명자이지만 법인과 외국인에게도 인정할 것인가를 검토해야 한다. 특허를 받을 수 있는 자는 발명한 자는 자명한 것이며, 권리능력자이어야 하고, 발명자의 정당승계인, 직무발명자인 종업원, 공동발명자, 선출원자 등도 그 대상이 된다.

Ⅱ. 발명자

미성년자와 같이 행위능력이 없는 자도 발명자가 될 수 있다. 다만 특허에 관한 절차는 법정대리인이 하여야 한다. 2인 이상의 공동발명인 경우, 전원의 공유가 되며 전원이 공동으로 특허출원을 해야 특허를 받을 수 있다. 공동발명자라 함은 2인 이상의 자연인이 실질적으로 협력한 자를 말하며, 발명의 착상 단계에서 구체화하는 단계까지 실질적으로 관여하는 것을 말하고, 단순보조자, 관리자, 위탁자, 자본주 등은 공동발명자가 될 수 없다. 직무발명의 경우에는 원시적으로 종업원이 발명자가 되므로 그에게 귀속된다. 다만 사용자와의 관계를 고려하여 예약승계에 따라 사용자에게 승계할 수 있다.

Ⅲ. 권리능력자

특허법상 명문의 규정은 없으나 특허권의 주체가 되려면 당연히 권리능력자이어야 한다. 권리능력자라 함은 자연인과 법인을 의미하며 비법인 사단·재단은 그 주체가 될 수 없다. 외국인도 특허법 제25조에 의하여 특허에 관한 권리능력이 인정되는 한 특허를 받을 수 있는 자가 될 수 있다. 예컨대, 우리나라에 주소 또는 영업소를 갖는 자, 상호주의국가의 국민, 조약 및 이에 준하는 것에 의하여 특허권 또는 특허에 관한 권리의 향유를 인정하는 국가의 국민, 준동맹국 국민은 우리나라에서 특허권에 관한 권리를 향유할 수 있다. 무국적자는 준동맹국민에 준하여 특허에 관한 권리능력이 인정된다.

Ⅳ. 정당승계인

승계인이라 함은 당사자 간의 계약이나 상속 기타 일반승계에 의하여 특허를 받을 수 있는 권리를 이전받은 자를 말하며 자연인과 법인도 포함된다. 그러므로 특허를 받을 수 있는 권리는 상속 기타 일반승계가 가능하다.

발명자는 자기가 한 발명에 대하여 특허를 받을 수 있는 권리를 갖는데, 만약 발명자가 미성년자 또는 외국인이거나 발명자가 다수일 경우도 있을 수 있다. 또한 이 권리는 이전할 수 있으므로 정당승계인도 특허를 받을 수 있다.

Ⅴ. 직무발명자인 종업원

발명자인 종업원을 특허를 받을 수 있는 자로 확정짓기에는 다소 무리가 따른다. 그러나 예약승계 계약을 바탕으로 사용자에게 특허를 받을 수 있는 권리의 예약승계의 기회를 주었음에도 불구하고 그가 승계를 하지 않겠다고 결정하였을 경우 발명자인 종업원은 자신이 특허출원하여 특허를 받을 수 있다.

VI. 공동발명자

2인 이상이 공동으로 발명을 한 때에는 그 발명에 대하여 특허를 받을 수 있는 권리는 공동발명자가 공유한다. 따라서 특허출원도 공동발명자 전원이 함께 하여야 한다. 만약 이를 위반하면 출원은 거절되거나 또는 특허되더라도 취소 또는 무효가 된다.

여기서 「공동발명」이라 함은 2인 이상의 자가 기술사상의 구체적 착상 또는 완성에 직접 협력하여 하나의 발명을 완성시킨 경우를 말한다. 그러므로 단순히 기술사상의 착상에 대한 구체적인 아이디어를 제공하지 않으면서 발명의 완성과정에서 단순한 조언을 주었거나 자금지원이나 설비이용의 편의제공은 단순협력자관계이므로 공동발명자가 될 수 없다.

VII. 선출원자

우리나라는 선출원주의를 채택하고 있으므로 동일한 발명이 2인 이상이 경합하는 경우에 제일 먼저 출원한 자만이 특허를 받을 수 있으며, 만약 출원이 같은 날(日)인 경우, 즉 경합된 경우에는 협의에 의하여 정하여진 자만이 특허를 받을 수 있다. 만약 경합이 발생하였을 경우에 이를 해결하는 몇 가지 원칙이 있다.

1. 1발명 1출원(특허)의 원칙

특허법은 하나의 발명에 관하여 하나의 특허출원만을 하도록 규정하고 있다. 그 이유는 하나의 특허출원이 여러 개의 발명을 포함하고 있으면 심사관의 심사의 곤란성 때문에 문제가 발생할 수도 있기 때문이다. 따라서 하나의 발명에는 반드시 하나의 출원(특허권)만을 하여야 한다. 물론 이 원칙은 발명의 특허성과는 본질적으로 관련이 없는, 다분히 절차상의 편의를 도모하기 위한 규정이기도 하다.[22]

---

22) 조영선, 특허법(제4판), 박영사(2013), 277면.

그러나 기술이 발달하고 복잡해짐에 따라 하나의 발명을 고집하는 것에 대한 비판이 일고 이를 발전시키기 위한 방안으로 복수의 발명이라고 하더라도 산업상 이용분야 및 해결과제가 동일하거나 발명의 구성요소가 동일한 경우에는 이를 묶어서 출원할 수 있도록 하는 '1군(群)의 발명'(특허법시행령)을 도입하였다.

2. 선출원주의

동일한 발명에 대한 2 이상의 출원이 경합되고 있는 경우에는 선출원인이 특허를 받을 수 있다. 선출원주의는 먼저 발명한 자를 구분 짓는 것은 차치하고 출원에 의하여 경합된 동일발명 중 먼저 출원한 자에 대해서만 특허권을 주는 원리이므로 어떤 기준에 따라 출원의 선후관계를 정할 것인지, 경합출원의 객관적 처리기준의 설정문제, 경합되고 있는 발명 간의 기술사상의 동일성 판단관계 등의 해결방안이 제시되어야 한다. 따라서 권리관계의 안정성에 기여할 수 있고, 선원의 지위를 확보하기 위하여 서둘러 출원을 하게 함으로써 발명의 조기공표에 유익하다. 다만 출원을 서두르다보니 흠 있는 출원을 하게 되어 절차의 지연 및 기술적 가치가 낮은 출원으로 출원 건수가 증가되는 등 심사처리가 장기화될 수 있다.

☞ **참고**: 선발명주의

발명의 선후관계를 중시하여 먼저 발명한 진정한 선발명자에게 특허권을 주는 「선발명주의」가 있다. 진정한 최선발명자에게 특허권을 준다는 측면에서는 정당성은 있지만 특허행정의 원활성을 위해 특허제도를 실시하고 있는 대부분의 국가는 선발명주의를 채택하지 않고 있다—전통적으로 선발명주의를 유지해 왔던 미국도 2011. 9. 특허법 개정을 통해 선출원주의로 변경하였다—. 따라서 선발명주의는 발명의 선후관계의 확인이 곤란하고, 후에 선발명자가 나타날 경우 권리자변동이 문제가 되는 등의 권리관계가 불안정하며, 발명의 조기공개를 꺼림으로써 특허제도의 목적에 반하는 문제가 있다.

선후원판단의 시간적 기준원칙은 출원시가 아니라 출원일이다. 신규성의 판단 시점을 출원시인 점과는 다르다. 이에는 민법상의 도달주의와 발신주의가 준용된다.

도달주의는 특허청에 제출하는 서류의 효력발생시기를 정하는 것으로서 도달된 날을 제출시기로 하는 것이고, 발신주의는 우편에 의하여 서류를 제출하는 경우에 우체국에의 제출시기를 특허청에의 도달시기로 인정하는 것을 말한다. 즉 우편물에 찍힌 날을 그 표시된 날로, 그 표시된 날이 불분명한 경우에는 우체국에의 출원서 제출(우편물 접수)일을 우편물의 수령증에 의하여 증명한 날에 특허청에 달한 것으로 본다. 그 밖에 교통이 불편한 지역에 거주하는 자가 특허출원을 할 경우의 불편을 덜어주기 위하여 도달주의 이외에 발신주의를 병용하여 인정하고 있다. 다만 국제출원에 관한 서류제출일의 인정에 대하여는 도달주의만 적용된다.

같은 날짜에 경합출원된 경우에는 어느 출원을 대상으로 특허를 받을 것인지에 대한 선택의 기회를 본인들에게 부여하는 뜻에서 먼저 당사자 간에 협의할 수 있는 기회를 주고, 협의가 성립되지 않거나 협의를 할 수 없게 된 경우, 예컨대 상대방이 협의에 불응하는 경우, 동일한 발명에 대한 2 이상의 출원 중 어느 한 출원이 포기되었거나 특허거절결정의 확정 또는 특허된 경우에

[선출원에 관한 타 산업재산권법과의 비교]

구 분		특허법(제36조)	디자인보호법(제46조)	상표법(제35조)
타인간 출원	다른 날	선출원자만 등록	선출원자만 등록	선출원자만 등록
	같은 날			
동일인 출원		선출원만 등록	(1) 서로 동일한 경우, 선출원만 등록 (2) 서로 유사한 경우, 유사디자인등록 출원으로 등록	(1) 서로 동일한 경우, 선출원만 등록 (2) 서로 유사한 경우, 모두 등록
선원의 지위	인정	등록 · 거절결정 · 포기된 출원	등록 · 거절결정 · 포기된 출원	등록된 출원
	불인정			

는 비로소 대상출원 모두를 공평하게 특허거절결정을 하게 된다. 따라서 동일자 출원인간의 협의불성립시 특허청장이 행하는 추첨에 의하여 상표등록을 받을 수 있는 자 1인을 결정하는 방식과는 차이점이 있다.

3. 확대된 선원주의

'확대된 선원'이라는 용어는 마치 특허법상 공적 또는 예외적으로 인정된 용어처럼 보여지나, 실질적으로는 선원주의와 병렬적으로 마련한 제도로서 특허거절사유[23]의 하나로서 소극적 특허요건으로 부르는 것이 보다 정확하다.[24]

특허법이 확대된 선원주의를 규정하게 된 이유를 살펴보면 다음과 같다. 특허출원은 원칙적으로 출원 후 1년 6월이 경과하면 공개하게 되는데, 이 기간 동안 발명의 내용은 대리인과 출원인 이외에는 아무도 알 수 없는 비밀상태에 놓이게 되지만 이 기간에 타인의 특허출원의 명세서 또는 도면에 기재된 내용과 동일한 경우에는 그 특허출원은 거절된다.

다시 말하면, 확대된 선출원주의는 당해 출원일 전에 출원되어 당해 출원일 이후에 출원공개되거나 등록공고된 발명을 이용하여 당해 출원을 거절하는 제도이다. 예컨대 A라는 발명이 2016년 1월 1일 출원되면 조기공개를 하지 않는 한 2017년 7월 1일에 공개된다. 이때 A와 동일한 B발명이 위의 기간에 출원된 경우에 B발명은 A발명에 의하여 거절되는 것이다. 예외로서 A발명의 발명자와 B발명의 발명자가 동일인인 경우에는 확대된 선출원주의가 적용되지 않으므로 B발명도 특허등록을 받을 수 있다. 다만 이때 주의할 점은 발명자가 동일한 경우에 확대된 선출원주의가 적용되지 않는다는 것이지 무조건 등록이 가능하다는 의미는 아니다. 이때 출원일은 실제 특허출원한 날짜를 기준으로 하지만 우선권주장을 한 경우에는 판단기준이 되는 출원일이 우선일로 당겨지는 경우도 있다.

확대된 선출원주의 제도는 특허제도 중에서 가장 복잡한 제도 중의 하나이긴 하다. 무권리자 출원의 경우에는 확대된 선출원의 지위가 인정되지 않고,

---

23) 조영선, 앞의 책, 144면.
24) 천효남, 앞의 책, 232면.

조약에 의한 우선권이나 국제특허출원의 경우에는 원출원과 번역문에 공통으로 기재된 발명만 확대된 선출원의 지위를 가지게 된다. 이외에 분할출원 또는 변경출원의 경우에는 확대된 선출원제도를 적용함에 있어서 출원일이 소급되지 않고, 조약우선권주장 출원의 경우에는 출원일이 소급되는 등 유념해야 할 부분이 있으나 자세히 이해할 필요는 없다.

Ⅷ. 기타 - 특허를 받을 수 없는 자 -

특허출원절차를 거쳐 거절사유가 없으면 특허는 누구든지 받을 수 있다. 일반적으로 전문가 또는 기술자나 연구원 등 매우 지식수준이 높은 자만이 특허출원을 할 수 있다고 생각한다. 그러나 우리의 생활주변이나 직무와 관련한 물건에 약간의 관심을 가지고 보면 문제점을 파악하게 되고 이를 해결하기 위한 아이디어가 나오기도 한다. 이러한 상황을 생각해 보면 특허는 누구나 받을 수 있다. 그러나 우리 특허법에서는 예외적으로 특허를 받을 수 없도록 제한을 규정하고 있다.

특허청 직원 및 특허심판원 직원은 상속 또는 유증의 경우를 제외하고는 재직 중 특허를 받을 수 없는데, 이는 특허에 관한 심사의 공정한 처리를 담보하기 위함이다. 즉 특허업무를 다루는 특허청 직원은 출원업무를 처음으로, 그리고 전반적으로 취급하는 위치에서 보면 자칫 특허출원의 내용을 모사할 가능성이 매우 높다. 뿐만 아니라 특허와 밀접한 업무를 취급하는 특허청 소관기관에 대해서도 별도의 제한규정이 없다. 그리고 무권리자, 말하자면 발명자가 아닌 자로서 특허를 받을 수 있는 권리의 승계인이 아닌 자는 특허를 받을 수 없다. 또한 외국인의 경우에도 제한된다. 즉 우리나라의 국민과 동등하게 대우해 주지 않는 나라의 국민인 경우, 그리고 산업재산권 관련 국제조약인 파리협약에 가입하지 않은 나라의 국민은 우리나라에서 특허를 받을 수 없으나 조약에 따른 특허권을 받을 수 있는 외국인일지라도 우리나라에 주소나 영업소를 갖지 않은 자는 특허출원 등 특허에 관한 절차를 밟기 위해서는 반드시 우리나라에 주소나 영업소를 두고 있는 대리인을 선임하여 출원하면 가능하다.

제6절 특허법상의 기본주의

I. 서 언

모든 국가는 자국의 산업발전을 위해 다양한 형태의 제도를 두고 있다. 그 제도 중에서 특허제도는 인류문명과 더불어 발전되어 왔으며 과학·기술의 발전을 위한 인프라 역할을 하고 있다. 각국은 다양한 형태의 원칙을 채용하여 그들만의 특유의 제도를 가지고 있지만 특허제도의 국제화 추세에 따라 통일화 되어가는 경향을 보이고 있다.

우리나라의 산업재산제도, 그 중에서 특허제도는 권리의 존립근거를 권리주의에서 구하고, 권리발생의 요건으로 등록주의를, 등록의 전제로서 심사주의를 취하고 있고, 동일발명에 대하여 출원경합된 경우에는 선원주의에 의하며, 절차에는 직권주의가 지배적이다. 보다 자세하게 설명하면 다음과 같다. 출원 절차에서 살펴볼 원칙으로는 권리주의, 도달주의, 발신주의, 1건 1통주의, 수수료 납부주의와 심사절차에서는 심사주의, 선출원주의, 보정 및 보정제한주의, 공개주의를, 등록절차에서는 등록주의, 특허료 납부주의를, 기타 서면·양식·국어주의, 직권주의 등의 기본원칙을 살펴보면 다음과 같다.

II. 권리주의

특허권은 발명이라는 기술적 사상의 창작에 대해서 국가가 특허권자에게 인정해 주는 독점배타적 권리를 말한다. 특허권은 하나의 재산권이므로 특허권자 또는 전용실시권자는 특허발명을 업으로서 실시할 수 있는 권리의 독점 및 타인에게 권리가 양도 또는 이전되거나 공유 또는 소멸하는 등의 권리주체가 변동하기도 한다. 이러한 일련의 내용들은 모두 특허법상의 권리주의를 기반으로 하기 때문에 성립될 수 있는 것이다.

과거 특허권의 허여방식에 관하여 은혜주의와 권리주의가 있어 왔다. 은혜주의는 중세시대의 통치권자의 수권에 의하여 자의적으로 부여한 것을 바탕으로 하여, 특허권허여를 통치자가 마치 은혜를 베풀어 주는 것으로 보고자하는 사상이다. 권리주의에 의하면, 국가의 특허권부여는 법적 보호의 가치가 있는 발명의 실체가 존재한다고 하여 국가는 이것을 제도상 확인하고 보호하는데 지나지 않는다고 하는 입장이다. 현대의 특허제도는 법에 의하여 특허권이 부여되고 있기 때문에 은혜주의는 더 이상 존재하지 않는다고 볼 수 있다.

Ⅲ. 도달주의

특허청에 서류를 제출하는 경우 언제 그 효력이 발생하는 것으로 보는가에 관해 도달주의와 발신주의가 있다. 특허법 제28조는 서류의 특허청(특허심판원)에 도달된 때 효력이 발생된다는 도달주의를 원칙으로 하며, 예외로서 등기우편으로 서류를 제출하는 경우에는 발신주의를, 국제출원 관련서류 또는 특허권 및 특허에 관한 권리의 등록신청서류의 경우에도 도달주의를 적용한다.

Ⅳ. 수수료 납부주의

특허절차를 밟는 자는 수수료를 납부하여야 한다(법 제82조 제1항). 수수료를 납부하지 않을 경우에는 보정명령의 대상(법 제46조)이 되고 이에 불응시에는 당해 절차가 무효로 될 수 있다(법 제16조 제1항 단서). 수수료를 납부하지 않은 경우 6월의 납부유예기간을 인정하고 이 때 2배의 할증료를 납부해야 한다. 만약 이 유예기간에도 납부하지 않은 경우에는 특허출원의 포기 또는 특허권이 소멸된 것으로 본다(법 제81조 제3항).

Ⅴ. 1건 1통주의

특허청에 제출하는 모든 서면은 1건마다 1통씩 작성하여야 한다(시행규칙 2조). 다만 2이상의 특허출원에 대하여 특허출원인 변경신고를 하는 경우에는 그 신고의 내용이 동일한 때에는 하나의 신고서에 의해 가능하다. 그리고 분할 ·

이중·우선권주장 등 일부서류의 원용의 경우에는 사본제출을 생략해도 가능하
다. 상대방이 있는 절차에 대하여 서류를 제출할 경우에는 상대방의 수만큼의
부본을 첨부하여야 한다.

VI. 심사주의

특허출원의 특허여부를 결정하는 장식에는 심사주의와 무심사주의가 있다.
심사주의라 함은 특허요건의 전부를 심사하여 특허여부를 결정하는 방식이며,
무심사주의라 함은 형식적 요건만을 심사하여 특허를 부여하고 실체적 요건에
대해서는 특허 후 분쟁이 생긴 경우에 한하여 법원에서 심리하는 방식이다.

특허법 제57조(심사관에 의한 심사)와 제62조(특허거절결정)에서 심사주의를
규정하고 있고, 전통적 심사주의의 폐해를 보완하기 위하여 둔 규정이다. 그러
나 실용신안의 경우 고안의 신속한 보호를 위하여 무심사주의를 실시하고 있
다. 심사주의는 부실특허를 예방할 수 있어 권리의 안정성 및 신뢰성이 높고,
특허분쟁을 사전에 예방할 수 있으나, 심사적체로 인해 권리화가 지연되고, 심
사에 많은 인력과 경비가 소요되며, 발명의 사회공개가 늦어지게 된다.

VII. 선출원주의

동일발명 또는 고안에 대하여 2이상의 출원이 있을 경우에는 먼저 출원한
자에게만 특허를 부여하는 것으로서 선발명주의와 대별된다. 발명의 정당성면
에서 선발명자를 보호한다는 것은 옳지만, 권리의 안정성유지 측면에서는 선출
원주의가 더 앞선다. 그래서 특허제도를 운용중인 거의 모든 국가는 법적 안정
성을 중시하여 선출원주의를 채택하고 있다.

VIII. 보정 및 보정제한주의

소급효와 함께 명세서 등의 미비점을 적정하게 치유할 수 있는 기회를 부

여함으로써 출원인을 보호함과 동시에 심사지연과 제3자에의 불이익을 방지하기 위해 보정의 내용 및 기간적 측면에서 일정한 제한을 가하고 있다.

IX. 공개주의

출원일 후 1년 6월이 경과하거나 그 이전이라도 출원인의 신청이 있을 경우에 그 출원발명의 내용을 일반에 공표함으로써 제3자로 하여금 이를 정보자료로써 이용할 수 있도록 하며, 중복투자와 연구를 미연에 방지하도록 하고 있다.

X. 등록주의

특허권은 설정등록에 의하여 발생한다(법 제87조 제1항). 특허결정을 받았다 하더라도 등록절차를 이행하지 아니하면 특허권은 발생하지 않는다. 등록이란 특허등록원부에 특허권의 권리변동사항을 등재함과 동시에 그것을 외부에 공시시키는 형식적 요건을 말한다. 따라서 특허권의 존부 및 그 범위의 명확화를 위해 각국은 대체로 등록주의를 채택하고 있으며, 우리나라도 등록주의를 채택하고 있다.

XI. 특허료 납부주의

특허권의 설정등록을 받고자 하는 자 또는 특허권자는 특허료를 납부하여야 한다(법 제79조). 특허료 추가납부기간까지 특허료를 납부하지 않은 경우 특허권 설정등록을 받고자하는 자의 특허출원은 포기 또는 간주되며, 특허권자의 특허권은 납부기간이 경과한 때로 소급하여 소멸한다(법 제81조 제3항).

XII. 서면 · 양식 · 국어주의 · 직권주의

서면주의라 함은 특허에 관한 출원 · 청구 등에 관한 서류는 서면으로 작성하여 제출해야 함을 말한다. 서면은 1건마다 작성해야 하며, 법령에서 정한 양식에 따라야 하며, 국어로 기재하고, 외국어증명서는 번역문을 첨부하여야 한다(우선권주장의 경우, 동일내용은 예외). 한편 1999년부터 전자출원제도를 채택하여 출원서 기타 서류를 전자문서로 제출할 수 있다.

서면주의를 채택한 이유는 발명의 내용을 서면으로 특정함으로써 심사의 편의나 적정화를 도모하고 특허권의 권리내용을 명확히 하는 한편 절차의 확실성 및 발명공개의 편의를 위함이다. 예외로서 미생물 관련 발명에 있어서는 당해 미생물을 당업자가 용이하게 입수할 수 있는 경우를 제외하고 특허출원 전에 일정 기탁기관에 미생물을 기탁하도록 하고 있다.

직권주의라 함은 심판절차의 진행과 심리의 주도권을 심사관·심판관에게 주로 부여하는 주의를 말한다. 우리 특허법은 절차의 개시와 종료로 절차의 범위를 특정시키는 점에서는 당사자주의를 채용하고 있지만 특허권의 대세적 효력을 감안하여 심사와 심판에 있어서는 심리를 위한 자료수집, 당사자의 의사와 무관하게 절차를 진행하거나, 당사자가 신청하지 않은 이유에 대해서도 독자적으로 심리할 수 있도록 하고 있다. 이와 같이 특허법은 특허권의 대세효 및 특허제도의 공익성 등을 이유로 직권주의에 의하고 있다.

XⅢ. 우선심사

출원인이 특허청에 출원청구를 하면 순서에 따라 심사과정을 밟게 되는 것이 원칙이다. 그런데 모든 출원에 대해서 예외 없이 이 원칙을 적용하다보면 공익에 반하거나 출원인의 권리를 적절하게 보호할 수 없어서 일정한 요건을 갖춘 출원에 대해서는 심사청구 순위에 관계없이 다른 출원보다 먼저 심사를 받을 수 있는 우선심사제도가 있다. 특히 4차 산업혁명 기술분야에 우선심사를 적용하고 있다.

비유하자면, 노래방에서 예약한 순서에 따라 노래가 재생되는 것이 일반원칙이지만, 우선예약을 한 경우에는 그 노래가 먼저 재생되지만, 자기 멋대로 우선 예약을 하면 동료들로부터 비난이 쏟아진다. 그래서 우선예약을 하기 위해서는 특별한 이유, 즉 선약이 있었다든지 또는 불가피한 사정이 있다든지 하는 등의 이유가 있어야 하는 것처럼, 우선심사청구도 다음과 같은 경우이어야만 한다.

① 출원공개 후 제3자가 업으로서 출원된 **발명**을 실시하고 있는 것으로 인정되는 출원
② 다음에 해당하는 출원일 경우, 우선심사의 신청을 하려는 자가 출원된 발명에 관하여 **직접 선행기술을 조사**하고 그 결과를 특허청장에게 제출한 경우
  ⅰ) **방위산업**분야의 출원
  ⅱ) **녹색기술**과 직접 관련된 출원
  ⅲ) **수출촉진**에 직접 관련된 출원
  ⅳ) **국가 또는 지방자치단체**의 직무에 관한 출원
  ⅴ) **벤처기업**의 확인을 받은 기업의 출원, **기술혁신형 중소기업**으로 선정된 기업의 출원, 또는 **직무발명 우수기업**으로 선정된 기업의 출원
  ⅵ) 국가의 **신기술개발지원사업**의 결과물에 관한 출원
  ⅶ) 국가의 **품질인증사업**의 결과물에 관한 출원
  ⅷ) **조약**에 의한 우선권 주장의 기초가 되는 출원
  ⅸ) **출원인**이 출원된 발명을 **업으로서 실시** 중이거나 실시 준비 중인 출원
  ⅹ) **전자거래**와 직접 관련된 출원
  ⅺ) 출원과 동시에 심사청구를 하고 출원 후 2개월 이내에 우선심사의 신청이 있는 **실용신안등록출원**
  ⅻ) **지역특화발전특구**에 대한 특화사업과 직접 관련된 특허출원
  ⅹⅲ) **첨단의료복합단지** 안 의료연구개발과 관련된 특허출원
  ⅹⅳ) 공해방지 또는 제거가 주목적인 **환경오염방지방법**에 관한 출원
③ 특허청장이 **외국특허청장**과 우선심사하기로 **합의한 출원**
④ 전문기관에 **선행기술조사**를 의뢰한 출원
⑤ 65세 이상인 사람, 또는 건강에 중대한 이상이 있어 우선심사를 받지 아

니하면 특허결정 또는 특허거절결정까지 특허에 관한 절차를 밟을 수 없는 것으로 예상되는 사람의 출원 등이다. 일반적으로 많이 이용하는 부분은 위의 ix)와 ④의 경우이다.

우선심사 신청은 누구든지 할 수 있으며, 위의 대상으로 적합하다고 판단되어도 실제로 특허출원을 진행하여 일반 심사대상이 되어있는 상태에서만 우선심사로 심사신청방법을 바꿀 수 있다. 다만 제3자가 업으로 출원된 발명을 실시하고 있는 경우 출원공개 후 우선심사를 신청할 수 있다. 우선심사 처리기간은 신청 후 3개월 또는 5개월 이내에 결과를 알 수 있지만, 서류의 보완, 기타 지연사유가 있을 경우에는 해당기간만큼 결과가 늦어진다.

제7절 특허출원의 절차

발명자가 아무리 훌륭한 발명을 하였다고 하더라도 자동적으로 권리를 보호받는 것은 아니며 발명자가 특허청에 발명의 내용을 서면제출하고 심사관의 심사를 거쳐 등록이 되어야 특허권을 갖게 된다. 즉 특허청에 우선 특허출원절차를 밟아야 하는데, 특허출원이란 발명자 또는 그 발명의 승계인(상속인 또는 권리의 양수인)이 완성된 발명의 내용을 특허청에 서면으로 제출하는 절차를 말한다. 그러면 제1순위로 출원했다는 지위(선원의 지위)를 확보하게 되어 자신의 발명과 동일한 사람의 발명이 이후에 특허되는 것을 저지할 수 있게 된다.

다음의 그림에서 알 수 있듯이 출원절차를 보면, 완성된 발명, 출원서제출, 방식심사, 출원공개, 실체심사, 특허사정, 특허원부에의 등록이라는 절차를 밟아야만 비로소 특허권을 얻게 된다.

I. 완성된 발명

완성된 발명은 절차의 대상이지 절차 그 자체를 말하는 것은 아니지만 특허권을 얻기 위한 대상이 발명이므로 절차의 전제로서 발명에 대하여 간단하게나마 언급하고자 한다.

발명에 대한 정의를 특허법 제2조 1호에서 규정하고 있다. 즉 "'발명'이라 함은 자연법칙을 이용한 기술적 사상의 창작으로서 고도한 것을 말한다."라고 하고 있다. 이것을 우리는 흔히 발명의 요건이라 부르고 있다. 반면 아무리 훌륭한 발명이라도 특허권을 얻으려면 특허법 제29조의 특허요건을 충족해야만 한다. 즉 산업상 이용가능성(법 제29조 제1항 본문), 신규성(동항 각호), 진보성(동조 제2항)이 충족되어야만 하는데, 문제는 인정받은(완성된) 발명을 다시 특허요건에 대입시켜 충족된 경우에만 특허권을 주는 것이 옳은 것인가에 논란이 있을 수 있다.

논란의 주요 내용은 특허법에서 정의한 발명의 개념은 그 범위내의 대상만을 보호하겠다는 것은 가장 일반적이고 보편적인 의미를 가진다는 것을 보지 못하는 것이라는 비판이 있을 수 있다. 즉 국회가 만든 법은 보편성을 갖도록 제정한 것뿐이며, 그 법을 적용하고 해석하는 것은 권능을 부여한다는 일반적인 과정으로 보아야 한다는 것이다. 그럼에도 불구하고 지배적인 견해는 발명요건과 특허요건을 모두 충족해야 한다는 것이다. 따라서 특허법상의 발명의 정의를 명확히 하는 것이 결코 쉬운 것만은 아니지만, 특허를 받기 위한 대상은 바로 발명을 의미하며, 그 발명은 자연법칙을 이용한 기술적 사상의 창작으로서 고도한 것이어야 한다는 점이다.

특허출원후 심사 흐름도

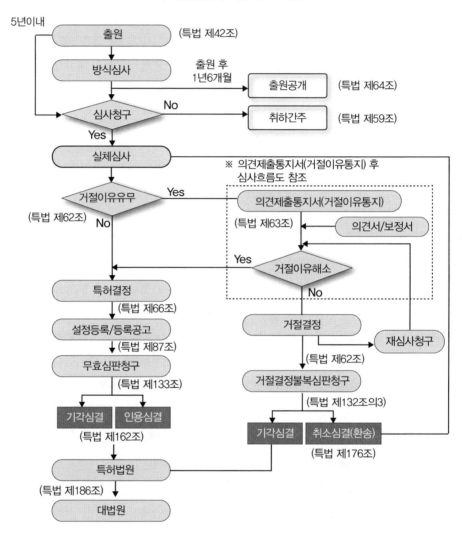

Ⅱ. 출원서 제출

특허출원은 서면으로 해야 하고 한글로 기재하여야 한다. 출원서에는 발명자 또는 출원인, 대리인(변리사를 대리인으로 위임한 경우) 등의 인적사항과 제출일자, 발명의 명칭, 우선권주장에 관련된 사항(우선권주장이 있는 경우) 등을 기재한다(법 제42조).

〈특허출원서 예시〉

IPC 분류기호	주분류		방식 심사란	출원번호 :	
	부분류			담당	심사관
접수인란		**특 허 출 원 서**			
출원인	성명	출원인코드	국 적		
	주소				
대리인	성명	대리인코드			
	주소	전화번호			
발명자	성명	주민등록번호		국적	
	주소	전화번호			
발명의 명칭					

특허법( )의 규정에 의한 우선권주장	출원국명	출원종류	출원일자	출원번호	증 명 서 류	
					첨 부	미첨부

특허법 제42조의 규정에 의하여 위와 같이 출원합니다.

20○○년 ○월 ○일
대리인 ○○○

특 허 청 장 귀하

구비서류 : 1. 출원서 부본 2통
2. 수수료계산서 정본 1통, 부본 1통
3. 명세, 요약서 및 도면 각 2통
4. 위임장 1통
5. 우선권주장 증명서류 원, 역문 각 1통

　　명세서에는 필요적 기재사항인 발명의 명칭, 도면의 간단한 설명(도면이 있는 경우), 발명의 상세한 설명(발명의 목적·구성·효과 등을 기재), 특허청구범위의 란을 빠짐없이 기재하여야 한다.

　　도면은 필요한 경우에만 첨부하면 되지만 가능한 첨부하는 것이 특허를 받는데 유리하다. 요약서는 기술정보의 용도로 사용해야 하므로 발명의 개요를 간략히 요약한다(법 제43조). 한편 대리인을 통하여 출원절차를 밟을 경우에는 위임장 및 양도증, 우선권주장서 등의 서류가 필요한 경우도 있다. 그 밖에도 수수료(출원료)를 납부해야 한다.

Ⅲ. 명세서 — 명세서의 역할

　　특허가 출원되면 발명을 공개하는데, 이 발명을 바탕으로 하여 다시 새로운 기술이 생겨난다. 그리고 심사에 통과된 발명에 대하여는 공개의 댓가로서 일정기간 동안 독점하여 발명을 실시할 권리를 인정받게 된다. 발명을 독점하여 실시할 수 있는 권리가 생기면 가치있는 기술의 개발의욕이 솟아나서 새로운 기술이 생겨나기 쉽다. 따라서 특허제도에 의한 발명의 공개와 독점실시권이 생기면 새로운 기술의 창작으로 이어지고, 특허제도는 당연히 산업의 발전에 이바지하는 것이 된다.

　　명세서는 발명의 기술내용을 기재한 것으로서 발명을 제3자에게 공개하는 기술문헌임과 동시에 발명의 기술적 범위를 나타내는 권리서로서의 역할을 한다. 즉 명세서에 기술된 범위내에서 권리로 보호받게 된다.

　　발명을 구체적인 형태로 나타낸 견본은 발명을 실시한 예이고, 견본 그 자체는 발명이 아니다. '발명'이란 본래 발명자의 머릿속에 있는 기술적 사상이다. 그런데 특허를 받기 위한 절차에서 보면 발명은 발명자의 머릿속에 있는 기술이 아니라 명세서에 나타난 기술이 그 대상이 된다. 특허출원하게 되면 이 기술적 사상을 명세서에서 설명해야 한다. '기술적 사상'이라는 것은 추상적인 것이어서 설명하기가 매우 어렵다. 그래서 구체적인 실시예를 들어가면서 그 추상적인 기술적 사상을 설명하도록 하는 것이다. 따라서 명세서는 기술적으로 확실한 내용으로 기재되어야 하는 것이다. 특히 명세서의 내용은 특허를 받은 후에는 모방을 막아서 독점 실시할 수 있는 기술적인 범위를 정하게 되므로 법률적으로 권리주장을 할 수 있는 확실한 내용으로 해 둘 필요가 있다. 그러므로 명세서는 기술과 법의 양면을 염두하고 작성하여야 한다.

그렇지만 명세서의 작성에는 기술과 법의 전문지식 이외에도 출원절차, 특허실시의 실태, 특허침해사건 등의 많은 경험을 바탕으로 한 지식도 필요하다. 물론 일반인들도 특허출원에 관한 기본적인 내용을 배웠다면 특허출원을 스스로 할 수 있다. 말하자면 종래기술과의 관계를 설명하면서 그 발명의 내용을 설명하고, 심사에 통과되도록 하며, 특허를 받은 후에 넓은 범위로 모방을 막을 수 있도록 양면을 고려하면서 특허를 청구하는 기술적 범위나 발명의 상세한 설명 란을 작성한다. 아래의 [표 3]을 참고하여 핵심요소를 누락하지만

[표 3] 명세서작성의 핵심요소

발명의 명칭		어느 기술분야에 관한 것인가를 간명하게 기재한다.
도면의 간단한 설명		발명의 설명을 위해 도면첨부할 경우, 도면의 제목을 간략히 기재하고 도면의 주요부분에 사용된 기호를 설명한다.
발명(고안)의 상세한 설명	산업상 이용 분야	구체적인 특허청구의 대상에 속하는 기술분야를 요약 기재한다.
	종래의 기술	종래에는 ~ 가 있다는 식으로 기재한다.
	발명의 목적	종래기술의 결점을 어떻게 보완·개선할 것인가를 기술한다.
	발명의 구성	발명의 목적이 실현될 수 있는 특징적인 구성을 특허청구범위와 일치되도록 기재한다.
	작용	각 수단의 역할과 작동관계를 기재한다.
	실시예	실시예는 가능한 한 많이 열거하는 것이 기술범위를 확대할 수 있고, 타인의 출원발명을 변형하여 출원하는 것을 방지할 수 있다. 기계, 기구, 장치 등인 경우에는 상세한 설명과 도면으로 충분할 때가 많지만, 화학분야는 구체적이고 실질적인 실험예가 기재되어야 한다.
	발명의 효과	특유의 장점을 기재한다.
특허청구범위		특허청구범위는 보호받고자 하는 사항을 명확히 기재해야 하며 2개 이상의 항을 기재하여도 된다.

않는다면 누구나 특허를 출원할 수 있다.

Ⅳ. 분할출원

1. 분할출원의 의의와 취지

분할출원이라 함은 2이상의 발명을 1특허출원으로 한 경우에 그 일부를 1이상의 특허출원으로 분할하는 제도를 말한다(특허법 제52조 제1항). 우리나라는 1발명에 대하여 1특허출원만 할 수 있는, 즉 1발명 1출원주의를 채택하고 있으므로 어떠한 이유로든 1출원에 2이상의 발명이 포함되어 있으면 이를 발명의 수에 따라 분할하여 여러 개의 특허출원으로 하는 것이 옳다.

분할출원은 1발명 1출원주의 요건을 위반한 경우 이에 대한 구제수단이 필요하다. 출원인의 선원권을 보호하고 재출원에 따른 비용부담을 없애는 한편, 1발명 1출원의 요건을 충족하는 경우라도 거절이유에 대한 대응 등에 있어 출원인의 편의를 도모하기 위함이다.

2. 분할출원의 요건

적법한 분할출원이 되려면 몇 가지 요건을 갖추어야 한다. 첫째, 원출원이 특허청에 계속 중이어야 한다. 그러므로 분할출원서에 원출원이 무효, 취하, 포기 또는 거절결정이 확정된 때에는 분할출원을 할 수 없다. 둘째, 분할은 보정기간 내에 하여야 한다. 왜냐하면 분할은 보정의 일종으로 볼 수 있기 때문이다. 셋째, 원출원인과 분할출원인이 동일인이어야 한다. 그 밖에도 원출원에 2이상의 발명이 포함되어 있어야 하며, 분할직전의 원출원의 명세서 또는 도면에 기재된 발명의 일부가 분할출원에도 기재된 발명이어야 하고, 분할출원의 명세서 또는 도면이 원출원의 출원 당초의 명세서 또는 도면에 기재한 사항의 범위 이외의 것을 포함하지 않아야 한다. 왜냐하면 보정에 의하여 추가된 사항에 소급효를 부여하는 것은 제3자의 이익을 해치기 때문이다. 그 밖에 분할출원에 관한 발명과 분할 후의 원출원에 관한 발명은 동일하지 않아야 한다. 이는 동일한 발명이 이중등록되는 것을 방지하기 위함이다.

3. 분할출원의 효과

이 요건들이 충족된 분할출원은 최초 출원일에 한 것으로 소급한다(법 제52조 제2항 본문). 다만 소급적용함에 있어서 발생할 수 있는 불합리한 점을 없애기 위하여 몇 가지의 예외로서, 신규성 예외규정의 적용을 받기 위한 절차, 조약우선권주장 절차, 국내우선권주장 절차 등의 규정을 적용할 때에는 소급적용하지 않고 분할출원한 때에 출원한 것으로 하고 있다(동조 단서규정).

V. 변경출원

1. 의의와 취지

변경출원이라 함은 원출원의 내용을 변경하는 것이 아니고, 내용이 유사한 발명 상호간 또는 발명과 실용신안 간에 서로 다른 출원으로 변경하는 제도를 말한다.

특허법은 특허의 발명과 실용신안 및 디자인의 고안을 동질의 것으로 보고 있기 때문에 상호변경을 인정하고 있다(법 제53조 · 실용신안법 제10조). 예컨대, '인쇄의 방법'의 출원을 잘못해서 실용신안등록출원으로 출원한 경우, 방법의 발명은 실용신안의 대상으로 되지 않으므로 심사에 통과되지 않는다. 이러한 경우에는 실용신안출원을 특허출원으로 변경할 수 있다.

특허출원이 특허에 대한 지식이 없다든가 또는 출원자가 타인을 의식하여 선출원의 보장을 받기 위한 나머지 출원을 급히 한 결과 특허출원할 것을 실용신안으로 또는 디자인으로 출원한 경우에 출원의 대상이 다르다는 이유로 거절하여 새로운 출원을 하게 된다면 출원인에게 선출원주의의 혜택은 물론 그의 노력 끝에 얻은 발명이 타인에게 넘어가는 경우도 생긴다. 따라서 이러한 불합리한 점을 시정하기 위하여 일단 출원한 것이라도 그것을 상호 변경할 수 있도록 한 것이다.

2. 변경출원의 요건과 효과

변경출원을 하려면 ⅰ) 물건의 특허출원과 방법의 특허출원을 서로 변경할 수 있고, ⅱ) 실용신안등록출원과 특허출원을 서로 변경하거나, ⅲ) 실용신안등록출원이 특허청에 적법하게 계속하고 있을 것, ⅳ) 당초의 출원인과 출원내용이 동일하여야 하며, ⅴ) 변경기간 내에 해야 한다.

변경출원이 확정되면 당초의 실용신안등록출원은 취하한 것으로 본다. 따라서 출원은 소급되지만 몇 가지 소급되지 않는 경우가 있다. 이를테면 출원변경된 특허출원이 특허법 제29조 제3항의 타 특허출원 또는 실용신안법 제4조의 3항에서 규정하는 특허출원에 해당하는 경우에는 소급효가 적용되지 않는다. 그 밖에도 서류제출일의 불소급인 제30조 제2항, 조약에 의한 우선권을 주장하기 위한 절차인 제54조 제3·4항 및 특허출원 등을 기초로 한 우선권주장과 관련한 제55조 제2항 등은 출원변경과 동시에 별도의 절차를 밟아야 하며, 이때에는 제출일이 소급되지 아니 한다.

Ⅵ. 우선권주장제도

1. 조약에 의한 우선권주장

(1) 의의 및 취지

우선권주장은 조약에 의한 우선권주장(법 제54조)과 국내우선권주장(법 제55조)이 있다. 조약상의 우선권주장제도라 함은 조약국 상호간에 있어서 어느 당사국에 특허출원한 자가 동일한 발명을 내외국인 평등의 원칙에 의해 다른 당사국에 특허출원한 경우에 그 출원일을 최초출원일로 소급하여 인정받을 수 있는 제도이다. 즉 출원인은 최초의 출원 후 1년 이내에 타 동맹국에 정식으로 출원하면서 원래 출원일을 인정해 달라고 요구할 수 있어서 특허요건의 판단 및 선원주의의 적용에 있어서 출원인은 유리한 입장에 설 수 있다.

이 제도의 취지는 각국 특허독립의 원칙에 대한 예외로서 출원인이 자신의 발명을 다수국에서 보호받기 원할 때 이를 동시에 특허출원한다는 것이 거리, 언어, 경제적 비용, 또는 국가마다 상이한 출원제도 등으로 사실상 어려움이 따르게 되므로 어느 당사국의 최초출원일로부터 1년 이내에 소급하여 인정해 줌으로써 발명의 국제적 보호를 꾀하고자 함이다.

(2) 조약에 의한 우선권주장의 요건

ⅰ) 제1국 출원은 조약당사국에서 정식출원으로 인정된 것이어야 한다. 그럼으로써 그 출원이 무효, 취하, 포기 또는 거절되더라도 이를 기초로 우선권을 주장할 수 있다. ⅱ) 최선(最先)출원이어야 한다. 즉 우선권주장의 기초가 되는 출원은 동맹국에서 가장 먼저 출원한 것이어야 한다. 최선을 요구하는 이유는, 우선권을 주장할 수 있는 기간이 실질적으로 연장되는 결과를 방지하기 위함이다. ⅲ) 출원인 및 내용의 동일성이 인정되어야 한다. 우선권주장 출원의 출원인은 대한민국 국민, 동맹국 국민 또는 준동맹국 국민으로서 제1국 출원의 출원인과 동일인이거나 정당한 승계인이어야 한다. 그 밖에도 우선권주장 출원의 내용도 제1국 출원의 명세서에 기재된 내용과 동일하여야 한다. 그리고 제출기간과 관련해서는, 우선권주장기간 내에 출원해야 한다.

(3) 조약에 의한 우선권주장의 효과

적법하게 성립된 조약에 의한 우선권주장은 파리협약상의 효과를 가지게 된다. 즉 제1국 출원과 제2국 출원 사이에 발생한 타인의 출원 등에 의해 어떠한 영향도, 권리도 발생하지 않는다. 또한 판단시점에 관하여도 소급하여 적용받을 수 있다.

2. 국내우선권제도

(1) 의의 및 취지

국내우선권제도라 함은 우리나라에서 특허출원 또는 실용신안등록출원(선출원)을 한 자가 선출원일로부터 1년 이내에 이를 포함하는 개량발명에 대하여 국내우선권주장출원(후출원)을 하는 때에는 후출원발명 중 선출원의 출원서에 최초로 첨부된 명세서 등에 기재된 발명에 대한 특허요건 등의 판단에 있어서 선출원의 출원시에 특허출원한 것으로 보는 것을 말한다. 즉 우리나라에서 선출원된 특허 또는 실용신안등록출원을 기초하여 후출원을 하는 경우, 그 후출원에 대하여 선원의 지위 등 일정요건에 대하여 먼저 선출원한 때 출원한 것으로 취급하는 법률적 효과를 부여하는 것을 말한다. 유의할 점은 우선권주장에 의한 소급효는 출원일 자체가 소급되는 것은 아니므로 심사청구기간 또는 특허권의 존속기간 기산은 후출원일을 기준으로 한다.

이 제도는 개량발명에 대한 기술개발의욕을 고취시키고, 조약우선권상의 부분우선의 효과를 국내출원에도 부여하여 내·외국민간의 불평등을 해소하기 위함이며, 이를 통해 PCT상의 자기지정[25]이 가능하게 되었다.

(2) 국내우선권주장의 요건

ⅰ) 선출원이 계속 중이어야 한다. 선출원이 우선권주장 시점에서 포기, 무효, 취하 또는 각하된 경우에는 특허여부의 결정 또는 심결이 확정된 경우 및 실용신안등록된 경우에는 이를 기초로 우선권주장을 할 수 없다. ⅱ) 분할출원 또는 이중출원이 아니어야 한다. 만약 이에 해당할 경우 특허청의 심사의 부담과 심사의 지연을 초래하기 때문이다. ⅲ) 우선권주장출원인은 선출원인의 출원인과 동일인이거나 적법한 승계인이어야 한다. ⅳ) 우선권주장출원의 청구범위에 기재된 발명과 선출원 최초의 명세서에 기재된 발명이 같아야 한다.

(3) 국내우선권주장의 효과

국내우선권주장은 다음과 같은 효과가 있다. 후출원된 발명 중 선출원의 출원서에 최초로 첨부된 명세서 또는 도면에 게재된 발명은 선출원의 출원시에 출원한 것으로 소급받을 수 있다. 이것은 조약우선권의 경우보다 소급효의 범위가 넓다. 그리고 선출원이 특허출원인 경우에는 그 출원일부터 1년 3월이 경과한 때에 취하된 것으로 본다. 이것은 자칫 이중등록될 수 있기 때문에 사전 방지하기 위함이다.

---

25) 특허협력조약상의 자기지정(self-designation)이란 자국에서 행하여진 선출원에 기초한 우선권주장을 수반하는 국제출원을 함에 있어서 자국을 그 지정국에 포함하는 것을 말함(PCT 제8조).

Ⅶ. 보정제도(보정대상: 절차, 출원서, 청구서, 명세서, 도면, 기타 서류)

보정제도라 함은 특허청에 제출된 각종 서류상의 내용에 흠결이 있거나 불비인 경우에 기재된 사항의 범위 내에서 이를 명료하게 정정하여 서류의 명확화를 기하기 위한 제도이다. 여기에는 절차상의 보정도 포함된다. 이 제도는 선출원주의 아래에서 예기치 못한 미비점 등이 출원 이후에 발견된 경우에 이를 치유할 수 있는 기회를 부여함으로써 출원인이 강한 특허를 확보하는데 심사관이 일조할 수 있도록 보정방향을 제시하는 포지티브 심사기준이 마련되었다. 즉 발명의 내용을 이해할 수 있거나 충분한 선행기술검색을 한 경우 및 선행기술과 구별되는 기술적 특징이 있는 경우에는 출원인의 이해도를 높이기 위한 보정방향을 제시할 수 있다. 만일 거절이유 부분이 있을 경우 이를 명시한 후 보정방향을 제시한다.

신규성 및 진보성에 대한 포지티브심사는 ① 특허 가능한 종속항의 여러 구성 중 기술 구성을 도출하고, 이유를 명시하면서, 보정이 필요한 청구항에 한정 · 부가하거나 ② 특허 가능한 청구항이 없으면 심사과정에서 알게 된 발명의 설명의 기술 구성을 도출하고, 이유를 명시하면서, 보정이 필요한 청구항에 한정 · 부가하도록 할 수 있으며 ③ 특허 가능한 종속항이 있어도 그 종속항의 일부 또는 전체 구성보다 심사과정에서 알게 된 발명의 설명의 기술구성이 적정 권리범위 확보에 보다 바람직한 경우로서 기술구성을 도출하고 이유를 명시하는 등의 보정방향을 제시할 수 있다. 그 밖에 출원인이 기재내용을 빠뜨렸을 경우의 출원에 대해서도 심사관은 그 보정방향을 제시할 수 있다. 이를 일컬어 보정안 리뷰제도이다.

한편 보정을 무제한적으로 인정하게 되면 심사의 지연과 제3자에게 불이익을 초래하는 경우가 있어 보정의 시기 및 범위에는 일정한 제한이 있다.

☞ 참고: 보정안 리뷰제도

이 제도는, 특허청이 출원인에게 통지한 거절이유에 대응한 최종 보정서를 제출하기 전에 심사관과의 면담을 통해 보정안에 대한 의견을 교환하여 출원인은 특허결정가능성을 높이고 심사관은 정확한 심사를 하기 위해 만든 제도이다.

보정안 리뷰를 신청할 수 있는 출원은 심사관이 거절이유를 통지한 출원 중 의견서만료일 1개월 이전이 되는 날까지 보정서 또는 보정안을 기재한 의견서를 제출한 출원이 대상이 되고, 리뷰신청인은 출원인과 대리인이면 된다. 리뷰면담의 내용은, 출원인이 사전에 제출한 보정안을 기초로 하여 통지된 거절이유를 해소하고 적정한 권리범위를 확보하는데 도움을 줄 수 있는 모든 사항을 말한다. 보정안 리뷰에 대한 결정기준은 다음의 내용으로 결정한다. 보정안의 제출여부, 신청일자의 준수, 면담 참석자인 출원인, 발명자, 대리인 또는 출원인으로부터 면담절차를 위임받은 자 등이다. 이러한 요건을 갖춘 경우, 심사관은 해당 출원의 보정안 리뷰 신청을 수락하게 되며, 당사자가 제출한 면담일과 시간이 확정된다. 만일 요건불충족이면 신청은 반려된다. 그러나 반려사유가 해소되면 재신청할 수 있다.

리뷰 면담 진행절차는, 면담 사전준비로는 제출된 보정안을 근거로 이미 통지된 거절이유의 해소여부, 특허요건, 기재불비 등 새로운 거절이유의 발생여부에 관하여 검토한다. 그리고 면담기록서 준비 및 참석자의 신분을 확인한다. 면담진행의 내용은 제출한 보정안 설명(출원인), 리뷰결과설명(심사관), 적정한 권리범위 확보를 위한 보정방향에 관한 출원인과 심사관의 충분한 협의를 하고, 면담기록서를 작성함으로써 면담은 종료되며 그 내용은 상호 협의된 보정방향에 반영된다.

그 밖에 보정과 관련하여 심사관은 직권보정을 할 수 있다(특허법 제66조의2). 직권보정제도는 출원에 대해 심사한 결과 특허결정은 가능하나 명백한 오·탈자, 참조부호의 불일치 등과 같은 명백히 잘못 기재된 것만 심사관의 직권으로 수정할 수 있도록 함으로써 심사 지연을 방지하고 등록 명세서의 완벽을 기하기 위해 마련되었다. 그러나 거절이유가 명백히 잘못 기재된 내용만을 보정할 수 있을 뿐이어서 아무리 사소한 거절이유라도 직권보정이 불가능하여 활용도 및 실효성이 저하되었고, 특히 마지막 보정 단계에서 명백히 잘못 기재된 내용이지만 거절이유가 실수로 포함되면 그 보정은 각하되어 결국 거절결정되는 문제가 여전히 존재한다. 이러한 문제점을 해결하기 위하여 출원인이 직권보정에 동의하지 않으면 특허결정을 취소한다는 조건으로 사소한 오·탈자 외에도 거절이유에 해당하는 기재불비 사항도 명백히 잘못 기재된 경우 심사관이 직권보정할 수 있도록 그 범위를 확대하였다.

직권보정의 대상은 국어표준 용어 또는 맞춤법상의 단순한 오자, 탈자 또는 도면부호의 불일치, 출원인의 당초 의도를 명확히 알 수 있는 기재불비 등에 한정한다. 그리고 「명백히 잘못된 경우」란 통상의 기술자가 그 기재가 잘못되었다는 사실을 쉽게 인식할 수 있고, 명세서 등의 기재, 의견서 및 출원 당시의 기술상식을 참작하여 출원인의 당초의 의도를 명확히 알 수 있어서 해당 보정이 어떻게 이루어질 것인지 쉽게 예측할 수 있는 사항을 말한다.

▷ 국문법에 어긋난 오자
　반도테 → 반도체
　기판는 → 기판은

▷ 국문법상 해석이 분명한 탈자
　라인에 전달하○신호 → 라인에 전달하는 신호
　리니어 터 → 리니어 모터

▷ 반복된 기재
　특허청 특허청은 → 특허청은

다만 직권보정에 있어서의 유의할 점은 직권보정의 대상은 명세서, 도면 또는 요약서에 적힌 사항이 명백히 잘못된 경우이므로 사소한 오·탈자 외에 거절이유에 해당하는 기재불비도 명백히 잘못 기재된 경우라면 심사관은 직권보정할 수 있다[특허법 제66의2(1)]. 특히 직권보정에 의해 청구범위에 변동이 발생하지 않도록 유의하여야 하며, 일부라도 다른 해석의 여지가 있는 경우에는 직권보정을 하지 않고, 특허출원서에 최초로 첨부된 명세서 또는 도면에 기재되지 않은 사항이 추가되지 않도록 하여야 하며, 도면을 직권보정하는 경우 의도하지 않은 새로운 기술사항이 포함될 수 있으므로 주의해야 한다.

출원인이 직권보정사항 중에서 일부를 받아들이지 않은 경우에는 그 일부 직권보정사항은 처음부터 없었던 것으로 보지만 나머지 직권보정사항은 그대로 유지되므로, 나머지 직권보정사항을 거절이유로 통지하지 않도록 유의한다. 그리고 다시 특허결정 또는 실용신안등록결정을 하는 경우에는 나머지 직권보정사항이 최종 명세서에 반영된다.

보정을 할 수 있는 자는 출원인(행위능력있는 자)과 대리인이고, 보정시기는 특허결정등본을 송달하기 전까지 보정할 수 있다(예외로 정한 기간 내에 보정해야 하는 경우도 있다). 보정할 수 있는 범위는 특허출원서에 최초로 첨부된 명세서 또는 도면이고, 이에 대한 요지를 변경하는 경우에는 인정되지 않는다. 요지변경이란 특허출원서에 최초로 첨부된 명세서에 발명의 상세한 설명이나 특허청구범위 또는 도면에 신규의 대상(new matter)을 추가하는 것을 말한다. 보정의 필요성은 인정하지만 때로는 보정을 각하해야 하는 경우도 있다. 즉 출원인이 최후거절이유통지 및 거절결정불복심판청구시 명세서 또는 도면에 관하여 보정한 것이 신규사항의 추가금지에 위반하거나 특허청구범위의 보정범위 제한을 위반한 것으로 인정되는 경우에는 결정으로 각하한다. 왜냐하면 신규사항추가 등과 같은 부적법한 보정은 선출원주의에 반하고, 선의의 제3자에게 불측의 손해를 주어 법적 안정성을 훼손시킬 수 있기 때문이다. 따라서 신규사항추가 금지에 위반하거나, 특허청구범위의 보정제한에 위반된 경우에는 보정각하의 대상이 되며, 보정각하결정을 하는 때에는 의견서제출기회를 주지 않는다(법 제63조 제1항 단서).

Ⅷ. 출원공개제도

출원공개제도란 출원일로부터 1년 6월이 경과한 때 또는 그 전이라도 출원인의 신청이 있으면 그 출원된 발명의 내용을 공보에 게재하여 공중에게 공표하는 제도를 말한다. 이 제도를 도입한 취지는 기술의 조속한 공개를 통해 중복투자 및 중복연구를 방지하고 일반 공중에게 기술정보를 제공함으로써 기술의 발전을 도모하기 위함이다.

1. 출원공개의 시기

출원일로부터 1년 6월이 지나면 발명의 내용을 공개한다. 분할출원 또는 이중출원의 경우에는 원출원일을 기준으로 한다. 우선권주장출원의 경우에는 우선일을 기준으로 공개한다. 물론 출원인의 신청이 있으면 1년 6월 이전이라도 조기공개가 가능하다.

2. 출원공개의 대상

특허청에 계속 중인 모든 출원은 공개의 대상이 된다. 따라서 공개 전에 취하, 무효, 포기, 거절결정이 확정된 때에는 공개하지 않는다. 다만, 예외인 경우가 있다. 공공의 질서 또는 선량한 풍속을 문란하게 하거나 공중의 위생을 해할 염려가 있는 출원, 공개 전에 이미 등록공고된 출원, 국방상 비밀을 요하는 출원 등은 그 비밀취급명령이 해제될 때까지 공개가 보류된다.

3. 출원공개의 효과

출원공개 후에 그 발명을 업으로서 실시한 자에게는 출원된 발명임을 서면으로 경고할 수 있고, 그 실시행위자가 출원발명중임을 알고 실시를 하였다면 출원인은 그 때부터 특허권설정등록때까지의 실시에 대하여 통상 받을 수 있는 금액에 상당하는 보상금을 청구할 권리를 가진다. 다만 보상금청구권은 출원인이 출원공개 후 출원을 포기, 취하, 무효되거나 거절결정, 특허취소결정 또는 특허무효심결이 확정되면 소급적용되므로 보상금을 청구할 수 없다. 그리고 보상금청구권의 행사는 특허권 행사에 영향을 미치지 아니 한다.

Ⅸ. 정보제공제도

1. 정보제공제도의 의의와 취지

정보제공제도란 출원공개된 발명에 대하여 누구든지 특허법에서 정한 거절이유에 해당하여 특허등록될 수 없다는 취지의 정보를 증거와 함께 특허청장에게 제출할 수 있는 제도를 말하며, 이의신청이유와 거의 동일하다고 볼 수 있다. 이 제도의 취지는 특허출원의 심사에 대하여 일반인(공중)으로부터 협조를 받음으로써 심사의 공정성확보와 부실발명을 저지함으로써 특허에 대한 신뢰도 및 신속성과 정확성을 높여 심사의 질적 향상에 기여하기 위해 도입한 제도이다.

2. 정보제공의 신청자 및 심사주체

정보제공은 일반인으로부터 심사협조를 받는 것이므로 누구든지 출원공개된 발명에 대하여 특허되어서는 아니 된다는 취지의 정보제출서를 작성하고 그 사실을 증명하는 증거와 함께 제출하여 정보제공을 할 수 있다. 다만 특허결정된 후에는 정보제공은 할 수 없다.

정보제공에 대해서는 심사관이 단독으로 심사한다. 정보제공은 단순한 심사의 참고자료에 불과하며, 정보제공자는 당사자의 위치에 있는 자가 아니므로 심사결과에 대한 통지를 받지 않는다.

3. 특허등록무효심판(통합된 구 이의신청제도)과의 비교

폐지되기 전의 특허이의신청제도는 특허권이 설정된 후 단기간 내에 특허처분을 재심사하여 특허권을 소급하여 소멸시키는 제도로서 누구나 이의신청을 통해 특허의 등록을 바로잡는 제도였다. 이의신청제도를 폐지(엄밀히 말하면 등록무효심판에 통합)한 후, 그 대신 동일한 효과를 얻을 수 있는 특허등록무효심판은 등록된 특허가 법적으로 무효 사유에 해당한다는 이유로 특허심판원에 등록을 무효로 해달라고 청구하는 것이다. 이 특허등록무효심판은 특허청 산하기관인 특허심판원에 제기해야 하며, 특허권의 설정등록이 있는 날부터 등록공고일 후 3월 이내에 누구든지 청구하면 된다.

X. 심사청구제도

1. 의의 및 취지

특허출원을 하면 그 순서대로 심사해 주면 되지, 왜 군이 심사청구를 별도로 해야 하는지 의아해 할 것이다. 그러나 출원된 발명 중에는 절차가 빠르게 진행되기를 희망하는 출원이 있는가 하면 경쟁기업의 출원에 대하여 방어의 목적으로 출원하는 경우 등 다양하다. 특허청은 출원 순서대로 심사를 하다가는 발명의 완성도가 떨어지는 출원 때문에 또는 정말로 신속하게 특허권을 얻어야 하는 출원이 오히려 출원심사가 지연되는 등 특허를 얻기까지의 시간이 너무 길고, 나아가 인적 · 물적 부담을 많이 지게 된다. 심사청구제도는 바로 이와 같은 폐단을 해소하기 위하여 도입된 제도이다.

2. 청구자 및 청구대상

심사청구는 누구나 할 수 있다. 즉 법인이 아닌 사단 또는 재단도 대표자나 관리인이 정하여져 있는 경우에는 사단 또는 재단의 이름으로 심사청구가 가능하다. 이렇게 제한을 두지 않는 이유는, 심사청구는 단순히 심사절차의 시작일 뿐 제3자에게 청구를 허용하더라도 출원인에게는 불이익이 없기 때문이다.

심사청구를 할 경우, 그 대상은 특허청에 적법하게 계속 중인 출원이어야 한다. 따라서 무효, 취하, 포기된 출원은 청구할 수 없다.

3. 청구기간

특허출원을 심사청구하려면 특허출원일로부터 3년[26] 이내이다. 출원심사의 청구기간이 때로는 너무 길어 특허발명에 대한 권리확정이 지연됨에 따라 제3자의 감시부담이 증가하는 문제점이 있으므로 조속한 권리확정을 위하여 특허출원의 심사청구기간을 국제적 추세에 맞추어 특허출원일로부터 5년 이내에서 3년 이내로 단축한 것은 매우 긍정적이다.

4. 청구의 효과

특허청장은 출원공개 전에 심사청구가 있으면 그 순서에 따라 진행한다. 다만 분할출원의 경우에는 원출원의 심사청구의 순서에 의하여 심사한다.

---

26) 개정법의 시행일(2017. 3. 1)을 반영하였다. 현재는 5년임.

제8절 특허권

Ⅰ. 서 언

특허권은 발명을 독점적으로 지배할 수 있는 권리이다. 즉 독점권이다. 또한 특허권은 타인의 실시나 이용을 금지할 수 있는 배타권이다. 그 뿐만 아니라 발명을 사용, 수익, 처분할 수 있는 재산권이다. 따라서 특허권자는 발명을 업으로서 독점하는 권리를 가지며, 제3자는 권리자의 발명의 독점적 실시를 방해하여서는 아니 된다. 반면 특허권자는 의무를 지게 되는데, 특허발명이 정당한 이유없이 계속하여 3년 이상 국내에서 실시되지 않거나(법 제107조 제1항 제1호), 적당한 정도와 조건으로 국내의 수요를 충족시키지 못하는 경우(동조항 제2호)에는 강제실시권이 설정되는 등의 제재가 따른다. 이 외에도 특허실시보고의무(법 제125조), 특허료 납부의무(법 제79조·제81조) 등이 부과되며, 특허권자가 재외자인 경우에는 특허관리인 선임의무(법 제5조 제1항)가 있다.

이러한 특허권은 특허법 제97조에서 정한 "특허청구범위에 기재된 사항"이 그 범위가 되며 이를 충족하였을 경우에만 특허권으로서 효력을 인정받게 된다. 그러나 법상 인정된 특허권이라 하더라도 공익상 또는 산업정책상의 이유로 인하여 권리행사상 일정한 제한을 받는 경우가 있다. 예컨대, 전용실시권이 설정된 경우 그 설정범위 내에서는 특허권자도 실시할 수 없다거나, 이용·저촉되는 경우, 특허권 공유시 특약에 의한 제한 등을 받을 수 있다. 그 밖에도 특허권의 포기와 수용에 의하여 제한받기도 한다.

Ⅱ. 특허권의 발생

특허권은 출원된 발명이 특허법에서 정한 요건을 구비했는가를 심사한 후, 적법하게 갖추었다고 판단되면 등록원부에 등록을 함으로써 비로소 특허권이라는 법률상의 권리, 즉 특허권발생요건인 대항요건을 가지게 된다. 그러나 특허권이 등록되기까지의 출원인이 가지는 권리의 성격은 '특허를 받을 수 있는 권리'(법 제37조 · 제38조)로서 보호하여 주고 있다.

특허권이 설정등록되면 특허청장은 특허권자에게 특허증을 교부하여야 한다(법 제86조 제1항). 특허증은 특허등록된 권리관계를 공적으로 단지 확인하는 증표 이외의 의미는 없다.

Ⅲ. 특허권의 특성

1. 대세권

특허권은 특허발명을 독점적 · 배타적으로 실시할 수 있는 권리이다. 따라서 특허권자는 특허발명을 독점적으로 실시할 수 있고, 타인의 무단실시에 대하여는 배타권을 실시할 수 있다.

특허권의 내용이 특허의 법익을 직접 지배함으로써 그 효력이 모든 사람을 의무자로 하여 이에 대항할 수 있으므로 대세권 또는 절대권이라 할 수 있다.

2. 추상성

특허권은 실체가 없는 무형의 재화인 무체재산을 그 보호대상으로 하고 있어서 권리범위를 설정하기 매우 곤란하다. 말하자면 특허권은 명세서상의 특허청구범위의 기재내용을 바탕으로 그 범위를 정하는 것이어서 매우 애매한 부분이 존재하게 된다. 특히 제3자의 침해행위가 있었을 경우 침해된 범위를 확정짓는 것은 난해한 것이다. 이처럼 특허권은 그 출발 자체가 관념적이며 추상적인 성질을 가지고 있다.

3. 유한성

발명이 보호되고 장려되기 위해서는 기술을 공개한 자에게는 그에 대한 보상으로 독점적으로 실시할 기간이 주어져야 한다. 또한 변화하고 있는 시장의 상황에 따라 기술도 변모하기 때문에 소유권처럼 무한적으로 보호할 수는 없다. 다만 발명자의 노고와 산업적 측면을 고려하여 실시기간에 적정 기한을 두고 있는 것이 특허제도를 실시중인 국가의 일반적인 정책이다.

4. 제한성

특허권은 발명공개에 대한 댓가로서 주어지는 독점권이므로 공익상 또는 산업정책상의 이유로 인해 권리행사에 있어서 일정한 제한을 받는다. 예컨대 법정실시권(법 제103조), 강제실시권(법 제107조) 등은 공공의 이익을 위한 보편적인 이념에 따라 제한하는 것들이다. 따라서 특허권을 제한하는 것은 특허제도의 목적이 국가의 산업발전에 있으므로 당연하다고 하겠다.

Ⅳ. 특허권의 효력

1. 서 언

특허권의 효력이라 함은 특허권자가 자신의 발명을 업으로서 독점배타적으로 실시할 수 있는 법률상의 능력을 말한다. 따라서 특허권은 독점배타성, 유한성이 있는 무체재산권으로서 산업정책적 색채가 강한 권리이다. 특허권의 효력은 ⅰ) 특허권의 효력이 미치는 범위 ⅱ) 특허권의 적극적 효력 ⅲ) 특허권의 소극적 효력 ⅳ) 효력제한으로 구분된다.

(1) 특허권의 효력이 미치는 범위

특허권은 속지주의원칙에 따라, 즉 국가의 주권은 그 영역 내에서만 존재한다는 사상에서 나온 것으로서, 자국영역 내에서 행한 일절의 특허행위는 우리나라의 특허법을 적용하여 우리의 영역 내에서만 효력이 미치고, 특허권의 존속기간 중에만 그 효력이 인정되며, 내용의 보호범위는 특허청구범위에 기재된 발명에 한하여 효력이 미친다. 다만 공지부분은 그 효력이 부인된다. 따라서 외국에 대하여는 미치지 못함은 물론, 외국 특허권의 효력 또한 우리나라에 대하여는 미치지 못한다.

> **특허법은 속지주의**
>
> 어떤 법의 적용을 받는 사람의 범위에 관하여는 속인주의와 속지주의가 있다. 속인주의란 법이 그 나라의 국민이 국내에 있거나 또는 국외에 있거나 '장소를 불문하고' 그 국민에게 적용된다는 주의이고, 속지주의란 그 나라의 영토를 기준으로 그 영토 내에 거주중인 모든 사람(외국인포함)에게 적용된다는 주의를 말한다.
>
> 특허법은 속지주의를 따르는 바, 그 말은 어떤 발명에 대해 특허권을 획득하여 독점배타권을 행사하려면 각 나라마다 그 나라의 법에 따라 절차를 밟아 특허권을 얻어야 한다는 것이다. 각 나라에서 얻은 특허권은 모두 독자적으로 존재하고 소멸하는 권리이다.

(2) 특허권의 적극적 효력

적극적 효력이라 함은 특허권자가 업으로서 그 특허발명을 실시할 권리를 독점하는 것을 말하며, 실시권, 질권설정, 권리의 양도 또는 포기 등의 사용권, 수익권, 처분권도 포함된다. 다만 특허권자가 공유인 경우 및 특허권의 포기가 제한되는 경우와 특허권의 수용의 경우, 그 밖에도 타법에 의해 제한을 받는 경우가 있다(법 제99조).

(3) 특허권의 소극적 효력

소극적 효력이라 함은 제3자가 정당한 권원없이 그 특허발명의 보호범위 내에서 업으로서 특허발명을 실시하는 것을 금지시킬 수 있는 효력을 말한다. 그러므로 무단으로 실시할 권원없는 제3자는 민·형사상의 제재를 받는다. 여기서 중요한 문제는 '보호범위'와 금지권 행사의 대상이 되는 '제3자의 실시'라고 할 수 있다.

특허법 제97조는 "특허발명의 보호범위는 특허청구범위에 적혀 있는 사항에 의하여 정하여진다"라고 규정하고 있다. 특허청구범위는 특허권의 핵심사항을 기술한 것으로, 특허권의 권리서로서의 역할을 하는데, 특허권의 범위를 명백하게 명시함으로써 일반공중이 특허기술을 이용할 때 그 한계를 제시함으로써 분쟁의 발생을 막을 수 있다. 따라서 특허청구범위가 곧 보호범위이므로 명세서를 작성하고 해석하는 것은 매우 미묘하고 전문적인 사항이므로 특허발명을 실시할 때나 특허권의 범위에 대해서 분쟁이 발생할 경우에는 특허전문가의 도움을 받는 것이 좋다.

그리고 '제3자의 실시'는 정당한 이유가 있어야만 가능하다. 역설하면, 제3자가 정당한 이유없이 특허발명의 실시행위인 생산, 사용, 양도, 대여, 수입, 전시 등의 행위 중에 어느 하나만의 행위에 해당되면 특허침해가 성립하게 된다. 예컨대 A가 위법으로 특허발명품을 생산하고 판매는 하지 않았더라도 특허침해가 성립하며, B가 A로부터 특허침해품을 수입하여 업으로서 사용, 양도, 대여하는 경우에도 즉시 특허침해가 된다.

(4) 효력제한

특허권은 보호되는 범위 내에서는 강력한 권한을 가지지만 국방상 또는 공익상 필요한 경우 등에는 강제실시권, 법정실시권 등의 설정으로 법률상의 제한을 받게 되는 경우도 있다.

2. 적극적 효력의 제한

특허권자라 하더라도 그 특허권에 관하여 전용실시권이 설정된 때에는 전용실시권자가 그 특허발명을 실시할 권리를 독점하는 범위 내에서 특허권자의 실시가 제한된다(법 제94조). 이 규정은 전용실시권이 배타적 물권(物權)에 해당되기 때문이다.

그리고 특허발명이 타인의 특허발명·등록실용신안 또는 등록디자인이나 이와 유사한 디자인과 이용관계에 있거나 특허권이 타인의 디자인권 또는 상표권과의 저촉관계에 있는 경우 그들 권리자의 허락을 얻지 아니하면 그 효력이 제한된다(법 제98조). 그 외에도 특허권이 공유인 경우의 제한(동법 제99조 제3항), 특허권 포기가 제한되는 경우, 특허권의 수용인 경우(동법 제106조) 및 타법에 의한 제한 등은 특허권자 스스로 실시할 수 없는 경우이다.

3. 소극적 효력의 제한

소극적 효력이라 함은 제3자가 정당한 권원없이 그 특허발명을 업으로서 실시하는 것을 배제하는 것을 말하며, 무단으로 실시한 권원없는 제3자는 민·형사상의 제재를 받는다. 즉 특허법 제96조에 의하면, 특허권자는 정당한 사유가 있으면 실시 자체는 제한받지 않지만 제3자의 특허발명의 실시에 대해서 금지권을 행사할 수 없으므로 특허권의 효력제한을 받게 된다.

예컨대, 연구 또는 시험을 위한 특허발명의 실시(영리를 목적으로 하지 아니하며 과학기술의 발전에도 기여하기 때문임), 국내를 통과하는데 불과한 선박·항공기·차량 또는 이에 사용되는 기계·기구·장치 기타의 물건(파리조약을 이행하기 위한 것으로 국제교통상의 장애요소에 대하여는 그 효력이 미치지 않도록 하기 위함), 특허출원시부터 국내에 있는 물건(기존의 상태를 보호하여 법적 안정성을 기하기 위함), 약사법에 의한 조제행위(2이상의 의약을 혼합함으로써 제조되는 의약발명 또는 방법발명에 관한 특허권의 효력은 약사법에 의한 조제행위와 그 조제에 의한 의약에는 미치지 아니한다. 이는 사람의 질병의 치료를 위한 의사의 처방전이나 약사의 조제행위를 보호하기 위한 것임), 그 밖에 실시권의 존재에 따른 제한, 재심에 의하여 회복한 특허권의 효력의 제한(법 제181조), 특허법 제81조의3 제4항에 의하여 특허료를 추가 납부함으로써 특허권이 회복한 때에는 당해 추가납부기간이 경과한 날부터 납부하거나 보전한 날까지의 기간 중 그 발명의 실시에 대하여는 특허권의 효력이 미치지 아니한다. 이는 제3자를 보호하기 위함이다.

V. 존속기간 및 존속기간 연장등록제도

특허권의 존속기간이라 함은 특허권자가 특허발명을 적법하게 독점적으로 실시할 수 있도록 특허법에서 정한 기간을 말한다. 이 존속기간을 정함에 있어서는 발명자의 보호와 산업발전의 측면을 함께 고려해야 하므로 국가마다 그 기간이 각각 다를 수 있다. 이 제도를 둔 이유는 특허권은 유체물에 대한 소유권처럼 존속기간을 너무 길게 하면 특정의 기술에 대한 독점상태가 오래 계속되어 산업정책상 부당한 경우가 생기므로 기간의 정함을 두는, 즉 유한성을 두는 것이 옳다. 만약 그 기간이 짧을 경우 기술의 공개에 대한 충분한 보상을 받기 전에 권리가 소멸함으로써 발명의욕을 감퇴시킬 염려가 있을 수도 있다. 따라서 발명자의 창의적 노력에 대한 댓가와 국가산업 및 공공의 이용적 측면을 감안하여 존속기간이 종료하면 누구나 그 발명을 자유로이 실시하도록 하는 것이다.

존속기간에 관한 기본원칙은, 특허권의 설정등록이 있는 날로부터 특허출원일 후 20년이 되는 날까지이다. 다만 조약우선권주장 출원에 대하여는 우리나라 출원일을 기준으로 하고, 국내우선권주장 출원의 경우에는 후출원일을 기준으로 한다.

존속기간 기산의 특칙은 무권리자가 한 특허출원의 특허출원일의 다음날부터 기산한다(법 제88조 제2항).

앞에서 기술한 바와 같이 특허권의 존속기간은 예외없이 적용할 경우에는 특정분야, 즉 임상실험이나 타 기관의 인·허가를 받아야 하는 기술분야의 경우에는 그 특허발명을 실질적으로 실시할 수 없게 되므로 권리기간을 탄력적으로 적용하기 위한 조치로 연장등록제도를 두고 있다. 대통령령이 정하는 위의 분야와 관련된 발명에 대하여 5년의 기간 내에서 존속기간을 연장 가능하다.

제9절 특허권자의 보호

특허권은 특허발명을 업으로서 실시할 권리를 독점하는 재산권이다(법 제94조). 따라서 특허권자만이 그 발명을 실시할 수 있으나 권한없는 자는 업으로서 실시할 수 없다. 그러나 정당한 이유가 있으면, 즉 특허발명에 대하여 특허존속기간만료 후에 특허발명을 실시하였거나, 특허존속기간 내에 특허발명을 업으로서 실시하지 아니한 경우에는 특허침해가 되지 않는다. 여기서 특허권의 침해라 함은 정당한 권원없는 자가 특허권의 존속기간내에 국내에서 특허발명과 동일성이 있는 발명을 업으로서 실시하거나 일정한 예외적 행위를 함으로써 특허권의 재산적 가치를 훼손시키는 것을 말한다. 따라서 그 침해로부터 보호받기 위한 수단은 민법의 일반원리에 따르면 되지만 '발명특허'라는 속성은 무체성을 기반으로 하기 때문에 유체성을 기반으로 하는 민법규정을 적용하는 데에는 무리가 따르므로 특별규정을 두어 처리하고 있다. 다만 특별법인 특허 법이 전적으로 적용되는 것은 아니라 특허법에 규정되어 있지 않은 재산권보 호에 관한 부분은 민법의 규정을 적용하여 구제받을 수 있다. 그 특허권자보호 를 위한 특별규정을 살펴보면, 간접침해의 인정(법 제127조), 생산방법의 추정 또는 과실의 추정(법 제129조·제130조), 손해액의 추정(법 제128조) 등을 두어 특 허권의 보호를 강화하고 있다.

I. 간접침해(indirect infringement)

특허권자를 보호하기 위하여 특허권침해로 보는 행위를 특허법 제127조에 두고 있다. 이 규정의 취지는 특허제도의 국제화 내지 통일화라는 추세에 부응 하고 발명자 및 권리자의 권익보호를 강화하려는 것으로 이해된다. 본조는 특 허발명 자체의 실시에는 해당하지 않으나 이를 방치하면 장차 특허발명을 침해 할 개연성이 높은 예비적 행위에 대하여 침해로 의제하겠음을 나타내는 것으로 서 침해의 앞 단계에서 특허권자를 두텁게 보호하기 위함이다. 요약하면 간접 침해란 침해의 전단계로서 침해의 개연성이 있는 경우 법률상 침해로 간주해 주는 제도를 말한다. 특허가 물건발명인 경우에는 그 물건의 생산에만 사용하 는 물건을, 방법발명인 경우에는 그 방법의 실시에만 사용하는 물건을 업으로 서 생산·양도·대여 또는 수입하거나 그 물건의 양도 또는 대여의 청약을 하는 행위는 특허를 침해한 것으로 본다. 말하자면 간접침해는 직접적인 특허발명의 실시와는 별개로 행해지는 행위이다. 그러나 간접침해자가 자신의 특허발명의 전부실시 또는 일부실시와는 무관하더라도 제3자에 의하여 특허권의 직접침해 가 발생하는 것을 전제로 하고 있으므로 간접침해는 직접침해를 전제로 한다.

특허법상 간접침해의 성립요건은, 물건발명에 대한 간접침해에 있어서는 '특허발명 물건의 생산에만 사용하는 물건을 생산·양도·대여 또는 수입하거나 그 물건의 양도 또는 대여의 청약을 하는 행위를 업으로서 하는 것'이고, 방법

발명에 대한 간접침해에 있어서는 '특허발명 방법의 실시(즉 사용)에만 사용하는 물건을 생산·양도·대여 또는 수입하거나 그 물건의 양도 또는 대여의 청약을 하는 행위를 업으로서 하는 것이다.

'물건발명'에 관하여 하나의 예를 들면, '워터맨의 만년필 펜촉'에 관한 특허의 특허청구범위에 기재된 '홈(1) + 구멍(2) + 에보나이트물질(3)'로 구성된 만년필 펜촉이라고 가정해 볼 때, 펜촉에 특허가 존속되고 있는 경우, 타인이 그 펜촉의 생산에만 사용되는 '에보나이트물질'을 업으로 생산·양도 등을 하는 행위는 워터맨의 판촉발명에 대한 특허권을 간접침해하는 것으로 된다. 이와 같이 물건발명은 '그 물건의 생산에만' 사용하는 물건을 업으로 실시하는 행위이어야 하므로, 에보나이트물질이 그 물건발명(펜촉발명)의 생산에 사용되는 이외에도 다른 용도(예컨대 삼투압실험을 위한 교육용 학습기구)로 사용되고 있을 때에는 그 에보나이트물질을 생산하거나 양도하는 행위는 펜촉발명에 대한 간접침해가 성립하지 않는 것으로 본다.[27]

'방법발명'에 관하여도 예를 들면, AIDS치료제의 원료인 didanosine을 사용하여 AIDS치료제 원료인 AZT치료제 제조방법에만 사용되고 있을 때, 타인이 didanosine을 업으로 생산·양도 등을 하는 행위는 그 방법발명에 대한 특허권을 침해한 것으로 된다.[28] 따라서 개인적·가정적 실시는 침해를 구성하지 않지만, 업으로서 실시인 한 단 1회의 실시 및 침해자의 고의 또는 과실을 불문하고 객관적 침해사실만으로도 간접침해가 성립한다.

Ⅱ. 직접침해(direct infringement)

직접침해란 침해자가 타인의 특허된 발명을 생산 또는 판매하는 등 직접 실시하는 것을 말한다. 즉 정당한 권원없는 제3자가 보호범위에 속하는 발명의 구성요소를 포함하고 있는 침해제품(위조 또는 모방한 제품)을 무단으로 제조·

---

27) 김원준, 특허법, 박영사, 2003, 616~617쪽에서 인용.
28) 위의 책, 617쪽에서 인용.

판매하는 등의 침해행위를 한 경우를 말한다. 특허법은 직접침해의 요건을 규정하고 있지 않지만 침해죄에 대해서는 특허법 제225조 제1항을 적용한다. 이용 · 저촉관계인 발명의 실시도 직접침해에 해당한다.

Ⅲ. 과실의 추정[29]

과실이라 함은 자기의 행위로부터 일정한 결과가 발생할 것을 인식했어야 함에도 불구하고 부주의로 인식하지 못하고 그 행위를 하는 것을 말한다. 산업재산권법인 특허법 제130조, 실용신안법 제30조, 디자인보호법 제65조에서 각각의 권리를 침해한 자는 그 침해행위에 대하여 과실이 있는 것으로 추정하고 있다. 이렇게 추정규정을 둔 이유는, 무체재산의 속성상 특허권자가 상대방의 침해행위에 과실이 있음을 입증하는 것이 쉽지 않은 바, 특허권을 침해한 경우 그 침해자의 행위에 대하여는 일단 과실이 있는 것으로 추정하게 함으로써 과실의 입증에 따른 특허권자의 부담을 덜어주기 위함이다. 말하자면 산업재산권법은 권리의 내용을 공개하는 것을 원칙으로 하고 있고, 산업재산권이 설정등록되면 공보에 게재되며, 발명과 디자인 등을 업으로서 실시하는 것은 이러한 공보를 조사할 의무가 있음을 전제로 권리침해 행위가 있던 때에는 일단 과실이 있는 것으로 추정하게 하고, 과실유무에 대한 입증책임을 침해자가 하도록 하기 위함이다. 따라서 이러한 취지로 볼 때, 직접침해만이 침해로 보는 것이 아니라 간접침해도 침해행위로 볼 수 있으므로 간접침해행위에 대하여 과실의 추정을 적용하는 것이 옳다.

---

29) 추정이란 어느 사실에서 다른 사실을 추인하는 것을 말한다. 추정에는 사실상의 추정과 법률상의 추정이 있다. 전자는 일반 경험칙을 적용하여 행하는 추정을 말하고, 후자는 이미 법규화된 경험칙, 즉 추정규정을 적용하여 행하는 추정을 말한다. 사실상의 추정은 추정사실이 진실인가에 의심을 품게 할 반증으로 번복되지만, 법률상의 추정은 추정사실이 진실이 아니라는 적극적인 반대사실의 증명이 있어야 번복된다(이시윤, 신민사소송법, 제3판, 박영사, 2007, 485쪽).

Ⅳ. 생산방법의 추정

일반적으로 법은 침해사실에 대한 입증은 별단의 규정이 없는 한 원고, 즉 주장하는 자의 몫으로 하고 있다. 이 원칙에 의하면 누군가가 만든 물건에 대하여 특허권자는 자신과 동일방법에 따라 제조된 물건임을 입증해야 한다. 특허권자는 동일물건이라도 그 물건을 생산하는 방법은 다양할 수 있기 때문에 그 방법을 침해한 것이라는 점을 증명하지 않으면 아니 되는 부담이 생긴다. 그래서 특허법에서 방법특허권자에게 입증책임을 지우게 하는 것은 지나친 부담이며, 그 효력을 약화시키기도 한다는 지적이 있다. 따라서 특허법 제129조는 침해사실의 입증이 매우 어려운 권리자의 입증책임을 경감하기 위한 것으로, 신규의 동일물은 동일한 방법에 의하여 생산된 것으로 추정한다는 규정을 두어 일정한 조건하에 생산방법이 동일하다는 점에 관한 입증책임의 전환, 즉 특허권자의 상대방은 자신의 물건은 특허권자의 생산방법과 다른 방법에 의하여 생산한 것이라는 점을 주장하고 입증해야 한다.

제10절 특허권침해에 대한 구제

특허권의 침해라 함은 정당한 권원없는 자가 타인의 특허권을 업으로서 실시 또는 사용함으로써 특허권의 재산적 가치를 훼손시키는 것을 말한다. 특허권이 침해받은 경우 공법상 침해자에게 형벌이 부과되고 사법상의 구제방법으로는 침해행위 자체의 금지청구, 침해행위에 의해 입은 손해에 대한 배상청구 및 침해행위에 의해 업무상의 신용이 실추된 때에는 그것을 회복하기 위해 필요한 조치를 취할 것을 청구할 수 있다.

Ⅰ. 민사상 구제조치

1. 침해금지 · 예방청구권(법 제126조)

특허권자 또는 전용실시권자는 자기의 권리를 침해한 자 또는 침해할 우려가 있는 자에 대하여 그 침해의 금지 또는 예방을 청구할 수 있다.[30] 고의, 과실의 유무를 불문으로 한다. 또한 금지청구에 수반하여 침해행위를 조성한 물건(물건을 생산하는 방법의 발명인 경우에는 침해행위로 생긴 물건을 포함)의 폐기 및 침해행위에 제공된 설비의 제거, 기타 침해의 예방에 필요한 행위 등을 청구하는 것이 효율적이다.

침해금지청구의 경우에는 침해사실만을, 예방청구의 경우에는 침해의 객관적 우려만이 인정되면 족하고, 고의나 과실 및 손해액은 다투지 아니하므로 신속하고 효율적이다. 통상 가처분의 형태로 본안과 함께 또는 독립적으로 행한다.

2. 손해배상청구권(민법 제750조, 법 제128조, 제129조, 제130조, 제132조)

손해배상청구권이라 함은 특허권자 또는 전용실시권자가 고의 또는 과실에 의해 자기의 권리를 침해한 자에 대해 손해의 배상을 청구할 수 있는 권리를 말한다. 이는 민법 제750조에 의하여 행사할 수 있으며, 특허법은 사실 또는 손해액을 증명하기 곤란함을 고려하여 별도의 규정을 두고 있다. 특허권이 침해된 경우, 특허권자는 자신의 권리 자체에 대한 교환가치의 하락, 상품판매량의 감소, 판매가격의 하락에 의해 금전적 손해를 입는 경우가 많다. 이러한 경우 그 손해를 침해자에게 보상시키는 것이 정의 · 공평의 관념에 합치하기 때문이다.

불법행위에 의한 손해배상청구를 하려면 가해자의 고의 또는 과실에 의한 행위, 가해행위의 위법성, 책임능력, 가해행위에 의한 손해의 발생 및 가해행위와 손해발생 사이의 인과관계 등이 있어야 한다. 여기서 인과관계라 함은 불법

---

30) 통상실시권은 설정자에 대해 자신의 실시에 대한 인정과 협력을 요구할 수 있는 채권적인 청구권이므로 통상실시권자에게는 물권적 청구권에 해당하는 금지청구권이 없다.

행위에 의한 손해배상청구에 있어 권리침해행위와 손해발생 사이에 인과관계가 있어야 함을 말한다. 즉 특별한 사정이 없는 한 불법행위가 있으면 사회일반의 관념상 발생하는 것으로 생각되어지는 손해의 범위를 말하는 것이다.

예컨대 특허권의 침해에 의한 매출감소는 사회적으로 당연히 생각할 수 있는 경우이므로 인과관계가 있다고 볼 수 있다. 또한 특별한 사정에 의해 생긴 손해라도 당사자가 그 사정을 예견하거나 또는 예견가능성이 있는 때에는 인과관계가 성립한다. 즉 전용실시권 설정계약에 있어 그 실시에 의한 생산량에 따라 실시료를 지불하도록 되어 있고, 그 실시료율이 생산량이 많아짐에 따라 체감되도록 정해져 있는 경우, 침해행위에 의해 전용실시권에 의한 생산량이 떨어져 높은 이율의 실시료를 지불하여 손해를 입게 되는 경우에는 그 손해는 침해자가 앞의 사실을 알고 있던지 또는 알 수 있을 가능성이 있는 경우에만 그 손해배상을 청구할 수 있다.

그 밖에도 타인의 특허권을 고의로 침해하였을 때 손해액의 최대 3배까지 배상하는 징벌적 손해배상제이다(2019년 7월 9일 시행). 예를 들면 A기업이 자신의 특허권을 침해한 B기업을 상대로 1억 원의 손해배상을 청구했으나 실제 인용된 금액은 2천 2백만 원에 그쳤다. 그나마도 약 1천만 원은 소송비용을 빼면 사실상 손해로 인정된 금액은 1천 2백만 원에 불과하다. 그러다 보니 중소기업에서는 자신의 특허권 침해사실을 인지했음에도 불구하고, 소제기를 포기하는 경우도 다반사이다. 이제는 특허권(영업비밀 포함)을 고의로 침해했을 때 손해액의 최대 3배까지 배상받을 수 있어 A기업은 최대 6천 6백만 원까지 배상을 받을 수 있다.

지금까지는 손해배상액이 적어, 침해가 예상되더라도 우선 침해를 통해 이익을 얻고 나중에 보상을 하면 된다는 인식이 많았다. 그러나 징벌적 손해배상이 시행됨에 따라 지식재산 침해의 악순환 고리가 끊어지고, 지식재산의 가치를 인정받는 환경이 만들어지게 되었다.

그리고 특허권 침해에 대한 실시료 인정기준이 '통상 실시료'에서 '합리적 실시료'로 변경된다. 그 동안에는 동종업계의 실시료 계약 등을 참고하여 인정되던 실시료 비율이 이제는 동종업계의 참고자료가 없더라도 법원에서 합리적으로 판단할 수 있게 되었다. 이를 통해 현재 2~5%에 불과하던 실시료 인정비율이 최대 12~13%(미국 수준)까지도 상승할 수 있을 것으로 기대된다.

다음으로 특허권을 침해한 자에게 자신이 실제 어떻게 제조행위를 했는지를 구체적으로 밝혀야 한다. 일반적으로 침해자의 공장안에서 제조가 이루어지기 때문에 제조방법에 관한 특허의 경우에는 특허권자가 그 침해행위를 입증하기가 굉장히 어려웠으므로, 이러한 문제점을 해소하기 위해 침해자에게 자신이 공장에서 어떻게 제품을 제조했는지 밝히도록 의무를 부과한 것이다. 이를 통해 특허권자의 침해입증이 다소 완화되었다.

3. 신용회복청구권

신용회복청구권이라 함은 고의 또는 과실에 의하여 특허권 등을 침해하여 특허권자 등의 업무상의 신용을 실추하게 한 자에 대하여는 손해배상에 갈음하거나 손해배상과 함께 업무상의 신용회복을 위하여 필요한 조치를 청구할 수 있다. 이러한 경우 법원은 특허권자 또는 전용실시권자의 업무상의 신용회복을 위하여 필요한 조치를 명할 수 있다. 예컨대, 침해자가 자신의 비용부담으로 민사손해배상판결 또는 침해죄의 유죄판결 등을 신문·잡지에 게재하는 것을 들 수 있다. 한편 헌법재판소는 법원이 재판으로 사죄광고명령을 내리는 것이 헌법이 규정하는 양심의 자유에 반한다는 위헌판결을 내린 바 있다.[31] 말하자면 침해자 스스로의 사죄광고는 유효하다는 것이다.

4. 부당이득반환청구권

현행 특허법에는 부당이득반환에 관한 명문의 규정은 없으나 당연히 재산권 일반에 관한 조치로서 민법 제741조가 이를 뒷받침하고 있다. 이 조항은 "법률상 원인 없이 타인의 재산 또는 노무로 인하여 이익을 얻고 이로 인하여 타인에게 손해를 가한 자는 그 이익을 반환하여야 한다."고 규정하고 있다. 법률상 원인이 없음에도 이익을 얻은 자가 있는 한편, 그것에 의해 손해를 입은

---

31) 헌법재판소 전원재판부 1991. 4. 1. 89헌마160.

자가 있는 경우 정의·공평의 관념에 따라 그 이득을 반환시키는 것을 목적으로 하고 있다. 특허권의 침해에 있어서도 본래 침해자는 권리자에게 실시료 상당액을 지불하여 실시하여야 하지만 이것을 지불하지 않고서 실시한 것에 의해 이익을 얻게 되고, 반면 권리자는 본래 얻어야 하는 실시료상당액에 대한 손실이 발생하는 것이기 때문에 침해자는 부당이득을 하고 있는 것으로서 권리자는 그 실시료상당액을 이득으로서 반환청구할 수 있게 된다.

5. 가처분신청

판결이 선고되어 강제집행이 되기까지의 긴 시간을 고려하면 특허권자 입장에서는 굳이 비용과 시간을 투자하여 소송을 진행할 실익이 없을 정도로 침해자에 의한 회복불능의 손실이 발생할 수 있으므로 침해행위를 배제하기 위해서는 특허권자는 본안 소송 전 또는 본안 소송과 병행하여 가처분신청을 신청하면 신속하게 침해행위를 배제할 수 있다. 가처분신청의 단점은 상대방이 가처분 항고를 하면 최종판결이 날 때까지 많은 시간이 소요된다.

II. 형사상 구제조치

1. 침해죄(법 제225조)

고의에 의하여 특허권이 침해된 때에는 고소를 통하여 침해자에게 형사벌을 부과할 수 있으며, 특허권 또는 전용실시권을 침해한 자는 7년 이하의 징역 또는 1억원 이하의 벌금에 처한다(법 제225조 제1항). 형법에서는 원칙적으로 고의범을 벌하고 과실범은 예외적으로 처벌하므로 고의와 과실의 구별은 매우 중요하나, 민법에서는 불법행위로 인해 피해자가 입은 손해의 전보에 목적을 두기 때문에 원칙적으로 양자의 경중의 차이는 없다고 볼 수 있다. 특허법에서는 특별한 규정을 제외하고는 형법 제13조를 적용한다. 즉 침해죄가 성립하기 위해서는 고의를 요건으로 하며 과실범은 처벌하지 않는다. 그리고 침해죄는 고소가 있어야 처벌할 수 있으므로 친고죄이다(법 제225조 제2항).

2. 양벌규정(법 제230조)

법인의 대표자, 법인 또는 개인의 대리인, 사용자 기타 종업원이 그 법인 또는 개인의 업무에 관하여 침해행위, 허위표시행위 또는 사위행위를 한 때에는 행위자를 벌하는 외에 그 법인 또는 개인에 대하여도 벌금형을 과한다.

3. 몰수(법 제231조)

특허법 제22조 제1항에 해당하는 침해행위를 조성한 물건 또는 그 침해행위로부터 생긴 물건은 이를 몰수하거나 피해자의 청구에 의하여 그 물건을 피해자에게 교부할 것을 선고하여야 한다.

제11절 특허심판

Ⅰ. 서 언

종래의 특허심판제도가 쟁송절차로서 부적절하고 위헌의 소지가 있다는 논란이 줄곧 있었다. 그래서 1998년 3월 시행법에서 특허사건의 분쟁은 이원적인 권한분배원칙에 의해서 특허쟁송이 처리되고 있다. 즉 국민의 재판을 받을 권리의 보호차원에서 특허청내의 2단계심판을 특허심판원으로 통합하는 대신 특허법원을 설치함으로써 특허심판원의 심결에 대한 불복의 소는 특허법원의 전속관할로 하고, 이에 대한 불복은 대법원에 상고할 수 있게 함으로써 사실관계 및 법률관계가 법원에서 충분히 심리될 수 있게 되었다. 특허쟁송은 특허침해소송·특허관련 일반 행정소송 및 특허심판의 결과에 관하여 이루어지는 특허소송으로 나눌 수 있다. 특허심판원 심판관에 의한 심결·결정의 취소를 구하는 '심결취소소송'은 특허법원이 관할하는 소송이므로 편의상 '특허소송'이라 통칭한다.

Ⅱ. 특허심판의 개관

특허심판은 심사관의 결정에 불복하거나 특허권에 관한 분쟁이 있을 때에 그 해결방법으로서 채택된 제도로서, 행정관청인 특허청이 대법원의 최종심을 전제로 하여 현안문제를 준사법적 절차에 따라 해결하는 행송절차이다. 행정상 법률관계에 관하여 분쟁이 있는 경우에 행정기관이 심리·판정하는 절차를 행정심판이라고 한다. 원래 행정심판제도는 행정제도의 관념을 기초로 하여 행정권의 자율성을 보장하고, 행정권을 사법권에 의한 제약으로부터 해방시키려는 의미를 말한다. 이러한 의미에서 보면 행정심판은 그 작용이 사법적 성질을 가지지만 일반사법작용이 아니므로 합헌성 여부가 문제될 수 있다. 그러나 자본주의 발달에 따른 복잡한 사회·경제문제의 신속하고 합리적인 처리를 위한 실제상의 필요에 의하여 합리성을 인정하고 있다. 이러한 의미에서 판단해 보면, 특허관련사건과 같이 고도의 기술적 판단이 요구되는 분쟁사건은 그 기술의 내용파악을 위한 전문지식과 경험을 갖춘 심판관에 의하여 재판의 전심절차로서의 특허심판을 행정부인 특허청이 담당하게 할 필요가 있되 다만, 행정심판의 절차는 법률로써 정하되 사법절차가 준용되도록 하고 있다(헌법 제107조 제3항). 말하자면 특허심판은 형식적으로는 행정기관에 의한 행정행위로서의 성질을 가지는 것은 사실이지만, 실질적으로는 심판의 결과가 사권 확정을 초래하고 심판절차에 사법절차가 상당 준용되고 있는 점을 볼 때 특허심판이 준사법적 행정행위로 불리우는 이유가 바로 이 때문이다. 따라서 특허심판은 행정심판이지만 특허법원과 대법원으로 이어지는 특허소송의 사실상의 제1심으로 특허법원에 소를 제기하려면 반드시 심결전치주의에 따라 특허심판원의 심결을 받아야만 한다.

현재 특허심판은 그 공정성과 적정성을 담보하기 위하여 민사소송법상의 재판절차 및 공익성을 위한 형사소송법을 상당 부분 준용함으로써 특허와 관련한 분쟁을 해결하고 있다. 특허심판은 그 심판구조에 따라 두 종류의 심판으로 구분한다. 결정계 심판과 당사자계 심판이다. 전자는 거절결정 등에 대한 심판(법 제 132조의3)과 정정심판(특허·실용신안)이, 후자는 무효심판(법 제133조),

권리범위확인심판(법 제135조), 통상실시권허락심판(법 제138조), 등록취소심판 (상표) 등이 포함된다.

결정계 심판이라 함은 심사관의 처분에 불복하여 청구하는 심판으로 심판 의 당사자로서 청구인과 피청구인이 대립하는 구조를 취하지 아니하고, 청구인 만이 존재하는 심판을 말하며, 특허거절결정심판, 정정심판 등이 해당된다. 여 기서의 청구인은 국가 행정처분의 정정을 구하는 자를 말한다. 따라서 결정계 심판에서는 참가제도가 인정되지 않고, 심판비용은 청구인이 부담하며, 일사부 재리의 적용을 받지 않는다.

반면, 당사자계 심판이라 함은 이미 설정된 권리에 관련한 당사자의 분쟁 에 대한 심판으로 당사자로서 「청구인」과 「피청구인」이 대립된 구조를 취하는 심판을 말한다. 이에는 무효심판, 권리범위확인심판, 통상실시권허락심판, 등록 취소심판(상표) 등이 해당되며, 참가제도는 인정되고, 심판비용은 통상실시권허 여심판을 제외하고 패심자가 부담한다. 또한 일사부재리가 적용된다. 위의 내 용을 이해할 수 있도록 다음과 같이 제시하여 본다.

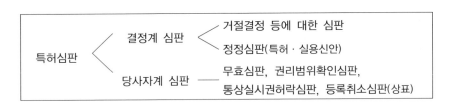

Ⅲ. 특허심판의 절차

1. 개 요

특허심판을 청구하면 특허법에서 규정한 절차에 따라 다음과 같은 심판절 차가 진행된다.

심판의 청구 ➡ 심사전치 ➡ 심판부의 구성과 심판관의 제척·기피 ➡ 심 리 ➡ 심판참가 ➡ 심판의 종료 ➡ 심판비용 등의 순서로 진행하게 되며, 다음 의 그림을 보듯이 심판사건별로 그 절차가 상이하다.

(1) 결정계 사건

1) 거절결정불복심판 절차

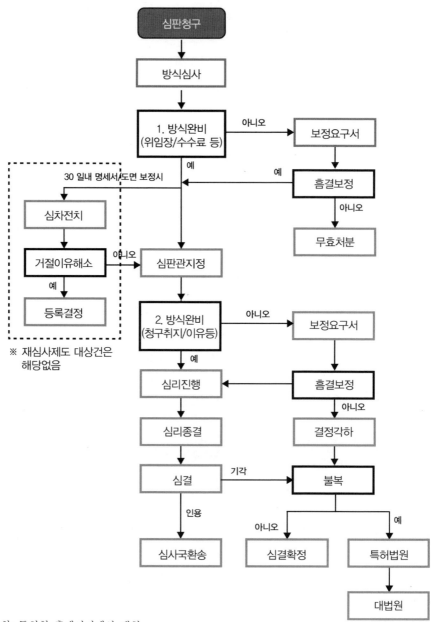

출처: 특허청 홈페이지에서 캡처

2) 정정심판 절차

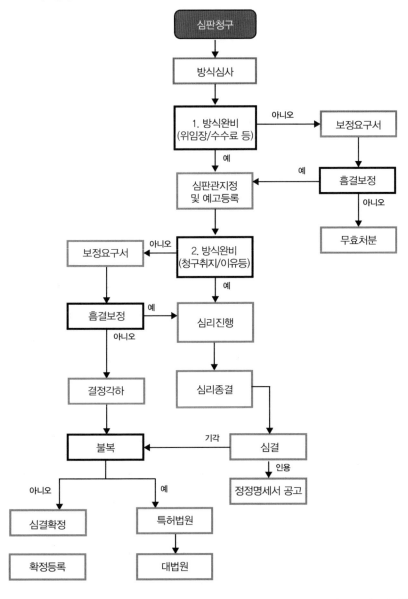

※ 2001. 7. 1이전 특허출원의 경우 심리종결전 정정명세서를 공고하며, 정정이의 신청 기간이 있음.

(2) 당사자계심판 절차

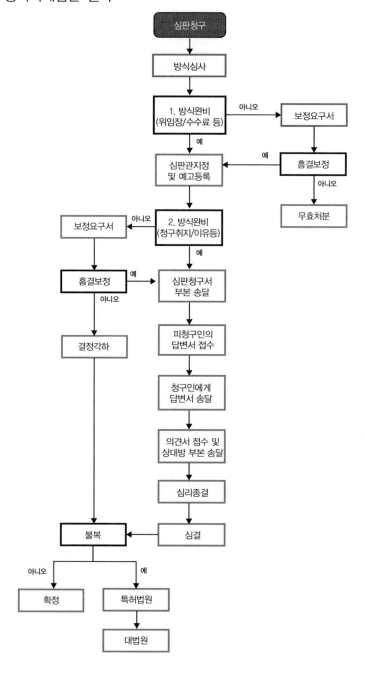

2. 심판의 청구

심판을 청구하고자 하는 자는 심판청구서를 특허심판원장에게 제출하여야 하고, 다음과 같은 내용을 기재하여야 한다(법 제140조 제1항).

 ⅰ) 당사자 및 대리인의 성명과 주소(당사자가 법인인 경우에는 그 명칭 및 영업소 소재지, 대리인이 특허법인인 경우에는 그 명칭, 사무소의 소재지 및 지정된 변리사의 성명), ⅱ) 심판사건의 표시, ⅲ) 청구의 취지 및 그 이유(심판청구서의 보정은 그 요지를 변경할 수 없으나 예외를 두고 있다) 등이다.

심판청구시 첨부서류는 ⅰ) 정정심판은 정정한 명세서 및 도면 첨부(법 제140조 제5항), ⅱ) 권리범위확인심판은 특허발명과 대비될 수 있는 설명서 및 필요한 도면 첨부(법 제140조 제3항), ⅲ) 통상실시권허락심판은 실시를 요하는 자기의 특허의 번호 및 명칭, 실시되어야 할 타인의 특허발명 · 등록실용신안이나 등록디자인의 번호 · 명칭 및 특허나 등록의 연월일, 특허발명 · 등록실용신안이나 등록디자인의 통상실시권의 범위 · 기간 및 대가를 심판청구서에 기재한다(법 제140조 제4항).

거절결정, 취소결정 또는 실용신안등록출원의 각하결정에 대한 심판청구서 기재사항(법 제140조의2 제1항)으로는 ⅰ) 청구인 및 대리인의 성명과 주소(청구인이 법인인 경우에는 그 명칭 및 영업소 소재지, 대리인이 특허법인인 경우에는 그 명칭, 사무소의 소재지 및 지정된 변리사의 성명), ⅱ) 출원일자 및 출원번호(취소결정에 대한 불복인 경우에는 등록일자 및 특허번호), ⅲ) 발명의 명칭, ⅳ) 특허거절결정일자, ⅴ) 심판사건의 표시, ⅵ) 청구의 취지 및 그 이유 등을 기재하여야 한다.

3. 심판청구서의 수리와 보정

특허심판원장은 접수된 심판청구서에 대한 방식심사를 하고 이를 수리한 때에는 심판번호를 부여하고 당사자에게 통지한다. 심판청구서가 법령에 정한 규정에 위반되는 경우 심판장은 기간을 정하여 흠결의 보정을 명한다(법 제141조 제1항). 보정사항을 살펴보면 ⅰ) 심판청구서 기재사항(법 제140조 제1항, 동법 제140조의2 제1항)이 기재되어 있지 않은 경우, ⅱ) 정정심판 청구서에 정정명세

서 또는 도면을 첨부하지 아니한 경우, iii) 권리범위확인심판 청구서에 설명서
와 필요한 도면을 첨부하지 않은 경우, iv) 통상실시권허락심판청구서에 실시
를 요하는 자기의 특허의 번호 및 명칭 등 기재되어야 할 사항을 기재하지 않
은 경우, v) 미성년자·피한정후견인 또는 피성년후견인의 법정대리인이 선임
되지 않은 경우, vi) 대리권의 범위를 벗어난 경우, vii) 소정의 수수료를 납부
하지 않은 경우, viii) 이 법 또는 이 법에 의한 명령이 정하는 방식에 위반된 경
우 등이다.

> ※ 심판장은 보정명령을 받은 자가 지정된 기간 이내에 보정을 하지 아니한 경우에는
> 결정으로 심판청구서를 각하하여야 하고(법 제141조 제2항), 부적법한 심판청구로
> 서 그 흠결을 보정할 수 없는 때에는 피청구인에게 답변서 제출기회를 주지 아니하
> 고, 심결로써 각하할 수 있다(법 제142조).

4. 우선심판

심판은 심리가 성숙된 청구순으로 처리하는 것이 원칙이나, 긴급히 처리하여
야 할 필요가 있다고 인정되는 경우에는 다른 사건에 우선하여 심판할 수 있다.
예컨대 i) 보정각하결정에 대한 심판사건, ii) 심결취소소송에서 취소된
사건, iii) 심사관이 직권으로 무효심판을 청구한 경우, iv) 특허법 제164조 제3
항의 규정에 의거 법원이 통보한 침해소송사건과 관련된 심판으로 심리종결되
지 아니한 사건, v) 지식재산권분쟁으로 법원에 계류중이거나 경찰 또는 검찰
에 입건된 사건과 관련된 사건으로서 당사자 또는 관련기관으로부터 우선심판
요청이 있는 경우, vi) 지식재산권분쟁으로 사회적인 물의를 일으키고 있는 사
건으로서 당사자 또는 관련기관으로부터 우선심판요청이 있는 경우, vii) 국제
간에 지식재산권분쟁이 야기된 사건으로 당사자가 속한 국가기관으로부터 우선
심판의 요청이 있는 경우, viii) 국민경제상 긴급한 처리가 필요한 사건 및 군수
품 등 전쟁수행에 필요한 심판사건으로서 당사자 또는 관련기관으로부터 우선
심판요청이 있는 경우, ix) 권리범위확인심판사건, x) 재차 거절결정불복심판

등이다. 권리범위확인심판의 경우 심판관은 동 사건과 함께 계류 중인 무효심판·정정심판사건에 대해 필요하다고 인정하는 경우 이들 사건을 권리범위확인심판사건과 함께 우선심판할 수 있다. 따라서 일반 특허·실용신안 심판의 경우 결과를 알기 위해서는 평균적으로 9개월 이상의 기간이 소요되는데 우선심판으로 진행될 경우 평균 6개월로 3개월이라는 기간을 단축시킬 수 있다.

5. 신속심판

특허심판원에서는 심판결과가 특허분쟁의 실질적 해결수단으로서 적시에 활용될 수 있도록 신속심판 프로세스를 2015. 11. 1부터 시행하고 있다. 이 프로세스에 따르면 1회씩의 서면공방 이후 가급적 구술심리를 통해 사건의 쟁점을 조기에 정리하게 되어 이르면 3개월 내에 심결문을 받아볼 수 있으며, 서류제출 연장신청도 1회로 제한하였다.

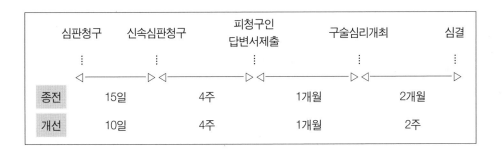

	심판청구	신속심판청구	피청구인 답변서제출	구술심리개최	심결
종전	15일	4주	1개월	2개월	
개선	10일	4주	1개월	2주	

신속심판은 당사자가 심판사건과 관련된 모든 주장 및 증거를 구술심리기일까지 제출하는 경우 심판청구일부터 4월 이내의 심판처리가 가능하다. 다만 우선심판의 절차가 이미 진행된 사건은 우선심판 처리절차에 의한다.

그 대상을 살펴보면, ⅰ) 특허법 제164조의 규정에 의하여 법원과 검찰 등에서 침해분쟁으로 다투고 있는 심판사건, ⅱ) 당사자 일방이 상대방의 동의를 얻어 신속심판신청서를 답변서 제출기간 내에 제출한 사건, ⅲ) 특허법 시행령 제9조 제2호에 규정된 녹색기술과 직접 관련된 특허출원 중 초고속 심사에 의한 결정에 대한 거절결정불복심판사건, ⅳ) 창업초기에 있는 중소기업, 1인 창조기업, 대기업과 분쟁 중인 중소기업 간의 심판사건 등은 신속하게 심판을 하여야 한다.

6. 심판부의 구성

특허심판은 3인 또는 5인의 심판관의 합의체가 행하며, 합의는 심판관 중 과반수에 의하여 결정(법 제146조)하며 특허심판원장은 심판관중 1인을 심판장으로 지정하여 사무를 총괄한다(법 제145조). 심판의 합의는 공개하지 아니한다(법 제146조 제3항).

7. 심판관의 제척 및 기피

심판관의 제척·기피제도는 심판관에게 심판을 기대하기 어려운 사정이 있을 때에는 당해 심판관을 그 직무집행에서 제외시킴으로서 심판의 공정성을 담보하기 위함이다.

심판관의 제척이라 함은 심판사건과 특수한 관계에 있는 심판관을 그 사건과 관련된 직무집행에서 법률상 당연히 배제되도록 하는 제도이다(법 제148조). 예컨대 심판관이 사건의 당사자 또는 참가인이거나 당사자의 가족 또는 법정대리인인 경우 등이 이에 해당한다. 그리고 심판관의 기피라 함은 법률상 정해진 제척사유(법 제148조) 이외에 심판사건과의 관계에서 심판관에게 심판의 공정을 기대하기 어려운 사정이 있을 때에 당사자 또는 참가인의 신청에 의하여 그 심판관을 심판 합의체의 구성원에서 제외시키도록 하는 제도를 말한다.

제척 및 기피의 신청이 있는 때에는 그 신청에 대한 결정이 있을 때까지 심판절차가 중지되며 제척 및 기피 여부는 심판에 의해 결정된다. 이러한 결정이 있으면 제척·기피사유의 대상이 된 심판관은 당해 심판사건의 심판에 관여할 수 없게 된다. 만약 심판에 관여한 경우에는 중대한 하자있는 심결로서 이에 의한 심결의 확정은 재심사유가 된다. 한편, 기술심리관도 제척 또는 기피의 사유가 있다고 인정할 경우에는 특허법원장의 허가를 얻어 회피할 수 있다.

Ⅳ. 심 리

심판은 구술심리 또는 서면심리로 하며, 당사자가 구술심리를 신청한 때에는 서면심리만으로 결정할 수 있다고 인정되는 경우 외에는 구술심리를 하여야 한다(법 제154조 제1항). 서면심리라 함은 심판을 서면에 의하여 진행시키는 방식으로, 그 내용이 명확하고 이해하기 쉬우며 일단 제출된 서류는 그대로 보존되기 때문에 언제라도 다시 확인할 수 있으며 심판정에 나가야 하는 번거로움을 제거할 수 있으나 서류가 많아지고 서면작성에 많은 시간이 소비된다는 단점이 있다. 구술심리라 함은 당사자가 구두로써 진술한 것만이 심판에 참작되는 방식이므로 심리가 활기를 띠고 의문점을 즉시 해명하여 쟁점을 발견, 정리하기가 용이하나, 진술이 탈락되기 쉽고 심판정에 나가야 하는 번거로움과 복잡한 사실관계는 구두설명만으로 이해하기가 곤란하다는 단점이 있다.[32] 이때 심리는 변론의 청취나 증거조사를 심판기관이 직접 하게 되는데 이는 민사소송법상의 심리와 동일하다. 심리를 함에 있어서 적용되는 것으로는 직권진행주의가 있다. 직권진행주의는 심판의 진행에 있어서 당사자가 기타 관계인의 기간준수 또는 출석여부에 구애받지 아니하고 심판장이 직권으로 심판을 진행할 수 있다는 것으로 당사자 또는 참가인이 법정기간 또는 지정기간 내에 절차를 밟지 아니하거나 구술심리기일에 출석하지 아니하여도 심판을 진행할 수 있다(법 제158조).

Ⅴ. 심판참가

타인간의 계속 중인 심판에 제3자가 자기의 법률상의 이익을 위하여 그 심판에 개입함으로써 일방 당사자의 심판을 보조(보조참가)하거나 또는 스스로 당사자가 되어(당사자 참가) 심판에 관여하는 제도(법 제155조)로서 참가가 허용

---

32) 이기수 · 정진섭 · 황종환 · 이덕록 · 송영식 공저, 지적재산권법(상), 한빛지적소유권센터, 1994, 459쪽.

되는 경우는 당사자 대립구조를 취하는 심판에 한하며, 거절결정불복심판, 취소결정 등 결정계심판에는 참가가 허용되지 않는다(법 제171조).

이에 대한 절차로는, 심판참가를 원할 경우 심판참가신청서를 당해 심판장에게 제출하여야 하며, 심판장은 그 부본을 당사자 및 타 참가인에게 송달하고 기간을 지정하여 의견제출의 기회를 부여한다. 특허심판에서는 심판에 의하여 그 참가여부를 결정하여야 하고 그 결정에 대해서는 불복할 수 없다(법 제156조). 참가요건으로는, ⅰ) 타인간의 심판절차가 계속 중에 있을 것, ⅱ) 심리종결전일 것, ⅲ) 참가인에게 절차능력이 있을 것을 갖추어야 한다.

Ⅵ. 심판의 종료

1. 심판청구의 취하

심판청구의 취하라 함은 심판청구인이 청구한 심판의 전부 또는 일부를 철회하는 행위를 말한다. 심판청구는 심결이 확정될 때까지 취하할 수 있다. 다만 상대방(피청구인)으로부터 답변서 제출이 있는 때에는 상대방의 동의를 얻어야 한다(법 제161조 제1항).

2. 심결

심결이라 함은 심판사건을 해결하기 위하여 심판관 합의체가 행하는 최종적인 판단이며 재판에 있어서 종국판결에 해당한다. 심결은 결정각하와 심결각하 및 기각심결, 인용심결로 구분한다. 결정각하의 경우에는 보정명령을 받은 자가 지정된 기간 이내에 보정을 하지 아니한 경우에는 심판장은 결정으로 심판청구서를 각하하고(법 제141조 제2항), 심결각하는 부적법한 심판청구로서 그 흠결을 보정할 수 없는 때에는 피청구인에게 답변서 제출기회를 주지 아니하고 심결로써 각하할 수 있다(법 제142조). 기각심결은 청구이유가 없으므로 청구가 성립할 수 없다는 심결이고, 인용심결은 심판청구의 취지를 인용하는 심결을 말한다.

심판청구가 부적법한 것이어서 심결각하하는 경우를 제외하고 본안심결을 함에 있어서는 일련의 과정을 거치게 된다. 심판장은 사건이 심결을 할 정도로 성숙하였을 때에는 심리의 종결을 당사자 및 참가인에 통지(법 제162조 제3항)하고, 심리종결 통지후에도 당사자 또는 참가인의 신청에 의하거나 심판장 직권으로 심리를 재개할 수 있다(법 제162조 제4항).

심결문 송달은 심결이 있는 때에는 그 등본을 당사자, 참가인 및 심판에 참가신청을 하였으나 그 신청이 거부된 자에게 송달한다(법 제162조 제6항).

당사자가 심결에 대하여 불복하고자 하는 경우에는 특허법원에 그 심결취소의 소를 제기할 수 있다(법 제186조). 심결이 확정되면 동일사실 및 동일증거에 의하여 심판을 청구할 수 없는 일사부재리의 원칙이 적용된다. 다만 확정된 심결이 각하심결인 경우에는 그러하지 아니하다(법 제163조).

특허심판을 제기하게 되면 부득이 비용이 발생하게 되는데, 이 때 그 비용부담을 누가 지는가에 관한 기본원칙을 정해 놓고 있다. 당사자계 심판에 있어 심판비용의 부담은 심결에 의하여 종료할 때에는 그 심결로써, 그리고 심판이 심결에 의하지 아니하고 종결할 때(심판청구의 취하 등)에는 결정으로써 정한다(법 제165조 제1항). 거절결정불복심판, 통상실시권허락심판, 정정심판의 심판비용은 심판청구인이 부담한다(법 제165조 제3항).

(1) 심결의 효력

심결등본이 당사자 등에게 송달되면 앞에서 언급한 특허법원에 심결취소소송을 제기한다거나 또는 심결의 구속력(대세적 효력)과 일사부재리의 효력, 심결의 확정력과 기속력이 발생한다. 이를 구체적으로 설명하면 다음과 같다.

1) 심결의 구속력(대세적 효력)

심결의 구속력이라 함은 유효하게 성립된 심결은 일정한 기간이 지난 후에는 그 상대방 기타의 이해관계인이 그 효력을 다툴 수 없을 뿐 아니라 그 심결을 내린 심판원도 특별한 사유가 있는 경우 외에는 그 심결을 변경할 수 없는 효력을 말한다.

2) 일사부재리의 효력

일사부재리의 효력은 민사소송법상의 판결의 기판력과 유사하다.[33] 일사부재리라 함은 동일 사건에 관하여 재차 소를 제기하여 심판을 구하는 것을 허용하지 아니하는 원칙을 말한다. 즉 심결이 확정되면 누구든지 동일사실 및 동일증거에 의하여 그 심판을 청구할 수 없도록 함으로써, 한번 내려진 심결에 근거한 구체적인 권리관계에 대하여 다시 다툼이 생긴 경우 심판기관과 당사자 모두에게 그 확정된 심결의 내용과 상치되는 판단과 주장을 하지 못하도록 함으로써 법적 안정을 기하고 심판의 권위를 지키며 당사자의 보호와 심판의 경제성 등을 염두에 둔 것이다.

3) 심결의 확정력

유효하게 확정된 심결은 재심사유가 없는 한 소멸 또는 변경되지 아니함을 말한다. 즉 재심에 의하여 취소·변경을 구할 수 있을 뿐이다.

4) 심결의 기속력

기속력을 인정하게 한 것은 외부에 공개된 심결이 심판기관에 의하여 자유로이 변경된다면 법적 안정성을 해치고 심판의 신뢰성과 당사자의 이익 보호에 불리하게 작용될 수 있기 때문이다. 따라서 특허무효심판에 대한 심결이 확정되면 대세적 효력이 발생하므로 법원은 특허청의 판단에 기속된다고 보아야 한다. 특허법원으로부터 심결을 취소하는 판결이 확정된 경우, 그 취소의 기본이 된 이유는 그 사건에 대하여 특허심판원을 기속한다(법 제189조 제3항).

---

33) 민사소송법상의 판결의 효력은 동일사실(소송물)에 관하여 미치므로 증거가 다르더라도 동일 소송물에 관하여 미치나, 특허심판의 일사부재리효력은 동일사실에 관한 것이라 하더라도 증거가 다르면 다시 심판을 청구할 수 있다는 점에서 다르다.

제12절 특허소송

Ⅰ. 서 언

특허권에 관한 발생·변경 및 소멸에 관한 분쟁은 특허청·특허심판원 및 특허법원에서 관할하고, 특허권 설정 이후 특허권의 침해판단 및 구제는 일반법원에서 관할하고 있다. 특허쟁송[34]은 특허침해소송·특허관련 일반행정소송 및 특허심판의 결과에 관하여 이루어지는 특허소송 등으로 나뉜다(아래 그림 참고).

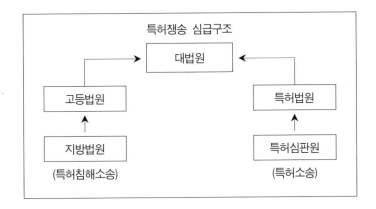

특허심판원의 심결에 관한 소를 특허법원에 제기하기에 앞서 반드시 특허청 소속의 특허심판원의 심결이 전제되어야 한다. 이것을 명확히 하기 위하여 특허법 제186조는 '특허취소결정 또는 심결에 대한 소 및 특허취소신청서·심판청구서 및 재심청구서의 각하결정에 대한 소는 특허법원을 관할로 한다'고 규정함으로써 특허법원은 실질적인 항소심의 성격을 가진다. 따라서 특허법원은 법원에서의 제1심 소송임에도 불구하고 실질적으로는 제2심인 항소심이라고 할 수 있다. 그리고 특허소송과 관련하여, 특허·실용신안·디자인 또는 상표권의 침해를 청구원인으로 하는 침해금지청구 또는 손해배상청구 등과 같은

---

34) 특허쟁송은 특허에 관한 권리의 발생, 침해, 구제, 소멸 등과 관련된 다툼을 말하며, 산업재산권 전반에 관련된 권리의 분쟁에 적용된다.

민사소송에서 변리사의 소송대리가 허용되는지 여부에 관하여 변리사와 변호사간의 갈등이 있어 왔다.

이에 관하여 최근 대법원의 판결[35]을 보면, '민사소송법 제87조는 "법률에 따라 재판상 행위를 할 수 있는 대리인 외에는 변호사가 아니면 소송대리인이 될 수 없다"라고 정하여 이른바 변호사 소송대리의 원칙을 선언하고 있다. 한편 변리사법 제2조는 "변리사는 특허청 또는 법원에 대하여 특허, 실용신안, 디자인 또는 상표에 관한 사항을 대리하고 그 사항에 관한 감정과 그 밖의 사무를 수행하는 것을 업으로 한다."고 정하는데, 여기서의 '특허, 실용신안, 디자인 또는 상표에 관한 사항'이란 특허·실용신안·디자인 또는 상표(이하 '특허 등'이라고 줄여 부른다)의 출원·등록, 특허 등에 관한 특허심판원의 각종 심판 및 특허심판원의 심결에 대한 심결취소소송을 의미한다. 따라서 "변리사는 특허, 실용신안, 디자인 또는 상표에 관한 사항의 소송대리인이 될 수 있다"고 정하는 변리사법 제8조에 의하여 변리사에게 허용되는 소송대리의 범위 역시 특허심판원의 심결에 대한 심결취소소송으로 한정되고, 현행법상 특허 등의 침해를 청구원인으로 하는 침해금지청구 또는 손해배상청구 등과 같은 민사사건에서 변리사의 소송대리는 허용되지 아니한다.'고 판시하였다.

II. 특허소송의 종류

1. 일반 행정소송

특허청장의 결정이나 무효처분 등에 불복하는 경우에 행정법원에 제기하는 소송을 말한다. 불수리처분, 절차무효처분, 특허권의 공용징수, 통상실시권 설정의 재정 및 특허권취소에 대한 불복의 경우 소를 제기하여 그 당부를 다툴 수 있다.

---

35) 대법원 2010. 11. 10 선고 2010다108104 판결.

2. 특허소송

특허소송은 특허심판원이 행한 심판청구서나 재심청구서의 각하결정 또는 심결에 대한 당부를 다투는 소송으로서 특허법원이 전담한다.

3. 민사소송

민사소송은 특허권의 민사적 분쟁을 해결하고자 제기하는 소송으로서 특허권자 등은 침해자를 상대로 하여 침해금지·예방청구, 손해배상청구, 신용회복청구 또는 부당이득반환청구에 관한 소송을 제기할 수 있다.

4. 형사소송

형사소송은 특허권 등에 대한 침해행위가 있는 경우에 특허권자 등이 당해 특허권 등을 침해한 자를 상대로 형사처벌을 요구하는 소송으로서 법원에 제기할 수 있다.

Ⅲ. 특허소송의 절차

1. 당사자 및 기술심리관

특허소송은 당사자, 참가인, 해당 특허취소신청의 심리, 심판 또는 재심에 참가신청을 하였으나 그 신청이 거부된 자에 한하여 청구할 수 있으므로(법 제186조 제2항) 결정계사건과 당사자계사건에 따라 당사자인 원고가 다르다. 뿐만 아니라 사건의 종류에 따라 피고도 다를 수 있다. 즉 피고는 원칙적으로는 특허청장이지만, 상대방이 있는 사건에 있어서는 심판의 청구인 또는 피청구인이 피고가 된다(법 제187조). 따라서 결정계사건에서는 특허청장이 피고가 되지만, 당사자계사건에서는 당사자중 한쪽의 자가 피고가 되어야 한다. 다만 당사자계사건이라 하더라도 심판장의 각하결정에 대한 소제기에 있어서는 특허청장이 피고가 된다.

법원조직법 제54조의2는 법관의 기술분야에 대한 전문성을 보좌하기 위하여, 즉 소송의 심리에 기술심리관이 참여하여 재판장의 허가를 얻어 기술적 사항에 관하여 소송관계인에게 질문할 수 있고, 재판의 합의에서 의견진술을 할 수 있도록 하는 기술심리관제도를 두고 있다. 기술심리관은 특허심판관과 마찬가지로 사건의 당사자나 사건 자체와 특수한 관계를 가질 경우에 그 소송에서 당연히 배제된다(민사소송법 제42조 내지 제45조·제47조 및 제48조, 제159조).

2. 제소기간

특허소송은 심결 또는 결정등본을 송달받은 날부터 30일 이내에 제기하여야 한다(법 제186조 제3항). 이 제소기간은 불변기간이다. 다만 심판장은 원격 또는 교통이 불편한 지역에 있는 자를 위하여 직권으로 불변기간에 대하여 그 기간을 덧붙여 줄 수 있다(법 제186조 제5항).

3. 소장제출

소장이라 함은 소를 제기하기 위하여 특허법원에 제출하여야 할 서면을 말하며, 특허법원인 사법부에 대한 최초의 소송행위이다. 그러므로 소의 제기의 효력은 특허법원에 접수된 때를 기준으로 계산된다.

4. 소송심리

소장이 접수되면 재판부는 변론기일 이전에 수명법관과 기술심리관의 참여하에서 준비절차를 거쳐 쟁점을 정리하고, 집중심리를 통한 준비절차의 활성화를 기하며 심리를 한다. 이때의 심리는 변론주의와 공개심리를 원칙으로 하되 공익적 측면에서 직권탐지주의가 적용된다. 심리의 대상은 심결의 실체상의 적법성, 즉 특허소송의 핵심내용인 발명의 요지파악, 인용참증의 채택, 신규성 또는 진보성 판단 등의 적법여부 등이다. 또한 절차상의 적법성도 그 대상이 되는데, 예컨대 거절이유 통지시 출원인에게 충분한 의견서 제출기회를 주었는지의 여부를 살펴봄으로써 절차상의 하자에 해당하는지를 본다. 그 밖에도 심결의 결론에 영향을 주는 중요한 쟁점 또는 증거물에 대한 판단부족 및 당사자의 주장이나 반박에 대하여 판단을 하지 아니한, 즉 판단유탈의 유무 등이 그

대상이 된다.

그리고 심리범위를 어디까지 할 것인가의 문제이다. 현행 특허법은 이에 대한 명시규정은 없으나 특허소송이라는 개념에서 볼 때, 특허심판의 심결에 대한 항소심적인 불복절차이므로 심결의 범위로 국한해야 함이 옳다고 생각한다.

Ⅳ. 특허소송의 종료

특허소송이 종료되는 경우는 대체로 두 가지로 나뉜다. 하나는 종국판결에 의한 종료와 다른 하나는 당사자에 의한 종료이다.

1. 종국판결에 의한 종료

법원은 심결취소소송에서 당해 심결 또는 결정의 취소판결이 확정된 때에는 특허심판원은 그 사건을 다시 심리하여 심결 또는 결정을 하여야 한다. 즉 취소판결시에는 특허심판원으로 필요적 환송이 원칙이다. 그리고 판결에 있어서 취소의 기본이 된 이유는 그 사건에 대하여 특허심판원을 기속한다(법 제189조 제2 · 3항).

2. 기타에 의한 종료

특허소송은 종국판결 이외에 당사자에 의해 소를 취하하거나 재판장의 소장 각하명령에 의하여 종료되기도 한다.

Ⅴ. 상 고

상고라 함은 항소심당사자가 상고법원에 대하여 원심법원이 한 종국판결에 그 법령적용의 당부를 심사하고, 원판결이 위법일 때 그 파기 또는 변경을 구하는 상소를 말한다. 요약하면 특허법원의 판결에 대하여 불복하는 자는 상급법원인 대법원에 상고할 수 있다(법 제186조 제8항). 상고심은 법률심이다. 즉 특허법원의 판결의 당부를 법률적인 면에서만 심사를 하는 것이지 사실관계에 관한 새로운 주장은 받아드리지 않는다. 증거는 인정하지 않는 것이 원칙이나 소송요건, 상소요건의 존부, 재심사유의 존부, 원고의 소송절차의 위배유무 등을 판단하기 위한 증거조사를 할 수 있으므로 상고심도 사실심으로서의 성격을 가진다고 볼 수 있다.

상고는 판결이 송달된 날부터 2주일 이내에 상고장을 특허법원에 제출함으로써 제기된다(민소법 제422조·제396조·제397조). 주의할 점은 상고의 남발을 제한하기 위하여 '상고심절차에 관한 특례법'이 특허소송에도 적용되므로 특허법원의 판결에 대하여 일정한 경우 대법원은 심리를 하지 아니하고 판결로 상고를 기각할 수 있다.

제13절 직무발명

I. 서 언

산업이 기업화되기 이전의 발명은 주로 개인에 의해 이루어졌다. 그러나 산업이 기업화되면서 많은 종업원을 두게 되었고, 발명은 이들 종업원의 직무발명에 의해 그리고 직무발명의 많은 부분은 공동발명으로 이루어질 수밖에 없는 환경[36]으로 바뀌게 되었다. 기업은 자본과 경영구조를 바탕으로 운영되고 성장해 가고 있지만, 이를 실제로 경영하는 것은 바로 그 조직구성원인 종업원이며 그들의 두뇌활동에 기대할 수밖에 없었다. 따라서 기업은 새로운 시장확보를 위한 신제품개발, 원가절감, 업무능률의 향상, 국제경쟁력 강화 등을 위해 종업원에게 연구할 수 있는 분위기를 조성해 주고 그들의 연구결과를 기업활동에 활용할 수 있도록 여러 가지 방향으로 노력하게 된다.

이 중에서 종업원의 발명은 기업발전에 직접 기여하는 가장 중요한 요소라 할 것이므로 이를 위해 기업에서는 모든 종업원에게 발명을 유도하고 있고, 더 나아가 막대한 자본과 설비를 투입하여 연구소의 설립 및 연구원들의 기술

---

36) 개정판 특허판례연구, 한국특허판례법학회 편, 박영사, 954면 각주 3)에서 재인용.

개발에만 전념하도록 하여 기업이 조직적으로 발명을 이끌어 내고 있다. 이러한 경우 과연 발명의 성과를 누구에게 귀속시킬 것인가 하는 것이 문제로 대두하게 된다.

이와 같이 직무발명은 개인발명과 달리 발명자 개인의 노력에 의해서만 이루어지는 것이 아니라 사용자의 발명자에 대한 보수지급, 연구설비 제공, 연구비 지원 등의 도움에 의해서 비로소 가능하게 되는 특수한 상황을 갖고 있다. 그러므로 직무발명은 노동법과 발명진흥법과의 상호 밀접한 관계를 맺고 있는 분야이기도 하다. 직무발명제도는 2006. 3. 3. 발명진흥법 일부개정에 의하여 구특허법 제39조는 발명진흥법 제8조로, 특허법 제40조는 발명진흥법 제13조로 각각 이관되었다. 이 개정에 따라 직무발명에 대한 단일법제가 마련되었다.

직무발명이라 함은 종업원 · 법인의 임원 또는 공무원이 그 직무에 관하여 발명한 것이 성질상 사용자 · 법인 또는 국가나 지방자치단체의 업무범위에 속하고 그 발명을 하게 된 행위가 종업원등의 현재 또는 과거의 직무에 속하는 발명을 말한다(발명진흥법 제2조 제2호). 그 외의 발명은 개인발명이다.

Ⅱ. 직무발명의 성립요건

앞의 직무발명에 관한 발명진흥법 제2조 제2호의 규정을 토대로 아래와 같은 요건이 충족되어야 한다.

ㄱ 발명이 사용자의 업무범위에 속할 것,

ㄴ 종업원 등(법인의 임원 또는 대학교수[37] 및 공무원[38])이 그 직무에 관하여 한 발명할 것,

ㄷ 발명을 하게 된 행위가 종업원 등의 현재 또는 과거의 직무에 속할 것 등을 충족하여야 한다.

---

37) 국 · 공립대학의 경우에는 발명진흥법 제10조 제2항 단서 및 산학협력법 제27조 제2항을, 사립대학의 경우에는 발명진흥법 제10조 제3항을 근거로 사립대학교의 근무규정인 지적재산권관리규정이 주체가 된다.

38) 공무원이 한 직무발명에 관한 규정은 「공무원직무발명의처분 · 관리및보상등에관한규정」, 지방자치단체의 경우에는 「조례」를 통하여 별도로 규정할 수 있다.

Ⅲ. 사용자의 권리와 의무

1. 무상의 법정실시권

직무발명에 대하여 종업원이 특허를 받았거나 특허를 받을 수 있는 권리를 승계한 자가 특허를 받았을 때에는 사용자는 그 특허권에 대하여 통상실시권을 가진다. 이 실시권은 법규정에 의해 특허권의 설정등록시부터 당연히 발생하는 법정실시권이며, 그 특허권을 타인에게 양도한 경우에는 그 특허권을 취득한 자에게 효력이 미친다.

2. 권리승계예약

사용자는 종업원이 한 발명에 대하여 특허를 받을 수 있는 권리 또는 직무발명에 대한 특허권을 사용자에게 승계하거나 전용실시권을 설정한다는 내용의 예약을 하거나 근무규정을 둘 수 있다. 이것은 종업원의 발명이 직무발명일 경우, 그 발명에 대한 특허를 받을 권리를 사용자에게 양도하여 사용자가 출원을 하거나 종업원이 특허를 받았을 때에는 그 특허권 자체를 사용자에게 양도하거나, 사용자가 독점적으로 사용할 수 있도록 전용실시권을 설정한다는 내용을 사용자와 종업원이 미리 계약을 하는 등의 내용을 근무규정에 정할 수 있다.

☞ **참고**: 직무발명의 이중양도사건 판결 – 2011다77313, 2011다77320(병합) 특허출원인명의변경, 손해배상(지) (라) 파기환송(일부)

1. 직무발명의 완성 사실을 사용자에게 통지하지 아니한 채 발명자인 종업원이 그의 특허를 받을 수 있는 권리를 공동발명자인 제3자와 공모하여 위 제3자에게 양도하고 위 제3자가 단독으로 특허출원, 등록받도록 한 행위가 사용자에 대하여 공동불법행위로 되는지 여부(적극), 2. 이 경우 사용자가 배상받을 수 있는 손해배상액의 산정 방법(＝종업원 지분 상당액이되 종업원과 제3자 사이 지분비율은 균분 추정), 3. 이 경우 사용자가 직무발명에 대한 특허권 중 종업원의 지분을 이전받기 위한 방법(＝채권자대위권 행사)

2. 직무발명에 대한 특허를 받을 수 있는 권리 등을 사용자, 법인 또는 국가나 지방

자치단체(이하 "사용자 등"이라 한다)에게 승계시킨다는 취지를 정한 약정 또는 근무규정의 적용을 받는 종업원, 법인의 임원 또는 공무원(이하 "종업원 등"이라 한다)은 사용자 등이 이를 승계하지 아니하기로 확정되기 전까지 임의로 위 약정 등의 구속에서 벗어날 수 없는 상태에 있는 것이고, 위 종업원 등은 사용자 등이 승계하지 아니하는 것으로 확정되기까지는 그 발명의 내용에 관한 비밀을 유지한 채 사용자 등의 특허권 등 권리의 취득에 협력하여야 할 신임관계에 있다고 봄이 상당하다. 따라서 종업원 등이 이러한 신임관계에 의한 협력의무에 위배하여 직무발명을 완성하고도 그 사실을 사용자 등에게 알리지 아니한 채 그 발명에 대한 특허를 받을 수 있는 권리를 제3자에게 이중으로 양도하여 제3자가 특허권 등록까지 마치도록 하였다면, 이는 사용자 등에 대한 배임행위로서 불법행위가 된다고 할 것이다.

3. 2인 이상이 공동으로 발명한 때에는 특허를 받을 수 있는 권리는 공유로 하는데(특허법 제33조 제2항), 특허법상 위 공유관계의 지분을 어떻게 정할 것인지에 관하여는 아무런 규정이 없으나, 특허를 받을 수 있는 권리 역시 재산권이므로 그 성질에 반하지 아니하는 범위에서는 민법의 공유에 관한 규정을 준용할 수 있다고 할 것이다(민법 제278조 참조). 따라서 특허를 받을 수 있는 권리의 공유자 사이에 지분에 대한 별도의 약정이 있으면 그에 따르되, 그 약정이 없는 경우에는 민법 제262조 제2항에 의하여 그 지분의 비율은 균등한 것으로 추정된다고 봄이 상당하다.

3. 보상금지급의무

발명자인 종업원의 특허권을 사용자에게 승계하였거나 전용실시권을 설정한 경우에는 사용자는 정당한 보상금을 지급해야 할 의무가 있다. 보상금액 및 지급방법은 종업원과 사용자간의 체결된 계약의 내용을 바탕으로 한다.

Ⅳ. 종업원 등의 권리와 의무

1. 보상을 받을 권리(발명진흥법 제15조)

종업원은 직무발명에 의한 특허를 받을 수 있는 권리 또는 직무발명에 의한 특허권을 사용자에게 승계하였거나 전용실시권을 설정한 경우에는 사용자로부터 정당한 보상을 받을 권리를 가진다. 이 경우 보상액의 결정은 그 발명에 의하여 사용자가 얻을 이익의 액과 그 발명의 완성에 사용자 및 종업원이 공헌한 정도를 고려하여 지급하여야 한다. 보상규정은 강행규정이므로 지급의 거절 또는 유보의 계약은 당연히 무효이다.

권리승계의 근본은 민법상 고용계약을 바탕으로 한다. 즉 사용자는 종업원의 노무의 공급, 즉 일에 대한 반대급부로 보수를 지급하고, 그 일에서 얻은 결과는 모두 사용자에게 귀속되기 때문에 종업원의 발명도 결국 일의 결과이므로 그 발명과 특허를 받을 수 있는 권리까지도 당연히 사용자에게 귀속되어야 한다는 결론이 성립하게 된다. 다만 종업원의 발명은 고용계약상의 일반적인 일과 분리하여 직무발명에 대해서는 자연인인 발명자에게 귀속하게 하고, 그 발명을 사용자에게 승계하게 하거나 전용실시권을 설정한 경우에는 그 발명에 상응하는 정당한 보상을 받을 수 있는 권리를 갖도록 한 것이다.

2. 특허를 받을 권리

특허를 받을 권리는 원시적으로 발명자에게 귀속되므로 직무발명의 경우에도 예외는 아니다. 이 권리는 사용자와의 예약승계의 약정을 통하여 사용자에게 이전된다. 따라서 근무규정이나 계약에 의해 제약이 없는 한 종업원은 특허를 받을 수 있고 권리를 양도할 수도 있다.

3. 발명자 게재권

발명에 의하여 발생한 발명자의 명예권은 인격권으로서 이전이 불가능하다. 따라서 발명자인 종업원은 특허증서에 본인의 이름으로 게재될 권리가 있다.

4. 자유발명, 업무발명에 대한 권리승계예약금지

종업원이 한 발명 중 직무발명을 제외하고는 미리 사용자로 하여금 특허를 받을 수 있는 권리 또는 특허권을 승계시키거나 사용자를 위하여 전용실시권을 설정한 계약이나 근무규정의 조항은 무효가 된다. 왜냐하면 경제적 약자인 종업원을 보호하기 위한 불가피한 약정은 금지되어야 하기 때문이다. 다만 자유발명 또는 업무발명은 종업원의 직무와는 하등의 관계가 없는 것이므로 그 권리는 종업원에게 당연히 귀속되어야 할 것이지만 발명의 내용이 사용자에게 유용한 것이라고 판단될 때에는 자기의 종업원이라는 약점을 이용해서 강제 승계시키려고 하는 경우가 있을 수 있으므로 종업원이 자신의 발명을 사용자로부터 탈취당하는 것을 금지하려는 강제규정이다. 그러나 자유발명 또는 업무발명이라 하더라도 발명자인 종업원이 자발적으로 정당한 보상을 받고, 이 권리를 사용자에게 승계시키거나 전용실시권 또는 통상실시권을 설정하는 것은 무방하다.

5. 비밀유지의무

종업원은 직무발명에 대하여 사용자가 출원할 때까지는 그 발명내용의 비밀을 유지하여야 하며, 부정한 이익을 얻거나 사용자에게 손해를 줄 목적으로 직무발명을 공개한 경우에는 사용자의 고소에 의하여 징역 또는 벌금을 물게 된다.

제14절 실용신안법

Ⅰ. 서 언

실용신안은 발명보다 낮은 단계에서 보호되는 기술적 창작으로, 물건에 관한 고안 그 자체를 보호대상으로 하고 있어 흔히 특허는 대발명, 실용신안은 소발명이라고 부른다. 말하자면 실용신안이란 이미 발명된 것을 개량해서 보다 편리하고 유용하게 쓸 수 있도록 물품의 형상, 구조 또는 이들의 조합을 통해 새로이 고안해 낸 것이다. 법적으로 말하면 발명은 특허의 대상이요, 고안은 실용신안의 대상이다. 그러므로 실용신안은 일종의 개량발명이다. 그 밖에 기술적 사상의 창작을 보호한다는 점과 제도·운영하는 목적에서 특허법의 목적과 동일하기 때문이다(법 제1조·실용신안법 제1조). 즉 기술적 사상의 창작을 보호·장려하고 그 이용을 도모함으로써 기술발전을 촉진하여 산업발전에 이바지하는 데 있다는 점에서 동일하다. 뿐만 아니라 선출원주의, 서면주의, 보정제도, 우선권주장제도, 출원공개제도, 출원분할, 심사전치, 재심 및 상고제도 등 많은 부분이 일치하고 있다. 그렇다보니 특허법의 규정을 그대로 준용하고 있다. 반면에 특허법에서는 고도성을 요구하나, 실용신안법에서는 고도할 필요는 없다고 한다. 그 밖에도 농약, 의약, DNA구조, 미생물, 조성물 등은 특허법상 보호대상이 되지만 실용신안법상 보호대상은 되지 않는다. 이렇듯 우리나라는 특허제도와 유사한 실용신안제도를 두어 특허법 하에서 경시될 수 있는 소발명의 기술을 보호하고 있다. 소발명은 기술적 창작가치면에서 특허법상의 고도한 발명수준에 이르지 못한다 하더라도 산업현장 및 일상생활에서 그 실용성은 매우 높으므로 절대 간과해서는 아니 될 산업재산권이다. 제도의 상호관계에서 볼 때, 실용신안제도는 특허법상의 발명보다 낮은 실용적인 기술사상인 고안을 보호함으로써 특허의 고도한 기술사상도 보호할 수 있게 된다는 점에서 특허법을 보완하는 제도라고 할 수 있다. 종종 매스컴에 보도되는 '아이디어에 의한 성공사례'가 거의 대부분 실용신안인 점에 비추어 보면, 기초연구가 탄탄하지 못한 개인 발명가나 중소기업의 경우에는 실용신안에 더 많은 관심을 가질 필요가 있다.

Ⅱ. 출원절차

다음의 그림은 실용신안출원절차도이다. 실용신안제도는 선등록제도에서 심사후 등록제도(2006년 10월 1일 이후출원)로 변경되었다. 변경된 주요배경은, 개정 전의 선등록제는 특허출원에 대한 심사처리기간이 대폭 단축됨에 따라 신속한 권리설정을 목적으로 도입됨으로써 심사전 선등록의 장점이 감소되고 심사없이 등록된 권리의 오·남용, 복잡한 심사절차로 인한 출원인의 부담증가 및 심사업무의 효율성 저하 등 심사전 등록제도의 문제점이 상대적으로 부각된 점을 감안하여 심사 후 등록제도로 바꾸었다. 따라서 실용신안제도는 현행 특허제도와 마찬가지로 실체심사를 거쳐 실용신안등록여부를 결정하게 됨에 따라 심사청구제도, 거절이유통지제도 및 보정제도 등의 심사절차를 도입하였다. 특히 실용신안제도가 특허제도와 마찬가지로 심사후 등록제도로 변경됨에 따라 합리적 제도운영을 위해 특허제도와 통일된 절차가 마련되었다.

다음의 [표 4]는 실용신안제도와 특허제도의 비교표이다. 표에서 알 수 있 듯이 등록, 권리행사, 권리취소무효 등은 특허법의 절차를 대부분 그대로 준용 하고 있어서 제도면에서 상당 부분이 특허와 거의 동일하다. 다만 권리의 존속 기간, 심사청구기간, 심사순위, 수수료 등이 다를 뿐이다.

현행 실용신안 흐름도

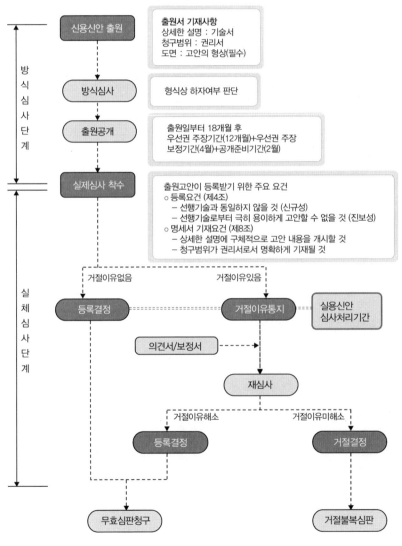

[표 4] 실용신안제도와 특허제도의 주요내용 비교

구분		실용신안	특 허
등록	보호대상	물품의 형상구조 또는 조합에 관한 자연법칙을 이용한 기술적 사상의 창작(제2조, 제4조)	자연법칙을 이용한 기술적 사상의 창작으로서 고도한 것(제2조)
	등록요건	신규성, 진보성 등 실체적 요건 (제13조, 제15조)	신규성, 진보성 등 실체적 요건 (제62조, 제66조)
	명세서 등 보정시기	특허와 동일 (제11조에서 특 제47조 준용)	특허결정등본을 송달하기 전 또는 최초 거절이유 통지받기 전 (제47조). 거절이유통지 의견서제출기간 이내 거절결정 불복심판청구일
	결정방법	실용신안등록결정 또는 실용신안등록거절결정	특허결정 또는 특허거절결정
권리행사	권리존속 기간	10년	20년
	권리행사 요건	특허와 동일	설정등록
	침해자의 과실추정	특허와 동일(제30조)	설정등록 후(제130조)
권리취소무효	이의신청	이의신청제도가 무효심판제도로 통합(제31조)	이의신청제도가 무효심판제도로 통합(제133조)
	심사청구	출원부터 3년이내 누구든지 가능. 취하할 수 없음(제12조)	출원부터 5년이내 누구든지 가능. 취하할 수 없음(제59조)
	무효심판	특허와 동일(제31조)	설정등록이 있는 날부터 등록공고일 후 3월이내에는 누구든지 가능. 등록공고일 후 3월이후에는 이해관계인 또는 심사관만 가능 (제133조)
기 타	우선심사제도	있음(특 제61조) ※출원과 동시에 심사청구를 하고 그 출원 후 2월이내에 우선심사신청이 있는 경우도 가능	있음(제61조) ※특허청장이 외국특허청장과 우선심사하기로 합의한 특허출원도 가능
	진보성	극히 용이하게 고안가능한지 여부(제4조)	용이하게 발명가능한지 여부 (제29조)
	정정가능절차	특허와 동일	무효심판, 정정심판, 정정의 무효심판

Ⅲ. 등록요건

특허법은 그 보호대상이 발명이고 실용신안법의 경우는 고안이다. 그러므로 발명은 자연법칙을 이용한 기술적 사상의 창작 중 고도한 것임에 비하여, 고안은 자연법칙을 이용한 기술적 사상의 창작을 말한다. 따라서 발명은 고도한 것을 요구하나 고안은 단지 창작이면 족하고 고도한 것까지 요구하는 것은 아니다.

실용신안등록출원이 등록을 받기 위해서는 물품의 형상 · 구조 또는 조합만을 그 대상으로 한다. 그러므로 등록하기 위해서는 그 대상을 물품으로 한정하므로 방법에 관한 고안 또는 화학물질에 관한 고안은 그 대상에서 제외된다. 여기서의 특징적 문제로는 물품에 대한 정의를 하지 않고 있다는 점이다. 말하자면 독립적 사용가치를 가지는 물품만이 보호대상인지 아니면 부품도 보호대상이 되는 것인지 불분명하다는 점이다. 이에 관하여 통설은 실용신안의 보호대상은 반드시 독립적 사용가치를 갖는 물품일 필요는 없고 부품도 그 대상이 된다는 점이 심사관행이라는 것이다. 따라서 독립적인 사용가치가 있는 물품 또는 기계 · 기구류의 부품이 될 수 없는 화학물질이나 조성물, 예컨대 농약, 안료, 식품, 의약, 세포, DNA 등 생리활성물질과 전파, 에너지 등은 보호대상이 될 수 없다.39)

Ⅳ. 권리보호 – 민 · 형사적 구제

실용신안법은 실용신안권 또는 전용실시권이 침해된 경우 그 침해자에 대하여 민 · 형사적으로 책임을 물을 수 있다. 민사적 책임으로는 특허의 경우와 마찬가지로 피해자가 손해배상을 용이하게 진행할 수 있도록 침해에 따른 산정기준을 구체화 하였고, 특히 산업재산권의 공익적 질서유지를 위하여 형사적 제재를 강화하였다. 예컨대 침해죄, 비밀누설죄, 위증죄, 허위표시죄, 사위행위

---

39) 최덕규, 앞의 책, 522쪽에서 인용.

죄, 비밀유지명령 위반죄, 양벌규정 등이다.

침해죄는 침해품과 등록실용신안을 비교하여 기술사상이 동일한 경우에는 권리의 침해로 보아 처벌하는 것이다. 즉 침해품의 기술구성이 실용신안등록 청구의 범위와 같으면 침해가 성립하는 것으로 본다.

비밀누설죄는 특허청 또는 특허심판원의 직원 또는 그 직에 있었던 자가 그 직무상 지득한 실용신안등록출원 중의 고안에 관하여 비밀을 누설하거나 도용한 때에 처벌한다. 특히 외부전문조사기관에 선행기술조사사업을 위탁하였을 경우 심사관련서류의 반출과정에서 비밀누설의 우려가 있으므로 전문조사기관의 임·직원 또는 그 직에 있었던 자도 본 죄를 적용하는데 있어서는 특허청 직원 또는 그 직에 있었던 자로 본다.

위증죄는 선서한 증인·감정인 또는 통역인이 특허심판원에 대하여 허위 진술·감정 또는 통역을 한 때에 적용되는 범죄이다. 그 이유는 국가의 심판작용 등을 그릇되게 할 위험이 있기 때문이다.

허위표시죄는 진의가 아닌 것을 표의자 자신이 알면서 하는 의사표시를 말한다. 즉 실용신안된 것이 아닌 물품이나 실용신안등록출원 중이 아닌 물품 등에 실용신안의 표시 또는 실용신안출원표시를 하거나 혼동하기 쉬운 표시를 하여 수요자간에 오인·혼동을 일으키게 함으로써 거래의 안전을 해할 우려가 있어서 이를 위반한 자에게 책임을 묻는 것이다.

사위행위죄는 거짓 기타 부정한 행위에 의하여 실용신안등록 또는 심결을 받은 자를 처벌하는 것이다. 등록을 완료하였거나 또는 심결에서 허위의 자료나 위조된 자료 등을 제출하여 심사관을 착오에 빠뜨려 실용신안등록을 받거나 자기에게 유리한 심결을 받는 행위자에 대하여 적용한다. 이 죄는 국가적 법익에 대한 침해죄이다.

비밀유지명령 위반죄는 새로이 신설된 것으로서, 국·내외에서 정당한 이유없이 소송진행 중에 지득한 영업비밀을 소송수행 외의 목적으로 사용하거나 영업비밀과 관계된 자 외의 자에게 공개하지 말 것을 명령할 수 있다. 따라서 이 비밀유지명령을 위반한 자에게 형사적 책임을 묻는 죄이다.

양벌규정은 법인의 대표자 또는 개인의 대리인, 사용인 그 밖의 종업원이 그 법인 또는 개인의 업무에 관하여 실용신안권 또는 전용실시권의 침해, 허위표시 및 사위행위의 죄를 범한 경우에는 행위자 외에 그 법인 또는 개인에 대하여도 벌금형을 과할 수 있다. 이 밖에도 다른 형에 부가하여 과하는 몰수 및 과태료를 부과할 수 있다.

제3장

디자인보호법

제 3 장
디자인보호법

제1절 디자인보호법 일반

사람은 누구나 아름다운 모습이기를 바란다. 제품도 아름답게 하고 싶은 것이 제품을 만들어 파는 사람들의 마음일 것이다. 소비자도 일반시중에 유통되고 있는 일용품 중에서 「디자인등록 00번」이라고 적힌 물건을 구입했던 적이 있을 것이다. 최근에는 의류나 문구류 등 패션제품은 물론 나아가 자동차까지도 그 디자인을 판단하여 구입의 계기로 삼고 있다. 여기서 디자인이란 쉽게 말하면 미적 감각을 느낄 수 있는 고안을 말하는데, 디자인제도는 이 제품의 아름다운 모습을 보호하면서 오랫동안 그 나름대로 산업발전에 이바지하여 왔다. 예전에는 제품의 디자인에 관하여 그리 중요하지 않게 여겼다거나 또는 디자인개발의 기술적 한계 때문에 제품의 외관으로서의 디자인이 세련되지 못한 경우가 있었다. 그러나 21세기는 소비자 중심의 디자인시대로써 디자인 분야의 가치와 중요성이 널리 인식됨에 따라 디자인은 단순한 물품의 형상을 넘어 한 기업의 가치를 반영하고 있다고 할 만큼 중요시되고 있다. 오늘날의 제품은, 품질적 측면이 거의 동일한 상황 하에서 경쟁하고 있으며 미래에는 소비자의 제품의 구매결정은 대체로 디자인에 의하여 결정된다고 하여도 과언은 아니다. 변화되는 시장의 상황 속에서 기업은 신제품이 출시되기 전까지는 아이디어발상을 시작으로 여러 단계의 검토 및 선정, 수정과정을 거치게 된다. 이러한 단계를 거쳐 탄생한 제품은 급변하는 시장에서 성공하기 위한, 즉 소비자의 흡인력을 어떻게 유도할 것인가가 대단히 중요한 요소이다.

요즈음의 디자인은 제품의 차별화 및 고부가가치화를 통해 기업의 경쟁력을 강화할 수 있는 중요한 수단이 되고 타 영역까지 확장시키고 있다. 그렇다 보니 디자인과 관련된 권리의 보호를 매우 중요한 요소로 인식하게 되었다.

최근 4차 산업혁명시대에서의 핵심 내용인 기술의 융합과 진보에 관하여 디자인의 트랜드변화가 그것이다. 예를 들면 홀로그램 디자인, 가상현실 디자인, 그래픽 디자인 등의 등장이다. 학계에서는 이들의 등장에 대한 입법의 필요성검토 및 개선방안을 계속하여 제시하고 있다.

제2절 디자인의 성립 및 등록요건

I. 목 적

디자인보호법 제1조는 '디자인의 보호 및 이용을 도모함으로써 디자인의 창작을 장려하여 산업발전에 이바지함을 목적으로 한다.'고 규정하여 디자인보호 및 이용 ➡ 디자인창작 장려 ➡ 산업발전이라는 단계를 취하고 있다.

디자인의 보호와 이용에 관하여 살펴보면, 본 법에서는 선원권 및 디자인권에 의해 보호받을 수 있고, 또한 보상금청구권이나 임시보호의 권리가 없어 디자인등록 출원계속 중에 타인의 실시가 있더라도 등록을 받을 수 있는 권리로 보호받을 수 있다. 그 밖에 디자인권자에게 독점권을 부여하는 것은 디자인의 현실적 실시가 기대되기 때문이다. 그러나 디자인은 유행성이 강한 반면 불실시로 인해 산업발전에 끼치는 영향이 타 산업재산권법에 비하여 작으므로 실시를 강제하고 있지 않다. 그리고 디자인권의 사유재산성을 인정하여 제3자에게 실시를 허락하여 줄 수 있는 실시권허락제도를 두고 있고, 공평의 견지 및 사업설비의 보호를 위해 법정실시권제도 및 현실적 실시를 위하여 강제실시권제도 등을 두고 있다. 또한 디자인의 보호 및 이용이 국가의 산업발전에 영향을 끼치는 것인가 하는 것은 디자인보호법 전체를 통하여 살펴 보아야 한다. 그리고 디자인보호법 제1조는 입법취지를 요약표현하고 있고 이 법의 전반에 대한 포괄적 해석기준과 구체적인 상황에서의 판단기준이 된다.

Ⅱ. 성립요건

디자인보호법상 디자인으로서 보호받기 위해서는 디자인보호법 제5조 제1항의 디자인의 등록요건을 충족시켜야 하고, 그 전제로서 동법 제2조 제1호의 디자인의 성립요건을 충족하여야 한다.

디자인보호법 제2조 제1호에서는 디자인의 정의로서 "디자인이라 함은 물품의 형상·모양·색채 또는 이들을 결합한 것으로서 시각을 통하여 미감을 일으키게 하는 것을 말한다"고 규정하고 있다. 이것을 보호법익으로 하며, 이들의 외관을 그 주된 대상으로 한다.

이 규정에 의하면, 디자인이 성립되기 위해서는 '물품'의 '형상·모양·색채 또는 이들을 결합한 것'으로서 '시각을 통하여 미감을 일으키게 하는 것'이어야 한다. 따라서 디자인이 되기 위해서는 물품에 표현(물품성), 물품의 형상·모양·색채 또는 이들을 결합한 것으로서(형태성), 시각을 통하여(시각성), 미감을 일으키게 하는 것(심미성)이 있어야 한다.

1. 물품성

전술한 바와 같이 디자인은 물품을 전제로 한 것이므로 물품을 떠나서 존재할 수 없다. 즉 물품에 표현 또는 화체되지 않은 단순한 모티브만으로는 디자인의 대상이 되지 못하고 물품에 표현 또는 화체되어야 비로소 디자인의 대상이 된다. 말하자면 디자인은 창작된 도안을 보호하는 것이 아니라 그 도안이 적용된 물품을 보호하는 것이다. 따라서 '물품이 다르면 디자인은 별개의 것'[1]이

---

1) 대법원판례 1974. 11. 6 선고 74 후 59(의장권리범위확인) 참고.

라는 의미가 된다. 여기서 물품이란 독립성이 있는 구체적인 물품으로서 유체동산을 원칙으로 한다. 따라서 독립성이 없는 물품의 일부나 토지·건물 등 부동산, 고체, 액체, 기체 그리고 일정한 형체가 없는 전기, 열, 빛 등과 같은 무체물 등은 디자인의 대상이 될 수 없다. 또한 물품 자체의 고유 형태가 아닌 것, 예컨대 손수건을 접어서 꽃모양으로 만든 것은 디자인의 물품이 될 수 없다.

2. 형태성(형상 · 모양 · 색채)

형태성이란 물품의 형상·모양·색채 또는 이들의 결합을 의미한다. 물품의 형상(shape)이라 함은 물품이 공간을 점하고 있는 윤곽을 말하며, 물품은 반드시 형상을 지니는 것이기 때문에 형상이 없는 디자인은 존재할 수 없다. 모양(pattern)이라 함은 물품을 장식하기 위하여 물품의 외관에 나타나는 선도, 색구분, 색흐림, 즉 무늬를 말한다. 그리고 색채(color)는 시각을 통하여 식별할 수 있도록 물품에 채색된 빛깔을 말한다.

3. 시각성

시각성이란 시각을 통하여, 즉 육안으로 보아서 식별할 수 있는 디자인만을 그 대상으로 한다. 왜냐하면 디자인은 물품의 외관에 대한 창작을 대상으로 하여 미감을 일으키는 것이기 때문에 시각만으로 디자인을 파악할 수 있어야 하고, 육안으로 식별할 수 있어야 하며, 외부로부터 보여야 한다. 따라서 시각으로 파악할 수 없는 소리나 촉감, 육안으로 형상 및 모양의 식별이 불가능한 분말, 물건이 완성된 경우 시각에서 사라져 수요자나 거래자에게 미감을 자아낼 수 없는 부분, 즉 물품을 분해하거나 파괴하여야만 볼 수 있는 것 등은 그 대상이 되지 않는다.

☞ **참고**: 대법원 1999. 7. 23. 선고 98후2689 등록무효(의) 판결; 디자인등록 제122668호(소멸)
　　　　 - '조명기구용 틀'의 시각성이 문제되어 디자인으로 인정되지 않은 사례 -

> 조명기구용 틀이 기구 속에 채워진 공기가 약간 빠져나간 경우에도 조명기구의 외피의 형상과 모양을 어느 정도 유지하기 위한 물품일 뿐 자체의 형상과 모양을 외부에 보이기 위한 것이 아니고, 외피와 분리되어 독자적인 거래대상은 될 수 있을 것이나, 상당히 대형이어서 등록된 형상과 모양이 갖추어진 상태, 즉 조립·설치된 상태로 거래·운반되는 것이 아니라 부품으로 분해된 상태에서 거래·운반되는 것이 일반적이며, 조명기구의 설치 시에도 틀을 먼저 조립·설치한 후, 즉 등록된 디자인의 모습이 외부에 나타난 상태에서 외피를 덮어씌우는 것이 아니라 외피를 설치한 후 그 외피 속에 사람이 들어가서 외피의 하부로부터 틀을 조립·설치하게 되어 있어 거래 시나 운반 시 또는 설치 시에도 등록된 형상과 모양이 외부에 나타난다고 보기 어렵고, 조명기구를 설치한 후에도…, 나아가 광고내용 등을 바꾸기 위하여 외피를 교체하는 경우를 상정해 보아도 외피를 제거하면 일시적으로 새로운 외피를 설치한 후 그 새로운 외피 안에 들어가 다시 틀을 재조립하게 될 것이므로, 등록디자인 물품인 틀은 그 자체의 완성된 형상과 모양이 거래자나 일반 수요자에게 노출되어 심미감을 자아낼 수 있는 경우란 거의 없다고 볼 수 있고, 완성품인 조명기구의 외피를 제거 내지 훼손하지 않는 한 그 형상과 모양을 외부에서 쉽사리 파악·식별할 수 없는 경우에는 디자인등록의 대상이 되지 않는다. 고 판시하였다.

4. 심미성

심미성이란 시각을 통하여 미적인 감각을 느끼는 감정을 말하며, 디자인은 이러한 미적 감각을 일으키게 하는 것이어야 한다. 그러나 미감은 다분히 사람마다 주관적 판단에 따라 감흥이 달라질 수 있으므로 실무에서는 미감의 종류나 깊이의 정도는 관련이 없고 아름다움을 느낄 수 있을 정도의 형태적 처리가 된 것이면 심미감이 있는 것으로 보고 있다. 심미성을 성립요건의 하나로 한 것은 물품의 외관에 표현된 미적 형태의 가치를 인정하고, 이것은 디자인이 수요자의 미감을 자극하여 물품의 수요증대를 통해 산업발전에 기여하는 점을 고려하기 때문이다. 그러나 만약 디자인이 심미성을 요구하지 않는다면 물품의 외관을 구성하는 형태는 모두 디자인보호법상의 보호대상이 되어 수요창출에 이바지하지 못하는 것에까지 독점·배타권을 부여하게 되는 모순이 발생한다. 따라서 심미성이라는 성립요건에 의해 디자인의 성격과 디자인보호법상의 존재 의의가 명확히 되는 것이다.

Ⅲ. 일반적 등록요건

디자인보호법 제33조, 제34조는 디자인의 등록요건을 규정하고 있다. 디자인등록은 절차적 요건뿐만 아니라 디자인의 본질적 요소를 갖추고 있는가의 여부를 확인하는 실체적 요건도 갖추어야 한다. 즉 공업상 이용가능성, 신규성, 창작비용이성 등이다.

1. 공업상 이용가능성(공업성)

공업상 이용가능성이라 함은 공업적 생산방법에 의해 동일한 디자인물품이 양산가능한 것을 말한다. 법이 등록요건으로서 공업상 이용가능성을 요구하는 이유는 디자인제도의 목적이 창작자의 보호와 함께 물품에 대한 수요증대 및 산업발전에 기여함에 있으므로 디자인으로서 물품의 양산가능성이 없는 것은 산업발전의 기여에 적격성이 결여된 것이기 때문이다. 그러므로 공업상 이용가능성을 충족하려면 다음의 3가지 요건을 갖추어야 한다.[2]

(1) 반복생산성

디자인의 도면에 따라 동일한 형상의 물품을 반복하여 생산할 수 있어야 한다. 반복생산성이라는 점에서 자연물을 이용한 디자인, 예컨대 자연동물(호랑이)을 박제하여 전시하거나 보석이 박힌 목걸이와 같이 자연물을 물품의 일부에 끼운 디자인은 실무상 문제가 될 수 있다.

---

2) 이기수·정진섭·황종환·이덕록·송영식 공저, 지적재산권법(상), 한빛지적소유권센터, 1994, 621면~622면.

(2) 양산성

공업상 이용할 수 있는 디자인은 양산을 의도한 것으로서 생산기술적으로
도 양산가능한 것이어야 한다. 예컨대 많은 비용이 드는 건조물의 경우, 생산
기술적으로 충분히 양산가능해도 사실상 양산이 어려운 경우가 많으므로 사회
통념에 비추어 구체적으로 판단해야 한다.

(3) 기술적 달성가능성

디자인은 기술적으로 달성가능성이 있어야 한다. 본래 디자인은 기술개발
을 목적으로 하는 것이 아니지만 디자인창작이 기술개발성과에 자극되는 경우
도 있고 반대로 디자인개발의 성과가 기술개발의 동기가 되기도 한다. 따라서
진보적으로 개발된 디자인이 단순히 아이디어에 불과하고 기술적으로 달성가
능하지 못하다면 결국 이용가능성이 있는 디자인이라고 할 수 없다.

2. 신규성

신규성이라 함은 새로운 것, 즉 등록출원 전에 알려진 사실이 없는 것으로
동일 또는 유사물품간의 객관적인 창작성이 있어야 한다. 그 이유는 이미 일반
사회에 공지·공용된 디자인을 특정인에게 독점·배타권을 부여하는 것이 부당
하기 때문이다. 그 내용으로는 출원전에 국내외에서 반포된 간행물에 기재되지
않아야 하고, 유사하지 않아야 한다. 실무에서는 신규성을 판단하기 매우 어려
운 부분 중의 하나로 꼽고 있다. 그 이유는 특허법과 실용신안법상의 신규성은
반드시 과거 및 현존하는 종전의 기술수준에서 벗어난 새로운 것이라는 의미
인 데 반해, 디자인의 신규성은 반드시 과거 또는 현존하는 모든 것과 다른 새
로운 것을 요구하지 않고 과거 및 현존하는 것을 기초로 하여 창작자의 새로운
미적 고안이 결합하는 정도면 신규성을 인정하고 있다. 말하자면 디자인의 신
규성은 단순한 디자인의 동일개념 외에 유사개념도 포함되고 있다는 점에 유
의하여야 한다.

3. 창작비용이성

디자인보호법상 디자인의 유사판단문제와 함께 디자인의 창작성도 중요하다. 여기에서의 창작이란 미감을 일으키는 물품의 외관을 안출하는 것을 말하는 것으로서 일반적인 창작의 관념이 아니라 그 독창성과는 뉘앙스를 달리하며, 유사의 폭을 넘어설 정도로 비교적 높지 않은 수준의 창작을 말한다. 디자인보호법은 창작성에 대해서 직접 규정하지 않고 창작비용이성에 대해서 언급하고 있다(법 제33조 제2항).[3] 여기서 창작비용이성이라 함은 창작성의 반대개념으로서 디자인이 등록되기 위해서는 그 디자인이 속하는 분야에서 통상의 지식을 가진 자가 국내에서 널리 알려진 형상·모양·색채 또는 이들의 결합에 의하여 쉽게 창작할 수 없는 디자인을 말한다. 따라서 선행디자인과의 관계에서 신규성이 있는 디자인이라 하더라도 그 디자인이 속하는 분야에서 통상의 지식을 가진 자가 쉽게 창작할 수 있는 디자인에 대하여는 독점배타적 권리인 디자인권을 부여하지 않음으로써 높은 수준의 창작을 유도하기 위함이다. 그러므로 창작성이 결여된 디자인은 거절사정이 되고 착오로 등록이 되더라도 무효사유가 된다.

디자인의 창작성이라 함은 그 디자인이 속하는 분야에서 통상의 지식을 가진 자가 국내·외에 널리 알려진 형상·모양·색채 또는 이들의 결합에 의하여 쉽게 창작할 수 없는 디자인을 말한다. 쉽게 창작할 수 있는 디자인의 예를 살펴보면 다음과 같다.

---

3) 그동안 법조항 상의 창작비용이성의 포함논의를 살펴보면, 1961년 제정 의장법에는 창작성 내용이 없었으나, 1973년 1차 개정 의장법에는 신규성 상실사유에 해당하는 의장으로부터 용이하게 창작할 수 있는 것은 등록받을 수 없음을, 1990년 개정법에서는 창작성의 객체적 기준을 국내의 주지형상 등으로, 2001년 개정법에서는 객체적 기준을 국내외에서 공지·공용된 형상으로 강화하려고 하였으나 당시 우리나라의 디자인 수준을 감안하여 의장창작의 장려에 저해요소로 작용될 수 있다는 지적이 있어 반영되지 못하였다. 2004년 개정 디자인보호법에서는 공지디자인의 결합을 창작성 판단의 인용자료로 추가하였다. 2014년 개정 디자인보호법에서는 디자인등록출원 전에 국내뿐만 아니라 국외에서 널리 알려진 형상·모양·색채 또는 이들의 결합에 의하여 쉽게 창작할 수 있는 디자인도 창작성이 없는 것으로 보아 디자인등록을 받을 수 없도록 함으로써 디자인의 창작성 요건을 강화하였다.

- 주지의 형상·모양 등에 의한 쉬운 창작: 삼각형, 사각형, 원, 원기둥, 정다면체 등 주지의 형상을 그대로 이용한 것에 불과한 경우. 예컨대 바둑판무늬, 물방울 무늬 등이다.
- 자연물, 유명한 저작물, 유명한 건조물, 유명한 경치 등을 기초로 한 쉬운 창작
- 주지디자인을 기초로 한 쉬운 창작: 당업계에서 간행물이나 TV 등을 통하여 널리 알려져 있는 디자인을 전용한 경우. 예컨대 유명한 자동차의 형상, 모양을 완구에 전용한 경우이다.

공지디자인의 결합에 기초한 쉬운 창작 등이 이에 해당한다.

최근 디자인보호법을 개정하여 공지된 각 디자인과 국외에 널리 알려진 형상·모양·색채로부터 쉽게 창작할 수 있는 디자인도 등록할 수 없게 하였다.

4. 확대된 선출원

디자인보호법 제33조 제3항은 디자인등록의 요건 중 확대된 선출원에 관하여 규정하고 있다. "디자인등록출원한 디자인이 그 출원을 한 후에 제52조, 제56조 또는 제90조 제3항에 따라 디자인공보에 게재된 다른 디자인등록출원(그 디자인등록출원일 전에 출원된 것으로 한정한다)의 출원서의 기재사항 및 출원서에 첨부된 도면·사진 또는 견본에 표현된 디자인의 일부와 동일하거나 유사한 경우에 그 디자인은 제1항에도 불구하고 디자인등록을 받을 수 없다. 다만, 그 디자인등록출원의 출원인과 다른 디자인등록출원의 출원인이 같은 경우에는 그러하지 아니하다." 본 조항은 종전에는 많은 문제점을 가지고 있었다. 즉 후출원된 디자인이 선출원 디자인의 일부와 동일 또는 유사한 경우에는 디자인권의 중복발생을 방지하기 위하여 채용해 온 선출원주의제도 자체가 성립할 수 없게 되다보니 각각의 권리가 발생하여 이를 규제할 별도의 거절근거규정도 없었고, 이용관계도 성립되지 않는 등의 복잡한 상황이 발생되었다. 이러한 문제점을 시정하고, 보다 정리체계가 필요하여 선출원 디자인의 일부와 동일

또는 유사한 디자인에 대해서는 디자인 등록을 받을 수 없도록 한 것이다.[4)]

　　적용되는 요건으로는, 첫째, 당해 디자인등록출원 전에 다른 디자인등록출원이 존재할 것, 둘째, 선출원의 다른 디자인출원이 당해 디자인등록출원 후에 디자인공보에 게재될 것, 셋째, 당해 디자인등록출원에 관한 디자인이 선출원의 출원서의 기재 및 출원서에 첨부된 도면 등에 표현된 디자인의 일부와 동일 또는 유사할 것 등이다. 따라서 선출원 디자인의 일부와 동일 또는 유사한 후출원 디자인은 모두 이 규정이 적용된다. 예컨대 기능과 용도, 형상·모양·색채 또는 이들의 결합 및 도면 등이 동일 또는 유사하면 디자인등록을 받을 수 없다.

5. 등록을 받을 수 없는 디자인(법 제34조)

　　앞에서 설명한 디자인의 등록요건을 갖춘 디자인이라 할지라도 다음의 경우에는 등록될 수 없다.

(1) 국기, 국장, 군기, 훈장, 포장, 기장 그 밖의 공공기관 등의 표장과 외국의 국기, 국장 또는 국제기관 등의 문자나 표지와 동일하거나 유사한 디자인

(2) 디자인이 주는 의미나 내용 등이 일반인의 통상적인 도덕관념이나 선량한 풍속에 어긋나거나 공공질서를 해칠 우려가 있는 디자인
　　- 국가원수의 초상 및 이에 준한 것
　　- 특정국가 또는 그 국민을 모욕하는 것
　　- 저속, 혐오, 기타 사회 일반적 미풍양속에 반하는 것
　　- 인륜에 반하는 것
　　- 기타 국제 신뢰관계 및 공정한 경쟁질서를 문란하게 할 염려가 있는 디자인 등이다.

---

4) 노태정, 디자인보호법 개설(제2판), 세창출판사, 2014, 99면.

(3) 타인의 업무와 관계된 물품과 혼동을 가져올 우려가 있는 디자인

디자인은 물품의 외관으로서 사람이 상품을 선택할 경우 그 상품을 판단하는 눈짐작이 될 수 있고 그 상품의 출처를 상상하게 되기도 한다. 이러한 이유 때문에 타인의 업무에 관계되는 상품으로서 혼동되어 결국 타인의 고객흡인력에 편승하게 된다. 따라서 디자인보호법은 디자인에 관하여 발생하는 영업상의 부정경쟁행위를 방지하여 건전한 유통질서를 확립하고자 타인의 업무에 관한 물품의 혼동을 일으키는 디자인등록을 배제하고 있다. 이러한 의미에서 볼 때, 타인의 저명한 상표, 서비스표, 단체표장 및 업무표장을 디자인으로 표현하였거나(입체상표 포함), 비영리법인의 표장을 디자인으로 표현한 경우 등은 등록을 할 수 없다.

(4) 물품의 기능을 확보하는 데에 불가결한 형상만으로 된 디자인

여기서 물품의 기능은 기술적 기능을 의미하며, 물품의 기술적 기능을 확보하기 위해 필연적으로 정해진 형상으로 이루어진 디자인 및 물품의 호환성 확보 등을 위해 표준화된 규격에 의하여 정해진 형상으로 이루어진 디자인은 등록 받을 수 없다. 예컨대 파라볼라 안테나, KS 규격품, ISO 규격품 등이다.

6. 선출원주의

선출원주의란 먼저 출원한 자만이 그 디자인에 관하여 등록 받을 수 있는 것을 말한다. 이를 선원주의라고 칭하기도 한다. 말하자면 동일 또는 유사한 물품에 관한 동일 또는 유사한 디자인이 서로 다른 날에 2이상의 출원이 있는 경우 그 중 어느 것을 디자인등록시켜 주어야 하는가 하는 문제가 대두되는데, 이때 먼저 출원한 자만이 등록을 받을 수 있도록 허락하는 주의를 말하며 선고안주의와 대별되는 주의이다. 선출원주의는 등록주의와 결합하여 권리의 안정성, 선후원 판단의 용이성 등 제도운영의 원활화를 기할 수 있는 반면 선고안주의는 먼저 고안한 자에게 권리를 부여함으로써 고안의 정당성이 있는 반면 선, 후의 고안판별이 용이하지 않다.

디자인권은 독점권을 부여하는 것이므로 동일 또는 유사한 디자인이 우연히 2이상 창작되어 출원되어 있는 경우 오직 한사람에게만 독점권을 부여하기 위하여 최초의 출원인에게만 등록을 허락하는 것이다. 그러나 디자인등록출원이 무효 또는 취하된 때에는 선출원 규정을 적용함에 있어서 처음부터 없었던 것으로 보고 후출원한 디자인등록출원이 등록받을 수 있다. 또한 포기 또는 거절결정이나 거절한다는 취지의 심결이 확정된 때에도 선출원 규정을 적용함에 있어서 처음부터 없었던 것으로 간주하고 있다.

특허청은 디자인의 유사여부에 대하여 다음의 기준을 사용한다.

(1) 동일 또는 유사물품 간에 있어서만 유사여부를 판단하고(대법원 98후492 판결), 그 용도와 기능을 기준으로 하여 판단한다. 물품의 유사여부에 따른 디자인의 유사여부는 다음과 같다.

구 분	동일물품	유사물품	비유사물품
형상·모양·색체 동일	동일 디자인		
형상·모양·색체 유사		유사 디자인	
형상·모양·색체 비유사			비유사 디자인

여기서의 '동일물품'이란 용도와 기능이 동일한 것을 말하고, '유사물품'이란 용도가 동일하고 기능이 다른 것을 말한다.

(2) 디자인의 유사여부 판단기준[5]

디자인 등록요건으로 '신규성'에서 가장 문제되는 것이 '디자인의 유사여부'를 판단하는 것이다. 즉 디자인 등록출원 전 국내외에서 공지됐거나 공연히 실시된 디자인과 유사한 디자인은 등록을 받을 수 없기 때문에 디자인 출원 전에 그 디자인이 등록될 수 있는지 여부를 판단해야 한다. 또한 권리행사라는

---

5) 특허청의 디자인심사기준을 인용.

측면에서 디자인 유사여부 판단은 매우 중요하다. 왜냐하면 디자인의 보호범위는 등록디자인뿐만 아니라 등록디자인과 유사한 디자인에 대해서도 미치기 때문이다. 따라서 디자인권자는 물론 비권리자 입장에서도 본인이 실시하는 디자인이 등록디자인과 유사한지 여부는 매우 중요한 문제이다. 실제 디자인과 관련된 상당수의 판례도 디자인 유사여부와 관련된 것이라는 점에서 보더라도 이 문제의 중요성은 짐작할 수 있을 것이다.

디자인보호법을 기초로 하여 특허청의 디자인 심사기준(위의 표 참고)을 중심으로 살펴보면, 디자인의 유사여부 판단은 물품의 유사여부 판단과 디자인의 유사여부 판단으로 구분하고 있다. 물품의 유사여부 판단의 일반적 기준은 동일물품 혹은 유사물품의 기준을 달리하고 있다. 「동일물품」이란 용도와 기능이 동일한 것을 말한다. 여기서의 용도란 물품이 실현하려는 사용목적을 말하며, 기능이란 용도를 실현할 수 있는 구조와 작용 등을 말한다. 또한 「유사물품」이란 용도는 동일하되 기능이 다른 것(예: 볼펜과 만년필)을 말한다. 용도가 서로 다른, 즉 비유사물품인 경우에도 용도상 흔히 혼용될 수 있는 것은 유사한 물품(수저통과 연필통)으로 볼 수 있다(대법원 2002후2570 판결). 여기서 혼용이란 용도가 다르고 기능이 동일한 물품을 용도를 바꿔서 사용하는 것을 말한다(예: 수저통과 연필통).

디자인의 유사여부 판단의 일반원칙을 구체적으로 살펴보면 다음과 같다. 첫째, 디자인 유사여부는 디자인 대상이 되는 물품이 유통과정에서 일반 수요자를 기준으로 관찰하여 다른 물품과 혼동할 우려가 있는 경우에는 유사디자인으로 보며, 혼동할 우려가 있을 정도로 유사하지 않더라도 그 디자인 분야의 형태적 흐름을 기초로 두 디자인을 관찰하여 창작의 공통성이 인정되는 경우에도 유사한 디자인으로 본다. 여기서 말하는 '창작의 공통성'이란 특징적인 요소, 흔히 '모티브(Motive)'라고 하는 것을 말하는 것으로서 일반원칙을 기본으로 하여 판단한다.

둘째, 디자인의 유사여부는 전체적으로 관찰하여 종합적으로 판단하는 방법이다. 여기서의 '관찰'은 육안비교하여 관찰하되, 디자인에 관한 물품거래에서 물품의 형상 등을 확대관찰하는 것이 통상적인 경우에는 확대경과 현미경 등을 사용할 수 있음을 의미하는 것이다. 그리고 '전체적으로 판단한다'라 함은 디자인 특정 부분만 비교해 유사여부를 판단하거나 디자인을 구성하는 각 요소를 분리하여 개별적으로 대비하는 것이 아니라 그 외관의 전체 대 전체로 관찰하여 보는 사람으로 하여금 상이한 심미감을 느끼게 하는지 여부를 말한다. 따라서 부분적으로 유사하더라도 전체적으로 유사하지 않으면 비유사 디자인으로, 부분적으로 다른 점이 있더라도 전체적으로 유사하면 유사한 디자인으로 판단한다.

셋째, 디자인의 형태에 의한 유사여부 판단방법이다. 즉 형상이나 모양 및 색채에 의한 유사여부 판단방법으로는 어느 하나가 유사하지 않으면 원칙적으로 유사하지 아니한 디자인으로 보되, 형상이나 모양이 디자인의 미감에 미치는 영향의 정도 등을 종합적으로 고려하여 디자인 전체로서 판단한다. 또한 모양의 유사여부는 주제(Motif)의 표현방법과 배열, 무늬의 크기 및 색채 등을 종합하여 판단하며 색채는 모양을 구성하지 아니하는 한 유사여부 판단의 요소로 고려하지 않는다(대법원 2005후3307 판결).

넷째, 유사범위의 폭의 넓음과 좁음에 관한 설정방법이다. 참신한 디자인일수록 유사의 폭을 넓게 보고, 같은 종류의 것이 많이 나올수록 유사의 폭을 좁게 본다. 즉 단순한 형태로 옛날부터 사용되어 오던 것 혹은 구조적으로 그 디자인을 크게 변화시킬 수 없는 것 등은 유사의 폭을 비교적 좁게 본다.

그리고 물품의 사용에 따라 형태가 변화하는 물품들 간에는 형태변화의 전후 또는 일련의 변화과정을 기준으로 서로 같은 상태에서 대비하여 전체적으로 판단한다(대법원 2010다23739 판결).

그 밖에 완성품(부품의 종합체)과 부품의 디자인 유사여부에 관한 판단방법이다. 완성품과 부품은 비유사물품이므로 선출원(법 제46조)을 적용하지 않는다. 그리고 공지된 완성품에 부착된 부품의 디자인의 동일 또는 유사한 부품의 디자인은 그 완성품에 의하여 공지된 디자인으로 보아 디자인등록요건의 신규성을 적용한다(예: 자전거와 자전거 핸들).

합성물 디자인의 유사여부 판단방법이다. 합성물이란 수 개의 구성부분이 결합하여 이루어진 물품을 말하며, 합성물은 1개의 물품으로 취급된다(예 장기

짝, 트럼프, 화투, 완성된 단일한 조립완구 등). 이 합성물의 디자인도 구성각편이 모아진 전체를 하나의 디자인으로 보아 대비판단한다. 완성된 다양한 조립완구와 같이 구성각편의 하나가 디자인등록의 대상이 되는 경우 그 조립완구와 구성각편의 유사여부 판단은 완성품과 부품의 디자인의 유사여부 판단에 준한다.

다음은 화상디자인의 유사여부 판단방법이다. 화상디자인이 표시된 표시부를 갖는 물품에 관한 디자인의 유사여부는 동일·유사한 물품 간에만 판단하고, 이때의 판단은 디자인에 관계되는 모양의 유사여부 판단과 동일하게 판단한다. 만약 화상디자인이 표시된 표시부에서 등록받고자하는 부분의 위치·크기가 이동 또는 확대·축소가 가능한 경우에는 유사여부 판단에 영향을 미치지 않는다. 다만 등록받고자 하는 부분의 위치·크기가 고정된 경우에는 그러하지 아니하다.

동적 화상디자인의 유사여부 판단방법이 있다. 이 방법은 동적 화상디자인과 화상디자인 간 및 동적 화상디자인 상호간의 유사여부 판단방법으로 구분할 수 있다. 전자는 동적 화상디자인의 정지상태 및 동작 중의 기본적 주체를 이루는 자태가 화상디자인과 유사하고 동작의 내용에 특이점이 없으면 유사한 디자인으로 보며, 만약 특이점이 있다면 유사하지 않은 디자인으로 본다. 후자의 경우는 그 정지상태, 동작의 내용 및 동작 중의 기본적인 주체를 이루는 자태 등을 전체로서 비교하여 유사여부를 판단한다.

마지막으로 글자체디자인의 유사여부 판단방법이다. 출원디자인이 아래에 해당하는 경우에는 기본 글자체디자인과 동일·유사한 것으로 본다(특허청 홈페이지의 디자인심사기준 캡쳐).

1) 기존 글자체의 복사나 기계적 복제에 해당하는 경우
㉠ 복사: 어떠한 가감도 없이 그대로 다시 만드는 것

ⓛ 기계적 복제(모양·굵기): 장체(長體), 평체(平體), 사체(斜體) 혹은 굵기변화 등에 의한 글자체의 복사 생성

ⓒ 기계적 복제(장식): 윤곽선, 음영 혹은 색구분·색흐림 처리 등에 의한 글자체의 복사 생성

2) 기존 글자체의 부분적 변경에 해당되는 경우

ⓖ 부분적 변경: 구성요소의 모양을 변경하거나 곡선·기울기를 변경하는 처리 등에 의한 글자체의 모사·변경

ⓛ 파생글자체용 변경: 점글자체 등 출력기의 특성에 맞춰 기존의 글자체 디자인을 충실히 재현하는 변경

3) 기존 글자체의 자족(字族, 패밀리 글자체)에 해당되는 경우

ⓖ 자족(굵기): 기존 글자체를 기초로 굵기가 다른 글자체를 제작하는 것

ⓛ 자족(모양): 기본 글자체를 기초로 장체·평체·사체 등 모양이 다른 글자체를 제작하는 것

ⓒ 자족(장식): 기존 글자체를 기초로 윤곽선, 음영, 윤곽선 응용(내선) 등 장식이 다른 글자체를 제작하는 것

☞ 참고: 특허법원 2005. 10. 21 판결 2005허5259 등록디자인과 확인대상디자인의 유사여부에 대한 판례

디자인의 유사여부 판단에 있어서는 대비되는 2디자인만 판단해서는 아니 되고 그 디자인이 옛날부터 흔히 사용되어 왔고 여러 디자인이 다양하게 고안되었던 것이나, 구조적으로 그 디자인을 크게 변화시킬 수 없는 것 등은 디자인의 유사범위를 비교적 좁게 보아야 할 것이고, 또한 디자인의 공통되는 부분이 그 물품으로서 당연히 있어야 할 부분 내지 디자인의 기본적 또는 기능적 형태인 경우에는 그 중요도를 낮게 평가하여야 하므로, 이러한 부분들이 동일·유사하다는 사정만으로 곧바로 양 디자인이 서로 동일·유사하다고 할 수는 없다 할 것이다. 따라서 이 사건에서 양 디자인의 물품은 모두 "화분용 물받침대"로서 화분받침대의 다리 사이에 물받이를 갖추어 화분에서 흘러내리는 물을 받을 수 있도록 하는 것으로 그 용도 및 기능이 동일한 물품이고, 양 디자인의 물품은 그 위에 화분을 놓고 사용할 경우 화분에 가려지는 상부받침판의 평면보다는 그 정면 및 측면의 형상 및 모양이 일반 수요자들의 주의를 가장 끌기 쉬운 부분으로서 디자인의 미감적 특징을 나타내는 가장 주된 요부라고 할 경우 양 디자인에 있어 유사한 부분들은 기능적 또는 이미 공지된 부분들이므로 이들 부분을 감안하여 양 디자인은 비유사하다 할 것이다. 그러므로 이번 사례에서와 같이 향후 심판시 양 디자인을 대비하기 전에 대상이 되는 물품을 먼저 확인한 후 유사여부를 대비하여야 할 것으로 사료된다.

〈등록디자인〉

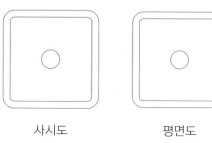

사시도   평면도   저면도

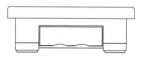
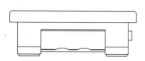

정면도   배면도   좌측면도
                                 (우측면도는 좌측면도와 동일)

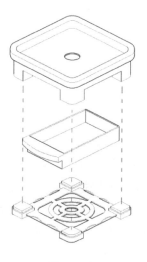

참고도 1

〈확인대상디자인〉

사시도

평면도

저면도

정면도

배면도

좌측면도

우측면도

제3절 디자인보호법상의 특유의 제도

디자인보호법의 제1조의 목적을 달성하기 위하여 디자인제도는 본래의 목적과 기능하는 역할에 따라서 다른 산업재산권과는 다른 특수한 제도를 두고 있다. 이른바 관련디자인제도, 한 벌 물품 디자인제도, 비밀디자인제도, 디자인무심사등록제도, 복수디자인출원제도, 동적 디자인제도, 화상디자인제도, 글자체디자인 등의 특유제도가 있다.

Ⅰ. 관련디자인제도

최근 디자인보호법이 개정되어 기본디자인과 유사한지의 여부를 기준으로 유사디자인권의 침해를 판단하는 현실(대법원 2009. 1. 30. 선고 2007후4847 판결 등) 및 법원에서 유사디자인의 독자적인 권리범위를 인정하지 아니 하며(대법원 1989. 8. 9. 선고 89후25 판결, 1995. 6. 30. 선고 94후1749 판결, 2008. 12. 24. 선고 2006후1643 판결 등), 헤이그협정의 가입 등을 고려하여 유사디자인제도를 폐지하는 대신 관련디자인제도를 도입하였다. 출원시기를 제한하여 기본디자인의 등록이 게재된 디자인공보의 발행일 전까지로 한정하며, 독자적인 존속기간을 부여함으로써 권리의 안정성을 제고하였고, 권리범위가 중복되는 관련디자인권과 기본디자인권에 대하여 각각 별도의 전용실시권 설정을 인정하게 되면 2 이상의 권리자가 동일 또는 유사한 디자인을 실시할 수 있게 되어 권리충돌이 발생하기 때문에 관련디자인만의 독자적인 전용실시권 설정을 제한받는다. 기본디자인권이 무효심판에 의해 등록무효 되더라도 관련디자인권은 별도로 존속한다(법 제121조). 그러나 기본디자인 출원일로부터 1년 이내에 출원되어야 관련디자인으로 보호되며(법 제35조 제1항), 기본디자인권의 존속기간이 만료되면 관련디자인권의 존속기간도 만료된다(법 제91조 제1항).

Ⅱ. 한 벌 물품 디자인제도

1디자인 1출원주의를 채택한 디자인보호법 아래에서는 2이상의 물품을 1 출원으로 할 수 없음이 원칙이다. 그러나 물품 중에는 서로 다른 독립된 상태 보다는 상호 보완관계에 있을 때 그 효용 및 기능면에서 완전해지며, 그 때문에 관습상 한 벌로서 거래되고 사용되는 경우, 그 디자인을 한 벌로 취급하는 것이 출원인이나 사회관습존중의 측면에서나 합목적적이기 때문에 인정하고 있다. 한 벌 물품으로 인정받기 위해서는 관습상 판매되어야 하고, 동시 사용 되어야 하며, 통일성이 있어야 한다. 뿐만 아니라 디자인보호법 시행규칙 별표 5에 해당되어야 한다. 예컨대 한 벌의 반상기 세트, 한 벌의 다기 세트, 한 벌의 오디오 세트, 등 93개 물품([표 5] 참고)으로 예시적으로 나열하고 있으며 대상물품은 향후 계속하여 늘어날 것으로 예상된다. 사견으로는 아래의 [표 5]의 물품들이 법제화되어 보호되고 있으나 우리 산업에 얼마만큼의 도움이 되는지 의문이다. 따라서 열거한 물품 중 현대적인 물품인 집합물을 심사기준상에서 1 디자인으로 간주해 줄 것이 아니라 법 제42조(한 벌의 물품의 디자인)의 규정을 적용받게 하고 일부침해도 인정해 주는 것이 선진화된 법의 태도라고 생각한다.

	[표 5] 한 벌의 물품의 구분(38조 제4항 관련, 2014.12.31.기준)		
1	한 벌의 여성용 한복 세트	48	한 벌의 검도복 세트
2	한 벌의 남성용 한복 세트	49	한 벌의 등산복 세트
3	한 벌의 여성용 속옷 세트	50	한 벌의 스키복 세트
4	한 벌의 장신구 세트	51	한 벌의 승마복 세트
5	한 벌의 커프스단추 및 넥타이핀 세트	52	한 벌의 야구복 세트
6	한 벌의 흡연 용구 세트	53	한 벌의 손톱·발톱 미용기구 세트
7	한 벌의 침장 세트	54	한 벌의 가방 세트
8	한 벌의 커피 용구 세트	55	한 벌의 지갑 및 벨트 세트
9	한 벌의 화채 용구 세트	56	한 벌의 화장용 브러시 세트
10	한 벌의 반상기 세트	57	한 벌의 머리빗 세트
11	한 벌의 다기(茶器) 세트	58	한 벌의 이발기구 세트
12	한 벌의 양념용기 세트	59	한 벌의 면도용구 세트
13	한 벌의 밥그릇과 국그릇 세트	60	한 벌의 수유용품 세트
14	한 벌의 주기(酒器) 세트	61	한 벌의 출산 준비물 세트
15	한 벌의 나이프, 포크 및 스푼 세트	62	한 벌의 커튼 및 블라인드 세트

16	한 벌의 숟가락 및 젓가락 세트	63	한 벌의 트로피·상패 세트
17	한 벌의 제기(祭器) 세트	64	한 벌의 액자 세트
18	한 벌의 세면 화장대 세트	65	한 벌의 정리용 수납상자 세트
19	한 벌의 책상과 책꽂이 세트	66	한 벌의 아이스박스 세트
20	한 벌의 거실용 가구 세트	67	한 벌의 주방용 밀폐용기 세트
21	한 벌의 테이블 세트	68	한 벌의 와인잔 세트
22	한 벌의 사무용 가구 세트	69	한 벌의 주방용 칼 세트
23	한 벌의 응접 세트	70	한 벌의 주방용 국자 및 뒤집개 세트
24	한 벌의 탁자와 의자 세트	71	한 벌의 남자용 수의(壽衣) 세트
25	한 벌의 부엌가구 세트	72	한 벌의 여자용 수의 세트
26	한 벌의 서도용구(書道用具) 세트	73	한 벌의 침실용 가구 세트
27	한 벌의 필기구 세트	74	한 벌의 가구용 손잡이 세트
28	한 벌의 오디오 세트	75	한 벌의 운동용 아령 및 역기 세트
29	한 벌의 개인용 컴퓨터 세트	76	한 벌의 게임기 세트
30	한 벌의 텔레비전 수상기와 받침대 세트	77	한 벌의 제도용구 세트
31	한 벌의 문짝과 문설주 세트	78	한 벌의 스위치 및 콘센트 세트
32	한 벌의 화장실 청소용구 세트	79	한 벌의 원예용구 세트
33	한 벌의 세면용구 세트	80	한 벌의 수동공구 세트
34	한 벌의 전기칫솔 세트	81	한 벌의 드라이버 세트
35	한 벌의 캠핑용 식기 세트	82	한 벌의 손목시계 세트
36	한 벌의 자동차용 바닥매트 세트	83	한 벌의 반창고 세트
37	한 벌의 야외용 테이블 및 의자 세트	84	한 벌의 부항기 세트
38	한 벌의 자동차용 시트커버 세트	85	한 벌의 프라이팬 세트
39	한 벌의 변기용 부속품 세트	86	한 벌의 선박용 조타실(操舵室) 세트
40	한 벌의 골프클럽 세트	87	한 벌의 선박용 침실 가구 세트
41	한 벌의 드럼 세트	88	한 벌의 선박용 휴게실 가구 세트
42	한 벌의 사무용구 세트	89	한 벌의 선박용 선원식당 가구 세트
43	한 벌의 자동차용 페달 세트	90	한 벌의 자동차용 대시보드 패널 (dashboard panel, center fascial) 세트
44	한 벌의 차량용 오디오 기기 세트	91	한 벌의 레저자동차의 침실용 가구 세트
45	한 벌의 스피커 박스 세트	92	한 벌의 주방용 붙박이(built-in) 물품세트
46	한 벌의 태권도복 세트	93	그 밖에 둘 이상의 물품이 한 벌의 물품으로 동시에 사용되는 것으로 인정되는 경우
47	한 벌의 유도복 세트		

Ⅲ. 비밀디자인제도

디자인의 보호대상은 물품의 외관에 대한 미적 창작이기 때문에 모방, 남용이 쉽고, 유행성이 강하며 제품의 라이프 사이클이 짧기 때문에 침해를 당하더라도 그 구제의 실효성을 거두기 어려운 경우가 생길 수 있다. 또한 디자인권자가 그 등록디자인에 관한 제품을 출시하기 전에 먼저 출원하여 후일 출시를 대비하여 먼저 디자인등록을 받아둠으로써 타인의 침해를 미연에 방지하고 디자인권자의 등록디자인이 관련된 제품의 실시화에 대한 준비기간 및 실시시기를 선택할 수 있도록 하여 등록디자인의 보호와 효과를 강화하기 위해 둔 제도이다. 따라서 비밀디자인제도는 디자인등록출원인의 청구에 의해 디자인권의 설정등록일로부터 일정기간 동안 그 디자인을 공고하지 아니하고 비밀로 하는 제도를 말한다. 출원인의 자유의사에 의하여 등록된 권리를 비밀로 할 수 있다는 점에서 다른 산업재산권에는 없는 특유의 제도이다.

비밀디자인 사례: 삼성전자[6]

2004년 12월말 삼성전자는 휴대폰 디자인의 도용이 더 이상 방치할 수 없는 심각한 문제로 대두되자 휴대폰과 관련하여 비공개 방침을 선언했다. 이에 따라 삼성전자는 휴대폰 국제공모전에 혁신적 디자인이나 기능을 갖춘 모델의 출품을 자제하는 등 첨단 휴대폰 디자인에 대해 비공개할 방침이라고 밝혔다. 비밀디자인제도는 1년에서 3년 동안 자신이 등록한 디자인을 공개하지 않을 수 있는 제도로 이를 적절히 활용하면 타사의 모방을 방지하는 전략적 수단으로 활용할 수 있다(출처: 지식재산경영, 특허청·발명진흥회, 2008. 12, 150쪽).

---

6) 김철호, 박성필, 고영희, 김병조 공저, 지식재산경영, 특허청·발명진흥회, 2008, 12. 150면.

Ⅳ. 디자인우선심사제도

디자인출원도 특허출원처럼 우선심사를 신청할 수 있다. 이 제도를 도입한 이유는 디자인등록출원에 대한 심사는 출원순서에 의하는 것이 원칙이지만, 남들보다 빠르게 디자인을 사용해야 하는 경우 자신의 디자인출원에 대한 신속한 심사처리를 하게 되면 디자인에 대한 효과적인 활용을 할 수 있고 적체된 심사출원처리의 단점을 보완하여 출원인에게 편의를 제공할 수 있기 때문이다. 우선심사를 신청하려면 다음과 같은 경우이어야만 한다.

① 출원공개(국제디자인등록출원의 경우 국제등록공개) 후 **디자인등록출원인이 아닌 자**가 출원된 디자인을 **업으로서 실시**하고 있다고 인정되는 경우
② 「디자인보호법 시행령」 제6조에서 정하는 출원으로서 **긴급처리가 필요**하다고 인정되는 다음 각 목의 어느 하나에 해당하는 경우
  ⅰ) **방위산업분야**의 디자인등록출원
  ⅱ) **녹색기술**[온실가스 감축기술, 에너지 이용 효율화 기술, 청정생산기술, 청정에너지기술, 자원순환 및 친환경기술(관련 융합기술을 포함한다) 등 사회·경제 활동의 전 과정에 걸쳐 에너지와 자원을 절약하고 효율적으로 사용하여 온실가스 및 오염물질의 배출을 최소화하는 기술과 직접 관련된 디자인등록출원
  ⅲ) **수출촉진**과 직접 관련된 디자인등록출원
  ⅳ) **국가 또는 지방자치단체**의 직무에 관한 출원(「고등교육법」에 따른 국립·공립학교의 직무에 관한 디자인등록출원으로서 「기술의 이전 및 사업화 촉진에 관한 법률」 제11조 제1항에 따라 국립·공립학교에 설치된 기술이전·사업화에 관한 업무를 전담하는 조직이 낸 디자인등록출원을 포함한다).
  ⅴ) 「벤처기업육성에 관한 특별조치법」 제25조에 따라 벤처기업 확인을 받은 기업의 디자인등록출원
  ⅵ) 「중소기업 기술혁신 촉진법」 제15조에 따라 기술혁신형 중소기업으로 선정된 기업의 디자인등록출원

vⅱ) 「발명진흥법」 제11조의2에 따라 **직무발명보상 우수기업**으로 선정된 기업의 디자인등록출원

vⅱ의2). 「발명진흥법」 제24조의2에 따라 **지식재산 경영인증**을 받은 중소기업의 디자인등록출원

vⅱ의3). 「산업디자인진흥법」 제6조에 따라 **디자인이 우수한 상품**으로 선정된 상품에 관한 디자인등록출원

vⅲ) **국가의 신기술개발지원사업 또는 품질인증사업**의 결과에 관한 디자인등록출원

ⅸ) **조약에 의한 우선권주장의 기초가 되는 출원**(해당 출원을 기초로하는 우선권주장에 의하여 외국 특허청에서 디자인에 관한 절차가 진행 중인 것만 해당한다)

ⅹ) **디자인등록출원인이 출원된 디자인을 실시하고 있거나 실시를 준비 중**인 디자인등록출원

ⅺ) **전자거래와 직접 관련된** 디자인등록출원

ⅻ) **특허청장이 외국 특허청장과 우선심사하기로 합의한** 디자인등록출원

xⅲ) **우선심사신청**을 하려는 자가 디자인등록출원된 디자인에 관하여 전문기관에 선행디자인조사를 의뢰한 경우로서 조사결과를 특허청장에게 통지하도록 전문기관에 요청한 디자인등록출원

xⅳ) **인공지능, 사물인터넷 등 4차 산업혁명**과 관련된 기술을 활용한 디자인등록출원

우선심사 신청인은 출원이 있는 때에는 누구든지 신청할 수 있지만, 국가 또는 지방자치단체의 직무에 관한 출원은 국가 또는 해당 지방자치단체만 신청할 수 있다. 우선심사결정의 통지는 우선심사를 결정한 경우에는 즉시 우선심사신청인과 출원인에게 그 결정서를 통지한다.

V. 복수디자인등록출원제도

디자인무심사등록제도의 도입과 함께 1디자인 1출원 원칙의 엄격한 적용에 따른 출원절차의 불편해소와 출원비용의 경감을 위해 도입된 제도이다. 복수디자인등록출원제도란 디자인심사등록출원 또는 디자인일부심사등록출원 구분없이 디자인보호법시행령에서 정하는 물품류 구분7)에서 같은 물품류에 해당하는 물품에 대해서 2 이상 100 이내의 디자인을 1출원으로 할 수 있도록 인정한 제도를 말한다. 이 제도는 디자인의 통일적 보호와 절차의 간소화, 출원인의 비용절감 등 편의를 도모하기 위한 취지에서 마련된 제도이다.

복수디자인등록출원은 물품이 디자인무심사등록 대상인 경우에 한하여 가능하며, 구체적으로 디자인법 시행규칙 별표 4의 물품 중 대분류인 A1류(제조식품 및 기호품), C1류(침구, 마루, 깔개, 커튼 등), F3류(사무용지제품, 인쇄물 등), F4류(포장지, 포장용 용기 등), M1류(직물지, 편물지, 합성수지지 등)에 속하는 물품에 대해서만 인정된다. 그리고 복수디자인등록출원이 등록된 후에는 각 디자인마다 권리가 발생하므로, 각 권리 별로 사용, 수익, 처분이 가능하며 각 디자인마다 무효심판 등을 청구할 수 있다.

VI. 동적 디자인제도

동적 디자인제도라 함은 디자인 창작의 요점이 디자인의 특이한 변화상태에 있는 디자인을 말한다. 동적 디자인제도의 요건으로는 기능에 의해 형태가 변화하는 것일 것, 변화에 의외성, 비예측성이 있을 것, 변화가 시각에 의해 파악될 것, 변화의 일정성 등이 있어야 한다.8)

---

7) 디자인보호법 시행규칙 제38조 제1항 및 제3항 관련하여, 물품류 구분을 31개류로 분류하고 있다. 제1류(식품)에서 제31류(다른 류에 명기되지 않은 음식 또는 음료 조리용 기계 및 기구)까지 31개류로 분류되어 있다. 각 류의 하위분류에는 보통 5개 내지 10개의 세류로 분류되어 있다. 제12류의 경우 17개 세류로 분류된 경우도 있다.

8) 김철호, 박성필, 고영희, 김병조 공저, 144면.

Ⅶ. 화상디자인제도

화상디자인이라 함은 물품의 액정화면 등 표시부에 표시되는 도형을 말한다. 대표적인 예로 아이콘이 있다. 화상디자인 자체는 물품성이 없으므로 성립성이 흠결되어 있으나 화상디자인 표시물품은 등록이 가능하다(예: 디스플레이부, 정보화기기 자체).

화상디자인은 부분디자인, 동적 디자인을 출원할 수 있고 무심사등록 대상이 된다. 정면도를 제외한 도면을 생략할 수 있으며 화상디자인인지, 인쇄된 도형인지 불명확한 경우에는 '비통전시의 상태도'와 '인쇄된 도형 등만을 표시한 참고도' 등으로 명확히 하여야 한다. 화상디자인의 물품명은 형태에 관한 명칭이 가능하다. 예컨대 아이콘이 표시된 컴퓨터용 모니터가 될 수 있다.[9] 화상디자인은 디자인보호법에 의하여 보호되고 있으나, 저작권법에 의해서 보호될 경우 적지 않은 제약이 따른다. 또한 부정경쟁방지법 제2조 제1호 자목 및 아이콘 등은 콘텐츠로서 콘텐츠산업진흥법 제37조에 의하여 보호받을 수도 있다.[10]

Ⅷ. 글자체디자인

얼마 전 보도[11]에 의하면 인천의 초등학교 70여 곳이 컴퓨터 문서작성 프로그램 워드프로세서에 쓰이는 글꼴 '윤서체'의 무단 사용을 둘러싸고 저작권 보유업체와 갈등을 빚고 있는 뉴스가 보도한 바 있다. 보도에 따르면 그룹와이(윤디자인)를 대리하는 법무법인 우산은 인천지역 초중고 300여 곳과 전국 1만 2000개 초중고를 대상으로 윤서체의 무단사용 소송을 검토한다는 보도였다. 법무법인 우산은 "윤서체 유료 글꼴 383종이 들어있는 프로그램을 1개 학교당 275만원에 구입하면 책임을 묻지 않겠다"는 것이다. 시교육청도 구체적 증거가

---

9) 앞의 책, 144면.
10) 아바타의 보호와 관련된 판결 참조(서울지방법원 2003. 11. 14. 고지 2003카합2639 경정 (가처분)); 서울지방법원 2004. 3. 19. 선고 2003카합3852 판결(가처분 이의).
11) 동아일보 2015. 12. 29일자.

확인된 학교에 대해서만 글자체 사용권을 구매할 방침이라고 하며, 그룹와이는
전국 1만 2000여 초중고에 대해서 저작권법 위반 여부를 확인하고 구체적인
채증작업을 한 후 본격적인 소송에 나설 방침이라고 보도한 바 있다. 이처럼
이제는 디자인등록이 된 한글 글자체에 대하여도 함부로 사용할 수 없는 시대
가 되었다.

디자인보호법 제2조 제3호는 "글자체"란 기록이나 표시 또는 인쇄 등에
사용하기 위하여 공통적인 특징을 가진 형태로 만들어진 한 벌의 글자꼴(숫자,
문장부호 및 기호 등의 형태를 포함한다)을 말한다고 정의하고 있다.[12]

글자체[13]를 디자인보호법에서 보면, 하나하나의 글자를 가리키는 것이 아
니라 글자들 간에 공통적인 특징을 가진 형태로 만들어진 한 벌의 글자꼴을 말
한다.[14] 종전에는 글자체를 '물품의 형상'에 포함되지 않는다고 하여 보호대상
이 되지 못하였다. 특히 1996년 인쇄용 서체도안의 저작권 등록을 신청했다가
거부를 당하게 된 사건(안상수 교수의 글자체 사건)이 있었는데, 그 당시 글자체
의 저작권을 주장했었던 원고는 저작권법상의 미술저작물에 해당한다고 주장
하였으나 법원은 이를 받아드리지 않았다. 그 이유는, 서체도안은 우리민족의
문화유산으로 누구나 자유롭게 사용해야 할 문자인 한글 자모의 모양을 기본

---

12) 타이프페이스의 보호 및 그 국제기탁에 관한 빈협정 제2조(i)에서는 글자체에 대하여 다음
과 같이 정의하고 있다.
 (a) 악센트 부호 및 구두점과 같은 부속물을 수반한 문자 및 알파벳 자체
 (b) 숫자 및 정식기호, 부호 및 과학기호와 같은 도형적 기호
 (c) 테두리장식, 꽃무늬장식 및 당초 문양과 같은 장식, 이것들은 방법여하를 묻지 않고 인
     쇄기술에 의해 문장을 구성하기 위한 수단의 제공을 의도하는 것이다. 다만 그 형상이
     순수한 기술적 필요에 기인하는 형태의 글자체는 글자체라는 용어에 해당되지 않는다.
     노태정 앞의 책, 50면 각주37에서 인용.
13) 실제 거래 현실에서는 글자꼴 또는 글꼴이라는 용어로 혼동되어 사용되나, 이는 글자체 자체
    를 의미하거나 글자체를 이루는 각각의 글자 형태를 강조하는 용어로 이해된다. 글자체의 저
    작권이 문제된 사건에서 이를 '인쇄용 서체도안' 또는 '글자꼴' 등으로 혼용하여 사용하고 있
    으므로 폰트와 혼동해서 사용되고 있는 듯하다(정태호, 앞의 책 246면 각주 198에서 인용).
    폰트(font)는 물리적인 활자나 전기·전자적으로 컴퓨터에서 구현되는 디지털파일 형태를 강
    조한 용어인 반면 글자체(typeface)는 활자의 문자면의 모양(즉 활자의 서체)과 관련된 용어
    이다. 즉 글자체는 인쇄기술에 의해 문장을 구성하기 위한 수단의 제공이자 시각디자인의
    결과물이 될 수 있다. 정태호, 앞의 책 246면에서 인용.
14) 노태정, 제2판 디자인보호법개설, 세창출판사, 2014, 52면.

으로 삼아서 인쇄기술에 의하여 사상이나 정보 등을 전달한다는 실용적인 기능을 주된 목적으로 해서 만들어지게 된 점 및 명시적 규정이 없다는 점 그리고 응용미술작품은 미적 요소가 가미되어 있다고 하더라도 곧바로 저작물로서 보호될 수 없다는 점 등을 들어 부정하였다(대법원 1996. 8. 23. 선고 94누5632 판결, 저작권등록반려처분취소). 따라서 우리 법 아래에서 글자꼴은 저작권법으로 보호될 수 없는가에 대한 찬반이 팽팽히 맞서는 가운데 우리 대법원은 그 보호를 거부하였다.

☞ 참고: 대법원 1996. 8.23. 선고 94누5632 판결

우리 저작권법은 서체도안의 저작물성이나 보호의 내용에 관하여 명시적 규정을 두고 있지 아니하며, 인쇄용 서체도안과 같이 실용적인 기능을 주된 목적으로 하여 창작된 응용미술 작품으로서의 서체도안은 거기에 미적인 요소가 가미되어 있다고 하더라도 그 자체가 실용적인 기능과 별도로 하나의 독립적인 예술적 특성이나 가치를 가지고 있어서 예술의 범위에 속하는 창작물에 해당하는 경우에만 저작물로서 보호된다. '산돌체모음', '안상수체모음', '윤체B', '공한체 및 한체모음' 등 서체도안들은 우리 민족의 문화유산으로서 누구나 자유롭게 사용하여야 할 문자인 한글 자모의 모양을 기본으로 삼아 인쇄기술에 의해 사상이나 정보 등을 전달한다는 실용적인 기능을 주된 목적으로 하여 만들어진 것임이 분명하여, 우리 저작권법의 해석상으로는 그와 같은 서체도안은 신청서 및 제출된 물품 자체에 의한 심사만으로도 저작권법에 의한 보호 대상인 저작물에 해당하지 아니함이 명백하므로, 등록관청이 그 서체도안에 관한 등록신청서 및 제출된 서체도안 자체에 의한 심사결과에 따라 그 서체도안이 우리 저작권법의 해석상 등록대상인 저작물에 해당되지 않는다고 보아 당해 등록신청을 반려한 조치는 적법하다고 본 사례.

법원은, 그러나 흔히 종이에 글을 쓸 경우 사용되는 글자체는 저작물로 보호될 수 없으나 이와 다르게 컴퓨터에서 사용되도록 개발된 컴퓨터글자체는 프로그램의 일종으로 보아 글자체 디자인권으로 보호받아야 한다고 보았다.

☞ 참고: 대법원 2001. 6.26 선고 99다50552 판결

구 컴퓨터프로그램보호법(1995. 12. 6. 법률 제4996호로 개정되기 전의 것)상의 컴퓨터프로그램은 "특정한 결과를 얻기 위하여 컴퓨터 등 정보처리능력을 가진 장치 내에서 직접 또는 간접으로 사용되는 일련의 지시·명령으로 표현된 것"으로 정의되는 바, 이 사건 서체파일이 특정한 서체의 글자의 출력을 목적으로 한다는 점에서 '특정한 결과'가 존재하고, 서체파일의 구조에 해당하는 내용이 프로그램의 요체인 소스코드에 해당하며, 통상적인 프로그램과 달리 파일의 구성요소를 제작자가 직접 코딩(coding)하지 않지만, 마우스를 이용하여 서체를 도안하는 과정과 이를 제너레이트(generate)하여 인간이 인식할 수 있는 포스트스크랩트(PostScript) 파일로 저장하는 과정을 종합적으로 관찰하면 일반 프로그램 코딩과정과 다를 바 없고, 글자의 좌표값을 설정하고 이를 직선 또는 곡선으로 이동·연결시킨 후 폐쇄부를 칠하라는 명령 등은 서체와 같은 그림을 그리는 연산작용을 실행시키는 '일련의 지시·명령'에 해당하며, 글자의 윤곽선 정보를 벡터화된 수치 내지 함수로 기억하였다가 출력기종의 조건에 맞게 변환하여 출력하는 방식을 취한다는 점에서 단순한 데이터 파일과 구별되고, 단독으로 실행되지 않는다고 하더라도 컴퓨터프로그램보호법에서 보호하는 프로그램이 반드시 단독으로 실행되는 것만을 뜻한다고 볼 수 없으므로 컴퓨터프로그램보호법(1995. 12. 6. 법률 제4996호로 개정되기 전의 것)상의 컴퓨터프로그램에 해당한다고 한 사례.

따라서 서체는 도안 자체는 저작물이 아니고 서체 파일(font file)은 컴퓨터프로그램 저작물이다. 이에 따라 서체는 컴퓨터프로그램에 준하는 방식으로 보호가 가능하다.

오늘날의 디지털시대에서 생각해 볼 때, 기본적으로 프로그램은 특정한 결과를 얻기 위하여 컴퓨터 등의 장치 내에서 저장된 서체 1벌을 직접적이나 간접적으로 반복해서 구현할 수 있으므로 프로그램으로 보아도 무방하다. 따라서 법원도 컴퓨터글자체는 디자인권으로 보호를 받을 수 있다고 판단하여 글자체 파일을 무단으로 복제해서 사용하는 경우에는 불법행위에 해당하는 것으로 판단한다.

우리 디자인보호법이 개정되기 전에 등록할 수 없었던 이유는 글자체디자인은 디자인보호법으로 보호를 받아야 할 사항에 해당되었으나 디자인은 독립

해 거래될 수 있는 구체적인 유동자산으로 물품의 형태로 규정되어 있었기 때문에 물품이 아닌 글자체는 디자인보호법으로 보호받지 못하였다. 그러나 2005년 7월 1일 디자인보호법 개정을 통해 '물품'의 개념 속에 글자체를 포함하도록 함으로써 글자체를 한글, 영문, 숫자, 특수기호, 한자의 5가지 세부물품으로 분류해 한 벌의 글자체에 대하여 5건의 디자인출원이 가능하도록 하였다. 다만 부정경쟁방지 및 영업비밀보호법(이하 부정경쟁방지법이라고 함) 제2조 제1호 자목에 의해 글자꼴 디자인이 보호될 수 있는지에 대해서는 검토여지가 있다. 말하자면 상품에 무체물도 포함하는지를 검토해 볼 여지가 있다. 부경법상 상품은 상표법과는 달리 유체물에 한정할 필요가 없으므로 부경법 제2조 제1호 자목에 의해 보호가 가능하다고 본다.[15]

글자체디자인이 법상의 디자인으로 성립하기 위해서는 다음의 요건을 충족하여야 한다.[16]

　㉠ 일반적인 디자인의 성립요건 및 특유의 성립요건을 갖출 것
　　글자체디자인은 물품성, 형태성, 시각성 및 심미성을 갖추어야 한다. 다만 글자체는 물품으로 보며, 형상을 수반하지 않는다.
　㉡ 기록이나 표시 또는 인쇄 등에 사용하기 위한 것일 것
　　글자체는 기록이나 표시 또는 인쇄 등에 사용하는 정보전달을 위한 실용적 목적으로 창작된 것이어야 한다. 다만 미적 감상의 대상으로 하는 서예 또는 회사 또는 상품명 등을 표상하기 위한 조립문자인 로고타입과 같은 단순히 미적 감상을 위한 목적으로 창작된 것은 해당하지 않는다.
　㉢ 공통적인 특징을 가진 형태로 만들어진 것일 것
　　글자체란 "한 벌의 문자·서예 등에 대하여 독특한 형태의 디자인을 한 것"으로서, 글자들 간에 통일과 조화를 이루도록 만들어진 한 벌의 글자들을 말한다.

---

15) 이상정, '디자인 보호제도의 현황과 발전을 위한 제언', 산업재산권, 한국산업재산권법학회, 2012. 8, 150면.
16) 김웅, '글자체디자인과 관련된 사례', 발명특허, 2010년 4월호, 43면~44면, 발명진흥회.

㉣ 한 벌의 한글글자꼴, 한 벌의 영문자글자꼴, 한 벌의 기타 외국문자글자꼴, 한 벌의 숫자글자꼴, 한 벌의 특수기호글자꼴 또는 한 벌의 한자글자꼴일 것

글자체는 각각의 글자꼴들 간에 공통적인 특징을 가지도록 만들어진 한 벌의 글자꼴로서 개개의 글자꼴이 모인 그 전체로서의 조합을 의미한다. 다만 글자꼴 또는 글자체 하나하나를 의미하는 것은 아니다. 따라서 이러한 성립요건을 갖추지 못한 경우에는 디자인보호법 제2조 제1호의 저촉 및 동법 제33조 제1항을 위반하여 거절이유 및 정보제공사유 또는 무효사유에 해당한다.

이와 같이 글자체디자인이 성립되었다고 하더라도 디자인보호법상 등록을 하려면 디자인보호법 제33조를 갖추어야만 한다. 즉 글자체디자인이라 하더라도 글자체디자인이 본질적으로 구비하고 있지 않으면 아니 되는 디자인등록의 요건을 갖추어야 한다. 말하자면 글자체디자인의 성립요건은 앞에서 열거한 네 가지의 요건충족을 말하고, 등록요건은 법 제33조의 디자인등록의 요건을 말하며, 등록됨으로써 비로소 타인이 무단으로 등록된 글자체를 사용할 경우 그를 대상으로 대항할 수 있는 힘을 가지게 된다. 그러므로 등록은 거래의 안전을 도모하기 위한 필수 사항이다. 따라서 글자체디자인의 성립요건과 등록요건은 다르다. 글자체디자인권자는 업으로서 등록디자인 또는 이와 유사한 디자인을 실시할 권리를 독점한다.

최근 들어 기업들이 브랜드의 고유 전용 글자체를 개발, 활용하는 사례가 늘어나는 등 기업을 중심으로 한 글자체 디자인출원이 활기를 띠고 있다. 이렇게 기업들이 자체적으로 브랜드 고유의 전용 글자체 개발에 나서고 있는 것은 글자체관리가 보다 쉽고 브랜드의 독특한 정체성을 구축하고 강화하는데 효과적이라는 판단 때문이다. 앞으로 이런 경향은 더욱 늘어날 것으로 예상된다.

예컨대 옥션, 교보문고, KT의 올레체(olleh), 하나은행의 하나체를 자체 개발하여 자사의 TV광고 및 인쇄광고, 하나금융 관련 모든 홍보인쇄물이나 인터넷 홈페이지 등에 사용하고 있다.

IX. 등록요건

현행 디자인보호법상 디자인을 창작한 자 또는 그 승계인은 디자인등록을 받을 수 있는 권리를 가진다(법 제33조). 그러므로 타 산업재산권제도와 마찬가지로 선원주의에 입각한 권리주의와 심사주의 및 등록주의를 채용하고 있으므로 등록을 받고자하는 자는 각 단계별 절차에서 필요한 요건을 충족하여야 한다. 출원된 디자인이 등록을 받게 되면 타 산업재산권과 마찬가지로 독점·배타권을 행사할 수 있는데, 선의의 제3자가 불측의 손해를 입지 않게 하기 위해서는 출원 중에 엄격한 심사를 받게 된다.

디자인을 등록받기 위해서는 앞에서 설명(제2절 II.)한 디자인의 성립요건을 충족해야 한다. 등록요건은 크게 실체적 요건과 절차적 요건으로 나뉘는데, 전자는 공업상 이용가능성, 신규성, 창작비용이성 등을 충족해야 하며, 후자는 선출원일 것, 당사자능력이 있어야 하고, 보정시 요지변경이 아니어야 하며, 1디자인 1출원일 것, 확대된 선출원주의에 위배되지 말아야 한다. 그러나 이러한 요건을 충족한 경우라도 2이상 출원된 경우에는 가장 먼저 출원한 자만이 등록을 받을 수 있다. 다만 무심사등록출원된 디자인은 위의 등록요건 중 신규성, 창작성, 확대된 선출원주의, 선출원주의 등을 심사하지 않고 방식심사와 성립요건 및 공업상 이용가능성, 부등록사유 해당여부 등만을 심사하여 등록할 수 있다.

X. 부분디자인

부분디자인은 물품의 어느 부분에 관한 디자인을 하나의 디자인으로 등록 받을 수 있는 제도를 말한다. 말하자면 제품의 전체 디자인이 아닌 일부 디자 인에 대해서만 권리범위를 설정하는 것을 말한다. 예컨대, '가위의 손잡이부분' 과 같이 물품의 어느 부분에 관한 디자인을 하나의 디자인으로 등록받을 수 있 는 것을 말한다. 이와 유사한 제도로서 관련디자인제도가 있는데, 이 제도는 자기의 등록디자인 또는 출원디자인과만 유사한 디자인에 대하여 등록받을 수 있다. 부분디자인을 출원할 때에도 물품명에는 해당 부분을 표현하는 명칭이 아닌 그 물품 자체의 명칭을 사용하여야 한다.

부분디자인의 도면은 부분디자인으로 등록을 받으려고 하는 부분을 실선 으로 표현하고, 나머지 부분은 파선 등을 사용하여 표현하여야 한다.

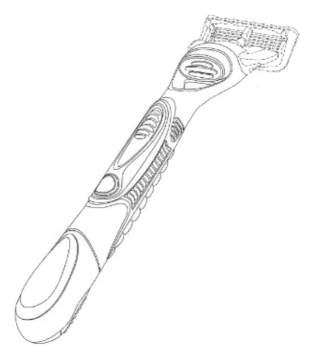

출처: 사랑특허 홈페이지에서 캡처

앞은 면도기의 등록디자인 도면이다. 몸통부분은 실선으로, 면도날부분은 파선으로 표시되어 있는데, 실선인 몸통부분을 부분디자인으로 보호받고자하는 부분이다. 즉 실선으로 표시된 부분만 동일하면 나머지 부분은 동일하든 유사하든 권리행사를 하는 것이다. 그러면 파선표시인 면도날부분은, 면도날은 보통 기성품을 구입하여 조립·사용하는 경우이므로 면도날 그 자체는 제작기술이 어렵기 때문에 부분디자인에 해당하지 않는다.

제4절 디자인등록출원의 절차

디자인등록출원절차는 디자인의 성립요건인 물품성, 형태성, 시각성, 심미성을 충족하고, 디자인등록출원의 실체적 요건인 공업상 이용가능성, 신규성, 창작비용이성 등을 갖추게 되면 비로소 디자인이라 할 수 있다. 그러나 디자인의 본질적 요소를 갖추고 있다고 하더라도 일정한 절차적 요건(앞의 제2절)을 충족시키지 못할 경우에는 디자인등록을 받지 못한다. 본 절에서는 디자인등록출원의 절차에 관한 흐름만을 표시하고자 한다.

[표 6] 디자인등록출원의 심사절차

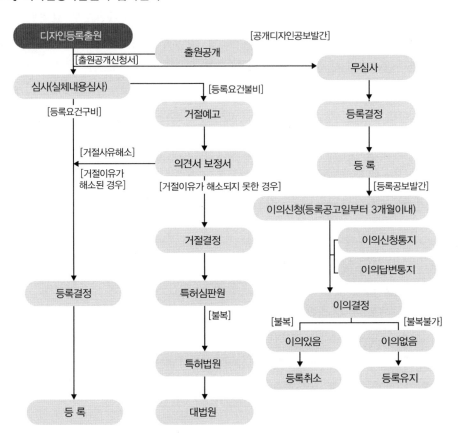

출처: 특허청 홈페이지에서 캡처

제5절 디자인권

　디자인권이란 산업적 물품 또는 제품의 독창적이고 장식적인 외관 형상의 보호를 위하여 등록을 통하여 허용된 권리이며 산업재산권의 하나이다. 과거에는 의장권이라고 하였으나 디자인보호법의 개정을 통하여 디자인권으로 용어가 변경되었다. 디자인보호제도는 물품의 미적 외관에 재산적 가치를 인정하여 참신하고 우수한 기능을 주는 디자인 창작자의 노력을 보호하기 위하여 창작자에게 일정기간 창작된 디자인에 대한 독점적인 권리를 부여하는 것이다. 이 권리는 등록함으로써 발생하며 디자인권자는 그 등록디자인으로 된 물건을 생활수단으로 제작, 사용, 판매할 권리를 독점한다. 디자인보호법상 디자인권의 존속기간은 디자인권의 설정등록한 날부터 20년이다. 다만 관련디자인권의 존속기간만료일은 그 기본디자인의 디자인권의 존속기간 만료일로 한다(법 제91조 제1항).

　디자인은 일반적으로 시각디자인, 환경디자인, 제품디자인, 건축디자인, 도시디자인 등을 포괄하는 광의의 개념이지만 디자인은 주로 제품디자인을 말한다. 산업재산권의 일부로서 디자인권에서의 디자인은 독립거래의 대상이 되는 유체동산의 물품의 외관에 의한 것으로서 시각을 통하여 미감을 일으키게 하는 것이다. 따라서 디자인보호법에서의 디자인은 기술적인 것이나 실용성을 필수로 하지 않는 대신 그 외관으로부터 심미감을 일으킬 수 있는 것이어야 한다.

Ⅰ. 디자인권의 발생

　등록결정을 받은 후 소정의 등록료와 함께 특허청에 디자인등록을 함으로써 디자인권은 발생한다. 권리의 설정등록시에는 최초 3년차 분의 등록료를 납부하여야 하며, 그 후 4년차 분 이후 등록료에 대하여서는 매 1년 단위로 납부하거나 필요한 기간 단위로 분할하여 납부도 가능하다. 등록료 미납의 경우에는 6개월 이내에 일정한 할증료와 함께 재등록할 수 있다. 또한 6개월의 유예기간마저 놓친 경우에도 본인이 책임질 수 없는 불가항력적인 사유에 의하여 등록료를 납부하지 못한 경우에는 그 사유가 없어진 날부터 14일 이내에 증거서류 등을 첨부하여 등록료를 추가납부할 수 있다. 다만 6개월의 유예기간 만료일부터 6개월이 경과한 때에는 등록료를 납부할 수 없다.

Ⅱ. 디자인권의 효력

1. 디자인권의 내용

디자인보호법 제92조는 디자인권자는 업(業)으로서 등록디자인 또는 이와 유사한 디자인을 실시할 권리를 독점한다고 규정하고 있다.

㉠ "업(業)으로서"

"업으로서"라는 것이 꼭 영리를 목적으로 실시하는 것만을 의미하는 것은 아니며, 반복 계속해서 행하여 지는 것은 모두 포함하는 의미이다. 즉 개인적으로 일시적, 일회적으로 실시하는 것은 제외된다는 의미이다.

㉡ "실시"

실시란, 디자인에 관한 물품을 생산, 사용, 양도, 대여 또는 수입하거나 그 물품의 양도 또는 대여의 청약(양도나 대여를 위한 전시를 포함)을 하는 행위를 말한다.

㉢ "독점"

당해 디자인을 독점적으로 실시할 권능을 가짐과 동시에 제3자가 당해 디자인과 동일 또는 유사한 디자인을 실시하는 것을 배제하는 권능도 가지는 독점배타권이라는 의미이다.

2. 디자인권의 효력범위

디자인권의 효력은 등록디자인과 동일한 디자인뿐만 아니라 이와 유사한 디자인에도 미친다. 디자인권의 효력이 유사디자인까지 미치는 것은 특허·실용신안에서의 기술적 사상과 달리 디자인이 동일한 경우로 한정할 경우 그 보호대상이 극히 협소한 것이 되어 제도의 목적을 달성할 수 없게 되기 때문이다. 따라서 디자인이 표현된 물품과 그 형태적 본질에 있어서 공통적인 동질성을 가지고 있어서 외관상 서로 유사한 미감을 일으키는 범위에 대해 "유사"라는 개념을 정립하고 이 범위도 보호의 대상으로 하고 있다.

Ⅲ. 디자인권의 제한

(1) 디자인권의 효력이 미치지 않는 범위

− 연구 또는 시험을 하기 위한 등록디자인의 실시
− 국내를 통과하는데 불과한 선박·항공기·차량 또는 이에 사용되는 기계·기구·장치 기타의 물건
− 디자인등록출원시부터 국내에 있는 물건 출원전부터 국내에 이미 존재하고 있던 물건에 대하여서는 권리가 미치지 않는다. 그러나 권리가 등록된 이후에는 제3자가 그것과 동일한 물건을 계속 생산하는 것은 인정되지 않는다.

(2) 실시권에 의한 제한

등록권리자가 타인에게 전용실시권 또는 통상실시권을 설정해 준 경우에는 그 설정된 범위 안에서 등록권리자의 독점적 권리는 제한된다.

(3) 이용·저촉관계에 의한 제한

자신의 등록디자인이 타인의 특허권·실용신안권·상표권·디자인권·저작권 등을 이용하였거나, 저촉관계에 있는 경우에는 타인의 동의를 얻거나 통상실시권 허여심판에 의하지 않고는 자신의 디자인으로 사업을 실시할 수 없다.

제6절 디자인권의 침해에 대한 구제

　　디자인권은 등록디자인 및 이와 유사한 디자인을 업으로서 독점배타적으로 실시할 수 있는 권리를 말한다. 이러한 디자인권은 한편으로는 디자인권자가 그 디자인을 적극적으로 실시·이용할 수 있는 적극적 효력과 다른 한편으로는 타인의 이용을 금지하는 소극적 효력을 지니고 있다. 따라서 제3자가 정당한 권원없이 디자인권자의 권리의 내용을 업으로서 실시하면 디자인권의 침해행위에 해당되며, 디자인권자는 이러한 권리침해자에게 민사상·형사상의 여러 가지 구제조치를 취할 수 있다. 다만 디자인권은 무체물을 대상으로 하고 있기 때문에 유체물에 대한 재산권침해와는 달리 특별한 취급이 요구된다. 그래서 디자인보호법은 권리의 침해에 대하여 구제방법을 규정하고 있으나 이는 결국 민법의 일반원칙에 대한 특별규정이므로 디자인보호법에 규정이 없을 때에는 민법의 규정을 적용해야 한다.

Ⅰ. 민사적 구제

1. 권리침해 금지청구권(법 제113조)

　　자신의 디자인권 또는 전용실시권을 침해한 자에 대하여서는 침해의 금지 및 예방을 청구할 수 있다. 또한 침해의 금지 및 예방을 청구할 때에는 침해행위를 조성한 물품의 폐기, 침해행위에 제공된 설비의 제거, 기타 침해의 예방에 필요한 행위를 청구할 수 있다.

2. 손해배상청구권(법 제115조)

　　디자인권 또는 전용실시권이 고의 또는 과실에 의하여 침해되었을 때에는 침해한 자에 대해서 민법상 손해배상을 청구할 수 있다(민법 제750조). 민법상의 일반규정 이외에도 디자인보호법은 별도의 규정을 두어 등록디자인이나 이와 유사한 디자인을 타인이 실시하는 경우에는 침해행위로서 과실이 있는 것으로 추정하도록 규정하고 있다(법 제116조).

3. 신용회복청구권(법 제117조)

법원은 고의 또는 과실에 의하여 디자인권 또는 전용실시권을 침해함으로써 디자인권자 또는 전용실시권자의 신용을 떨어뜨린 자에 대하여는 디자인권자 또는 전용실시권자의 청구에 의하여 손해배상을 갈음하거나 손해배상과 함께 디자인권자 또는 전용실시권자의 업무상의 신용회복을 위하여 필요한 조치를 명할 수 있다.

4. 부당이득 반환청구권(민법 제741조)

민법상의 규정에 의하여 법률상 원인없이 타인의 디자인권으로 인해 이익을 받고 이로 인하여 타인에게 손실을 준 자는 그 이익이 존재하는 한도 내에서 반환할 의무가 있다.

Ⅱ. 형사적 구제(법 제220조 이하)

디자인권 또는 전용실시권을 침해한 자에 대해서는 민사상 책임 이외에 범죄의 한 유형으로 보고 침해죄, 위증죄, 허위표시죄, 거짓행위죄, 비밀유지명령위반죄, 비밀누설죄 등을 각기 규정하고 있다. 이 밖에도 디자인범죄에 관한 것은 디자인보호법의 규정이 있는 경우를 제외하고는 형법총칙의 규정이 그대로 적용된다(형법 제8조). 이외에 법인도 처벌하는 양벌규정을 두어 범죄행위의 방지를 강화하고 있다.

제 4 장

상표법

제4장
상표법

제1절 상표제도

Ⅰ. 상표의 의의

상표는 우리의 일상생활을 둘러보면 늘상 접할 수 있다. 아침에 일어나서 S전자의 LED－TV를 통해 뉴스를 본 후, '갤럭시' 정장을 입고 '금강'구두를 신고 집을 나와 현대자동차인 '에쿠스'를 타고 출근하여 '리바트'가구의 책상에서 'LG컴퓨터'로 업무를 보다가 '스타벅스'커피를 마신 후 '로만손'시계가 퇴근시간을 가리킬 때 퇴근하여 '참이슬'소주로 하루 일과를 마친다.

이처럼 상표는 우리의 일상 속에 항상 접할 수 있고 그 경제적 가치도 무시할 수 없다. 그렇다 보니 기업은 자사상표를 통한 수요창출에 기대를 걸 수밖에 없다. 과거에는 상품의 품질을 1차적 대상으로 여겼으나, 현재에는 상표에 의한 품질경쟁의 비중이 커지고 있다. 따라서 "상표는 기업의 꽃"이라고 불리므로 우수한 상표의 선택과 상표의 관리는 무시할 수 없는 중요한 자산으로 여기고 있다.

상표(Trade Mark)는 자기의 상품(서비스 포함)과 타인의 상품을 구별하기 위하여 사용하는 표장이다. 따라서 상표는 식별표지이며 상품의 얼굴이다. 개정

전(2016년 3월전의 법)의 상표의 정의는 간결하지 못하고, 상표로 기능하는 모든 것이 상표로 등록될 수 있음에도 이를 한정적·열거적으로 정의한 듯 오해의 소지가 있으며, 상표와 서비스표를 구별하여 법체계가 복잡하였다. 그러나 2016년 개정법은 정의내용을 상표와 표장으로 단순하게 구분하였다. 즉 상표의 개념이 중첩되고 확장가능성이 없는 설명을 삭제하고, 표장의 유형을 예시적으로 열거하여 상표권의 보호범위가 확대될 수 있도록 하였으며, 서비스표의 정의를 삭제하여 상표로 일원화한 점이 주목된다.

개정 전	개정 후
제2조(정의) 1.“상표”란 상품을 생산·가공 또는 판매하는 것을 업으로 영위하는 자가 자기의 업무에 관련된 상품을 타인의 상품과 식별되도록 하기 위하여 사용하는 다음 각 목의 어느 하나에 해당하는 것(이하 “標章”이라 한다)을 말한다.	제2조(정의) 1. “상표”란 자기의 상품(지리적 표시가 사용되는 상품의 경우를 제외하고는 서비스 또는 서비스의 제공에 관련된 물건을 포함한다. 이하 같다)과 타인의 상품을 식별하기 위하여 사용하는 표장(標章)을 말한다.
가. 기호·문자·도형, 입체적 형상 또는 이들을 결합하거나 이들에 색채를 결합한 것	2. “표장”이란 기호, 문자, 도형, 소리, 냄새, 입체적 형상, 홀로그램·동작 또는 색채 등으로서 그 구성이나 표현방식에 상관없이 상품의 출처(出處)를 나타내기 위하여 사용하는 모든 표시를 말한다.
나. 다른 것과 결합하지 아니한 색채 또는 색채의 조합, 홀로그램, 동작 또는 그 밖에 시각적으로 인식할 수 있는 것	
다. 소리·냄새 등 시각적으로 인식할 수 없는 것 중 기호·문자·도형 또는 그 밖의 시각적인 방법으로 사실적(寫實的)으로 표현한 것	

Ⅱ. 상표의 기능

앞에서 말한바와 같이, 상표는 상품을 취급하는 자의 자기의 상품과 타인의 상품을 구별하기 위하여 상품에 붙이는 것이다. 그리고 표장이란 기호, 문자, 도형, 소리, 냄새, 입체적 형상, 홀로그램·동작 또는 색채 등으로서 그 구성이나 표현방식에 상관없이 상품의 출처를 나타내기 위하여 사용하는 모든 표시를 말한다. 따라서 상표는 추상적 표현양식에 의하여 상품의 동일성을 표시할 뿐만 아니라 상품 자체의 품질성능, 영업의 우수성, 성실성 기타 명성 등의 신용(good will)을 상징하는 힘 그리고 광고 선전의 기능도 갖는다. 아래에서는 상표의 기능을 살펴본다.

1. 자타상품식별기능

상표는 어느 한 제품을 만드는 여러 다른 생산자의 상품들과 자기의 상품을 식별해 주는 기능을 한다. 예컨대 'OB맥주'라는 상표와 '크라운맥주'라는 상표의 구별을 통해 어느 특정생산자의 상품을 선택할 수 있다. 이 기능에 의해 상표사용자는 거래사회에서 수요자에게 자기의 상품을 인식시킬 수 있으므로 아래에서 설명하는 여러 기능의 수행을 가능하게 하는 근원적이고 본질적인 기능이라고 할 수 있다.

이와 관련한 최근의 분쟁사례를 소개한다.

상표는 심사를 거쳐 등록하면 10년간 독점적으로 사용하고, 기간 만료 후에는 10년씩 갱신도 가능하므로 기간의 제약없이 사용할 수 있다. 문제는 상표를 사용하던 중 이해관계가 충돌되는 일이 발생한다.

상표의 기능과 관련하여 발생한 최근의 분쟁사례를 보자.

세 줄 상표로 유명한 독일의 '아디다스(Adidas)'는 두 줄 상표를 등록하려는 벨기에의 '슈 브랜딩 유럽(Shoe Branding Europe)'과 10년 넘게 상표권 분쟁을 이어가고 있다.

아디다스 상표(아래)를 운동화에 적용한 디자인(왼쪽). 오른쪽은 슈 브랜딩 유럽의 상표를 적용한 디자인.

　　세 줄 상표는 원래 핀란드의 '카르후 스포츠' 소유였으나 1949년 아디다스가 사들여 로고와 제품 디자인 등에 두루 활용하고 있다. 2014년 유럽지식재산청(EUIPO)은 아디다스에 '어느 방향으로든 평행한 검은색 세 줄 상표권'을 공식 부여했다. 한편 슈 브랜딩은 2009년부터 네 번이나 두 줄 상표 등록을 EUIPO에 신청했으나 아디다스 상표와 비슷해 혼동이 우려된다며 번번이 기각당했다. 슈 브랜딩은 전략을 바꿔 EUIPO에 아디다스의 세 줄 상표가 단순하고 평범한 무늬이므로 상표 등록을 취소해야 한다고 제소하여 2016년 승소했다. 아디다스는 그 판결을 뒤집으려고 EU 일반법원(고등법원급)에 항소했으나 2019년 6월에 패소했다. 재판부는, 세 줄 상표가 독창적이므로 법적 보호를 받아야 마땅하다는 증거를 제시하지 못했기 때문이다. 아디다스가 유럽 내에서 세 줄 평행선 상표권을 계속 보유할 수 있을지는 2개월 내에 유럽사법재판소(대법원급)에 상고하여 최종 판정을 받아야만 한다. 이미 등록된 상표일지라도 디자인이 평범하여 보호할 만한 대상이 아니라는 문제가 제기되었을 때 제대로 대처하지 못하면 그 권리를 잃을 수도 있다는 것을 알려주는 사례다. 최종판결을 예상해 보건대, 아디다스는 2014년에 EUIPO로부터 세 줄 상표의 독창성이 있는 디자인임을 이미 심사절차과정에서 인정받아 상표권이 주어진 것이고, 그 후 평온공연하게 세 줄 상표사용을 해왔으므로 슈 브랜딩의 주장이 수용되기

는 어렵다고 판단된다(출처: 조선일보 2019년 7월 29일(화) A35면).

2. 출처표시기능

상품의 유통경로가 비교적 단순한 시대의 상표는 특정의 제조업자, 판매업자를 구체적으로 나타낼 수 있지만 오늘날과 같이 상거래의 유통기구가 복잡한 시대에는 상표 자체가 구체적인 출처를 표시하지 못하여도 동일한 상표가 표시된 상품은 동일한 출처로부터 유래된 상품이라는 정도로 인식할 수 있으면 족하다는 의미에서 상품의 출처는 익명의 존재(anonymous source)로서 추상적 출처를 의미한다. 따라서 출처표시의 기능은 주로 사용자의 입장에서 본 것으로서 상표사용자의 이익을 위한 사익적 기능이라고 할 수 있다. 말하자면 상표는 그 상품의 출처를 표시하는 기능을 가진다. 예컨대 'SAMSUNG'이라는 상표를 부착한 Cell phone을 보면 그 생산자가 (주)삼성전자임을 알 수 있다.

3. 품질보증기능

상표의 속성은 상표사용이 거듭될수록 동일상표품은 동일품질을 보증하는 것으로 일반소비자에게 인식시켜 자기의 상품을 선호하게 하려고 한다. 그 결과 판매자와 소비자는 동일한 상표를 붙인 상품은 같은 품질성능을 가지는 것이라고 기대할 수 있다. 예컨대 소비자는 '벤츠'라는 상표가 부착된 모든 자동차에 대하여 균일한 수준의 성능과 품질을 기대하고 자동차를 구입한다. 특히 유명상표의 경우에는 소비자는 그 상품의 제조업자가 누구인지를 묻지 않고 상표 그 자체에 의하여 상품의 품질을 믿고 구매하는 것이 일반적 현상이라 할 수 있다. 따라서 이 품질보증기능은 주로 수요자 또는 소비자의 입장에서 본 기능으로서 일반 수요자의 이익을 위한 공익적 기능이라고 할 수 있다.

4. 광고선전기능

광고선전기능이라 함은 상표의 상품에 대한 심리적 연상작용을 동적인 측면에서 파악한 것이며, 상품거래에 있어서 상품의 판매촉진 수단으로서 기능을 한다. 현대의 거래사회에서 매스컴의 발달과 제품의 균질화 경향으로 상품판매

경쟁은 품질보다 광고선전에 의존하는 경향이 높아지고 있다. 상품을 광고선전에 사용함으로써 그 상품을 소비자에게 깊은 인상을 심게 할 수 있다. 예컨대 'Cartier'라는 상표가 화장품, 시계, 가방류 기타 여러 제품에도 사용되고 있는 것은 'Cartier'라는 상표가 오랫동안 축적해 온 이미지와 신용을 활용하는 판매 전략이라고 할 수 있다. 다만 광고선전기능은 영업주체의 혼동이 발생하는 경우(passing off[1])뿐만 아니라 다른 종류의 상품에 대하여 동일한 상표가 타인에 의하여 사용됨으로써 상표의 독점적 광고가치가 희석화(dilution)되는 경우에도 손상되지만, 현재의 상표법은 광고선전기능에 대한 부당편승(free ride)[2]이나 희석화되는 경우 이에 대한 보호가 다소 충분하지 못하다.

5. 재산적 기능

상표는 다른 한편으로는 경제적 가치를 가진 독립된 재산권으로서의 성질을 가진다. 상표가 갖는 재산적·경제적 가치로서의 기능으로서 상표의 재산적 기능은 상표권의 자유양도 및 사용권 설정 등을 통해 발휘되며, 상표가 사용됨으로써 고객흡인력이나 양질감이 축적될 수 있도록 상표의 재산적 가치는 증대된다.

제2절 상표의 종류

상표는 그 기능이나 대상 그리고 구성요소 등에 따라 다음과 같이 구분된다.

---

1) 이 용어는 상표제도, 부정경쟁방지법에서 사용되고 있다. 상표권과 관련하여, 상표권 침해자가 고의적으로 구매자를 오도하거나 기만하는 상표권 침해행위, 수요자를 기만할 고의를 입증할 증거는 없으나 상표에 대한 오인, 혼동의 우려가 있는 상표권 침해행위, 즉 자신의 상품이나 영업을 타인의 상품이나 영업과 같이 보이게 하여(예컨대 타인의 상표를 사용하여 상품을 판매하는 행위 등) 일반인으로 하여금 오신하게 할 우려가 있는 행위를 말한다.
2) 'free ride'는 '무임승차, 부당편승' 등으로 번역되고 있으며, 일반적으로 특정상표에 화체되어 있는 무형의 재산적 가치에 편승하여 정당한 노력없이 부당한 이익을 얻는 행위를 말한다. passing off에 비하여 넓은 의미의 개념이다.

Ⅰ. 일반적인 상표 · 단체표장 · 업무표장

일반적인 상표와는 차이가 있다. 일반적인 상표라 함은 상품을 생산 · 가공 또는 판매를 업으로 하는 자가 자기의 업무에 관련된 상품을 다른 사람의 상품과 식별되도록 하기 위하여 사용하는 표장을 말한다. 이처럼 일반적인 상표는 단체표장이나 업무표장과는 개념상 차이가 있는데, 단체표장이란 상품을 생산 · 제조 · 가공 · 판매하거나 서비스를 제공하는 자가 공동으로 설립한 법인이 직접 사용하거나 그 소속 단체원에게 사용하게 하기 위한 표장을 말한다. 업무표장이란 YMCA, 보이스카웃 등과 같이 비영리 업무를 하는 자가 그 업무를 나타내기 위하여 사용하는 표장을 말한다. 단체표장이나 업무표장은 일반적인 상표와는 차이가 있다. 단체표장이란 소규모업체들이 단체를 구성하여 그들의 상품이나 서비스를 보호하기 위해 만들어 사용하는 상표로서 그 단체의 구성원임을 표시하는 표장이다. 단체표장은 품질표시의 혼동을 일으키지 않기 위해 구성원 이외의 타인에게 사용권을 설정하는 것을 공익적인 견지에서 금지하고 있으며, 상표권을 양도하는 것도 원칙적으로 금하고 있다. 등록된 단체표장의 예를 들면, 무안양파영농조합법인의 '무안양파' 또는 서산달래연합영농조합법인의 '서산달래', '사단법인 한국천연염색협회' 등이다.

출처: 무안양파영농조합법인/서산달래연합영농조합법인의 홈페이지

Ⅱ. 증명표장

증명표장이란 상품의 품질, 원산지, 생산방법 또는 그 밖의 특성을 증명하고 관리하는 것을 업(業)으로 하는 자가 타인의 상품에 대하여 그 상품이 품질, 원산지, 생산방법 또는 그 밖의 특성을 충족한다는 것을 증명하는데 사용하게 하기 위한 표장을 말한다. 즉 소비자의 품질오인이나 출처의 혼동을 방지할 목적으로 상품이나 서비스업의 특징을 증명하기 위해 사용하는 상표를 말한다. 이 제도는 소비자에게 올바른 상품선택의 정보 및 기준을 제공하며, 각종 인증마크제를 활성화하여 기업이 우수한 품질의 상품을 생산하도록 유도하기 위해 도입한 것이다.

Ⅲ. 상호상표 · 상품상표

상표는 자기의 상품을 타인의 상품으로부터 식별하기 위하여 상품에 부착하는 물적(物的) 표시인 반면에, 상호는 상인(법인 또는 개인사업자)이 영업상 주체를 표시하는 인적(人的) 표시이다. 통상 상호와 상표를 혼용하여 사용하고 있으나 다음과 같은 차이가 있다.

상호는 상법(세무서/등기소)의 적용을 받으며 상호등록이 아니라 상호등기라는 표현으로 사용한다. 이에 반하여 상표는 상표법(특허청)의 적용을 받으며 상표등록이라는 표현으로 사용한다.

상호는 영업주체의 동일성을 표시하는 기능, 예컨대 영업을 하는 자가 누구인지를 표시하는 기능을 하는 것에 불과하며, 한글문자로만 등기가 가능하기 때문에 로고나 마크 등을 결합하는 것은 제외된다. 개인의 성명과 같은 인적표시 개념이기 때문에, 개인의 성명이 하나인 것처럼 하나의 상호만이 인정된다. 이에 반하여 상표는 문자만의 등록 예컨대 문자상표, 한글 또는 외국어뿐만 아니라 문자에 로고나 마크를 결합한 결합상표 역시 등록이 가능하며, 로고 또는 마크만의 등록 예컨대 도형, 기호상표 역시 가능하다.

하나의 상호를 가진 상인도 다양한 물품이나 서비스업에 대해 사업을 영위할 수 있기 때문에 복수의 상표를 등록할 수 있다.

상호는 등기가 완료되면 동일 행정구역(서울특별시/광역시 또는 도)내에서 타인이 동종영업에 대해 동일한 상호를 등기하지 못하게 하는 효력이 부여된다. 따라서 동일한 행정구역이 아닌 경우라면 동일하거나 유사한 상호는 존재할 수 있다. 이에 반하여 상표는 등록이 완료되면 대한민국 전역에 권리가 인정되며, 제3자가 동일·유사한 업종에 동일·유사한 상표를 등록받지 못하도록 하는 등록배제효력 및 무단 사용에 대한 제재조치를 취할 수 있는 독점 배타적인 효력이 발생한다.

최근 "주식회사 농심"이라는 상호를 "농심 신라면"과 같이 상표처럼 사용하는 등 상표와 상호를 분리하지 않고 통일화하는 경향이 두드러지고 있으며, 현실적으로 상호가 상표처럼 사용되는 사례가 많아 상호등기만으로는 충분한 권리를 부여받지 못하는 일이 빈번하게 발생되고 있다. 그리고 오랜 기간 사용하여 인지도를 확보해 놓은 상호가 타인의 상표권과 저촉되어 더 이상 해당 상호로 영업을 영위할 수 없는 사례가 많아지는 만큼 상호를 상표 또는 서비스표로 반드시 등록해야 한다.

출처: ㈜농심 홈페이지에서 캡처

Ⅳ. 기호상표 · 문자상표 · 도형상표 · 입체상표 · 색채상표 · 결합상표

상표는 그 구성요소에 따라 문자상표, 도형상표, 기호상표, 색채상표, 소리상표, 입체상표, 냄새상표 및 이들의 결합상표 등이 있다. 상표를 선택할 때에는 어떠한 것이 회사 또는 상품의 이미지를 가장 잘 나타낼 수 있는가를 판단해서 선정해야 한다. 위의 상표들의 예를 들어보면 다음과 같다.

기호상표라 함은 상표를 기호로 표시하여 상표를 가리키는 기호를 말한다. 예컨대 아래의 상표를 보면 왼쪽의 모자 그림이 그려져 있는 부분을 기호상표라 한다.

출처: 네이버 홈페이지에서 캡처

문자상표라 함은 문자로 이루어진 자사를 나타내는 대표적인 문자(이름)를 말한다. 예컨대 위의 네이버/NAVER를 일컬어 문자상표라고 하며, 흔히 문자상표와 기호상표가 함께 사용되는 경우가 많다.

도형상표라 함은 자사와 타사의 식별력을 높이기 위해 임시적으로 사용하는 경우의 상표를 말한다. 대체로 신제품이 출시되거나 시기별로 도형상표를 변경 및 등록하는 경우가 많다.

소리상표라 함은 특정의 음만 들어도 물품을 만든 회사를 알고 있다면 그 특정음을 소리상표로 등록할 수 있다. 예컨대 아메리칸 크루저의 대명사로 알려진 Harley−davidson의 독특한 머플러소리, 인텔의 띵띵띠디딩~ 기억하시지요? 그 음(소리)만 들어도 모터사이클동호인이나 인텔임을 세계인 모두 알고 있다. 이 음이 인텔을 가리키는 식별표지가 되는 것이고, 즉 상표인 것이다.

냄새상표라 함은 향수의 대명사 샤넬 NO.5. 향수에 관심이 조금이라도 있다면 냄새만 맡고도 바로 샤넬임을 알 수 있다. 화장품, 향수와 같이 냄새와 무관한 업종에서도 냄새를 마케팅 툴 중 하나로 활용하기도 한다. 스타벅스의 커피냄새는 인위적으로 만든 냄새인데, 만약 톡톡하고 독자적인 커피향을 만들어 그 출처를 식별할 수 있다면 상표로서 등록을 할 수 있다.

입체상표라 함은 아래의 그림처럼 순수한 입체그림, 즉 색감이 없는 상태를 상표로 등록하는 방법과 색채를 입혀 등록을 하는 방법이 있다. 가장 흔한 예로 코카콜라의 병의 모양을 입체상표로 등록하는 경우이다.

출처: http://blog.naver.com/ani1615?Redirect＝Log&logNo＝30183604181

제3절 상표등록의 출원 및 등록절차

Ⅰ. 상표등록의 출원

상표도 여타의 지적재산과 마찬가지로 특허청에 서면으로 출원을 하고 등록되어야만 그 상표를 독점적으로 사용할 수 있으며 자기의 상표를 침해한 자에 대해서 대항할 수도 있다. 쉽게 말하면 '출원'은 특허청에 상표를 '신청'하였다는 의미이다. 즉 특허청에 나의 상표를 등록해 달라고 신청서(법률상 용어는 '출원서'이다)를 낸 상태이고, 현재 특허청의 심사대기 중인 상태라고 이해하면 된다. 상표출원에 있어서도 선원주의가 적용되므로 상표 사용에 앞서 신속히 상표를 출원해야 한다. 만약 상표출원을 게을리하여 먼저 상표를 사용한 후에 분쟁이 생기면 해결에 따른 피로감이 올 수 있으므로 상표관리에 만전을 기해야 할 것이다.

상표등록출원을 하고자 하는 자는 몇 가지의 사항을 기재한 출원서를 특허청에 제출해야 한다. ⅰ) 출원인의 성명 및 주소(법인인 경우에는 그 명칭 및 영업소의 소재지), ⅱ) 출원인의 대리인이 있는 경우에는 그 대리인의 성명 및 주소나 영업소의 소재지(대리인이 특허법인·특허법인(유한)인 경우에는 그 명칭, 사무소의 소재지 및 지정된 변리사의 성명), ⅲ) 상표, ⅳ) 지정상품 및 그 류 구분, ⅴ) 우선권주장을 하고자 하는 경우에는 상표등록출원시 상표등록출원에 그 취지, 최초로 출원한 국명 및 출원의 연월일 기재, ⅵ) 기타 산업통상자원부령이 정한 사항 등이다(법 제36조).

특허청에 출원이 완료되면 그 출원은 진행하게 된다. 출원 중에 방식불비가 발견되면 보정을 통해 치유하게 되고, 제3자의 동일·유사범위에서의 사용이 발견되면 서면으로 경고할 수 있고, 경고 후 상표권 설정등록 시까지 발생한 상표출원인의 업무상 손실부분에 대하여 보상을 청구할 수 있으며(법 제58조), 제3자가 출원 중인 상표와 동일 유사범위 내에서 출원한 경우 선원주의 규정(법 제35조)에 의하여 그 등록을 배제할 수 있는 효과가 발생한다. 그 외에도 파리협약상의 우선권의 발생 및 기타 절차상의 효과가 발생한다.

1. 출원절차상의 일반원칙

(1) 1상표 1출원주의 원칙

상표등록출원은 부령(部令)에서 정하는 상품류 구분내에서 상표를 사용할 1 또는 2개 이상의 상품을 지정하여 상표마다 출원해야 하는 것을 1상표 1출원주의 원칙이라고 한다(법 제38조). 이는 하나의 출원서로 동시에 2개 이상의 상표를 출원할 수 없음을 명백히 한 것이다. 이 1상표 1출원주의 원칙은 신규의 상표등록출원, 지정상품의 추가등록출원, 상표권의 존속기간갱신등록신청에 적용되는 기본원칙이다. 다만 상품에 대하여는 동일상품 구분내인 한 복수의 상품을 지정할 수 있다. 그 외에도 하나의 출원에는 하나의 상표를 기재하여야 하며, 동일류구분에 속하는 상품 또는 서비스업은 물론 2이상의 상품류구분에 속하는 상품 또는 서비스업에 대해서도 유사 여부와 관계없이 1출원으로 할 수 있다. 우리나라는 고유한 상품류구분을 채택하여 사용하였었으나 1998. 3. 1 이후에는 표장등록을 위한 상품 및 서비스업에 관한 국제분류인 니스협정에 의한 국제상품분류를 채택하여 사용하고 있다.

(2) 지정상품추가등록출원

상표권자 또는 상표등록출원인은 출원 또는 등록 후의 사정변화에 따라 지정상품의 범위를 확대할 필요가 있을 경우, 등록상표 또는 상표등록출원의 지정상품을 추가로 지정하여 출원하는 것으로서 출원인 또는 상표권자의 절차적 부담을 덜어주고 상표권의 권리범위를 확장하여 상표권자의 이익을 보호하고자 하는 취지에서 둔 제도이다(법 제86조 제1항). 이 제도에 따라 상품마다 분할하여 상표출원 및 등록이 가능하다.

지정상품추가등록출원은 원상표권이 존속하고 있는 경우는 물론 원상표등록출원이 계속 중에도 할 수 있다. 따라서 상표권이 소멸한 경우 또는 상표등록출원이 포기, 취하, 무효, 거절결정이 확정된 경우에는 지정상품추가등록출원을 할 수 없다. 지정상품추가등록출원에 대해서는 출원일에 대한 소급이 인정되지 않으므로 지정상품추가등록출원에 대한 등록여부의 판단은 원상표권 또는 원상표등록출원의 출원시 또는 등록여부결정시를 기준으로 하는 것이 아니라 지정상품추가등록출원의 출원시 또는 등록여부결정시를 기준으로 한다.

지정상품추가등록이 되면 원상표권 또는 원상표등록출원과 함께 합체되어 하나의 출원 또는 하나의 상표권으로 존속하게 된다. 존속기간도 함께 진행하므로 추가지정상품에 관한 상표권은 원상표권의 잔존하는 존속기간만큼만 존속하고 상표권 소멸시 함께 소멸한다.

(3) 상표권의 존속기간갱신등록출원

상표권은 그 존속기간이 설정등록일로부터 10년인데, 10년씩 계속하여 갱신하고자 할 경우 연장을 허락하여 주는 제도를 두고 있다(법 제83조 제2항). 이 규정에 따르면 상표권은 반영구적인 권리라고 할 수 있다. 이 규정을 만든 취지는, 상표권은 상품표지에 관한 독점권이기 때문에 특허권과는 달리 장기간 독점적으로 사용한다고 해서 자유로운 경쟁이 본질적으로 제한되는 것이 아니며, 오히려 계속적 사용을 보장함으로써 상표사용자의 업무상의 신용이 누적하여 축적될 수 있고, 수요자의 장기간 인식된 상표에 대한 이익보호와도 부합되기 때문이다. 그러므로 상표권의 존속기간갱신등록출원에 대해서는 실체심사를 하지 않고, 출원인과 원상표권의 상표권자는 동일하여야 하며, 지정상품도 동일하여야 한다. 갱신등록은 존속기간 만료 전 1년 이내에 제출함이 원칙이나 이 기간 내에 갱신등록신청을 못한 경우에는 상품권의 존속기간만료일로부터 6월내에 갱신등록신청을 할 수 있다. 갱신등록신청이 있는 때에는 상표권의 존속기간은 갱신된 것으로 본다.

(4) 선원주의

타 산업재산권제도에서도 적용되듯이 상표법에서의 선원주의는 동일내용의 상표등록출원이 2이상 경합하는 경우, 어느 출원에 대해서 상표등록을 할 것인가에 대해서 적용하는 주의이다. 선원주의란 출원일의 선후로써 이를 해결하고자 하는 것이다.

상표법 제35조 제1항은 '동일 또는 유사한 상품에 사용할 동일 또는 유사한 상표에 관하여 다른 날에 2이상의 상표등록출원이 있는 때에는 먼저 출원한 자만이 그 상표에 관하여 상표등록을 받을 수 있다.'고 규정하여 선원주의의 입장을 명백히 하고 있다. 만약 동일 또는 유사한 상품에 사용할 동일 또는 유사한 상표로서 같은 날에 2이상의 등록출원이 있는 때에는 출원자의 협의에 의한 1인만이 상표등록을 받을 수 있으며, 협의불성립 또는 협의불능 및 특허청장의 지정기간 내에 협의결과에 대한 신고가 없는 때에는 특허청장의 추첨결정에 의한 출원인만이 상표등록을 받을 수 있다. 이 추첨제도는 특허법, 실용신안법, 디자인보호법에 없는 특유의 방법이다.

선원의 지위는 동일 또는 유사한 상품에 사용할 동일 또는 유사한 상표에 대해 최선의 상표등록출원을 하고 이것이 적법하게 수리됨으로써 발생한다. 선원주의를 위반하면 거절사정이 되어야 할 것이나 잘못되어 출원공고가 된 경우에는 이의신청을 할 수 있고, 공고 후라도 직권으로 거절사정을 할 수 있으나, 잘못되어 후출원이 등록되었을 경우에는 무효심판의 사유가 된다. 상표법은 선원주의의 예외를 인정하고 있다. 선원권을 주장하거나, 박람회에 출품한 상품에 사용한 상표를 출원하는 경우, 출원변경, 분할출원의 경우이다.

2. 출원의 보정, 분할, 변경

(1) 출원의 보정

출원의 보정이란 상표등록출원에 절차상의 하자가 있거나 실체적 내용이 불비한 경우에 출원인이 자발적 또는 특허청장의 통지에 의하여 이를 적법하게 보충 또는 정정하는 것을 말한다.

보정에는 절차보정과 실체보정으로 구분되는데, 전자의 사유로는 행위능력 또는 대리권의 범위에 관한 규정을 위반하거나 법령에서 정한 방식을 위반 또는 수수료 불납의 경우에 보정할 수 있다. 후자의 사유로는 출원인이 자진하여 보정하는 경우에만 가능한데, 이때 실체보정이 부적법한 것으로 판단되면 심사관은 당해 보정에 대해 각하결정을 하여야 하며, 출원인은 출원공고결정등본 송달 전에 한 보정에 대한 각하결정에 대해서만 독립적으로 불복심판을 청구할 수 있고, 출원공고결정등본 송달 후에 한 보정에 대한 각하결정에 대하여는 독립적으로 불복할 수 없다.

보정제도를 둔 이유는 출원의 절차상 하자가 있거나 실체적인 내용이 불비한 경우에 당해 출원절차 내에서 그 흠결을 치유할 수 있도록 하여 선원주의와 관련하여 출원인의 절차적 편의를 보호하기 위함이다. 다만 보정의 소급효와 관련하여 제3자의 불이익방지를 위해 요지변경을 금지하고 있고, 심사절차의 지연을 위해 보정시기에 제한을 두고 있다.

보정을 할 수 있는 자는 출원인 및 그 적법승계인이고, 공동출원인의 경우에는 각자가 전원을 대표하여 보정할 수 있고, 위임대리인의 경우에는 특별수권 없어도 보정할 수 있다. 보정을 할 수 있는 시기는 특허청(심판원)의 보정명령에 의한 절차보정은 지정한 기간 내에, 자진보정은 보정명령이 있기 전이라도 등록여부결정통지서가 송달되기 전까지 할 수 있다. 다만 보정내용은 출원인이 최초 상표등록출원의 요지를 변경하지 않는 범위내로 한정되며 사정의 통지서가 송달되기 전에 보정할 수 있다. 여기서 요지를 변경하지 않는 범위란 ⅰ) 지정상품의 범위의 감축, ⅱ) 오기의 정정, ⅲ) 불명료한 기재를 명확하게 하는 것, ⅳ) 상표의 부기적인 부분의 삭제 등을 말한다.

(2) 출원의 분할

출원인은 하나의 상표등록출원에 2이상의 상품류구분 내의 상품을 지정상품으로 하여 상표출원한 경우에는 이를 2이상의 상표등록출원으로 분할하여 출원할 수 있도록 한 것을 말한다(법 제45조 제1항). 즉 출원분할은 지정상품별 분할만이 가능하며 결합상표인 경우에 그 요부별 분할은 허용되지는 않는다. 이 제도를 둔 이유는 지정상품의 일부에 거절이유가 있을 경우에 출원을 분할하여 거절이유가 없는 지정상품에 관한 출원은 우선적으로 등록을 받을 수 있게 함으로써 출원인의 이익을 보호하고 재출원으로 인한 심사지연을 방지하기 위함이다.

출원분할할 수 있는 자는 출원인과 그 적법승계인이다. 공동출원의 경우 각자가 전원을 대표하여 분할출원할 수 있고, 위임대리인은 특별수권 없이도 할 수 있다. 분할할 수 있는 요건으로는 ⅰ) 원출원이 2이상의 상품을 지정상품으로 하여 출원한 경우일 것, ⅱ) 원출원이 출원계속 중일 것, ⅲ) 최초출원의 지정상품의 범위 내이어야 한다. 즉 분할출원은 최초출원의 지정상품의 범위 내에서 이루어져야 하며, 그 범위를 벗어난 경우에는 그 벗어난 부분에 대해서는 출원일 소급효를 인정하지 않으며, 분할출원서의 제출일을 기준으로 상표등록여부를 판단한다. 분할출원이 적법한 것으로 판단되면 원출원일에 출원한 것으로 본다. 예외적으로 조약우선권의 적용 및 그 증명서류제출, 출원시 특례규정의 적용 및 증명서류의 제출에 관하여는 출원인의 절차상의 이익보호를 위해 분할출원 한 날을 기준으로 한다. 분할은 실체보정을 할 수 있는 기간 내에 할 수 있다.

(3) 출원의 변경

출원의 변경이란 상표등록출원과 서비스표등록출원, 단체표장등록출원, 증명표장등록출원 상호간에 출원의 주체 및 내용의 동일성을 유지하면서 출원의 형식만을 변경하는 제도를 말한다(법 제44조 제1항).

이렇게 상호간에 출원형식을 변경할 수 있도록 허용함으로써 출원인의 이익보호와 재출원으로 인한 절차의 중복을 방지하기 위함이다. 지리적 표시 단체표장등록출원 및 지리적 표시증명표장등록출원에 대해서는 인정되지 아니한다.

상표권의 존속기간갱신등록신청 또는 지정상품의 추가등록출원은 그 기초가 된 등록상표에 대하여 무효심판 또는 취소심판이 청구되거나 그 등록상표가 소멸된 경우를 제외하고는 상표등록출원으로 변경할 수 있다. 무효심판이나 취소심판이 청구된 경우에는 상표권자가 무효나 취소될 경우를 대비하여 상표권의 존속기간갱신등록신청 또는 지정상품의 추가등록출원을 상표등록출원으로 변경하는 등 상표제도를 악용할 경우에는 출원변경을 제한한다. 그리고 타법 영역으로의 출원의 변경(상표와 특허, 실용신안, 디자인 상호간의 출원변경)은 인정되지 않으며, 신규의 상표등록출원이나 지정상품의 추가등록출원 또는 상표권의 존속기간갱신등록신청 상호간의 출원변경도 인정되지 아니한다.

Ⅱ. 상표의 심사절차

상표의 심사라 함은 심사관이 특정의 상표등록출원에 대하여 상표권을 부여할 것이냐의 여부를 판단하기 위한 심리로서 상표등록 출원절차의 핵심이라고 할 수 있다. 따라서 어떠한 방식으로 심사할 것이냐의 문제는 매우 중요하다.

출원에 대한 심사는 대체로 두 가지로 나뉜다. 하나는 형식적 요건심사이고, 또 다른 하나는 실체적 요건심사이다. 형식적 요건심사란 출원서류의 기재사항의 적법여부, 첨부서류의 누락여부 등 방식이나 형식적인 것을 심사하는 것을 말한다. 실체적 요건심사란 상표의 자타상품의 식별력의 유무를 중심으로 심사하는 것을 말한다. 특허청에 서류를 제출한 사실이 한 번도 없으면 먼저 특허청으로부터 출원인코드를 부여받아야 하며, 출원서 서식에 출원인의 성명(명칭), 출원인 코드, 사용하고자 하는 상표, 상표를 사용할 상품의 명칭과 그 분류를 기재하여 제출하고, 정해진 수수료를 납부해야 한다. 이 모든 것은 출원서류가 특허청에 수리되는 것을 전제로 하기 때문에 출원서류 자체가 수리되지 않으면 심사절차는 진행될 수 없다. 다음의 상표심사절차를 참고하길 바란다.

1. 출원서류의 수리 여부

특허청에 출원서가 접수되면 심사관은 ⅰ) 어떤 종류의 것인지 불명확한 출원을 한 때, ⅱ) 출원인의 성명(법인의 경우에는 그 명칭), 또는 주소가 기재되지 아니한 때, ⅲ) 출원서에 상표를 표시하는 견본이 1통도 첨부되지 아니한 때, ⅳ) 출원서에 지정상품을 기재하지 아니한 때, ⅴ) 국어로 기재하니 아니한 때, ⅵ) 조약의 규정에 위반된 경우 등의 경우에는 그 서류·견본 또는 기타의 물건을 수리하지 아니한다. 이 경우에는 그 이유를 명시하여 서류 등을 그 제출인에게 반려하여여 한다.

이와 같이 심사관은 우선 출원절차에 관한 서류가 적법하게 작성된 여부, 즉 형식적 요건에 대하여 심사한 후 이에 불비가 있는 경우에는 보정을 명하여 완성된다. 심사관은 형식적 요건을 심사한 결과 그 요건이 구비된 때에는 실질적 내용을 심사한다. 심사 중에 거절이유를 발견하면 거절사정을 하여야 하는데 이를 실질적 심사라고 한다. 그 거절의 내용을 보면 다음과 같다. ⅰ) 동법 제12조(대리 및 제반절차 등) ⅱ) 동법 제33조(상표등록요건), ⅲ) 동법 제34조(등록을 받을 수 없는 상표), ⅳ) 동법 제35조(선원), ⅴ) 동법 제38조 제1항(1상표 1

출원), vi) 동법 제48조 제1·2항(출원승계 및 분할이전)·제5항(타공유자의 동의),
제6항(업무표장등록출원의 불양도)내지 제8항(증명표장등록출원의 이전금지) 등의
규정에 따라 상표등록을 받을 수 없다.

[상표심사절차도]

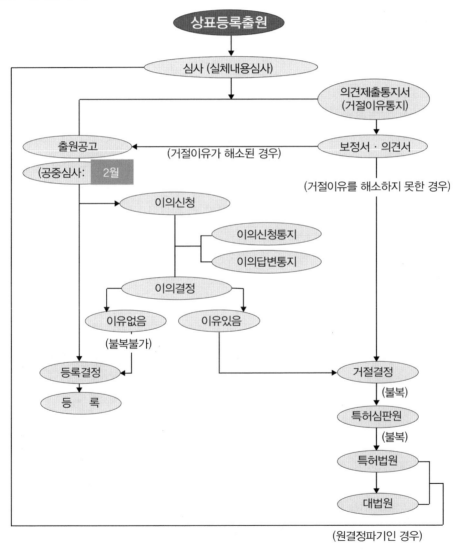

출처: 특허청 홈페이지에서 캡처

2. 출원공고

심사관은 출원에 대하여 거절할 이유를 발견할 수 없을 때에는 출원공고를 하여야 한다(법 제57조). 출원공고제도는 상표의 공익성과 출원상표의 다양성에 비추어 특허청 내부 심사관의 심사만으로는 부족하다는 견지에서 상표로서의 권리를 설정등록하기 전에 이를 일반에게 공개하여 공중심사에 회부함으로써 각계의 의견을 듣고 이의가 있으면 이의신청을 할 수 있게 하여 심사에 공정성을 달성하기 위한 일련의 심사의 협력을 구하는 제도이다.

출원인은 원칙적으로 출원공고 후 타인이 무단으로 당해 출원된 상표와 동일·유사한 상표를 동일·유사한 상품에 대하여 사용함으로 인하여 출원인에게 업무상의 손실이 발생하는 경우 그 타인에게 서면으로 경고를 하고 업무상의 손실에 상당하는 보상금을 청구할 수 있도록 하되, 상표등록출원의 사본(국제상표등록출원의 경우에는 국제출원의 사본)을 제시하고 경고하는 경우에는 출원공고 전에도 보상금을 청구할 수 있다. 다만 상표권의 설정등록된 이후에만 당해 권리를 행사할 수 있다.

3. 이의신청제도

출원공고된 상표에 대하여 이의가 있을 때에는 누구나 출원공고일로부터 2개월 이내에 이의신청을 할 수 있고, 상표등록이의신청서는 소정의 양식에 의거 작성하되 반드시 이의신청의 이유를 기재하고 이에 필요한 증거를 첨부하여야 한다. 이미 제출한 이의신청에 대한 이유나 증거를 보정하고자 하는 경우에는 이의신청기간의 경과 후 30일 이내에 하여야 한다.

Ⅲ. 상표등록의 요건

현재 상표법에 의하면 상표는 등록을 해야만 비로소 상표권이 발생하는데, 그 이전에 출원절차를 거쳐, 요건을 갖춘 것인지에 대한 심사를 받아야 한다. 이에 관하여는 두 개의 요건이 있다.

1. 인적 요건(상표등록을 받을 수 있는 자)

우리나라에서 상표권자가 될 수 있는 자격을 갖는 자(자연인 또는 법인)로서, 국내에서 상표를 사용하는 자(법인·자연인·공동사업자) 또는 사용하고자 하는 자는 상표법이 정하는 바에 의하여 자기의 상표를 등록받을 수 있다. 상표권자가 될 수 있는 자격은 우리나라 국민(법인포함)은 모두 해당되며, 외국인은 상호주의원칙과 조약에 의거하여 그 자격이 결정된다. 그런데 우리나라의 국민이면 모두가 이에 해당하는 것이 아니라 일정한 연령에 달한 일반인으로써 평균적 상식과 권리능력 및 상표에 관한 인식력을 갖추어야 한다. 그리고 무엇보다 출원인은 상표를 사용할 의사를 가지고 있어야 한다. 즉 타인을 위해 사용할 목적의 상표는 등록받을 수 없다. 그 이유는 상표권의 안정성을 위해 실제로 사용하고자 할 사람인가를 무엇보다 중요하게 보기 때문이다. 또 하나인, 외국인 또는 외국법인은 어떻게 할 것인가이다. 이런 문제를 해결하기 위하여 조약을 제정하고, 제정된 (파리)조약 체약국들은 자국민과 동등하게 상표등록을 할 수 있도록 적격을 부여하고 있다.

2. 실체적 요건

상표등록의 요건은 출원의 형식 등 절차적 요건과 상표의 구성자체가 자타상품의 식별력을 가진 것인지 또는 부등록사유에 해당되지 않는지에 관한 실체적 요건(적극적 요건, 소극적 요건)으로 나누는데 상표법상 중요한 것은 실체적 요건이다.

(1) 적극적 요건

상표의 가장 중요한 기능은 자타상품식별기능이므로 상표등록되기 위해서는 우선 식별력이 있어야 한다. 상표법상 자타상품식별력이라 함은 거래자나 일반 수요자로 하여금 상표를 표시한 상품이 누구의 상품인가를 식별할 수 있도록 하는 힘을 말한다. 즉 내가 만든 상품과 타인이 만든 상품을 놓고 소비가가 구매를 선택할 경우, 소비자는 상표를 보고 누구의 상품인가를 판단하게 된다. 일반적으로 식별력 유무의 판단은 지정상품과 관련하여 판단하고 있으며 상표법 제33조 제1항 각호에서는 자타상품의 식별력이 없는 상표들을 제시하여 이에 해당되는 상표는 상표등록을 받지 못하도록 하고 있다.

등록받지 못하는 경우를 살펴보면 다음과 같다.

1) 상품의 보통명칭

o 상표가 특정상품과 관련하여 그 상품의 명칭을 나타내는 상표를 말한다. (예: 스낵제품－Corn Chip, 과자－호도과자, 자동차－Car)

2) 관용상표

o 동종업자들 사이에서 특정 종류의 상품에 관용적으로 쓰이는 표장을 말합니다. (예: 과자류－깡, 청주－정종, 직물－Tex)

3) 성질표시적 상표

o 산지표시: 당해 상품의 생산지를 표시하는 것을 말한다(예: 사과－대구, 모시－한산, 굴비－영광).

o 품질표시: 당해 상품의 품질의 상태, 우수성 등을 표시하는 것을 말한다(예: 上, 中, 下, 특선, Super).

o 원재료표시: 당해 상품의 원재료로 쓰이는 상품의 명칭을 표시하는 것을 말한다(예: 양복－Wool, 넥타이－Silk).

o 효능표시: 당해 상품의 효과나 성능 등을 표시하는 상표를 말한다(예: TV－HITEK, 복사기－Quick Copy).

o 용도표시: 당해 상품의 쓰임새를 나타내는 상표를 말한다(예: 가방－학생, 의류－Lady).

o 수량표시: 2켤레, 100미터 등

o 형상표시: 당해 상품의 평상·모양·크기등을 표시하는 것을 말한다(예: 소형, 대형, 캡슐, SLIM).

o 생산방법·가공방법·사업방법표시: 당해 상품의 생산·가공·사용방법을 표시하는 상표를 말한다(예: 농산물－자연농법, 구두－수제, 책상－조립).

o 시기표시: 당해 상품의 사용시기 등을 표시하는 것을 말한다(예: 타이어

－전천후, 의류－봄·여름·가을·겨울).

4) 현저한 지리적 명칭, 그 약어 또는 지도

수요자에게 현저하게 인식된 지리적인 명칭을 말합니다. (예: 금강산, 백두산, 뉴욕 등)

5) 흔한 성 또는 명칭

흔히 있는 자연인의 성 또는 법인, 단체, 상호임을 표시하는 명칭을 말한다(예: 이씨, 김씨, 사장, 상사, 조합, 총장 등).

6) 간단하고 흔히 있는 표장

상표의 구성이 간단하고 또한 흔히 있는 표장을 말한다(예: 123, ONE, TWO, ß 등).

7) 기타 식별력이 없는 표장

일반적으로 쓰이는 구호, 표어, 인사말 등(예: Believe it or not, I can do, www 등)을 말한다. 다만 위의 ① 내지 ⑥까지에 해당하는 상표 외에 수요자가 누구의 업무에 관련된 상품을 표시하는 것인가를 식별할 수 없는 상표

다만 위의 ③, ④, ⑤, ⑥의 사유에 해당하더라도 상표등록출원 전부터 그 상표를 사용한 결과 그 상표가 수요자간에 특정인의 상품에 관한 출처를 표시하는 것으로 식별할 수 있게 된 경우에는 그 상표를 사용한 상품에 한정하여 상표등록을 받을 수 있다(상표법 제33조 제2항).

위의 ③호 또는 ④호에 해당하는 표장이라도 그 표장이 특정상품에 대한 지리적 표시인 경우에는 그 지리적 표시를 사용한 상품을 지정상품으로 하여 지리적 표시 단체등록을 받을 수 있다(상표법 제33조 제3항).

(2) 소극적 요건(등록을 받을 수 없는 사유)

비록 상표가 적극적 요건으로서의 식별력을 가지고 있다하더라도 그 상표를 등록하여 독점배타적 성질의 상표권을 부여하는 경우 공익상 또는 타인의 이익을 침해하는 경우 당해 상표의 등록을 배제하도록 규정하고 있다.

1) 대한민국의 국기·국장, 군기, 훈장, 포장, 기장, 공공기관의 감독용이나 증명용 인장 또는 기호(예: KS, UL)와 동일하거나 이와 유사한 상표, 파리협약

동맹국. 세계무역기구 회원국 또는 상표법조약 체약국의 훈장·포장, 국제적십자, 국제올림픽위원회 등의 공공마크와 동일 또는 유사한 상표(예: 무궁화 도형, IMF, WTO 등)

2) 국가·민족·공공단체·종교 등과의 관계를 허위로 표시하거나 이들을 비방 또는 모욕할 염려가 있는 상표(예: 양키, 쪽바리, Negro 등)

3) 국가·공공단체 또는 비영리 공익법인의 표장으로서 저명한 것과 동일 또는 유사한 상표(예: YMCA, KBS, 적십자 등)

4) 공공의 질서 또는 선량한 풍속을 문란하게 할 염려가 있는 상표(예: 외설적인 도형이나 문자, 사기꾼, 소매치기 등의 문자)

5) 정부 또는 외국정부가 개최하거나 정부 또는 외국정부의 승인을 얻어 개최하는 박람회의 상패·상장 또는 포장과 동일 또는 유사한 표장이 있는 상표

6) 저명인의 성명·명칭 또는 상호·초상 등을 포함하는 상표(예: DJ, JP, 한전, 주공 등)

7) 타인의 선등록상표와 동일 또는 유사한 상표(예: 白花→百花)

8) 상표권이 소멸한 날로부터 1년을 경과하지 아니한 타인의 등록상표와 동일 또는 유사한 상표

9) 주지상표와 동일 또는 유사한 상표

10) 수요자간에 현저하게 인식되어 있는 타인의 상품이나 영업과 혼동을 일으키게 할 염려가 있는 상표

11) 상품의 품질을 오인하게 하거나 수요자를 기만할 염려가 있는 상표(예: 양념통닭에 진흙오리라고 쓴 경우, 중국산 인삼에 Made in Korea라고 쓴 경우).

12) 주지·저명한 상표와 동일 또는 유사한 상표로서 부당한 이익을 얻으려 하는 등 부정한 목적을 가지고 사용하는 상표

13) 상품 또는 그 상품의 표장의 기능을 확보하는데 불가결한 입체적 형상만으로 된 상표

14) 세계무역기구(WTO) 회원국내의 포도주 및 증류주의 산지에 관한 지리적 표시로서 구성되거나 동표시를 포함하는 상표로서 포도주·증류주 또는 이와 유사한 상품에 사용하고자 하는 상표

Ⅳ. 상표의 등록절차

유효하게 등록사정이 끝나면 등록료를 납부하고, 등록원부에 필요사항을 기재하는 절차를 상표권의 설정등록이라고 하고, 또는 등록요건이라고 부르기도 한다. 이는 특허청장의 직권사항이다. 즉 상표등록의 사정은 유효한 것이어야 하고, 설정등록을 받고자하는 자는 상표등록료를 납부해야 하며 특허청장은 설정등록에 필요한 사항인, 상표등록번호, 등록출원번호, 연월일, 출원공고의 번호 및 연월일, 사정 또는 심판의 연월일, 지정상품, 상품의 구분, 상표권자의 주소, 주민등록번호 등을 상표원부에 기재하여야 한다.

설정등록이 완료되면 비로소 상표권이 발생한다(법 제82조). 설정등록은 권리의 발생을 뜻하고, 상표권의 존속기간의 기산점이 된다. 그리고 설정등록은 존속요건이며 대항요건이 된다.

상표등록을 할 때 주의해야 할 점에 관하여 설명한다. 우선 상표명을 만들 때에는 지역명 또는 지역과 상호의 조합은 등록될 수 없다. 또한 일반명사도, 등록된 브랜드와 유사한 명칭도 피해야 한다. 그리고 등록절차가 완료된 상표가 있을 수 있으니 반드시 특허청의 키프리스 홈페이지에서 자신이 등록하려는 브랜드명을 미리 검색해야만 한다.

제4절 상표권

Ⅰ. 상표권의 발생

상표권은 자사를 상징하기 위해 디자인한 표지(標識)를 특허청에 등록하여 법적 보호를 받는 권리이므로 반드시 설정등록에 의해서만 발생한다. 다만 상표에 관한 권리는 등록의 유무를 묻지 아니하고 거래계에서 실제 사용되고 상표사용자의 영업상 신용이 결합됨으로써 자연발생적으로 형성되므로 상표의 보호는 필연적 현상이라 할 수 있다. 이 점이 타 산업재산권과 다른 점이다. 말하자면 상표의 등록제도는 상표를 둘러싼 권리관계를 명확히 하기 위한 법기술에 지나지 않지만, 특허의 등록제도는 산업경제정책의 반영이라는 점이다.[3]

현행 상표법 제82조 제1항에 의하면, '상표권은 설정등록에 의하여 발생한다.'라고 규정함으로서 원칙적으로는 등록주의를 채택하고 있다. 다만 그 제도적 보완으로 사용주의를 가미하고 있다. 사용주의와 등록주의는 상표권의 발생에 관한 구별개념으로 사용되는 경우와 상표등록의 요건에 관한 구별개념으로 사용되는 경우가 있다. 사용주의는 상표의 사용이라는 사실에 의하여 상표권의 발생을 인정하는 입법의 태도이고, 등록주의는 상표의 사용여부와 관계없이 특허청에 상표권이 설정등록되었는지에 따라 상표권의 발생을 인정하려는 입법주의이다. 여기서 등록이란 사실에 권리창설적 효력을 인정하는 입법주의를 등록주의라고 한다. 이 두 주의는 각각의 장점과 단점은 있으나 권리관계의 안정을 도모한다는 취지에서 보면 상표제도를 취하고 있는 국가들은 대체로 등록주의를 채택하고 있는 추세이다. 그러면서도 등록주의를 보완하기 위해서는 사용주의적 요소를 가미하고 있다. ⅰ) 상표등록을 받을 수 있는 자의 자격을 현재 상표를 사용하고 있는 자 또는 사용하고자 하는 자에 한정함으로써 순수한 의미에서의 방호상표는 인정하지 아니하며, 최소한 사용의사가 있어야 함을 필요로 한다. ⅱ) 자타상품식별력이 없는 상표라도 출원전 사용으로 인해 수요자간에 현저하게 인식되어 있으면 사용에 의한 자타상품식별력 취득을 인정하여 예외적으로 상표등록을 받을 수 있다. ⅲ) 등록상표를 정당한 이유없이 계속하여 3년 이상 국내에서 사용하지 아니한 경우에는 이해관계인이 청구하는 취소심판에 의해 상표등록이 취소될 수 있으며(법 제119조 제1항 3호), 상표등록이 취소되면 그 날부터 3년간 상표권자 및 그 상표를 사용한 자는 취소된 상표를 재출원하더라도 상표등록을 받을 수 없다.

---

3) 이기수·정진섭·황종환·이덕록·송영식 공저, 지적재산권법(상), 한빛지적소유권센터, 1994, 864면.

Ⅱ. 상표권자의 의무

상표법은 상표에 대하여 독점적으로 사용할 수 있도록 하는 대신 각종 의무의 이행을 요구하고 있다. 이러한 의무는 상표가 거래사회에서 상품식별표지로서 정상적인 기능을 발휘하도록 요구되는 것이며, 상표권자가 주어진 의무를 위반할 경우에는 상표등록의 취소 또는 효력을 부인하는 등의 강력한 제재조치를 가하고 있다. 따라서 상표권자의 의무에 관한 문제는 대체로 상표의 권리남용을 규제하기 위한 수단으로 상표법에 규정된 것들이며, 권리남용의 일반법리에 따라 상표권자는 권리의 실질에 부합되게 상표권을 행사할 의무를 부담한다고 볼 수 있고, 상표등록취소심판이나 소송상 항변사유와 밀접한 관련이 있다.

1. 사용의무

상표법은 장래의 사용을 전제로 미사용 상표라도 등록을 하도록 하고 있다. 그러나 장기간 사용되지 않는 상표는 타인의 상표선택의 기회를 부당하게 제한하는 폐해가 발생하게 되므로 상표법은 사용주위적 요소를 가미하여 상표권자에게 등록상표의 사용의무를 부과하고 있다.

2. 정당사용의무

아무리 상표권자라 하더라도 널리 알려진 타인의 상표에 편승하거나 모방하는 등의 부정경쟁의 목적으로 사용하는 것은 허용되지 아니한다. 왜냐하면 수요자의 오인·혼동을 초래할 수 있기 때문이다. 따라서 상표법은 이러한 경우에 상표등록을 취소할 수 있고 등록상표에 의한 독점권의 남용을 규제하고 있다.

3. 감독의무

상표의 제1차적 기능은 자타상품식별이고 출처표시이다. 또한 품질보증기능을 유지하고 수요자의 출처에 대한 인식을 보호하고 있다. 따라서 상표권자에게 사용권자가 상표를 정당하게 사용하도록 통제할 일종의 감독의무를 부과하고 있으며, 이를 위반시 상표등록을 취소할 수 있도록 하고 있다.

4. 기타 의무

(1) 상속 등의 신고의무

상표법 제56조 제2항은 상표권의 상속 기타 일반승계의 경우에는 지체없이 그 취지를 특허청장에게 신고하여야 한다.

(2) 등록료납부의무(법 제72조)

상표권의 등록료는 분납 제도를 채용하고 있다. 또한 상표권의 존속기간갱신등록시에는 등록료의 납부기간을 청구에 의하여 30일까지 연장할 수 있다. 그럼에도 불구하고 등록료를 다시 납부하지 않으면 상표권은 소급하여 소멸하게 된다.

(3) 상표권포기의 제한

상표권자는 전용사용권자·통상사용권자 또는 질권자의 동의를 얻지 아니하면 상표권을 포기할 수 없다(법 제102조 제1항). 이와 같이 상표권의 포기를 제한하는 이유는 그 상표권에 종속된 사용권이나 질권도 소멸되므로 그 권리자에게는 예상치 않은 불이익이 되기 때문이다.

Ⅲ. 상표권의 이전과 공유 및 분할

상표권의 이전이라 함은 상표권의 내용의 동일성을 유지하면서 그 소유주체만을 변경하는 것을 말한다. 1990년 개정법은 재산권으로서 상표권의 처분의 자유를 중시하여 상표권과 영업의 분리이전 및 지정상품별 분할이전을 허용하고, 별도로 출원승계를 할 수 있도록 하였다. 그리고 1997년에는 연합상표제도를 폐지하여 유사상표간 자유로운 이전을 허용하고, 상표권을 이전할 때 요구되던 이전공고제도를 폐지하여 이전에 관한 제한을 완화하였다.

상표권의 이전은 대체로 특정승계와 일반승계로 구분한다. 특정승계라 함은 상표권자와 양수인 간의 양도계약, 증여, 기타 질권 등 담보권의 실행 등에 의하여 상표권만이 이전되는 경우를 말한다. 이전절차를 살펴보면, 등록원인을 증명하는 서류를 첨부한 상표권이전등록신청서를 제출하여야 하며, 이전의 효력은 등록원부에 등록이 된 때 발생한다. 일반승계라 함은 상속, 포괄유증, 회사의 합병 등과 같이 피승계인의 재산에 속하는 일체의 권리·의무에 수반하여 상표권을 이전하는 경우이며 그 사유가 발생한 때에 효력이 발생한다. 그러므로 등록의 효력에 있어서 특정승계와 차이가 있다. 이전절차를 보면, 승계원인의 발생, 예컨대 상표권자의 사망, 회사의 합병 등은 당연히 별도의 절차가 없어도 이전의 효력이 발생한다. 다만 승계원인이 발생하면 지체없이 특허청장에게 신고하여야 하며, 상속의 경우 상표권자가 사망한 날부터 3년 이내에 상속인이 상표권의 이전등록을 하지 아니한 경우에는 상표권자가 사망한 날부터 3년이 되는 날의 다음날에 상표권은 별도의 절차없이 소멸된다(법 제106조 제1항). 이와 같이 상표권의 이전을 원칙적으로 인정하면서도 일반수요자의 출처의 혼동, 품질의 오인을 방지하기 위하여 일정한 제한을 두고 있다. 예컨대 유사한 지정상품의 분할이전 금지, 공유상표권의 양도제한, 업무표장의 양도제한, 공공단체 등이 등록한 상표권의 양도제한, 단체표장권의 이전제한 등을 위반하면 이는 곧 상표등록의 취소사유에 해당된다. 이는 출처의 혼동, 품질의 오인을 방지하기 위한 사후 감독적 차원에서 규정한 것이다.

상표권의 공유라 함은 하나의 상표권을 2인 이상이 공동으로 소유하는 것을 말한다. 이는 상표권 전체에 대하여 각각 지분별로 소유하는 것을 의미하는 것이지, 지정상품별로 공유상표권자가 각각 상표권을 소유하는 것은 아니다.

상표권의 분할이라 함은 상표권의 지정상품이 2이상인 경우에는 그 상표권을 지정상품별로 분할할 수 있는 제도를 말한다(법 제94조). 이 제도는 상표법조약에서 가입국에게 강제적으로 요구하는 의무사항이고, 일단 상표가 등록된 이후라도 상표권을 분할하여 소유하는 것이 권리의 이용면 또는 관리면에서 편리하여 출원분할(법 제45조)과 별도로 규정한 것이다.

상표권분할은 상표권자만이 신청할 수 있고, 상표권의 지정상품이 2이상이면 된다. 그러므로 분할 전·후에 권리주체의 변동이 없다는 점에서 이전 전·후에 권리주체의 변동이 있는 상표권의 이전과 다르다. 그리고 유효한 상표권이 존재하여야 하므로 존속 중이어야 한다. 다만 상표권이 소멸된 후라도 무효심판이 청구된 경우에는 심결이 확정되기까지는 분할할 수 있다. 일단 분할이 되면 원상표권과는 독립된 별개의 상표권으로 인정되나, 그 존속기간은 원상표권의 설정등록일로부터 기산한다.

Ⅳ. 상표권의 포기와 소멸

상표권의 포기라 함은 재산권의 행사의 한 유형으로서, 상표권자가 일방적인 단독행위로서 자기의 상표권의 전부 또는 일부를 소멸시키는 처분행위를 말한다. 포기방법으로는 상표권자가 상표권에 관하여 지정상품마다 포기할 수 있고, 등록을 해야 효력이 발생한다. 다만 상표권자는 전용사용권자·통상사용권자 또는 질권자의 동의를 얻어야만 포기할 수 있다. 상표권을 포기하려면 등록말소신청을 하여야 효과가 발생하며 말소등록일로부터 장래를 향하여 소멸한다.4) 상표권자가 상표권의 전부 또는 지정상품의 일부를 포기한 경우에는 그 날부터 3년이 경과한 후에 출원하지 아니하면 상표권자 및 그 상표를 사용한 자는 소멸된 상표와 동일·유사한 상표를 그 지정상품과 동일·유사한 상품에 대하여 상표등록을 받을 수 없다(법 제34조 제3항).

상표권의 소멸이라 함은 설정등록에 의하여 발생한 상표권이 일정한 사실의 발생을 이유로 그 효력이 상실하는 것을 말한다. 상표권소멸은 신규성과는 관련이 없는 것이어서 소멸 후 재출원되는 상표를 규제·조정할 필요가 있고, 소멸의 근거가 경쟁제한의 해소 때문이 아니라 상표권자의 의무위반에 대한 제재 내지는 수요자의 오인·혼동방지를 위한 것이다. 상표권의 소멸은 그 효과가 장래효인 경우와 소급효인 경우로 구분한다.

장래효가 적용되는 경우, 즉 상표권은 상표권자가 존속기간갱신등록을 신청하면 설정등록일로부터 10년간씩 그 기간을 연장해 주고 있다. 따라서 갱신등록신청을 하지 않았거나, 갱신등록료를 불납한 경우 및 갱신등록이 무효인

---

4) 대법원판례 1983. 3. 22, 81후17; 대법원판례 1994. 5. 24 92후2274; 대법원판례 1990. 3. 27, 89후971, 988, 995, 1004 등.

경우에는 원상표권의 존속기간의 만료로 상표권이 소멸하게 된다. 그 밖에도 상표권자는 지정상품마다 상표권을 포기할 수 있는데, 포기가 있는 때에는 그 때부터 상표권이 소멸된다. 또한 상표권자가 사망한 날부터 3년 이내에 상속인이 그 상표권의 이전등록을 하지 아니한 경우에는 상표권자가 사망한 날부터 3년이 되는 날의 다음 날에 상표권이 소멸된다(법 제106조). 특히 법인이 청산절차를 밟고 있는 경우 법인의 상표권은 청산종결등기일까지 이전등록을 하지 아니한 경우에는 청산종결등기일의 다음 날에 소멸한다(동조 제2항). 문제는 청산종결에 따라 법인이 소멸하는 경우에 그 상표권의 존속여부이다. 이와 관련한 명문의 규정은 없어 논란이 있었던 바, 판례는 "법인이 소멸하는 것은 청산종결등기가 된 때가 아니라 청산사무가 사실상 종료된 때"로 하면 상표권의 존속여부가 장기간 불명확해져 상표권의 활용이 곤란하여지므로 상표법은 법인의 청산종결시에는 청산사무가 끝난 날과 청산종결등기일로부터 6개월이 지난 날 중 빠른 날까지 상표권의 이전등록을 강제하고 그 기간을 넘으면 청산종결등기일의 다음 날에 소멸한 것으로 간주함으로써 상표권의 존속문제를 명확하고 신속하게 처리하도록 하였다. 그 밖에 상표등록취소심결이 확정된 때에는 그 상표권은 그 때부터 소멸한다(법 제106조).

소급효가 적용되는 경우, 즉 상표권의 설정등록, 지정상품의 추가등록을 무효로 한다는 심결의 확정 또는 존속기간갱신등록을 무효로 한다는 심결의 확정된 때에는 처음부터 없었던 것으로 간주된다. 그 밖에 후발적 무효사유를 이유로 하는 경우인 상표등록이 된 후에 상표권자가 권리능력을 상실한 경우, 등록상표가 조약에 위반되는 경우, 등록상표가 식별력을 상실하게 된 경우에는 등록상표가 그 사유에 해당하게 된 때부터 없었던 것으로 간주된다.

상표권이 소멸하게 되면 상표권 및 그에 부수하는 권리도 소멸하므로 부정경쟁행위에 해당하지 않는 한 누구든지 소멸한 등록상표와 동일·유사한 상표를 자유롭게 사용할 수 있다. 상표등록의 취소심판이 청구되고 그 청구일 이후에 존속시간의 만료로 상표권이 소멸하였거나, 상표권의 전부 또는 일부가 포기된 경우, 상표등록취소심결이 확정된 경우에 상표권자 및 그 상표를 사용한 자는 그 해당일부터 3년이 경과한 후에 출원하지 아니하면 소멸된 등록상

표와 동일·유사한 상표를 그 지정상품과 동일·유사한 상품에 대하여 상표등
록을 받을 수 없다. 그러나 문제는 수요자의 잔상효과로 인하여 혼동방지 및
원권리자에게 권리회복의 기회를 주려는 취지로 개정(1973. 2. 8)하여 선출원등
록상표가 실효된 후 1년 정도는 수요자 사이에 그 상표에 관한 기억과 신용이
남아 있어 상품출처의 혼동을 일으킬 우려로 인해 상표권이 소멸한 날부터 1
년간은 타인의 등록을 배제하도록 한 현행 조항은 등록상표간 권리이전이 허
용되고, 2인 이상의 타인에게 사용권설정을 자유롭게 할 수 있어서 출처의 혼
동가능성을 방지할 수 없고, 소멸된 상표가 사용된 적이 없다면 권리회복의 기
회를 부여할 필요가 없고, 만약 허용된 것이라면 선사용권에 의한 보호가 가능
하므로 존치할 이유가 적으므로 상표권 소멸 후 1년을 기다릴 필요없이 상표
등록을 할 수 있도록 하였다.

제5절 상표권의 효력

　　상표권은 설정등록에 의하여 발생한다(법 제82조 제1항). 상표권은 특허권
과 마찬가지로 출원에서 등록에 이르기까지 일련의 행정처분에 의하여 발생한
다는 점은 특허와 동일하다. 다만 상표에 관한 권리는 등록의 유무를 묻지 아
니하고 거래계에서 실제로 사용되고 상표사용자의 영업상의 신용이 결합됨으
로써 자연발생적으로 형성된다는 특이점이 있다. 상표권은 적극적으로는 지정
상품에 대하여 그 등록상표를 독점적으로 사용할 권리이며, 소극적으로는 제3
자가 동일·유사상표를 지정상품과 동일·유사상품에 사용하는 것을 금지할 수
있는 권리를 말한다. 또한 타인이 등록상표와 동일 또는 유사한 상표를 동일
또는 유사한 상품에 등록하는 것을 배제할 수 있는 후등록 배제권으로서의 효
력, 상표권을 타인에게 이전 또는 양도할 수 있는 재산권으로서의 효력 등이
있다. 최근 개정법은 상표권의 효력이 미치지 아니하는 범위의 내용 중에서
"보통으로 시용하는 방법으로 표시하는 상표"를 "상거래 관행에 따라 사용하는

상표"로 변경하였다.

Ⅰ. 적극적 효력(전용사용권)

상표권자는 적극적으로는 지정상품에 대하여 그 등록상표를 독점적으로 사용할 권리를 가진다(법 제95조 제3항). 이를 전용사용권이라고도 하며, 등록상표 및 상품의 동일성 범위 내에 미칠 뿐만 아니라 유사범위에 대해서도 미치는 절대적 권리이다. 이와 같이 상표권자의 전용사용권은 등록상표 및 지정상품의 동일범위에 한정되므로 그 범위 내에서 사용하는 행위는 적법행위로 인정하여 불사용과 부정사유를 이유로 취소되지 않는다. 설사 타인의 등록상표와 유사 범위에 속하는 사용일지라도 무효심결이 확정되지 않는 한 타인의 상표권 침해 및 허위표시죄의 책임을 지지 않는다. 그러나 상표권자가 등록상표와 유사 범위에 있는 상표를 사용하는 것은 오히려 수요자 보호의 차원에서 불사용이나 부정사용으로 인정될 수 있음을 이유로 상표등록이 취소될 수 있다.

Ⅱ. 소극적 효력

타인이 자기의 등록상표 또는 등록상표와 유사한 상표를 사용하는 등 상표권을 침해하는 경우 상표권자는 침해자를 상대로 하여 침해금지청구권 및 손해배상청구권, 신용회복청구권을 행사할 수 있다.

제6절 상표권침해에 대한 구제

Ⅰ. 서 언

상표법은 상표사용자의 업무상의 신용유지를 도모함과 아울러 기만적이거나 오인을 불러 일으키는 상표의 사용으로부터 수요자의 이익을 보호함을 목적으로 한다. 상표권의 가장 중요한 역할이 출처식별이므로 이를 저해할 가능성이 있는 상표의 사용은 상표권 침해로 볼 수 있다. 즉 타인의 등록상표와 동일 또는 유사한 상표를 그 지정상품과 동일 또는 유사한 상품에 위법하게 사용하는 행위를 말한다. 이러한 의미에서 보면, 상표권침해는 타인이 전용사용권이나 통상사용권을 확보하지 않은 상황에서 등록상표와 동일하거나 유사한 상표를 그 지정상품과 동일 또는 유사한 상품에 불법적으로 사용하는 행위를 말하며 이에 대한 입증은 상표권자에게 있다.

상표권침해는 나름의 특수한 점을 가지고 있다. 즉 객체의 점유가 불가능하여 침해가 쉬운 반면, 그 발견은 어렵고, 상표권자의 사익에 대한 침해임과 동시에 수요자로 하여금 출처의 오인, 혼동을 일으키게 하는 행위로서 공익에 대한 침해에도 해당하며, 침해시 발생한 손해액을 입증하기가 매우 어렵다. 이런 점을 고려하여 상표법은 직접적인 상표권의 침해행위가 아니라 하더라도 침해의 예비적 행위에 대해서는 침해로 간주하고 상표권 침해죄를 비친고죄로 보며, 이에 대한 입증책임을 경감하는 규정을 두고 있다.

Ⅱ. 침해에 대한 민사적 구제

앞에서 설명한 상표권의 침해에 대하여 상표권자 또는 전용사용권자는 침해금지 및 예방을 청구할 수 있고, 침해로 인한 손해배상을 청구할 수 있으며, 그에 더하여 침해행위를 조성한 물건의 폐기(예컨대 상표가 표시된 상품의 용기 또는 라벨), 침해행위에 제공된 설비의 제거(예컨대 등록상표의 위조용구) 기타 실추된 업무상의 신용에 대하여 회복하기 위한 조치(예컨대 침해사실이 있었다는 객관적 사실을 게재하도록 명하는 행위는 가능하지만 사과문의 게재는 헌법상 보장된 양심의 자유에 반하므로 위헌소지가 있음)도 요구할 수 있다.

Ⅲ. 침해에 대한 형사적 구제

상표법은 상표권을 침해하거나 이 법에서 정한 특정사항의 의무를 위반한 경우에는 형법총칙 및 형사소송법의 규정이 적용된다. 따라서 고의가 있는 침해이면 족하고, 수요자의 이익인 공익을 해하는 것으로 판단하여 비친고죄, 즉 직접 고소를 하지 않아도 그 책임을 물을 수 있다. 그 밖의 벌칙으로 법인의 대표자, 법인 또는 개인의 대리인, 사용자 기타 종업원이 그 법인 또는 개인의 업무에 관하여 상표권의 침해행위를 한 때에는 그 행위자를 벌하는 외에 그 법인 또는 개인에 대하여도 소정의 벌금을 과한다(법 제235조).

Ⅳ. 침해에 대한 행정적 구제

특허청은 위조상품의 제조·수입 또는 수출을 한 자를 고발하거나 시정권고를 하거나 또는 위조상품에 대한 공무원의 조사 또는 수거를 거부·방해·기피한 자에게는 과태료를 부과하고 있다. 뿐만 아니라 상표권자는 관세법에 근거한 불법적인 침해품의 수입을 통관단계에서 저지할 수 있도록 하고 있다.

Ⅴ. 구제조치의 효용성

본안소송의 판결이 확정될 때까지 상표권의 독점성과 권리내용을 향유할 수 없는 경우에 그 위험을 제거하고, 본안소송에 앞서 임시적 지위를 설정하기 위하여 침해금지 가처분신청이 필요하다. 이 가처분신청은, 상표권이 침해되면 상표에 화체된 영업상의 신용을 회복하기가 매우 어렵고, 수요자의 이익도 침해될 수 있다는 면에서는 매우 효율적인 조치인 반면 채무자에게는 치명적인 요인이 될 수 있으므로 신중한 판단이 요구된다.

손해배상청구권과 부당이득반환청구권을 살펴보면, 손해배상청구에 있어서는 고의·과실의 입증이 있어야 하지만 손해액추정에 따라 배상액이 부당이득에 의한 반환금보다 고액일 수 있고 침해자의 주관적 의사도 경우에 따라서는 고의의 추정이 가능한 이점이 있다.

부당이득반환청구의 경우에는 고의·과실의 유무에 관계없이 침해로 인한 부당이득만 입증되면 소멸시효의 기간이 길다는 점에서 실익이 있다.

신용회복조치청구권은 앞에서 설명한 바와 같이 금전배상과는 별개의 조치이다. 다만 사죄광고 등의 처분조치는 위헌적인 문제가 있으므로 침해사실이 있었다는 객관적 내용의 광고를 명하는 방법을 택하여야 할 것이다.

벌칙과 관련하여 상표법은 침해죄, 위증죄, 허위표시죄, 사위행위죄, 몰수, 과태료 등의 규정을 통하여 침해자에게 형사적 책임을 물음으로써 침해자의 인신을 구속하고 민사적 구제조치를 취하여 분쟁을 조기에 해결할 수 있도록 하고 있다.

제7절 상표권과 도메인네임

최근 들어 인터넷이 전 세계적으로 활성화되어 감에 따라 인터넷상에 자기의 기업명을 표기하는 인터넷 도메인네임이 중요한 자산으로 부각되고 있다. 특히 사이버시장의 등장으로 종래에는 생각할 수 없었던 많은 문제들이 지적재산권영역에서도 나타나고 있고, 그 중에서 도메인네임과 상표권의 연관성에서 출발한다. 분쟁의 근본적 이유는 인터넷 관리의 기술적 편리성을 위하여 알기 쉽고 기억하기 쉬운 문자체계로 고안된 인터넷 도메인네임과 법적 보호를 받는 등록상표간의 분쟁 때문이다. 특히 전통적인 상호와 상표는 상품이나 서비스와 함께 일정한 제약 속에서 사용하는 것이 보통이었지만, 도메인네임은 인터넷의 대중화로 전 세계 어디서나 쉽게 접근할 수 있는 표장으로 격상되어 당해 도메인네임의 보유자의 의사와 무관한 상표권침해의 가능성은 심각한 문제로 제기되고 있다.

상표권과 도메인네임의 차이점을 살펴보면 다음과 같다. 도메인네임은 그 등록을 위하여 특별한 요건이나 입증이 필요없고 기술적 제한의 범위 내에서 이미 선점된 도메인네임이 아닌 한 어떠한 도메인네임도 등록할 수 있다. 말하자면 알파벳 한 글자만 달라도 서로 다른 것으로 인식하여 등록이 되고, 하위도메인네임이 동일해도 상위도메인네임이 다르면 서로 등록이 가능하다. 예컨대 'beau.com'이 먼저 등록되어 있다고 해도 타인이 'beau.co.kr'로 등록을 받을 수 있으며 또 다른 사람은 'veau.co.kr'로 등록받을 수 있고, 또 다른 사람은 'beau1.co.kr'로 등록받을 수 있다.

이에 반하여 상표는 동일하거나 유사한 상표가 먼저 등록되어 있다면 다른 사람은 등록받을 수 없다. 예컨대 어떤 상품과 관련하여 'beau.com'이 상표로 등록되어 있다면 타인은 'beau.co.kr' 혹은 'beau1.co.kr', 'veau.com' 등은 모두 등록받을 수 없다. 뿐만 아니라 상표에 있어서는 '.com'은 부가적 표현에 불과하므로 'beau'만 등록해두어도 'beau.com', 'beau.co.kr' 등은 모두 등록될 수 없다. 반면 도메인네임은 출처표시가 아니기 때문에 일반명칭이나 성질표시와 무관하게 모두 등록된다. 예컨대 구두회사에서 'sinbalfactory' 혹은 'sinbal-factory'라는 도메인네임을 등록받는데 아무런 문제가 없다. 오히려 이러한 도메인네임은 구두업계의 좋은 도메인네임으로 인식되고 서로 먼저 등록받으려고 한다.

그러나 상표에 있어서는 상품의 효능 또는 용도를 나타낸 이름, 상표의 제조방법, 상품의 원료명이나 수량, 품질을 표시한 이름 등은 등록되지 않는다. 예컨대 안경에 '이태리'라는 이름, 숙박업에서 온천으로 유명한 '수안보', 인삼으로 유명한 '금산', 모시의 '한산', 굴비의 '영광', 운동화의 '마라톤 슈즈', 시계의 '정밀가공', 전자계산프로그램의 'Microsoft' 등이다.

Ⅰ. 상표권과의 관계

도메인네임은 본래 상품이나 서비스표의 표장이 아니고 인터넷주소일 뿐이어서 항상 상표권침해 또는 부정경쟁행위를 둘러싼 분쟁의 소지를 가지고 있다. 부등록 사유의 하나로 우리나라의 상표법 제34조 제1항 제11·12호에 의하면, "수요자간에 현저하게 인식되어 있는 타인의 상품이나 영업과 혼동을 일으키게 하거나 그 식별력 또는 명성을 손상시킬 염려가 있는 상표" 또는 "상품의 품질을 오인하게 하거나 수요자를 기만할 염려가 있는 상표"는 등록할 수 없도록 규정하고 있다.

상표권이 침해되는 경우로는 아래의 3가지 모두를 충족해야 한다. 첫째, 도메인을 상표로서 사용해야 하고, 둘째, 도메인네임과 상표가 동일하거나 유사하여야 하며, 셋째, 인터넷을 통하여 거래되는 상품 또는 서비스가 등록상표의 지정상품 또는 지정서비스업과 동일하거나 또는 유사하여야 한다.

Ⅱ. 부정경쟁방지 및 영업비밀보호법과의 관계

경제의 자유경쟁에는 그 나름대로의 일정한 한계가 있을 수밖에 없고, 그 한계에는 적어도 공서양속 내지 신의성실의 원칙에 어긋나는 경제적 경업의 남용은 허용하고 있지 않다. 이에 따라 세계 각국은 경업남용의 불허용을 유지하는 대신 건설적이고 기여적인 경업의 권장을 꾀하고 있다. 우리나라의 부정경쟁방지 및 영업비밀보호법은 부정경쟁행위를 유형화하여 ① 특정한 동종업자의 이익을 침해하는 행위로서 상품주체혼동행위, 영업주체혼동행위, 유명상표의 희석화행위, 부정목적의 도메인네임 확보행위 및 상품형태모방행위 ② 동종업자 전체의 이익을 침해하는 행위로서 원산지 허위표시행위 및 출처지 오인야기행위 ③ 동종업자의 개인적인 이익은 물론 소비자의 이익 내지 공정한 국제거래를 저해하는 행위로서 상품질량 오인야기행위 및 대리인 등에 의한 불법적인 상표사용행위 등이 있다.

Ⅲ. 도메인네임의 선정과 관리

기업의 웹사이트 주소가 상표나 기업의 정체성의 의미를 담고 있을 것이라는 잠재고객들의 기대가 증가하고 있는 추세에서 볼 때, 이러한 조건을 갖춘 웹사이트 주소는 고객이 쉽게 찾을 수 있고 기억하기 쉽다. 이러한 현상이 기업에 미치게 되면, 도메인네임은 점차적으로 상표적 기능을 갖게 되고 이를 선점한 기업이나 개인은 자신의 상품과 서비스를 판매하거나 광고행위를 할 경우 많은 경제상의 이득이 발생하게 된다. 이러한 영향을 남용한 많은 기업들은 차별화된 도메인네임을 상표로서 등록한 경우 이는 타 기업의 동일하거나 유사한 상표를 사용하는 것을 금지할 수 있을 뿐만 아니라 다른 기업에서 주장하는 상표권침해에 대한 방어수단이 될 수 있다. 이를 보다 명확히 하기 위한 방법으로, 기업은 자사 웹사이트에 도메인네임이 등록된 상표임을 밝히고 무단복제를 금지한다는 문구를 표시해야 하며, 시스템을 통해 정기적으로 상표를 감시하고 검색엔진을 통해 자사 상표가 태그 또는 배너로 사용되고 있는지를 점검해야 할 것이다.

Ⅳ. 도메인네임의 상표보호

모든 컴퓨터에는 고유한 IP주소가 부여되어 있는데, 이것은 일반인들이 쉽게 인식할 수 있도록 문자형태의 도메인네임, 즉 인터넷의 통신망을 통하여 연결된 타인의 호스트에 대한 이름과 주소를 지칭하는 용어이다.

국가 최상위 도메인 ccTLD(Country Code Top Level Domain)는 '.kr', '.cn', '.us' 등 248개의 국가명이 붙는 체계가 있고, 일반 최상위 도메인 gTLD(Generic Top Level Domain)으로 '.com', '.org', '.gov', '.edu' 등이 있다. 현재 이러한 도메인네임은 InterNIC(Internet Network Information Center)의 관리를 받고, 선등록 우선주의를 채택하고 있어 먼저 등록한 자에게 우선사용권을 부여해 주고 있으므로 동일 도메인네임의 동시 사용을 불허하고 있다. 따라서 gTLD에는 하나의 도메임네임만 존재하므로 분야가 다른 경우 동일한 상표를 사용할 수 있다는 점을 감안한다면 동일한 도메인네임의 권리를 얻기 위해 경쟁기업보다 선점을 해야 하는 문제가 발생한다.

제 5 장

저작권법

제 5 장
저작권법

제1절 서 설

　　스마트폰, 태블릿 등 스마트기기를 통한 개인PC가 이미 우리의 생활을 대신하고 있고, 각종 SNS를 통해 쏟아지는 정보들 속에 살고 있는 우리들! 정보화시대에 이면에는 지적재산권 침해문제가 도사리고 있다는 사실을 알고 있는가? 우리들은 일상생활에서 이미 저작권이라는 단어를 많이 들어보았을 것이다. 하지만 여전히 '저작권'이라는 개념의 모호함에 머뭇거리는 사람도 많다. 최근 한국저작권위원회의 '한국 저작권산업의 경제기여도 조사'보고서[1]에 의하면 저작권산업의 중요성과 산업실태를 정량적 관점에서 조사한 결과, 2012년 저작권산업의 명목 매출액은 약 323조 1,317억 원, 명목 부가가치는 약 130조 3,745억 원이었다. 이는 2012년 국내총생산액의 약 9.46%를 차지할 정도의 매우 높은 기여도로서 향후 양적 성장에 따른 추가적인 정책 연구와 수립을 필요로 한다는 결과를 도출한 바 있다. 하지만 이 정량평가결과와는 달리 국민의 저작권에 대한 인식도가 이 결과보다 과연 높은가에 대해선 회의감을 떨칠 수 없다.

　　우리나라 저작권법상의 저작권이라 함은 저작자가 저작물을 작성함으로써

---

1) 유상희, 한국저작권산업의 경제기여도 조사, 한국저작권위원회, 2014, ⅰ면.

취득하게 되는 권리를 말한다. 저작권[2]은 저작인격권과 저작재산권을 포함하고, 저작물을 창작한 때부터 발생하며, 어떠한 절차나 형식의 이행을 요구하지 않고 있다(무방식주의). 이러한 요건 아래에서 저작권법의 목적조항인 제1조는 그 해석의 방향성을 명확히 제시하고 있고, 모든 조항의 해석기준으로 삼고 있다. 즉 "이 법은 저작자의 권리와 이에 인접하는 권리를 보호하고 저작물의 공정한 이용을 도모함으로써 문화 및 관련 산업의 향상발전에 이바지함을 목적으로 한다."고 규정하고 있다.

저작권은 저작물에 대한 저작자가 가지는 권리의 총체를 말하므로 법률이 정한 범위 내에서 이 권리를 배타적으로 행사할 수 있다. 즉 소설가가 소설작품을 창작한 경우에 그 소설가는 원고 그대로 출판, 배포할 수 있는 복제권과 함께 영화나 번역물 등과 같이 다른 형태로 저작할 수 있는 2차적 저작물의 작성권, 연극 등으로 공연할 수 있는 공연권, 방송물을 만들어 방송할 수 있는 방송권 등 여러 가지 권리를 연속하여 가지게 된다.

제2절 저작권의 성립요건

저작권법의 보호를 받기 위하여 저작물의 성립요건은 다음의 두 가지가 필요하다. 첫째, 인간의 사상 또는 감정을 표현한 것이어야 한다. 말하자면 저작물이 정신적·문화적·지적인 노력의 산물일 것을 요하며 순수한 기술적 고안 자체는 보호대상이 될 수 없다. 그러나 여기에는 다소의 기술적인 것이 전혀 포함되지 않는 것은 아니다. 기술적 사상의 표현도 사상 또는 감정의 표현에 포함될 수는 있다. 다만 '기술적 사상'이라는 것이 순수한 기술 자체와는 구별되는 의미를 가지고 있을 뿐 아니라 '기술적 사상의 표현'으로 인정되어 저작

---

2) 통상적으로 저작권에는 저작인접권인 실연·음반·방송을 포함하고 있으나 이는 저작물의 창작에서 출발하는 저작자의 권리가 아닌 단지 저작권법상의 하나의 권리에 불과하므로 저작권으로 보기에는 적합하지 않다.

물로 볼 경우에 기술적 사상 자체를 보호하는 것이 아니라 그 표현만을 보호하게 된다는 것에 주의하여야 한다. 둘째, 창작성이 있어야 한다.3) 예컨대 전화번호부는 저작물이 될 수 없다. 왜냐하면 단지 이름과 번호를 가나다순으로 정리한 데이터에 불과하기 때문이다. 설령 시간과 노력을 들여 만들어졌다 해도 창작성이 담겨있지 않은 것은 저작권으로 보호받지 못한다.

제3절 저작물

I. 저작물의 성립요건과 분류

저작권법 제2조 제1호에서는 "'저작물'은 인간의 사상 또는 감정을 표현한 창작물을 말한다."고 규정하고 있다.

저작물의 요건은 '인간의 사상과 감정의 표현으로서 창작'이라고 할 수 있는 바, 이때의 창작은 무엇을 의미하는가? 이다. 저작권법에서는 '창작'의 정의를 내리고 있지 않으나 저작의 일반적 시각에서 보면, 타인의 저작물은 베끼지 않고 자신이 독자적으로 작성한 것, 즉 창작은 독창성과 최소한의 창작성을 가져야 함을 의미한다. 판례도 창작성을 기초로 한 창작물의 개념을 다음과 같이 판시하고 있다.

☞ **참고**: 대법원 1997. 11. 25. 선고 97도2227 판결

쟁점: 대입 본고사가 창작물인지 여부

판시내용: 저작권법에 의하여 보호되는 저작물은 문학·학술 또는 예술의 범위에 속하는 창작물이어야 하는바, 여기에서 창작물이라 함은 저자 자신의 작품으로서 남의 것을 베낀 것이 아니라는 것과 최소한도의 창작성이 있다는 것을 의미하고, 따라서 작품의 수준이 높아야 할 필요는 없지만 저작권법에 의한 보호를 받을 가치가 있는 정도의 최

---

3) 창작성의 개념에 관하여는 '제3절 저작물의 성립요건'을 참고 바람.

소한의 창작성은 요구되므로, 단편적인 어구나 계약서의 양식 등과 같이 누가 하더라도 같거나 비슷할 수밖에 없는 성질의 것은 최소한도의 창작성을 인정받기가 쉽지 않다. 또한 작품 안에 들어 있는 추상적인 아이디어의 내용이나 과학적인 원리, 역사적인 사실들은 이를 저작가 창작한 것이라 할 수 없으므로, 저작권은 추상적인 아이디어의 내용 그 자체에는 미치지 아니하고 그 내용을 나타내는 상세하고 구체적인 표현에만 미친다.

대입 본고사 입시문제가 역사적인 사실이나 자연과학적인 원리에 대한 인식의 정도나 외국어의 해독능력 등을 묻는 것이고, 또 교과서, 참고서 기타 교재의 일정한 부분을 발췌하거나 변형하여 구성된 측면이 있다고 하더라도, 출제위원들이 우수한 인재를 선발하기 위하여 정신적인 노력과 고심 끝에 남의 것을 베끼지 아니하고 문제를 출제하였고, 그 출제한 문제의 질문의 표현이나 제시된 여러 개의 답안의 표현에 최소한도의 창작성이 인정된다면, 이를 저작권법에 의하여 보호되는 저작물로 보는 데 아무런 지장이 없다.

이어서 '인간의 사상 또는 감정'은 저작물이 정신적·문화적·지적인 노력의 산물이어야 한다. 또한 '표현'이란 인간의 사상 또는 감정이 외부적, 객관적으로 나타내져야 함을 말한다. '표현'의 형식과 관련하여, 말, 문자, 음, 동작, 그림 등 인간의 오감을 통해 인지할 수 있으면 된다. 따라서 구체적으로 외부에 표현한 창작적인 표현은 모두 포함된다고 할 수 있다.

저작물은 저작권의 중심에 해당하는 것으로 이를 바탕으로 하여 현행 저작권법상 저작물을 분류하면 다음과 같다. 어문저작물, 음악저작물, 연극저작물, 미술저작물, 건축저작물, 사진저작물, 영상저작물, 도형저작물, 컴퓨터프로그램저작물 등 9가지 종류의 저작물로 분류된다. 이 분류는 제한적으로 열거한 것이 아닌, 개괄적으로 예시한 것이므로 위 9가지 종류에 해당하지 않더라도 '인간의 사상 또는 감정을 표현한 창작물'은 저작권의 보호대상이 될 수 있다.[4] 그 밖에 저작명의에 따라 실명저작물, 이명저작물, 무명저작물로, 성립순서에 따라 원저작물과 2차적저작물로, 공표유무에 따라 공표저작물, 미공표저작물로, 저작자의 수와 저작물의 결합방법에 따라 단독저작물과 공동저작물, 그리

---

4) 장인숙, 저작권법원론, 보진재출판사, 1989, 33면.

고 계속성 유무에 따라 일회적 저작물과 계속적 저작물로 분류할 수 있다.

☞ **참고**: 대법원 2017다212095 저작권침해금지등 청구의 소 - 모바일 게임물의 창작성 및 유사성 판단기준에 관한 사건

> 원고 게임물은 개발자가 그동안 축적된 게임개발 경험과 지식을 바탕으로 게임물의 성격에 비추어 필요하다고 판단된 요소들을 선택하여 나름대로의 제작의도에 따라 배열·조합한 것으로서 개별 구성요소의 창작성 인정여부와 별개로 특정한 제작 의도와 시나리오에 따라 기술적으로 구현된 주요한 구성요소들이 선택·배열되고 유기적인 조합을 이루어 선행 게임물과 확연히 구별되는 창작적 개성을 갖추고 있어 저작물로서 보호대상이 될 수 있고, 피고 게임물은 원고 게임물의 제작 의도와 시나리오가 기술적으로 구현된 주요한 구성요소들의 선택·배열 및 유기적인 조합에 따른 창작적 표현형식을 그대로 포함하고 있으므로, 양 게임물은 실질적으로 유사하다고 볼 수 있다.

1. 어문저작물

소설, 시, 논문, 강연, 연설, 각본 등 언어나 문자에 의해 표현된 저작물을 말한다. 또한 문서에 의한 저작물, 문자 또는 점자, 속기기호, 암호, 축사 등도 포함된다. 뿐만 아니라 카탈로그, 광고용 팜플렛, 각종 설명서도 보호대상이 될 수 있다.

☞ **참고**: 서울지방법원 1995. 6. 23. 선고 94카합9230 판결 - "이휘소" 사건

> 저작권법에 의하여 보호받는 저작물이라 함은 문학, 학술 또는 예술의 범위에 속하는 창작물을 말하는바(저작권법 제2조 제1호), 단순한 문안 인사나 사실의 통지에 불과한 편지는 저작권의 보호 대상이 아니지만, 학자·예술가가 학문상의 의견이나 예술적 견해를 쓴 편지뿐만 아니라 자신의 생활을 서술하면서 자신의 사상이나 감정을 표현한 편지도 저작권의 보호대상이 된다고 할 것이며, 편지자체의 소유권은 수신인에게 있지만 편지의 저작권은 통상 편지를 쓴 발신인에게 남아 있게 된다고 할 것이다.

2. 음악저작물

음악저작물이란 음에 의해 인간의 사상 또는 감정을 표현한 창작물을 말한다. 일반적으로 음악은 그 구성이 가락, 리듬, 화성이 일정한 절차에 따라 선택·배열됨으로써 음악적 구조를 이룬다(여기에 음색과 형식을 포함하여 5요소로 이루어진다는 견해도 있다). 음악저작물에 해당하는 것으로는 교향곡, 현악곡, 오페라, 재즈, 샹송, 대중가요, 동요 등이다. 또한 악보에 고정되지 않은 즉흥연주, 즉흥가창 등에 결합된 악곡 및 가사도 음악저작물에 포함될 수 있다.

☞ 참고: 대법원 2015. 8. 13. 선고 2013다14828 판결

> 한편, 음악저작물은 일반적으로 가락, 리듬, 화성의 3요소로 구성되고, 이 3가지 요소들이 일정한 질서에 따라 선택 배열됨으로써 음악적 구조를 이루게 된다. 따라서 음악저작물의 창작 여부를 판단함에 있어서는 음악저작물의 표현에 있어서 가장 구체적이고 독창적인 형태로 표현되는 가락을 중심으로 하여 리듬, 화성 등의 요소를 종합적으로 고려하여 판단하여야 한다.

3. 연극저작물

연극이라 함은 연기자가 특정한 장소에서 각본의 내용을 실현하는 것을 말하며, 연극저작물은 몸짓이나 동작에 의하여 사상이나 감정을 전달하는 저작물로서 연극 및 무용·무언극 등이 포함된다(법 제4조 제1항 제3호).

연극저작물에 영화를 포함할 것인가의 문제가 있겠으나 포함되는 것이 타당하다. 왜냐하면 영화는 필름에 반드시 고정될 수밖에 없는 것처럼, 연극 및 무용, 무언극 등도 극본 또는 무보를 토대로 행위를 하여야 하므로 극본 또는 무보 그 자체는 고정으로 보아야 한다. 이에 관하여 베른협약은 스톡홀름 개정 이전에는 안무가 고정되어 있어야 한다고 규정한 바 있었으나 스톡홀름 개정 협약에서는 가맹국의 국내법에 일임하도록 되었고, 우리나라와 일본은 연극저

작물은 별도의 고정을 요하지 않는다는 입장을 취하고 있다.

무용과 관련하여, 사교댄스의 안무, 피겨스케이팅 등의 안무, 대중음악의 안무 등을 어떻게 볼 것인가 하는 점이다. 사견으로는 이러한 종류의 것들은 안무를 바탕으로 행위가 연출되는 것이므로 창작성을 인정하는 것이 옳다고 본다. 아래의 판결은 안무를 긍정적으로 판시한 경우이다.

☞ **참고**: 서울고등법원 2012. 10. 24. 선고 2011나104668 판결 - "샤이보이 안무" 사건

> 위 인정사실에 의하면, 이 사건 안무에 사용된 각종 동작 요소를 개별적으로 분석하면 피고들이 2012. 8. 6.자 검증설명서에서 지적하고 있는 바와 같이 각종 댄스 장르의 전형적인 춤 동작 그리고 아마 공개된 여러 춤에서 발전되는 특징들과 유사한 측면이 있지만, 이 사건 안무는 '샤이보이'라는 노래의 전체적인 흐름, 분위기, 가사 진행에 맞게 종합적으로 재구성된 것이고, 4인조 여성 그룹 '시크릿'구성원의 각자 역할(랩, 노래, 춤 등)에 맞게 춤의 방식과 동선을 유기적으로 구성하였으며, 기존에 알려진 다양한 춤 동작도 소녀들로 구성된 '시크릿'과 '샤이보이'라는 악곡의 느낌에 맞게 상당한 창조적 변형이 이루어졌고, 각 춤 동작들이 곡의 흐름에 맞게 완결되어 이 사건 안무 역시 전체적으로 하나의 작품으로 인식되는 점 등을 종합하면, 이 사건 안무는 전문 안무가인 원고가 '샤이보이' 노래에 맞게 소녀들에게 적합한 일련의 신체적 동작과 몸짓을 창조적으로 조합·배열한 것으로서 원고의 사상 또는 감성을 표현한 창작물에 해당한다.

4. 미술저작물

미술저작물이란 형상 또는 색채에 의해 미적으로 표현된 저작물을 말한다. 여기에는 회화, 서예, 조각, 판화, 공예, 응용미술저작물 등이 포함된다. 미술저작물도 '인간의 사상 또는 감정의 표현'으로서 '창작성'이 있어야 하므로 남의 것을 모방하지 아니하고 저작자 자신의 창조적 개성이 표현되어 있으면 된다.

미술저작물과 관련하여 검토의 여지가 있는 것들이 있다. 예컨대 포스터의 그림, 회화의 밑그림, 데생, 미완성 작품, 조직(IOC와 같은 국제조직)의 표장, 심볼 마크 등이다(이러한 것들은 상표와도 직접적인 관계가 있다). 포스터의 그림이나

데생, 미완성작품 등은 화가의 사상 또는 감정이 창작적으로 표현된 것이라면 미술저작물이 될 수 있다. 그러나 조직의 표장, 심볼 마크는 '간단한 도안의 결합'의 범주, 즉 조직이 상징하는 바의 구현을 위한 표현방법이 제한되어 있으면 미술저작물로 인정하기에는 다소 지나친 것으로 볼 수 있다.

미술저작물에서 특히 간과해서는 아니 되는 아이디어와 표현이 합체된, 이른바 '합체의 원칙'의 창작성인정여부이다. 미술저작행위는 저작자의 창작인 아이디어를 작품의 형태로 표현하는 행위이므로 이의 양자 간의 연결고리를 구현하기 위해서는 표현이 필수적일 수밖에 없음에 대한 창작성을 인정할 것인가이다. 이를 긍정한 판례를 소개하면 다음과 같다.

☞ 참고: 서울고등법원 2011. 4. 13. 판결 2009나111823 - "색동벽화" 사건

> 선을 상하 및 좌우로 교차시켜 삼베의 질감을 묘사하는 기법은, 1 자연계에 이미 존재하는 삼베의 질감을 사실적으로 묘사하는 것인 점, 2 삼베의 질감을 묘사하기 위해서는 선을 상하 및 좌우로 교차시키는 것이 필수적인 점 등에 비추어 보면, 이른바 아이디어의 영역에 해당하는 것이지 표현에 해당하는 것이 아니어서 저작권의 보호대상이 아니라고 봄이 타당하다.
> 따라서 원고의 주장과 같이 이 사건 문양이 이 사건 삼베 바탕을 모방하여 자유롭고 끊어진 선을 상하 및 좌우로 교차시켜 삼베 질감을 나타낸 것이라 하더라도, 이는 저작권의 보호대상이 아닌 아이디어를 차용한 것에 불과하므로, 이를 두고 이 사건 작품에 대한 저작권을 침해한 것이라고 할 수는 없다.

응용미술과 관련하여 살펴본다. 응용미술은 일반적으로 실용적 목적을 가진 미술작품을 말한다. 이에 해당하는 것으로는 미술공예품, 장신구, 조각가구실용품, 문진실용품, 의류디자인실용품 등이다. 응용미술작품 중 공업디자인으로 불리우는 것들은 디자인보호법의 보호와 저작권법상의 보호와의 관계를 어떻게 볼 것인지가 문제된다. 이에 관하여 첨예한 견해대립이 있는바, 견해대립의 핵심문제는 '독자성'을 갖춘 것인지의 여부이다.[5] 독자성의 기준을 인정한 판결을 소개한다.

출처: http://blog.naver.com/hchank?Redirect=Log&logNo=40003525711

☞ **참고**: 대법원 2004. 7. 22. 선고 2003도7572 판결 - "히딩크 넥타이" 사건

1. 원심판결의 이유에 의하면 원심은, 응용미술작품이 상업적인 대량생산에의 이용 또는 실용적인 기능을 주된 목적으로 하여 창작된 경우 그 모두가 바로 저작권법상의 저작물로 보호될 수는 없고, 그 중에서도 그 자체가 하나의 독립적인 예술적 특성이나 가치를 가지고 있어 예술의 범위에 속하는 창작물에 해당하는 것만이 저작물로서 보호된다는 전제에 서서(대법원 1996. 2. 23. 선고 94도3266 판결, 1996. 8. 23. 선고 94누5632 판결, 2000. 3. 28. 선고 2000도79 판결 등 참조) 판시 '히딩크 넥타이' 도안은 우리 민족 전래의 태극문양 및 팔괘문양을 상하 좌우 연속 반복한 넥타이 도안으로서 응용미술작품의 일종에 해당된다고 할 것이나, 그 제작 경위와 목적, 색채, 문양, 표현기법 등에 비추어 볼 때 저작권법의 보호대상이 되는 저작물에 해당하지 않는다고 판단하였다.

---

5) 법원의 판결은 2000년 저작권법개정을 기준으로, 그 이전에는 실용품의 기능과 물리적으로 혹은 개념적으로 분리되어 식별될 수 있는 독립적인 예술적 특성이나 가치를 가지고 있는 경우에는 예외적으로 저작물로 보호될 수 있다는 미국법상의 '분리가능성 이론'을 따랐다. 그러나 개정 후에는 히딩크 넥타이 사건(판결은 본문에 소개)을 통하여 법원은 '독자성'을 새로운 기준으로 삼았다고 볼 수 있다.

2. 그러나 원심의 판단은 수긍하기 어렵다.

구 저작권법(2000. 1. 12. 법률 제6134호로 개정되기 전의 것, 이하 같다)은 제4조 제1항 제4호에서 '회화·서예·도안·조각·공예·응용미술작품 그 밖의 미술저작물' 등을 저작물로 예시하고 있었으나, 저작권법(2000. 7. 1.부터 시행되었다)은 제2조 제11의2호에서 '응용미술저작물'을 '물품에 동일한 형상으로 복제될 수 있는 미술저작물로서 그 이용된 물품과 구분되어 독자성을 인정할 수 있는 것을 말하며, 디자인 등을 포함한다'고 규정하고, 제4조 제1항 제4호에서 응용미술저작물 등을 저작물로 예시함으로써 응용미술저작물의 정의를 규정하고 응용미술저작물이 저작권의 보호대상임을 명백히 하고 있다.

기록에 의하면 판시 '히딩크 넥타이' 도안은 고소인이 저작권법이 시행된 2000. 7. 1. 이후에 2002 월드컵 축구대회의 승리를 기원하는 의미에서 창작한 것인 사실, 고소인은 위 도안을 직물에다가 선염 또는 나염의 방법으로 복제한 넥타이를 제작하여 판매하였고, 피고인 1역시 같은 방법으로 복제한 넥타이를 제작하여 판매한 사실을 각 인정할 수 있고, 원심의 인정과 같이 위 도안이 우리 민족 전래의 태극문양 및 팔괘문양을 상하 좌우 연속 반복한 넥타이 도안으로서 응용미술작품의 일종이라면 위 도안은 '물품에 동일한 형상으로 복제될 수 있는 미술저작물'에 해당한다고 할 것이며, 또한 그 이용된 물품(이 사건의 경우에는 넥타이)과 구분되어 독자성을 인정할 수 있는 것이라면 저작권법 제2조 제11의2호에서 정하는 응용미술저작물에 해당한다고 할 것이다.

그렇다면 판시 '히딩크 넥타이' 도안이 그 이용된 물품과 구분되어 독자성을 인정할 수 있는 것이라면 저작권법의 보호대상인 저작물에 해당하고, 그렇지 아니하다면 저작물에 해당하지 아니한다고 할 것인데도, 원심은 위 도안이 그 이용된 물품과 구분되어 독자성을 인정할 수 있는 것인지에 관하여 심리를 하여 보지 아니한 채 위에서 본 이유만으로 위 도안이 저작권법의 보호대상인 저작물에 해당하지 아니한다고 판단하고 말았으니, 원심판결에는 응용미술저작물에 관한 법리를 오해하였거나 필요한 심리를 다하지 아니하여 판결에 영향을 미친 위법이 있다고 할 것이다.

3. 그러므로 원심판결을 파기하고, 사건을 다시 심리·판단하게 하기 위하여 원심법원으로 환송하기로 하여 관여 법관의 일치된 의견으로 주문과 같이 판결한다.

5. 건축저작물

쾌적하고 안락한 주거에서 살고 싶은 욕구는 인간의 욕망 중에 하나이다. 이런 욕구를 충족시키려는 건설업체는 건축물, 건축을 위한 모형, 설계도 등을 대상으로 하여 종종 분쟁이 발생한다. 건축물이란 집이나 사무실 건물과 같은 주거가 가능한 구조물은 물론이고, 반드시 주거를 주된 목적으로 하지 않은, 교회나 정자, 전시장, 가설건축물 등도 포함된다. 더 나아가 교량, 고속도로, 도시설계 및 정원, 공원 등도 포함된다는 주장도 있다.

건축저작물에 있어 보호받는 것은 전체적인 디자인이고, 개개의 구성요소인 창문, 문 같은 개개구성요소는 별도로 보호받지 못한다. 우리나라 저작권법은 제4조 제1항 제8호에서 지도, 도표, 설계도, 약도, 모형 그 밖의 도형저작물을 예시하고 동조 제5호에서 별도로 건축저작물 중 건축을 위한 모형 및 설계도를 건축저작물에 포함시키고 있다. 하지만 건축물은 모두 저작권보호를 받을 수 있는 것이 아니다. 창작성이 인정된 건축물만 저작권의 보호를 받을 수 있다. 말하자면 흔히 볼 수 있는 일반 주택과 같은 것은 건축저작물이 아닌 것이다. 왜냐하면 저작권의 배타성에 따라 다른 사람이 비슷한 주택을 짓는 것이 어려워지게 되어 전체적으로 주거문화를 경직되고 불편한 방향으로 이끌어가게 될 것이기 때문이다. 따라서 건축물이 저작물로 인정되기 위해서는 건축의 미적 형상표현을 '인간의 사상 또는 감정의 창작적 표현'의 이미지가 포함되어야 한다.

건축설계도면의 경우에는 건축저작물로서의 성격과 도형저작물로서의 성격을 함께 가지고 있다고 볼 수 있다. 전자의 경우에는 합체의 원칙(merger doctrine)을 적용할 수 있으나, 후자의 경우에는 제도(製圖) 작업과 관련한 정신적 노력, 즉 아이디어의 구체적 표현의 수단으로 설계도면이 만들어지는 것이므로 이에 대하여 제한적이나마 별도의 창작성을 인정할 수 있다고 생각한다. 이러한 의미에서 보면 건축을 위한 설계도서의 경우에만 적용되므로 기계제작의 설계도의 경우에는 보호대상이 될 수 없다.

건축물의 복제, 특히 2차원적 도면을 이용하여 3차원적 건축물 또는 모형

을 이용한 실제 건축물을 만드는 것이 복제에 해당하는지 여부에 관하여 논란
이 있을 수 있다. 이와 관련하여 문제가 발생된 경우는 아직 발견하지 못했지
만, 적어도 설계도서의 미적 표현의 창작성이 2차원적에서 3차원적으로 변경되
는 과정에는 미적 창작의 상당한 변화가 있게 될 것으로 예상해 보면 미적 창
작의 동일성은 변경되고 새로이 발전된 창작내용이 등장하게 된다는 전제하에
서 볼 때, 이러한 경우에는 복제에 해당하지 않는다고 볼 수 있다.

6. 사진저작물

사진이란 빛이나 복사 에너지의 작용을 통해 감광성의 물체 위에 피사체
의 형태를 영구적으로 기록하는 방법을 말한다.[6] 저작권법상 사진저작물이란
사진 및 이와 유사한 제작방법으로 인간의 사상 또는 감정을 일정한 영상의 형
태로 표현한 저작물을 말한다(법 제4호 제1항 제6호). 말하자면 단순히 기계적인
방법을 통하여 피사체를 다시 재현시킨 것이 아니라 사진가의 사상·감정을 창
작적으로 표현한 사진으로서 독창적이면서도 미적인 요소를 갖춘 것이어야 한
다. 다만, 인물사진의 경우 초상권과 경합하여 일부 권리가 제한된다.

여기서 디지털 카메라에 저장된 데이터가 사진저작물에 해당되는지가 문
제된다. 필름카메라인 경우에는 원판인 필름이 저작물이 된다는 점에 대해선
이론이 있을 수 없지만, 디지털카메라는 필름대신 내장/외장 메모리를 사용하
고 때로는 지웠다 재사용하며 PC에 저장하기도 한다.

필름카메라이던지 디지털카메라이던지 카메라의 작동방법은 대체로 대동
소이하다. 즉 피사체의 선정, 구도의 설정, 빛의 방향이나 양의 조절, 앵글의
설정, 셔터의 속도, 순간의 기회포착, 촬영방법, 현상과 인화 등은 촬영자의 개
성과 창조성을 바탕으로 행하는 방법은 카메라가 다르다고 일련의 작동방법이
다른 것은 아니다. 따라서 사진의 저작물성은 사진가의 찍고자하는 의도와 이
를 어떻게 표현하는가에 대한 영역을 모두 포함하여 판단하여야 한다.

---

[6] Daum 백과사전에서 인용.

7. 영상저작물

저작권법 제2조 제13호는 영상저작물이란 "연속적인 영상(음의 수반 여부는 가리지 아니한다)이 수록된 창작물로서 그 영상을 기계 또는 전자장치에 의하여 재생하여 볼 수 있거나 보고 들을 수 있는 것을 말한다"고 규정하고 있다. 일 반적으로 각종의 영화, 드라마, TV방송용 영상물 등이 이 범주에 포함된다. 영 상저작물은 창작성 등 저작물로서의 요건을 갖추어야 함은 당연하다. 만약 길 거리에서 비디오카메라를 설치하여 두고 그곳을 지나가는 사람들의 모습을 자 동적으로 필름에 수록하였다면 창작성이 있다고 말하기 어렵다. 그러므로 영상 저작물이 되기 위해서는 카메라의 앵글과 구도의 선택, 몽타쥬 또는 컷트 등의 기법, 필름 편집 따위의 지적 활동이 행하여지고 이러한 지적 활동에 창작성이 존재하여야 한다. 결국은 여러 개의 유명한 그림들을 있는 그대로 비디오로 연 속적으로 촬영한 것에 지나지 않는 것이라면 영화저작물로서 필요한 창작성을 갖추었다고 할 수 없다.

스포츠경기의 녹화물이 보호대상이 될 수 있는가에 대하여 논란이 있을 수 있다. 앞에서 설명한 바와 같이, 설치고정된 카메라의 단조로운 영상물은 창작성을 인정할 수 없겠지만 여러 대의 카메라로 다양한 각도와 기능을 한껏 발휘함으로써 시청자로 하여금 생동감이 있는 느낌을 받도록 하는 것은 곧 창 작성이 있는 것이라고 볼 수 있다.

8. 도형저작물

도형저작물이란 지도·도표·설계도·약도·모형 그 밖의 도형으로 인간의 사상 또는 감정을 창작적으로 표현한 것을 의미한다(법 제4조 제1항 제8호). 도 형저작물은 예술성보다는 기능이나 실용적인 사상의 표현을 주된 목적으로 한 다고 보는 것이 정확하다. 다만 지도처럼 하천과 같은 지형이나 도로와 같은 지물을 사실 그대로 정해진 표현 방법에 따라 표현하다보니 작성자의 창조적 개성이 드러나지 않을 가능성이 크다. 그러므로 소재의 선택이나 표현의 방법 에 있어 작성자의 창작성이 발휘될 여지가 적은 경우가 많아 보호의 범위가 다른 저작물에 비해 좁을 수밖에 없다. 그러나 저작권법은 기능적 저작물이 담고 있는 사상을 보호하는 것이 아니라, 그 저작물의 창작성있는 표현을 보호하는 것이므로, 예컨대 지도 작성자의 개성, 학식, 경험 등을 바탕으로 지도소재의 취사선택, 배열 및 그 표시방법 등에 대하여 독창성있게 작성하였다면 저작물로 인정받을 수 있다.

☞ **참고**: 대법원 2003. 10. 9. 선고 2001다50586 판결 - 지도의 창작성 여부

일반적으로 지도는 지표상의 산맥·하천 등의 자연적 현상과 도로·도시·건물 등의 인문적 현상을 일정한 축적으로 미리 약속한 특정한 기호를 사용하여 객관적으로 표현한 것으로서 지도상에 표현되는 자연적 현상과 인문적 현상은 사실 그 자체로서 저작권의 보호대상이 아니라고 할 것이어서 지도의 창작성 유무의 판단에 있어서는 지도의 내용이 되는 자연적 현상과 인문적 현상을 종래와 다른 새로운 방식으로 표현하였는지 여부와 그 표현된 내용의 취사선택에 창의성이 있는지 여부가 기준이 된다고 할 것이고, 한편 지도의 표현방식에 있어서도 미리 약속된 특정이 기호를 사용하여야 하는 등 상당한 제한이 있어 동일한 지역을 대상으로 하는 것인 한 그 내용자체는 어느 정도 유사성을 가질 수밖에 없다.

원고가 자신이 발행한 지도책들이 창작성에 대한 근거사실을 내세우는 사실 중 ① 전국을 권역으로 나누어 각 권역마다 다른 색상을 부여하고 위 권역을 다시 구역으로 나누어 각 구획마다 다른 번호를 부여한 후 구획번호 순으로 각 구획에 대한 세부지도를 편제하고, 속표지 상반부에 천연색 고속도로 사진을 배경으로 제호와 출판사를 표시하고, 하반부에 지도에 사용된 기호를 설명하는 범례를 표시한 점, 권말에 찾아보기 면을 만들어 지명·관공서·대학·언론기관·금융기관·종합병원 등 주요기관의 지도상의 위치와 전화번호를 수록하면서 찾아보기 다음에 전국의 호텔 목록과 전국 유명 음식점 안내를 수록한 점, ② 각 구획면의 좌우 상단 모서리에는 그 구획이 속하는 권역의 색상을 바탕색으로 사각형을 만들어 사각형 안에 구획번호를 역상으로 표시하고, 그 옆에 지명을 흑색으로 표시하면서, 각 구획면의 상하좌우 여백 중앙에 굵은 화살표를 하고 화살표의 중앙에 연속되는 지역의 구획번호를 표시하고, 하단여백 우측 끝 부분에 그 구획의 위치를 도해식으로 표시한 점, 각 구획면의 가로·세로를 각각 나누어 좌표로

설정한 다음 구획면 가장자리에 테두리를 둘러 그 위에 각 좌표를 표시한 점, 도로의 구간거리를 표시한 점, ③ 지표상의 자연적·인문적 현상을 표시하는 기호에 있어, 도로의 경우 도로 종류에 따라 각각 다른 색상을 사용하고 주유소·국보·보물·사적·절·계곡 등 주요장소 및 관광지 등은 색상이 있는 약기호로 표현한 점, ④ 서울에서 각 시·군까지의 거리를 시군거리표로 표현한 점, ⑤ 건물의 표시를 실형으로 표시하고, 건물의 용도별로 색상을 구분한 점, ⑥ 아파트의 동별로 동번호와 아파트 평수를 표기한 점 등의 표현방식과 그 표현된 내용의 취사선택은 원고들 주장의 지도책들 발행 이전에 국내 및 일본에서 발행되었던 지도책들이 채택하였던 표현방식과 그 표현된 내용의 취사선택에 있어 동일·유사하고, 이를 제외한 원고 주장의 나머지 표현방식 및 그 표현방식의 취사선택도 국내외에서 보편적으로 통용되는 기호의 형태를 약간 변형시킨 것에 불과하므로 원고 발행의 지도책들의 창작성을 인정할 수 없다.

9. 컴퓨터프로그램저작물

1987년 7. 1. 컴퓨터프로그램보호법이 제정된 후 22년 동안 시행하여 오던 중 개정의 필요성을 놓고 정치권에서 줄곧 논의하여 왔었다. 그러던 중에 2009년 4월 1일 저작권법과 컴퓨터프로그램보호법을 통합하였다. 따라서 그때까지 시행되었던 컴퓨터프로그램보호법은 폐지되고 저작권법으로 보호를 받게 되었다. 그 후 저작권법에 의하여 규율받는 컴퓨터프로그램은 디지털 정보기술의 급진적 발전과 함께 결합하면서 이제는 첨단 '콘텐츠산업'으로 확산되어 가고 있는 현실에서 콘텐츠산업은 컴퓨터프로그램의 소프트웨어산업과 불가분의 관계를 맺게 되는 상황으로 전개되게 되었다.

컴퓨터프로그램이란 특정한 결과를 얻기 위하여 컴퓨터 등 정보처리능력을 가진 장치 내에서 직접 또는 간접으로 사용되는 일련의 지시·명령으로 표현되는 창작물을 말한다. 이 정의개념을 바탕으로 할 때 다음과 같은 요건을 충족하여야 한다.

ⅰ) 컴퓨터 등 정보처리능력을 가진 장치 내에서 사용되는 것일 것.

ⅱ) 특정한 결과를 얻을 수 있을 것.

ⅲ) 컴퓨터 내에서 직접 또는 간접으로 사용되는 일련의 지시, 명령일 것.

　ⅳ) 외부에 표현된 것일 것.

　ⅴ) 창작성을 가질 것 등이다.

　그리고 컴퓨터프로그램의 저작물로 볼 수 있는가의 대상으로는, 예컨대 운영프로그램, ROM에 저장된 프로그램, RAM상의 프로그램, 게임마이크로코드, 하위 프로그램(컴포넌트), 컴퓨터 글자체, 시험용 프로그램(beta version), 셰어웨어(shareware)와 프리웨어(freeware), 공개소프트웨어, 반도체 집적회로의 배치설계, HTML 문서, 데이터 파일 등이 검토의 대상들이다.

Ⅱ. 보호받지 못하는 저작물

　아무리 훌륭한 저작물이라 하더라도 저작권법은 몇몇 저작물에 관해서는 애당초 보호받지 못하는 저작물로 규정하여 처음부터 일반국민의 공유물로 하고 있다. 다만 아래에서 열거하는 저작물은 그 저작물성은 인정하면서 공중의 자유이용에 제공한다는 취지를 달성하고 있다.

　저작권법 제7조의 '보호받지 못하는 저작물'의 내용을 살펴본다. ⅰ) 헌법·법률·조약·명령·조례 및 규칙, ⅱ) 국가 또는 지방자치단체의 고시·공고·훈령 그 밖에 이와 유사한 것, ⅲ) 법원의 판결·결정·명령 및 심판이나 행정심판절차 그 밖에 이와 유사한 절차에 의한 의결·결정 등, ⅳ) 국가 또는 지방자치단체가 작성한 것으로서 상기의 편집물 또는 번역물, ⅴ) 사실의 전달에 불과한 시사보도 등이다. 이 규정은 국민의 알 권리를 보장하기 위한 것이고, 동시에 일반에게 주지시킬 공익적 목적의 이미를 담고 있다.

　이 규정 중의 'ⅴ) 사실의 전달에 불과한 시사보도'는 앞의 다른 규정과는 성격이 다르다. 언론사의 '사실의 전달에 불과한' 것은 본래 저작물이라고 볼 수 없음에도 이를 포함시킨 것은 이해가 되지 않는다. 입법자의 의도는 시사성을 띤 소재를 기자 등이 주관적인 비평이나 논평 없이 그대로 전달하는 것을 말하며, 단순한 시사보도에 함께 게재되어 있는 사진의 학술·예술적 창작성을 인정할 수 있는 경우에는 그 사진만 별도로 보호의 대상이 된다는 의미인 듯하다.

☞ 참고: 대법원 2006. 9. 14. 선고 2004도5350 판결 - "연합뉴스 기사" 사건

> 저작권법 제7조는 "다음 각 호의 1에 해당하는 것은 이 법에 의한 보호를 받지 못한다"고 규정하여 일정한 창작물을 저작권법에 의한 보호대상에서 제외하면서 제5호에 '사실의 전달에 불과한 시사보도'를 열거하고 있는바, 이는 원래 저작권법의 보호대상이 되는 것은 외부로 표현된 창작적인 표현형식일 뿐 그 표현의 내용이 된 사상이나 사실 자체가 아니고, 시사보도는 여러 가지 정보를 정확하고 신속하게 전달하기 위하여 간결하고 정형적인 표현을 사용하는 것이 보통이어서 창작적인 요소가 개입될 여지가 적다는 점 등을 고려하여, 독창적이고 개성 있는 표현 수준에 이르지 않고 단순히 '사실의 전달에 불과한 시사보도'의 정도에 그친 것은 저작권법에 의한 보호대상에서 제외하는 것이라고 할 것이다. 이하 생략.

제4절 저작권의 보호대상

저작권법은 1차적으로 저작자를 보호한다. 저작자라 함은 저작물을 창작한 자를 말한다(저작권법 제2조 제2호). 저작물을 실질적으로 창작한 사람을 의미하는데 창작과정에서 단순히 아이디어 또는 정보를 제공하거나 창작을 의뢰한 사람은 포함되지 아니한다. 다만 대작(代作)의 경우 저작물에 실제 저작자의 실명이나 이명 대신 대작자의 이름이 표시되면 표시된 자가 저작권자로 추정될 수도 있다. 예컨대 스승이 제자의 저작물을 자기의 이름으로 공표하는 경우 또는 외국어로 된 저작물을 번역하는 경우에 유명인의 이름을 빌려 역자로 표시하는 경우 등이 이에 속한다. 이러한 경우에 저작권법상 저작자는 실제의 창작자인 대작자이고 단지 이름만을 빌려 준 사람은 저작자라 할 수 없다. 저작권법 제8조는 이러한 경우가 발생할 것을 대비하여 저작자추정규정을 두어 저자로 표시된 사람이 저작자로 추정되지만, 대작의 사실이 입증되면 그 추정은 번복되게 된다. 이러한 경우에는 대개 저작재산권은 대작을 의뢰한 자에게 양도하기로 합의한 것이 일반화되어 있다.

현행 저작권법은 창작자로 부르는 시인, 소설가, 화가, 사진가 등의 저작물은 모두 그 보호대상이 된다. 나아가 가수, 배우, 무용수와 같은 실연자 및 음반제작자, 방송사업자 등도 보호된다.

그리고 2차적 보호는 창작성과 인간의 사상 또는 감정의 표현이다. 여기서 창작성이라 함은 '남의 것을 베끼지 아니하고 자신이 독자적으로 작성한 것'을 의미한다. 대법원 1995. 11. 14. 선고 94도2238 판결에서 "창작성이란 완전한 의미의 독창성을 말하는 것은 아니며, 단지 어떠한 작품이 남의 것을 단순히 모방하는 것이 아니고 작가 자신의 독자적인 사상 또는 감정의 표현을 담고 있음을 의미할 뿐이어서 이러한 요건을 충족하기 위해서는 단지 저작물에 그 저작자 나름대로의 정신적 노력의 소산으로서의 특성이 부여되어 있고, 다른 저작자의 기존의 작품과 구별할 수 있을 정도이면 충분하다고 할 것"이라고 판시한 것은 이러한 관점에서 본 것이라 할 수 있다. 대법원 판례는 더 나아가 창작성에 더하여 최소한의 창조적 개성의 반영을 필요로 하는 판결(대법원 2005. 1. 27. 선고 2002도965 판결)을 하였다.

제5절 저작권의 종류

저작권은 크게 저작권과 저작인접권으로 구분된 권리의 총합이다.[7]

---

7) 저작인격권이나 저작재산권을 이루는 개별적 권리들이 동일한 권리의 한 내용에 불과한 것인지 아니면 각 독립적인 권리로 파악하여 각 권리에 기한 청구를 별개의 소송물로 보아야 하는지에 관하여, 대법원은 '저작인격권이나 저작재산권을 이루는 개별적 권리들은 저작인격권이나 저작재산권이라는 동일한 권리의 한 내용에 불과한 것이 아니라 각 독립적인 권리로 파악하여야 하므로 위 각 권리에 기한 청구는 별개의 소송물이 된다. 따라서 이 사건에서 이 사건 중문 서적의 편집저작물 저작권 침해를 원인으로 하는 손해배상청구와 이 사건 중문 서적에 수록된 개별 이야기(2차적 저작물 또는 독창적 저작물)의 저작재산권 침해를 원인으로 하는 손해배상청구는 별개의 소송물이 된다'고 판시한 바 있다(대법원 2013다22775 판결).

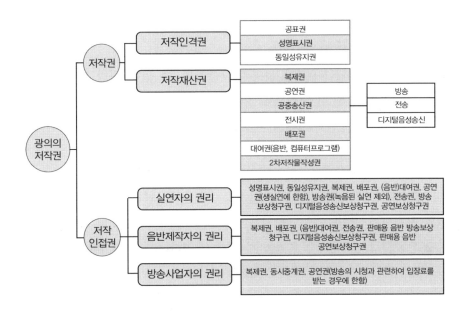

Ⅰ. 저작인격권

저작인격권이라 함은 저작물에 대하여 창작자가 가지는 인격적인 권리를 의미하는 것으로 일신전속적인 성격을 가짐을 말한다. 즉 인격권은 그것이 속하는 주체와 분리할 수 없이 결합되어 있는 인격적 이익(예: 생명·신체·명예)을 누리는 것을 내용으로 하는 권리를 말하며 생명·명예·신용·정조·성명·초상·창작·사생활 등에 대한 권리를 포함한다. 그러므로 창작물의 저작인격권은 이전될 수 없으며, 저작자의 사망과 동시에 소멸하는 것으로 보는 것이 타당할 것이다. 왜냐하면 자연인이 사망한 후에는 아무런 권리·의무의 주체가 될 수 없는 것이 당연하고, 일신전속성에 따라 그 상속을 인정할 수 없기 때문이다. 그러나 우리 저작권법은 저작자의 인격적 이익을 사후에라도 일정한 한도에서 보호하는 것이 저작자의 인격적 이익을 두텁게 보호하고 나아가 문화유산의 보호라는 공공적인 필요성을 감안하여 저작자 사망 후 70년까지 그 유족이나 유언집행자는 위반자 또는 위반할 우려가 있는 자에게 법적 제제를 가할 수 있도록 하고 있다. 저작인격권에는 공표권, 성명표시권, 동일성유지권 등이 있다.

1. 공표권(법 제11조 제1항)

저작자가 저작물을 공표할 것인지를 결정할 수 있는 권리로 공표하지 않겠다고 결정했을 경우 타인이 이를 어기고 무단으로 공표(예컨대 공개하거나 복제 및 배포 등의 행위)하게 되면 공표권 침해에 해당된다. 공표에는 미공표저작물을 공표할지 말지를 결정할 권리 및 어떠한 형태, 예컨대 책으로 출판할 것인지 아니면 무대에서 또는 영화로 제작하여 공개할 것인지, 공표시기를 언제로 할 것인지 등이 포함된 권리를 말한다. 공표권과 관련하여 유의할 점은, 공표권은 저작물이 '미공표'상태에 있을 것을 전제로 하므로 어떤 이유에서든 이미 공표된 저작물은 다시 공표권을 주장할 수 없다(서울중앙지방법원 2006. 5. 10. 선고 2004가합67627 판결 — "지하철 벽화" 사건 참고).

2. 성명표시권

성명표시권이란 저작자가 자신의 저작물에 그가 저작자임을 표시할 권리를 말한다. 성명표시권에는 그 이름을 자신이 정하는 다른 형태의 이름, 예컨대 예명(藝名)이나 아명(雅名) 또는 펜네임 등 다양하게 표시하는 것은 물론 자신의 이름을 표시하지 않을 권리도 포함된다. 따라서 저작물의 공표에 있어서 저작자의 뜻에 반하여 저작자의 실명을 이명으로 변경하거나 이명을 다른 이명 또는 실명으로 변경하는 행위 또는 삭제하는 행위 등은 성명표시권을 침해하는 행위이다. 예컨대 쇼핑센터에서 상품판매를 촉진하기 위하여 분위기 조성용으로 배경음악을 내보내는 경우에도 일일이 곡마다 작곡(사)가의 성명을 방송으로 밝혀야 한다면 매우 불편하고 번거로운 것이 되므로 이런 경우에는 성명표시권을 제한하거나 생략할 수 있다. 이것은 2000년의 개정법 제12조 제2항 단서규정에서 성명표시권의 제한근거를 찾아볼 수 있다. 그러나 반면 저작자명의 표시를 당연히 생략해도 된다는 것은 바람직하지 아니하므로 최소한 저작자존중의 토대위에서 생략을 하여야 한다. 예컨대 인터넷상의 저작물이용 및 TV 등에서 음악방송을 할 경우 적어도 자막으로라도 작곡(사)가의 성명을 표시하여야 한다. 따라서 저작물에 저작자명을 표시하는 것은 저작물의 내용에 대한 책임과 평가의 귀속주체를 명확히 한다는 점에서 대단히 중요한 의미를 가진다.

3. 동일성유지권

저작자가 그의 저작물의 내용·형식과 제호의 동일성을 원형 그대로 유지 (활용)할 권리를 말하는 것으로 저작물이 저작자의 사상 또는 감정의 표현은 저작자의 분신과 같으므로 다른 사람이 변경하거나 삭제하는 행위는 곧 저작자를 훼손하는 것과 같은 것으로 본다. 동일성유지권과 관련한 여러 내용을 살펴보면 다음과 같다. 첫째, 내용 및 형식의 동일성유지이다. 저작물의 '내용'이란 저작자의 사상 또는 감정의 표현 중 형식적인 것을 제외한 내용적인 부분을 말한다고 할 수 있다. 뿐만 아니라 내용 또는 형식에 개변이 이루어지고 그로 인해 저작물의 동일성에 영향이 미쳤다면 동일성유지권을 침해한 것이다. 다만 단순히 오·탈자 또는 맞춤법을 수정하는 경우에는 개변은 있지만 동일성에는 손상이 없어서 저작자의 허락이 없더라도 동일성유지권을 침해한 것이 아니다. 둘째, 어문저작물의 경우이다. 비록 사소한 문장표현이라고 하더라도 저작자의 허락없이 함부로 수정하여서는 아니 된다. 예컨대 접속사의 수정 또는 책의 머리말 및 후기부분의 삭제, 신문사나 잡지사에서의 원고내용을 그들의 편집방침에 따라 압축하거나 수정하여 게재함으로써 의미 자체가 바뀌는 경우에는 동일성유지권을 침해한 것으로 보아야 한다. 그러나 다른 어문저작물을 인용하는 경우에 그 인용하는 부분의 전후의 문맥으로 인해 인용하는 부분의 취지에 오해를 불러일으키는 면이 있더라도 창작성있는 표현에 수정을 하지 않았거나, 인용시 비판을 위해 선(線)이나 문자를 첨가하여 그 부분이 인용자가 기입한 부분임이 표시되어 있어 독자가 원저작자의 저작물의 일부라고 오해할 우려가 없다면 동일성유지권의 침해라고 할 수 없다.[8] 셋째, 미술저작물 및 사진저작물의 경우이다. 이 저작물의 경우에도 그 표현내용에 변경을 가하는 행위도 동일성유지권을 침해한 것이다. 예컨대 트리밍(trimming)하여 작품의 일부를 삭제

---

[8] 이해완, 저작권법(제2판), 박영사, 2012, 296쪽에서 재인용.

하거나 인쇄할 때 색상을 변경하거나 서적이나 포스터를 인쇄할 때 가로·세로의 비율의 변형, 저작물 위에 문자 등을 인쇄하는 행위, 복수의 사진을 조합하여 1개의 사진으로 합성하는 '포토 몽타주'기법을 사용하는 경우에도 원저작자의 허락이 없으면 동일성유지권의 침해가 성립한다. 넷째, 음악저작물의 경우이다. 노래를 개사(改詞)할 경우 개사한 가사가 원래의 가사가 가지는 창작성 있는 표현을 포함하고 있으면 2차적 저작물의 범위에 포함되므로 동일성유지권의 침해가 되지만 완전히 새로운 가사를 만드는 경우에는 침해가 인정되지 아니한다. 악곡과 가사는 공동저작물이 아니라 결합저작물이므로 가사만을 바꿨다고 악곡의 저작자에 대한 관계에서 동일성유지권 침해가 성립하지 아니한다. 동일성유지권 침해와 관련한 대법원의 판결을 소개하면 다음과 같다. 최근의 컴퓨터 기술의 발전에 따른 '디지털 샘플링'의 침해여부에 관하여, 원래의 악곡의 창작성 있는 표현을 감득할 수 있는 정도로 처리되었다면 침해를 인정될 수 있고, 음악저작물의 일부분만 절단하여 서비스한 '미리듣기', '통화연결음', '휴대폰벨소리 서비스'(서울고등법원 2008. 9. 23. 선고 2007나127657 판결 – "데스페라도" 사건) 등은 모두 동일성유지권을 침해하였다고 판시하였다. 다섯째, 영상저작물의 경우이다. 예컨대 상영제한시간 때문에 영화내용의 일부를 삭제할 경우에는 저작자의 동의를 받지 아니하였으므로 동일성유지권의 침해에 해당한다. 그러나 영화상영시간을 늘리기 위하여 영화의 각 편의 모두 부분에 타이틀 필름을 붙인 경우에는 침해로 보지 아니한다는 판결(東京地裁 昭和 52년 2월 28일 선고 판결, 田村善之, 著作權法槪說(第2版), 有斐閣, 2001년, 436면)도 있다.

이상과 같이 동일성유지권을 보호하는 측면이 있는 반면에 저작물의 성질 또는 그 이용의 목적 및 형태에 따라서는 저작물의 내용, 형식 또는 제호를 변경해야 할 부득이한 사정이 있는 경우를 감안하여 예외로서 동일성유지권의 주장을 할 수 없도록 하고 있다(법 제13조). 예컨대 학교교육목적상 부득이한 경우 또는 건축물의 변형, 사용목적에 비추어 부득이하다고 인정되는 범위 안에서의 프로그램변경, 기타 저작물의 성질 등에 비추어 부득이한 경우 등의 변경에 대하여는 이의(異議)할 수 없다.

☞ 참고: 서울중앙지법 2019.02.18. 선고 2018가합516867 - 야구장 응원가의 동일성유지권·
2차적저작물 작성권·성명표시권 침해 여부 사건

프로야구 응원가의 동일성유지권이 쟁점이 된 사건으로, 음악저작물을 작곡 또는 작
사한 저작권자들이고, 피고는 사단법인 W에 소속된 'V'프로야구 구단을 운영하는 회사
이다. W의 마케팅 자회사안 X는 대중가요를 야구장 응원가로 사용하기 위하여 각 프로
야구 구단을 대표하여 2001년경부터 2014년경까지 매년 사단법인 Y와 음악저작물 사
용에 관한 계약을 체결하고, 그에 대한 대가로 사용료를 지급해왔다. 피고의 주장에 의
하면, 음악저작물의 악곡을 일부 변경하거나 가사를 전부 또는 일부 개사하여 피고 또
는 소속 야구선수들의 응원가 및 등장음악으로 사용하였다고 한다. 반면 원고의 주장
은, 피고가 원고들의 음악저작물을 야구 응원가로 사용하면서 이를 그대로 사용하지 아
니하고 허락없이 악곡 또는 가사를 일부 변경, 편곡 또는 개사함으로써 동일성유지권
또는 2차적저작물 작성권을 침해하였고, 그 과정에서 저작권자인 원고들의 성명을 표시
하지 않아 성명표시권도 침해하였다고 주장하였다.

이에 관하여 법원의 판단은, 동일성유지권부분에 관하여는 저작권법 제13조 제1항의
동일성유지권은 저작물의 동일성을 해치지 않는 범위내에서 단순히 오·탈자를 수정하거
나 문법에 맞지 않는 부분을 교정하는 정도를 넘어선 변경을 가하는 것은 저작자만이 할
수 있다. 그러나 동일성유지권은 아무런 제한이 없는 절대적 권리는 아니고, 저작물의 성
질이나 그 이용의 목적 및 형태에 비추어 부득이 인정되는 범위안에서의 변경에 대해서
는 본질적인 내용의 변경이 아닌 한 그 권리행사가 제한될 수 있다.고 판시하였다.

2차적저작물 작성권 침해여부에 관하여는 2차적저작물은 원저작물을 토대로 이것에
대하여 새로운 창작, 즉 실질적인 개변의 새로운 저작물로서 기존의 악곡에 대한 2차적
저작물인 편곡에 해당하기 위해서는 기존의 악곡을 변조하여 원곡에 새로운 부가가치
를 발생시켜야 하고, 단순히 기존 악곡의 리듬, 가락, 화성에 사소한 변형을 가하는 정
도로는 편곡에 해당하지 아니한다고 하였다. 그런데 피고가 작곡가 원고들의 음악저작
물을 야구장 응원가로 사용하기 위하여 변경한 정도는 음역대를 좀 높게 하거나 박자
템포를 좀 빠르게 변경한 것에 불과하여 음악 전문가가 아닌 야구장 관객들로서는 기존
악곡과 차이를 알아채지 못할 정도로 일부분만을 다르게 한 정도인 점을 비추어 보면,
원고들이 제출한 증거들만으로는 피고가 사용한 응원가들이 기존의 악곡에 대한 사소
한 변형을 넘어 기존 악곡을 실질적으로 개변한 것으로서 편곡에 해당하여 원고들의 2

차적저작물 작성권을 침해하였다고 인정하기 부족하다고 판시하였다.

성명표시권 침해 여부에 관하여는, 야구선수의 등장과 재정비 및 타석에 걸어가는 시간 등은 시간이 매우 짧아 그 짧은 시간 동안 음악저작자들의 성명을 일일이 표시하는 것은 현실적으로 어려워 보이고, 전광판의 경기진행 상황의 안내 및 중계, 야구장 응원문화의 특성상 경우에 따라서는 특정 응원가가 갑자기 불리기도 하는 점 등에 비추어 보면 저작권법 제12조 제2항 단서에 해당된다고 볼 여지가 있어 원고의 주장은 인정하기 부족하다.

Ⅱ. 저작재산권

저작재산권이라 함은 창작자가 자신의 저작물의 이용으로부터 생기는 경제적인 권리를 의미하는 것으로서 복제권, 공연권, 공중송신권, 전시권, 배포권, 대여권, 2차적 저작물작성권 등이 이에 포함된다. 저작권자는 자신의 저작물을 이용하도록 허락하는 대신 그 대가로 경제적 이익을 얻을 수 있고, 나아가 각각의 권리를 분리·양도할 수도 있다.

1. 복제권(법 제16조)

복제권이라 함은 저작자가 자신의 저작물을 복제하거나 타인에게 이를 하도록 허락하거나 하지 못하도록 금지할 배타적인 권리를 말한다. 이 복제권은 지적재산권 중에서 가장 많은 침해가 발생되는 권리이다. 예컨대 각본을 무대에서 연극으로 상연 또는 방송되거나 이를 상연이나 방송을 녹음·녹화하는 것은 어문저작물인 각본의 복제에 해당하고, 악곡이 연주되거나 가창되었을 경우 그것을 녹음하는 행위는 실연의 복제일 뿐만 아니라 악곡의 복제에도 해당한다. 이처럼 저작물을 무단으로 복제하거나 무단으로 복제된 영화 또는 음악파일을 인터넷 커뮤니티에서 업로드하거나 다운로드 하는 행위는 복제권 침해에 해당한다. 복제는 원작의 직접복제뿐만 아니라 복제물을 복제하는 간접복제도 포함되며, 기계적·전자적·화학적 방법·손으로 베끼는 것도 유형물에 수록되기만 하면 복제에 해당되므로 그 방법이나 수단에는 제한이 없다. 동법 제2조 제22호는 "복제는 인쇄·사진촬영·복사·녹음·녹화 그 밖의 방법으로 일시적 또는 영구적으로 유형물에 고정하거나 다시 제작하는 것을 말하며, 건축물의 경우에는 그 건축을 위한 모형 또는 설계도서에 따라 이를 시공하는 것을 포함한다"고 규정하고 있다.

☞ 참고: 대법원 2016다20916 손해배상 등 – 일시적 복제에 의한 복제권 침해가 쟁점이 된 사건
　　　 (동시접속 라이선스 사건)

　　피고 소프트웨어의 라이선스 계약에서 정한 최대 동시사용자 수를 초과하여 일시적 복제가 발생하게 하는 원고 소프트웨어에 대해 일시적 복제권 침해를 인정한 사안.

　　사용자가 컴퓨터 하드디스크 드라이브(HDD) 등의 보조기억장치에 설치된 컴퓨터프로그램을 실행하거나 인터넷으로 디지털화된 저작물을 검색, 열람 및 전송하는 등의 과정에서 컴퓨터 중앙처리장치(CPU)는 실행된 컴퓨터프로그램의 처리속도 향상 등을 위하여 컴퓨터프로그램을 주기억장치인 램(RAM)에 적재하여 이용하게 되는데, 이러한 과정에서 일어나는 컴퓨터프로그램의 복제는 전원이 꺼지면 복제된 컴퓨터프로그램의 내용이 모두 지워진다는 점에서 일시적 복제라고 할 수 있다.

　　저작권법은 제2조 제22호에서 복제의 개념에 '일시적으로 유형물에 고정하거나 다시 제작하는 것'을 포함시키면서도, 제35조의2에서 "컴퓨터에서 저작물을 이용하는 경우에는 원활하고 효율적인 정보처리를 위하여 필요하다고 인정되는 범위 안에서 그 저작물을 그 컴퓨터에 일시적으로 복제할 수 있다. 다만, 그 저작물의 이용이 저작권을 침해하는 경우에는 그러하지 아니하다."라고 규정하여 일시적 복제에 관한 면책규정을 두고 있다. 그 취지는 새로운 저작물 이용환경에 맞추어 저작권자의 권리보호를 충실하게 만드는 한편, 이로 인하여 컴퓨터에서의 저작물 이용과 유통이 과도하게 제한되는 것을 방지함으로써 저작권의 보호와 저작물의 원활한 이용의 적절한 균형을 도모하는 데 있다. 이와 같은 입법 취지 등에 비추어 볼 때 여기에서 말하는 '원활하고 효율적인 정보처리를 위하여 필요하다고 인정되는 범위'에는 일시적 복제가 저작물의 이용 등에 불가피하게 수반되는 경우는 물론 안정성이나 효율성을 높이기 위해 이루어지는 경우도 포함된다고 볼 것이지만, 일시적 복제 자체가 독립한 경제적 가치를 가지는 경우는 제외되어야 할 것이다(대법원 2017. 11. 23. 선고 2015다1017·1024·1031·1048 판결 참고).

복제권과 관련하여 최근 등장한 디지털과 관련한 문제점, 즉 기존의 아날로그정보자료를 디지털정보로 변환할 경우 변환의 허락과 금지할 수 있는 배타적인 권리라는 의미로 '디지털화권'의 의미를 사용하고 있는데 이를 복제의 개념에 포함시킬 것인가의 여부 그리고 ① 컴퓨터의 주기억장치(RAM)에의 저장과 ② 캐싱(caching) 등의 기능에 의한 하드디스크에의 일시적 저장이 저작권법상의 '복제'에 해당하는지의 여부이다. 현행 저작권법은 위의 ①과 ②의 경우는 모두 포함되는 것으로 보는 것이 입법의 목적과 합치하는 것으로 보고 있다. 다만 디지털복제가 복제로 인정되기 위해서는 '유형물에의 고정'에 해당하더라도 사회통념상 유형물에의 '고정'에 해당하기 위한 최소한의 저장시간이 필요하므로 CPU의 읽기, 디지털TV의 시청과 관련하여 비디오램에의 입력, 음성압축, 영상데이터의 버퍼에의 저장, 네트워크에서의 데이터 전달과 관련하여 e메일 등의 전달과정에서의 저장 등의 경우는 순간적·과도적인 성격이 강하여 이를 복제의 개념에 포함되는지에 관하여 여전히 논란의 여지를 가지고 있다.[9]

2. 공연권(법 제17조)

공연권이라 함은 저작자가 자신의 저작물을 스스로 공연하거나 타인에게 이를 하도록 허락하거나 하지 못하도록 금지할 배타적인 권리를 말한다. 공연이란 저작물 또는 실연·음반·방송을 상연·연주·가창·구연·낭독·상영·재생 그 밖의 방법으로 공중에게 공개하는 것을 말하며, 동일인의 점유에 속하는 연결된 장소 안에서 이루어지는 송신(전송을 제외한다)을 포함한다. 여기서의 '공중'이라 함은 불특정다수인을 말하는데, 이는 개성 또는 특성이나 상호간의 관계 등을 묻지 아니하고 2인 이상의 사람이면 된다. 그러므로 가족·친척 등의 참석범위가 한정된 통상의 결혼식이나 피로연에서의 연주, 오케스트라단원들의 연습을 위한 연주, 가정 내에서의 수인의 동호인의 연주나 상영에는 공연권이 미치지 아니한다. 그 밖에 "동일인의 점유에 속하는 연결된 장소 안에서 이루어지는 송신을 포함한다"고 하는 의미는 '방송'과의 관계를 명확하게 규정

---

9) 이해완, 앞의 책, 338쪽 인용.

하기 위한 것으로, 공연의 의미를 넓게 해석한 것으로서 공중이 반드시 동일한 장소에 있어야 하는 것은 아니지만, 동일인이 점유에 속하는 연결된 장소 안에 있어야만 성립하게 된다. 저작권법상 공연권은 권리자에게 가장 큰 제한을 주게 되는 권리이다. 즉 영리를 목적으로 하지 아니하고 청중·관중 또는 제3자로부터 어떠한 명목으로든지 반대급부를 받지 아니하며, 실연자에게 통상의 보수를 지급하지 않는다면 저작자의 허락을 받지 않아도 공표된 저작물을 공연할 수 있다(법 제29조). 따라서 청중이나 관중으로 부터 당해 공연에 대한 반대급부를 받지 아니하면 유흥주점 등에서의 공연 등 일정한 경우를 제외하고는 영리·비영리를 불문하고 판매용 음반 또는 판매용 영상저작물을 재생하여 공중에게 공연할 수 있다. 반면 타인은 저작자의 허락없이 저작물을 공연하여 상업적 이득을 얻는다면 공연권 침해가 되는 것은 당연하다.

3. 공중송신권(법 제18조)

공중송신이란 저작물을 공중이 송신하거나 접근하게 할 목적으로 무선 또는 유선통신의 방법에 의하여 송신하거나 이용에 제공하는 것으로서 전송, 방송, 디지털음성송신, 기타의 송신행위 등을 모두 포괄하는 개념이다. '전송'은 공중송신 중 공중의 구성원이 개별적으로 선택한 시간과 장소에서 접근할 수 있도록 저작물 등을 이용에 제공하는 것을 말하며 그에 따라 이루어지는 송신을 포함한다. 따라서 자신이 선택한 시간에 처음부터 보거나 들을 수 있는 방식으로 서비스를 할 경우, 일컬어 '인터넷방송'은 그 사업에서 수행하는 서비스가 이용자 자신이 선택한 시간에 다운로드 받거나 스트리밍방식이라 하더라도 자신이 선택한 시간에 시청할 수 있도록 하는 주문형 서비스(On Demand Service)의 특성을 가지고 있으면 방송이 아니라 전송으로 보아야 한다. '방송'은 공중송신 중 공중이 동시에 수신하게 할 목적으로 음·영상 또는 음과 영상 등을 송신하는 것을 말하며, 음(音)만의 방송(라디오방송)과 음(音)과 영상의 방송(TV방송)의 무선방송뿐만 아니라 유선통신에 의한 방송으로서, 영업소에 대한 유선음악방송이나 CATV에 의한 방송의 유선방송도 이에 속한다. 따라서 생방송, 녹음·녹화물에 의한 방송, 원방송을 수신하여 중계방송을 하는 경우 및 재방

송도 포함된다.[10)

'디지털음성송신'은 공중송신 중 공중으로 하여금 동시에 수신하게 할 목적으로 공중의 구성원의 요청에 의하여 개시되는 디지털 방식의 음의 송신을 말하며, 전송은 제외한다. 예컨대 스트리밍방식을 이용한 실시간 웹캐스팅의 경우 '음의 송신'만 이루어지거나, 지상파방송을 동시에 웹으로 시청할 수 있게 하는 "지상파방송 동시 웹캐스팅(Simulcast)"도 음의 송신만을 내용으로 하는 것이라면 디지털음성통신에 해당한다.

4. 전시권(법 제19조)

저작자는 저작물, 예컨대 미술저작물, 사진저작물, 건축저작물 등의 원본이나 그 복제물을 스스로 전시하거나 타인으로 하여금 전시할 수 있도록 허락을 하거나 이를 금지시킬 배타적 권리를 가지며, 일반공중에게 개방된 장소에서 항상 전시하는 경우를 제외하면 원작품을 양도받은 자 역시 이를 전시할 수 있다. 여기서 전시라 함은 저작물이 화체되어 있는 유형물을 일반인이 자유로이 관람할 수 있도록 진열하거나 게시하는 것을 말한다(대법원 2010. 3. 11 선고 2009다4343 판결 - "이미지 상세보기" 사건 참고). 따라서 화랑, 도서관, 진열장, 가로, 공원, 건축물의 외벽, 호텔의 로비, 공중에 개방된 장소 등은 모두 전시 장소로 보아야 한다. 그러나 인터넷상이나 프로젝트 기기에 의한 영사막 등에 이미지를 보여주는 것은 유형물 자체의 진열 등에 해당하지 않으므로 전시에 해당하지 아니한다.

5. 배포권(법 제20조)

저작권자 스스로 저작물의 원본 또는 그 복제물을 공중에게 댓가를 받거나 받지 아니하고 양도 또는 대여할 수 있는 권리를 말한다. 나아가 타인에게 이러한 저작물의 배포를 허락하거나 타인의 무단배포를 금지할 수 있는 권리도 포함한다. 예컨대 서점, 음반매장 또는 도서대여점 등에서 공중을 대상으로

---

10) 허희성, 新著作權法逐條槪說, 범우사, 1988, 97면.

CD, DVD, 책 등을 판매 또는 대여하는 것은 배포에 해당하는 주된 예이다. 그러나 컴퓨터 하드디스크에 저장된 MP3 파일을 다른 P2P프로그램 이용자들이 손쉽게 다운로드 받을 수 있도록 자신의 컴퓨터 내 공유폴더에 담아 둔 행위는 배포에 해당하지 아니한다(대법원 2007. 12. 14. 선고 2005도872 판결 – "소리바다" 사건 참고). 따라서 배포는 유형물 형태의 양도·대여의 경우에만 해당되고, 저작물의 온라인상의 무형적 전달은 배포의 개념에 해당하지 아니한다. 다만 배포권은 예외로서 권리소진(exhaustion of rights)의 원칙 또는 최초판매의 원칙 (the first sale doctrine)에 의하여 제한된다. 권리소진의 원칙이라 함은 지적재산권의 전반에 걸쳐 매우 중요한 문제 중의 하나로서, 권리를 가진 자가 권리 대상물을 판매 또는 넓은 의미의 양도한 후에는 자신의 권리가 소진되었으므로 이후에는 권리를 행사할 수 없다는 것이다. 말하자면 저작권자의 배포권이 1회의 판매로써 소진된다는 원칙을 말한다. 권리소진의 원칙이 성립하기 위해서는 저작물의 원본 또는 그 복제물이 거래에 제공되어야 하고 저작재산권자의 허락을 받아야 하며 판매 등의 방법으로 거래에 제공되어야 한다. 이 요건을 모두 충족할 경우 해당 유형물은 그 저작물에 더 이상 배포권이 없는 것으로 취급한다. 그 범위에 관하여는 국내에서 거래에 제공된 경우에만 미친다는 국내소진설과 국외에서 거래에 제공된 경우에도 미친다는 국제소진설이 대립하고 있는데, 다수설은 국제소진설을 취하고 있다. 국제소진설을 취할 경우 저작권자의 허락을 받은 독점수입업자 등이 아닌 사람이 외국에서 CD 등을 직접 수입하여 국내시장에서 판매하는 이른바 '진정상품병행수입'이 자유롭게 허용된다. 현재 이 원칙은 미국·EU를 비롯한 많은 국가에서 인정하고 있다.

진정상품의 병행수입 문제

특허권, 실용신안권, 디자인권, 상표권 등 산업재산권은 각 국가의 법률에 의하여 부여되며, 그 효력범위도 그 나라의 영토에 한정된다. 즉 이른바 속지주의의 적용을 밟아 한 나라의 특허청에 일정한 절차를 밟아 등록된 산업재산권은 그 영토내에서는 독점배타적인 권리가 보장된다.

그러나 이와 관련하여 진정상품의 병행수입 문제가 논의되는데, '진정상품'이란 특허권자 및 상표권자로부터 적법하게 제조·판매된 제품을 말하며, '병행수입'이란 그러한 진정상품을 수입해 들여오는 행위를 의미한다. 말하자면 수입경로가 투 트랙으로 된 상태가 된다.

만일 속지주의원칙에 충실하면 제3자의 진정상품의 수입은 명백히 위법이다. 그러나 다국적기업의 가격차별정책 등 사적인 이익에는 좋으나, 국제교역의 원활화와 수요자보호 등의 공적인 견지에서는 부당하다는 주장이 제기되어 세계 각국에서 속지주의원칙에 수정을 가하려는 시도가 일기도 한다. 현재는 특허권보다는 상표권의 경우가 더욱 속지주의의 수정경향이 강하다.

만약 저명상표에 속지주의를 엄격하게 적용시킨다면 상표권에 따라 세계시장을 분할하여 지배하는 것을 허용하는 결과가 될 것이다. 그렇게 되면 오히려 상품의 자유로운 유통에 장애가 되고 만다. 최근 우리나라에서도 진정상품의 병행수입을 둘러싼 분쟁이 발생하고 있다. 예컨대 국내 라이선시인 리바이스 코리아사가 전용사용권 보호신청을 낸 세관에서 수입물품 전량이 억류된 사건이 발생했다. 이와 같이 진정상품의 병행수입을 막으면 결국 외국으로의 로열티만 상승시켜 그 피해는 모두 소비자에게 비싼 가격으로 물품을 구입하도록 피해가 돌아가게 된다.

본래 상표제도의 근본목적이 상거래질서를 유지하여 수요자의 이익보호에 있음을 상기 해 볼 때, 상표권에 공익적인 제한을 두는 것은 정당한 일이라고 본다. 따라서 수입품이 진정상품인 한 그 유통을 적법하게 해석하여 거래계에 공정한 가격경쟁을 유도하는 것이 더욱 바람직하다는 여론이 짙다.[11]

6. 대여권(법 제21조)

저작자가 자기의 저작물을 제3자가 대여하는 것을 금지할 수 있는 권리를 말한다. 원래 지적재산권에 대해서는 제3자가 적법하게 그 권리 또는 복제물을 얻은 경우 이를 자유롭게 처분할 수 있도록 하였으나(the first sale doctrine) 음반, 영상물의 상업적 대여 및 불법복제 사례가 늘면서 대여권부여의 필요성이

---

11) 황종환, 앞의 책, 185면~187면.

발생하게 되었다. 즉 대여권은 도서, 음반, 영상저작물 등의 저작물의 복제물을 다수의 공중에게 대여하는 행위로 인하여 상실되는 저작재산권자의 재산적 이익을 보상하기 위하여 대여행위에 대하여 저작재산권자의 허락을 얻게 하거나 금지할 수 있도록 하는 권리를 말한다. 미국과 일본은 배타권의 하나(준물권)로 인정하고 있는 반면, 독일과 영국은 단순히 보상금청구권(채권)으로 인정하기도 한다.

7. 2차적 저작물작성권(제22조)

저작자는 자신의 저작물을 원저작물로 하는 2차적 저작물을 작성하여 이용할 권리를 가진다. 여기에서의 중심내용은 작성권과 이용권이라 할 수 있는 바, 2차적 저작물의 출발배경은 원저작물이라 할 수 있으므로 원저작물의 창작성있는 표현을 담고 있는 이상 원저작권자는 여전히 자신의 모든 권리를 주장할 수 있으므로 2차적 저작물이용권을 별도로 강조할 경우에는 혼란과 침해가 발생할 수 있다. 따라서 저작물을 이용하여 다른 저작물을 작성하였을 경우에 원저작물과의 실질적 유사성이 있으면 복제에 해당하고, 실질적 유사성은 있지만 개작에 있어서의 창작성이 인정되면 2차적 저작물의 작성에 해당하며, 단순히 원저작물의 아이디어를 빌렸을 경우에는 새로운 저작물의 창작으로 볼 수 있다. 그러나 이를 명확히 구분하기는 매우 어려운 문제이다.[12]

Ⅲ. 저작인접권

저작인접권이라 함은 저작물의 복제·전파기술의 발달로 전통적인 저작권의 보호 외에 저작물을 공중에게 전달하기 위한 중요한 역할을 하고 있는 가수와 배우 등 실연자, 음반제작자 및 방송사업자에 대하여 부여하는, 저작권에 준하는 권리를 말한다. 저작인접권의 도입필요성은 실연자는 가창이나 연주, 연기 등에 있어서 고도의 기예와 창의성이 발휘되는 부분이 있고, 음반제작자

---

12) 이해완, 앞의 책, 368쪽.

도 녹음기술에 있어서 고도의 기술과 창의성을 발휘해야 하는 등의 저작물의 전달의 질적 발전을 요구하는 시대적 추세를 반영한 것이다. 그러므로 저작인접권은 창작물을 온전하고 풍부하게 누릴 수 있도록 하는 매개 역할을 한다. 즉 저작물의 해석과 재현에 기여할 뿐만 아니라 이러한 행위가 없다면 비록 완벽한 저작물이라도 충분히 일반 이용자에게 전달될 수 없기 때문에 국제적인 추세를 반영하여 저작권법에서 보호하는 것이다. 실연자, 음반제작자, 방송사업자 등에 대한 저작권법상의 정의는 다음과 같다.

---

① 실연자: 저작물을 연기·무용·연주·가창·구연·낭독 그 밖의 예능적 방법으로 표현하거나 저작물이 아닌 것을 이와 유사한 방법으로 표현하는 실연을 하는 자를 말하며, 실연을 지휘, 연출 또는 감독하는 자를 포함한다(법 제2조 제4호).
② 음반제작자: 음반을 최초로 제작하는 데 있어 전체적으로 기획하고 책임지는 자를 말한다(법 제2조 제6호).
③ 방송사업자: 방송을 업으로 하는 자를 말한다(법 제2조 제9호).

---

1. 실연자의 권리

실연은 저작물을 연기, 무용, 연주, 가창, 구연, 낭독, 그 밖의 예능적 방법으로 표현하거나 저작물이 아닌 곡예나 요술 등을 이와 유사한 방법으로 표현하는 것을 말한다. 실연자는 실연을 하는 사람을 말하며, 실연을 지휘, 연출 또는 는 감독하는 자도 포함된다. 예컨대 탤런트, 배우, 가수, 연주자, 무용가, 마술사, 서커스단원 등이다. 이들의 직업은 문제되지 아니하고 이들이 실연을 한 부분에 한하여 권리가 인정된다. 그러나 단순히 공연의 기획, 준비활동을 하거나 공연의 진행을 맡은 데 불과한 사람은 실연자로 될 수 없다.[13] 실연자는 자신의 실연에 대하여 성명표시권, 동일성유지권 등의 인격권을 가지며, 재산권으로는 복제권, 배포권, 대여권, 공연권, 방송권, 전송권, 판매용 음반의 방송사

---

13) 서울지방법원 2000. 12. 15. 선고 2000가합25823 판결 참조.

용 및 디지털음성송신사업자·공연에 대한 보상청구권을 가진다. 특히, 예컨대 KBS(방송사업자)가 가수 甲의 판매용 음반(CD)을 사용하여 방송을 하는 경우, KBS는 음반의 사용만으로 수익을 얻을 수 있지만 가수 甲은 그로 인한 공연기회의 축소 등으로 경제적 피해를 입게 될 가능성이 높다는 점에서 KBS에 대한 보상금청구권을 인정하고 있다. 또 다른 경우의 문제점으로는 2인 이상이 공동으로 합창·합주 또는 연극 등을 공동실연하는 경우에 실연자의 권리는 실연자 중에서 선출된 대표자가 이를 행사한다. 다만 대표자가 없을 경우에는 지휘자 또는 연출자 등이 이를 행사한다(법 제77조 제1항). 그러나 2인 이상이 공동으로 실연할 경우 각자의 실연부분을 분리하여 이용하기는 어려울 것이므로 그 대안으로 공동저작물의 경우와 마찬가지로 전원합의에 의하여 행사하도록 하는 원칙을 정하고 있다.

2. 음반제작자의 권리

음반제작자라 함은 음반을 최초로 제작하는데 있어 그 과정을 전체적으로 기획하고 책임을 지는 자를 말하며, 음반의 복제권, 배포권, 대여권(판매용 음반을 영리를 목적으로 대여하는 경우), 전송권, 판매용 음반의 방송사용 및 디지털음성송신사업자·공연에 대한 보상청구권을 가진다. 음반이란 음(음성·음향을 말함)이 유형물에 고정된 것을 말하며, 음이 영상과 함께 고정된 것은 제외한다(법 제2조 제5호). 저작권법상의 음반이란 CD나 LP 등의 매체가 아니라 그러한 매체에 수록된 콘텐츠나 일정한 포맷으로 디지털화된 MP3 파일 등 넓은 의미의 녹음매체에 고정되어 있는 음을 말한다. 예컨대 가요반주기의 컴퓨터 칩에 내장되어 있는 음14) 또는 컴퓨터에서 인식할 수 있는 MP3 파일 등의 소리파일로 만들어져 컴퓨터 기타 유체물에 고정되어 있는 음도 해당된다.

이와 관련된 최근의 판례를 소개하면 다음과 같다.

---

14) 서울고등법원 1996. 6. 27. 선고 95나30774 판결 — "가요반주기" 사건 참조.

☞ **참고**: 대법원 2016. 5. 8. 선고 2013다56167 - 작사·작곡·노래를 하였어도 음반저작권은 음반제작자에게 있다는 판결[15]

대법원 민사1부는 가수 신중현씨가 음반제작사인 예전미디어를 상대로 "작사·작곡·연주·노래를 했으니 음반저작권을 소유할 수 있게 해 달라"며 저작인접권등부존재확인소송에서 패소판결을 확정하였다. 원고인 신씨의 주장은 "내가 작사·작곡·편곡하거나 노래를 부른 음반에 대해 복제와 배포·전송 등을 할 수 있도록 저작인접권도 인정해달라"며 음반제작업체인 예전미디어를 상대로 소송을 제기하였다. 저작인접권은 저작권과 유사한 권리로 복제권, 배포권, 대여권, 전송권 등이 포함된 개념이다. 구 저작권법은 악곡, 악보, 가창 외에 음반을 저작물의 하나로 보고 저작자는 저작물을 복제·배포하는 발행권을 갖고 있다고 규정할 뿐 음반제작자의 권리는 규정하지 않았다. 그러나 1987년 7월 개정된 저작권법은 음반제작자의 개념을 정의하고 음반제작자는 저작인접권으로서 음반을 복제·배포할 권리를 갖는다고 규정하였다. 신씨는 법 개정이전에 제작된 음반의 경우 음반제작자의 저작인접권이 인정되지 않는다며 1968년부터 1987년까지 자신이 작사·작곡가 겸 연주가로 참여하여 만들어진 28개 음반(238곡)의 저작인접권을 주장하였다. 해당 음반 저작권은 '킹레코드'라는 음반사를 운영했던 고 박성배씨에게 있다가 1993년 안씨에게 넘어가는 등 몇 차례 양도되었다가 1996년 예전미디어로 넘어갔다.

재판부는 "구 저작권법은 녹음 자체를 창작행위로 간주한다"며 "당시 신씨의 음반을 녹음한 킹레코드사가 음반 제작에 필요한 비용을 전부 부담했으니 음반 저작권도 킹레코드에 있고 이 권리를 양도받은 예전미디어에게 귀속된다"고 밝혔다. 이어 "신씨는 음반의 제작과정에 사실적·기능적으로 기여를 한 것에 불과해 음반 저작인접권의 법률상 주체가 아니다"라며 "음반 저작권의 존속기간도 저작자가 사망한 다음 해부터 30년까지 존속하기 때문에 기간이 만료되지 않았다"고 덧붙였다.

1심은 "음반 제작자는 음성·음향을 음반에 고정시키는 작업을 전체적으로 기획·책임지는 자로서 레코딩 과정에서 전권을 가졌던 신씨가 음반제작자에 해당한다"고 판단하였다. 그러나 2심과 대법원은 "당시 저작권법이 음반 그 자체를 저작물의 하나로 보호하고 있어 곡의 저작권과 별도로 음반에 대해 새로운 저작권이 발생한다."며 "노래를 음반에 녹음한 사람은 원저작자와 별개로 새로운 저작자가 되므로, 신씨는 연주나 노래로 음반제작에 기여를 했지만 음반제작을 전체적으로 기획하고 책임지는 법률적 지위에 있었다고 볼 수 없다"며 원고패소 판결을 하였다.

---

15) 조선일보·법률신문 2016년 5월 9일자 기사인용.

3. 방송사업자의 권리

방송사업자는 방송을 업으로 하는 사람을 말한다. 이때의 방송이란 공중송신 중 공중이 동시에 수신하게 할 목적으로 음·영상 또는 음과 영상 등을 송신하는 것을 말한다(법 제2조 제8호). 저작권법의 보호를 받는 방송은 (가) 대한민국 국민인 방송사업자의 방송, (나) 대한민국 내에 있는 방송설비로부터 행하여지는 방송(예: AFN Korea방송), (다) 대한민국이 가입 또는 체결한 조약에 따라 보호되는 방송으로서 체약국의 국민인 방송사업자가 당해 체약국 내에 있는 방송설비로부터 행하는 방송 등을 말한다(법 제64조 제3호). 방송사업자는 자신의 방송을 녹음, 녹화, 사진, 그 밖의 이와 유사한 방법으로 복제하거나 또는 동시중계방송하거나 공연할 권리를 갖는다. 방송사업자의 복제권은 방송의 녹음·녹화뿐만 아니라 그 녹음·녹화물을 또 다시 복제하는 것도 포함된다. 예컨대 텔레비전 연속극 화면을 사진으로 촬영하거나 영상으로 녹화하여 인터넷 등을 통하여 서비스하거나 판매하는 것은 방송사업자의 복제권을 침해하는 것이다. 동시중계방송이란 방송을 수신과 동시에 다시 재송신을 하는 것을 말하며, 방송을 동시중계방송하려면 원방송사업자의 허락을 얻어야 한다. 다만 방송법에 따라 종합유선방송사업자, 위성방송사업자(이동멀티미디어방송을 행하는 위성방송사업자는 제외), 중계유선방송사업자에 대해 한국방송공사(KBS)와 한국교육방송공사(EBS)가 행하는 지상파 방송(라디오방송을 제외한다)을 수신하여 그 방송프로그램에 변경을 가하지 않고 그대로 동시에 재송신할 의무를 부과하고 있어 그 범위 내에서 방송사업자의 동시중계방송권이 제한된다.

제6절 저작권의 제한(자유이용)

저작권은 다른 재산권과 마찬가지로 절대적인 권리는 아니다. 즉 현행 헌법상의 일반적 유보조항인 제37조의 규정에 따라 필요에 따라서는 국가의 학문·예술 또는 교육의 발전을 방해하거나 공공복리를 위해서는 저작권의 행사를 제한할 수 있다. 뿐만 아니라 하위 법규범인 저작권법은 저작자의 권리를 보호하는 한편 저작물의 원활한 이용을 통한 문화 및 사회발전을 도모하기 위한 목적으로 제정된 것이기 때문에 법이 정한 범위에 한하여 저작재산권자의 허락 없이 저작물을 자유롭게 복제, 배포 등을 할 수 있다. 이를 저작권의 자유이용이라 한다. 현행 저작권법은 제23조 내지 제35조의2에 걸쳐 저작재산권 제한을 폭 넓게 규정하고 있다. 이에 관한 구체적인 제한사유를 보면 다음과 같다.

(1) 재판절차 또는 입법·행정의 목적을 위한 내부 자료의 복제(법 제23조)

재판절차를 위하여 필요한 경우이거나 입법·행정의 목적을 위한 내부 자료로서 필요한 경우에는 그 한도 안에서 저작물을 복제할 수 있다. 다만 그 저작물의 종류와 복제의 부수 및 형태에 비추어 당해 저작재산권자의 이익을 부당하게 침해하는 경우에는 그러하지 아니하다. 이 의미는 재판상 증거로 사용하기 위해 또는 법률을 만들거나 행정상 정책수립을 위해 참고하기 위하여 필요한 범위 내에서 저작물을 이용하는 경우로 공공성이 정당하기 때문에 허용하는 것이다.

(2) 정치적 연설 및 법정·국회 또는 지방의회에서의 공개진술의 이용(법 제24조)

공개적으로 행한 정치적 연설 및 법정·국회 또는 지방의회에서 공개적으로 행한 진술은 어떠한 방법으로도 이용할 수 있다. 다만 동일한 저작자의 연설이나 진술을 편집하여 이용하는 경우에는 그러하지 아니하다. 이 의미는 이미 대중 앞에 공개된 내용이기 때문에 인용하거나 게재하여 활용하는 것을 허용한다는 것이다. 단서가 붙어있는 것은 내용이 다른 취지로 변질되는 것을 막기 위한 것으로 생각한다.

(3) 학교교육목적의 교과서 제작 및 수업을 위한 복제·방송·공연(법 제25조)

공표된 저작물은 학교교육목적을 위하여 이용할 수 없다면 교육의 공공성에 막대한 영향을 줄 수 있고, 교육의 목적을 달성하지 못할 수도 있게 된다.

따라서 교과용 도서에 공표된 저작물을 게재하거나 수업을 위해서는 저작물의 전부 또는 일부를 복제, 배포, 전송 등을 할 수 있도록 허용하고 있다. 다만 교과용 도서에 게재하는 경우와 고등학교이하의 교육기관을 제외한 교육기관에서 복제, 배포 등을 하는 경우에는 해당 장관이 정하는 바에 따라 보상을 해야 하는 조건이다. 여기서 교과용 도서란 일반적인 교과서와 지도서를 말하고 이것은 다시 국정도서, 검정도서, 인정도서 등이 이에 해당하지만 학습참고서는 포함되지 않는다.

이용주체는 법 제25조 제2항의 "특별법에 따라 설립된 각종 평생교육기관, '근로자직업능력개발법'에 의한 공공직업훈련시설과 지정직업훈련시설, '산업교육진흥및산학협력촉진에관한법률'에 의한 산업교육기관, '장애인등에대한특수교육법'에 의한 특수교육기관 등을 말한다. 「유아교육법」에 의한 유치원, 「초·등교육법」 또는 「고등교육법」에 의한 대학, 산업대학, 교육대학, 전문대학, 방송대학, 통신대학, 방송통신대학, 기술대학 및 이에 준하는 각종 학교 등과 국가나 지방자치단체가 운영하는 교육기관"이 포함된다. 또한 법에 특별한 근거가 없더라도 국가 또는 지방자치단체가 운영하는 교육기관(중앙 및 지방공무원교육원, 각 시도 교육연수원)이면 이 규정에 포함된다. 그러나 '학원의설립·운영및과외교습에관한법률'에 의하여 설립된 학원이나 교습소는 특별법에 의하여 설립된 교육기관이라고 보지 아니하며, 교육지원기관인 교육청 기타 행정기관도 적용대상으로 보지 아니한다. 예컨대 교육기관의 수업을 지원하는 학습지원센터, 한국교육개발원, 한국교육학술정보원, 한국교육과정평가원 등이다.

(4) 방송·신문 그 밖의 방법에 의하여 시사보도를 위한 정당한 범위 안에서 복제·공연 또는 공중송신(법 제26조)

본 규정의 취지는 언론인이 시사보도를 하는 과정, 예컨대 특정 사건을 취재보도하는 과정에서 그 주변의 점포에서 틀어놓은 음악이 들린다거나 또는 주변에 전시된 회화나 조형물이 보이는 경우 그 저작물은 보도를 위한 정당한 범위 안에서 복제·배포·공연 또는 공중송신할 수 있으므로 저작권 침해가 되지 않습니다. 그러나 사건 보도를 위해 일부러 주변에 음악을 틀어 놓거나 또는 회화나 조형물을 설치해 놓고 보도를 하는 것은 당초의 시사보도의 과정에 포함된 것이 아니므로 저작재산권의 침해가 된다. 그리고 방송이나 신문 등에서 어떠한 사건이나 사실을 알리는 행위가 '시사보도'에 해당하는지 여부는 시사보도로서 인정하여 보호할 만한 최소한의 뉴스가치가 있는지 여부를 규범적으로 판단해야 할 필요가 있겠으나, 대개 사람들이 갖는 모든 분야의 관심사가 그 대상이 된다 할 것이다.

(5) 신문 및 인터넷신문 또는 뉴스통신에 게재된 시사적인 기사 및 논설의 복제 · 배포 또는 방송(법 제27조)

현행 저작권법 제27조는 "정치 · 경제 · 사회 · 문화 · 종교에 관하여 「신문등의진흥에관한법률」 제2조의 규정에 따른 신문 및 인터넷신문 또는 「뉴스통신진흥에관한법률」 제2조의 규정에 따른 뉴스통신에 게재된 시사적인 기사나 논설은 다른 언론 기관이 복제 · 배포 또는 방송할 수 있다. 다만, 이용을 금지하는 표시가 있는 경우에는 그러하지 아니하다."라고 규정하고 있다.

이것은 외국의 시사적인 기사 및 논설에 대해서도 이용이 담보되어야 실효성이 있으므로 다른 언론사의 기사를 번역하여 전재(轉載)할 수 있도록 규정한 것으로서 기사전재의 경우 반드시 출처를 표시하도록 의무화하고 있다. 다만 각 언론사가 이용을 금지하는 표시를 한 경우에는 전재를 금지하도록 명시하고 있음에 주의해야 한다. 이 전재규정은 국민의 알권리충족 및 건전한 토론문화와 여론형성에 기여하기 위한 것이다.

본 조항요건 중 첫째, 대상저작물은 신문, 인터넷신문 또는 뉴스통신에 게재된 시사적인 기사 또는 논설이다. 여기에는 방송과 잡지에 게재된 것은 포함되지 않는다. 즉 잡지는 재산권성이 강하다는 이유로, 방송은 이용금지가 어렵다는 이유이다. 둘째, 이용주체로는 언론기관, 말하자면 TV 및 라디오방송사, 신문사업자, 잡지 등 정기간행물 사업자, 뉴스통신사업자, 인터넷언론사 등이다.

(6) 공표된 저작물의 보도 · 비평 · 교육 · 연구 등을 위한 정당한 범위 안에서
　　공정한 관행에 맞게 인용(법 제28조)

　이 규정은 일정한 요건 아래에서는 공표된 저작물의 인용에 해당되어 저
작물을 저작권자의 허락없이 이용하더라도 처벌받지 않을 수 있다. 왜냐하면
공공의 이익과 저작권자의 이익 중 공익에 더 큰 가치를 둔 규정이므로 당연히
사익을 제재하기에 타당한 요건이 필요하게 된다.

　이와 관련된 최근의 판례를 소개하면 다음과 같다.

☞ 참고: 서울고등법원 1995. 5. 4. 선고 93나473772 판결 – "토플 문제" 사건

> 　영문과 교수로서 토플시험 관리자로 일한 피고가 토플시험문제를 입수하여 A회사에
> 게 넘겨줌으로써 해설과 함께 어느 영어잡지에 실려 배포되자 그 시험문제들의 저작자
> 인 원고가 저작권침해소송을 제기하였는데, 이에 피고는 '공정한 인용'의 항변을 한 사건

☞ 참고: 서울고등법원 2010. 10. 13. 선고 2010나35260 판결 – "손담비씨 노래" 사건

> 　원고는 그의 다섯 살 된 딸이 의자에 앉아 가수 손담비씨가 가창한 '미쳤어'라는 노
> 래의 후렴구 일부분을 부르면서 춤을 추는 것을 촬영한 이용자제작콘텐츠(UCC)형태의
> 53초 분량의 동영상을 주된 내용으로 하는 게시물을 원고가 운영하는 네이버블로그에
> 게시하였다. 이에 대하여 피고협회인 한국음악저작권협회가 위 게시물이 동 협회가 저
> 작자들로부터 신탁받아 관리하고 있는 이 사건 저작물에 대한 저작재산권을 침해한 것
> 이라고 하면서 피고회사인 엔에이치엔 주식회사에게 삭제요청을 하였고, 피고회사는 임
> 시 게시중단 조치를 한 후 원고의 재개시 요청에 대하여 소명부족을 이유로 응하지 않
> 고 있었다. 이에 원고는 원고의 이 사건 저작물 이용이 저작권법 제28조 등이 의하여
> '공정이용'으로 인정될 수 있어 저작권침해가 성립되지 않음에도 불구하고 위와 같이
> 삭제요청을 한 피고협회와 그에 따라 게시중단조치 등을 취한 피고회사의 행위는 위법
> 하다는 이유로 손해배상을 청구한 사건

☞ **참고: 대법원 1997. 11. 25. 선고 97도2227 판결 - "대학 입시용 문제집" 사건**

연세대, 고려대, 서강대, 성균관대 등 대학입학 본고사의 입시문제를 대학입시용 문제집에 실은 것을 각 대학 총장이 학교법인의 이사장을 대리하여 고소함으로써 문제집을 간행한 회사 등이 기소된 사건이다.

이에 대하여 법원의 판단은 저작권법 제25조는 공표된 저작물은 보도비평교육연구 등을 위하여는 정당한 범위 안에서 공정한 관행에 합치되게 이를 인용할 수 있다고 규정하고 있는 바, 정장한 범위 안에서 공정한 관행에 합치되게 인용한 것인가의 여부는 인용의 목적, 저작물의 성질, 인용된 내용과 분량, 피인용저작물을 수록한 방법과 형태, 독자의 일반적 관념, 원저작물에 대한 수요를 대체하는지의 여부 등을 종합적으로 고려하여 판단하여야 할 것이고 이 경우 반드시 비영리적인 이용이어야만 교육을 위한 것으로 인정될 수 있는 것은 아니라 할 것이지만, 영리적인 교육목적을 위한 이용은 비영리적 교육목적을 위한 이용의 경우에 비하여 자유이용이 허용되는 범위가 상당히 좁아진다고 볼 것이다. 이 사건에서 보건대, 피고인 ○○대학 입시용 문제집을 제작함에 있어서 개개의 문제의 질문을 만들기 위하여 그 질문의 일부분으로서 위 대학입시문제를 인용한 것이 아니라 위 대학입시문제의 질문과 제시된 답안을 그대로 베꼈고, 이로써 문제집의 분량을 상당히 늘릴 수 있었으며, 특히 ○○학교법인들이 저작권을 갖는 본고사의 문제를 전부 수록함으로써 본고사 문제에 대한 일반 수요자들의 시장수요를 상당히 대체하였다고 할 것이므로, 이와 같은 인용을 가리켜 교육을 위한 정당한 범위 안에서의 공정한 관행에 합치되는 인용이라고는 볼 수 없다 할 것이고, 지금까지 어니 대학 입시문제에 관하여 저작권을 주장한 바 없었다고 하여 결론이 달라진다고 할 수 도 없다. 등의 관련 판례가 있다.

(7) 영리를 목적으로 하지 아니하는 공연 · 방송(법 제29조)

영리를 목적으로 하지 않고 청중이나 관중 또는 제3자로부터 어떤 명목으로든지 반대급부를 받지 않는 경우에는 공표된 저작물을 공연 또는 방송할 수 있다. 청중이나 관중으로부터 해당 공연에 대한 반대급부를 받지 않는 경우에는 판매용 음반 또는 판매용 영상저작물을 재생하여 공중에게 공연할 수 있으나 단란주점 · 유흥주점, 경마장 · 경륜장 · 경정장 · 골프장 · 스키장 · 에어로빅장 · 무도장 · 무도학원, 여객용 항공기 · 해상여객운송사업용 선박 · 여객용 열차, 호텔·휴양콘도미니엄·카지노 또는 유원시설, 대형마트·전문점·백화점 또는 쇼핑센터 등에서의 공연은 저작권자의 허락을 받아야 한다. 여기서 "실연자"란 저작물을 연기·무용·연주·가창·구연·낭독 그 밖의 예능적 방법으로 표현하거나 저작물이 아닌 것을 이와 유사한 방법으로 표현하는 실연을 하는 자를 말하며, 실연을 지휘, 연출 또는 감독하는 자도 포함된다(법 제2조 제4항).

문제는 학교의 구내방송에서 요즘 유행하고 있는 음악을 방송하는 경우에 저작권자로부터 허락을 받아야 하는지의 여부이다. 결론을 말한다면 학교는 저작권자의 허락을 받지 않고도 구내방송을 통해 학생들에게 음악을 듣게 할 수 있다. 말하자면 비록 일반적으로는 구내방송이라고 불리지만 「저작권법」은 동일인의 점유에 속하는 연결된 장소 안에서 이루어지는 송신에 의한 것을 공연이라고 정의하고 있으므로 이것은 「저작권법」에 따른 공연에 해당한다. 그리고 비록 학교에서 이루어지는 구내방송이라고 할지라도 그것이 수업과정에서 이루어지는 것이 아니라면 교육목적을 위한 것이라고 할 수 없다. 따라서 교육목적을 위해 필요하다고 인정된 경우에서의 공연이나 방송이 될 수 없으나, 개정 (2016. 3. 22.) 「저작권법」은 청중이나 관중에게 해당 공연에 대한 반대급부를 받지 않는 경우에는 상업용 음반 또는 상업적 목적으로 공표된 영상저작물을 재생하여 일반 공중에게 공연할 수 있다. 다만, 「저작권법 시행령」 제11조에서 정하는 일정한 경우를 예외로 정하고 있다(법 제29조 제2항). 따라서 일반적인 학교의 구내방송은 저작권자의 허락을 받지 않고도 음악을 −구체적으로는 음반을 재생하여− 학교 내에 있는 사람들에게 들려줄 수 있다.

그 밖에 시판 중인 음반을 구입하여 백화점이나 음식점에서 틀기 위하여 음반구입 시 대금을 지불하였는데 별도의 저작권료를 지불해야 하는가이다. 이런 경우에는 청중이나 관중으로부터 해당 공연에 대한 반대급부를 받지 않았다면 판매용 음반 또는 영상저작물을 재생하여 공중에게 공연할 수 있다. 다만 저작권법 시행령 제11조에서 정하는 다음의 시설이나 장소에서는 시중에서 구입한 판매용 음반일지라도 재생하여 공연하는 것에 대해 저작권자의 허락을 받아야 한다(법 제29조 제2항). ① 단란주점, 유흥주점, 그 밖에 단란주점과 유흥주점 외의 영업소에서 감상설비를 갖추고 음악이나 영상저작물을 감상하게 하는 것을 영업의 주요 내용의 일부로 하는 경우 ② 경마장·경륜장·경정장·골프장·스키장·에어로빅장·무도장·무도학원 등 ③ 여객용 항공기·여객용 선박·여객용 열차 ④ 호텔·휴양콘도미니엄·카지노·유원시설 ⑤ 대형마트·전문점·백화점·쇼핑센터 등이다. 따라서 백화점에서 판매용 음반을 틀어주는 것은 위의 음악저작권자의 허락을 받아야 하는 경우에 해당하게 된다. 다만 음식점의 경우는 음악을 감상하게 하는 것을 영업의 주요 내용의 일부로 하지 않는 한 판매용 음반을 틀어주는 것은 저작권자의 허락을 받을 필요가 없다.16)

정리하면, 반대급부가 없는 상업용 음반공연은 다음과 같다. 첫째, 상업용 음반을 재생하는 방법으로 하는 공연이어야 한다. 상업용 음반CD 또는 영화 DVD 또는 비디오 테이프 등을 재생하는 경우만 해당하기 때문에 연주회, 가창대회, 시사회 등의 경우는 상업용 음반 또는 상업적 목적으로 공표된 영상저작물을 재생하는 방법으로 하는 공연에 해당하지 않는다. 디지털 음원이나 디지털 형태로 된 영상저작물도 그것이 상업용으로 제공된 것이라면 상업용 음반 또는 상업적 목적으로 공표된 영상저작물을 재생하는 방법으로 하는 공연에 포함될 수 있다. 둘째, 청중이나 관중으로부터 해당 공연에 대한 반대급부를 받지 않아야 한다. 셋째, 법령에서 금지하는 시설이나 장소에 해당하지 않아야 한다.

(8) 가정과 같은 한정된 장소에서의 개인적 목적으로 이용을 위한 복제(법 제30조)

저작권법 제30조는 "공표된 저작물을 영리를 목적으로 하지 아니하고 개인적으로 이용하거나 가정 및 이에 준하는 한정된 범위 안에서 이용하는 경우에는 그 이용자는 이를 복제할 수 있다. 다만, 공중의 사용에 제공하기 위하여 설치된 복사기기에 의한 복제는 그러하지 아니하다."고 규정하고 있다. 이 조항을 '사적 이용을 위한 복제'라고 한다.

이와 같이 개인적 이용 및 가정 그리고 이에 준하는 한정된 장소에서 이용하는 경우에는 복제할 수 있도록 하고 있다. 여기서의 한정된 장소란 복제행위가 구성원 사이에 강한 유대관계가 있는 소수의 인원사이에서 이루어져야 함

---

16) 『저작권Bag』, 문화체육관광부·한국저작권위원회.

을 말한다. 가령 친한 친구들 10명 내외가 모여서 취미활동을 위해 저작물을 복제하여 이용하는 경우이다. 다만 인터넷은 이러한 범위를 넘는 것으로 보고 있으므로 소수의 인원이라 하더라도 온라인 커뮤니티 등에서 저작물을 복제하여 이용하는 것은 사적복제에 해당하지 아니한다. 사적복제의 주체는 이용자 본인이 되어야 한다. 그러므로 이용자가 복제업자에게 복제의뢰를 한 경우에는 복제주체가 영리적인 목적으로 복제업에 종사하는 복제업자라고 보아야 하므로 사적복제에 해당한다고 보기 어렵다. 또한 도서관 등 공중의 사용에 제공하기 위하여 설치된 복제기기에 의한 복제도 보호 대상에서 제외된다. 요건을 갖춘 경우에도 그 범위는 저작자의 정당한 이익을 해치지 않는 범위 안에서만 복제가 허용되므로 필요한 범위를 넘어선 복제는 허용되지 아니 한다. 예컨대 인터넷에서 다운받은 이미지를 개인 명함에 넣어 사용하려고 한다면 저작권상의 침해문제는 없는가이다. 이 때의 명함은 명함의 일반적인 이용형태에 비추어 아직 인간적 유대관계가 형성되지 않은 다수의 사람에게 자신을 알리거나 소개의 목적으로 나눠주는 경우가 많기 때문에 이 규정에서의 한정된 범위 안에서의 소수의 사람을 대상으로 이용된다고 보기 어려우므로 저작권자의 이용허락이 있어야 한다.

컴퓨터프로그램의 경우에는 일반저작물과는 다르게 법 제101조의3 제1항 제4호가 적용된다. 이 규정에 의하면, "가정과 같은 한정된 장소에서 개인적인 목적으로 복제하는 경우"로서 "영리를 목적으로 복제하는 경우가 아닐 것" 및 "프로그램의 종류·용도·프로그램에서 복제된 부분이 차지하는 비중 및 복제의 부수 등에 비추어 프로그램의 저작재산권자의 이익을 부당하게 해치는 경우가 아닐 것"을 조건으로 하여 이용이 허용된다. 그러나 주의할 점은 저작권법 제30조의 "개인적으로 이용하거나 가정 및 이에 준하는 한정된 범위 안에서"와는 그 뜻이 완전히 다르다는 점을 알아야 한다. 말하자면 저작권법 제30조는, 복제자가 개인적으로 이용하는 경우와 가정이나 그에 준하는 한정된 범위 안에 있는 소수의 사람들이 함께 이용하는 것도 포함되지만, 동법 제101조의3 제1항 제4호의 컴퓨터프로그램이 적용되기 위해서는 복제자 자신의 개인적 이용목적과 이용자의 범위를 넓히는 것이 아니라 오히려 복제의 장소를 가정 안이나 혹은 그에 준하는 한정된 장소로 좁히는 것이 옳다. 따라서 공공장소에 설치된 pc 등에 의한 복제는 개인적 목적이라 하더라도 자유이용의 범위에서 제외된다.

이처럼 사적복제를 허용하는 이유는 가정과 같이 한정된 범위에서 이루어지는 이용행위는 저작권자의 정당한 이익을 부당하게 해할 염려가 적을 뿐만 아니라 실제 그 실효성을 기대하기 어렵고, 이에 대해 일일이 저작권자가 규제하는 것도 불가능하며 자칫 개인의 사생활의 자유를 침해할 우려도 있기 때문이다.

그러나 디지털 기술의 발전에 따라 저작물을 용이하게 복제, 유통될 수 있다는 점에서 볼 때, 저작물의 사적 복제의 광범위한 허용이 자칫 저작권자의 정당한 권익에 중대한 위협이 되고 있다는 인식의 확산에 따라 그 적용에 있어 신중을 기해야 할 필요성이 있다.

⑼ 도서관 등에 보관된 자료의 복제, 학교의 입학시험 그 밖의 학식 및 기능 또는 검정시험문제의 복제·배포(법 제31·32조)

㉮ 각종 도서관 시설에서는 저작재산권자의 허락이 없더라도 저작물의 복제와 전송이 가능하다. 이때 복제의 원본이 되는 저작물은 도서관 등의 시설에 보관된 자료이어야 하므로 시설의 외부에서 임의로 구하여 복제하는 것은 허용되지 않는다는 점에 주의해야 한다.

첫째, 조사 또는 연구를 목적으로 하는 이용자의 요구에 따라 공표된 도서의 일부분을 복제하여 1인 1부에 한해 제공할 수 있다. 따라서 용도가 조사나 연구가 아닌 감상용 혹은 독서용이라면 원칙적으로 복제를 해 주어서는 아니 되며, 도서의 일부분이 아닌, 한 권 분량 전체를 복제해 주거나 한 사람에게 같은 복제물을 여러 부 복제해 주어도 아니 된다. 이 경우 복제할 수 있는 것은 그 도서관에서 보관하고 있는 도서뿐만 아니라 다른 도서관으로부터 열람 목적으로 복제·전송 받은 도서 등도 포함된다. 다만, 디지털 형태의 복제는 허용되지 않는다.

둘째, 도서관 등이 자료의 자체 보존을 위해 필요한 경우에는 저작물을 복제할 수 있다. 이것은 보관 공간의 부족, 희귀본의 손상방지와 분실예방 및 보관자료로서의 저작물이 멸실되는 것을 막기 위해 필요하다고 판단되는 경우에 복제를 해서 장기간 보관할 수 있도록 하자는 취지이다. 복제의 방법은 복사뿐만 아니라 사진 또는 영상물·마이크로필름·디지털 복제도 허용된다. 하지만 그 도서 등이 이미 디지털 형태로 판매되고 있는 경우에는 도서관 등이 이를 디지털화할 수 없다.

셋째, 다른 도서관의 요구에 따라 보관용으로 복제물을 제공할 수 있다. 그런데 이 경우에는 해당 복제물이 절판 또는 그 밖의 사유로 인하여 도저히 구할 수 없는 상황일 때 그 복제물을 보관하고 있는 도서관에 의해 복제가 가능하다는 것이므로, 시중에서 구하기가 조금 힘들거나 구입하는 데 많은 비용이 필요하다거나 하는 사유는 이에 해당하지 아니한다. 여기에서의 도저히 구할 수 없는 상황이라 함은 저작물 또는 저작물이 수록되어 있는 매체가 절판되었거나 그 매체를 발행한 곳이 이미 문을 닫아 더 이상 시중에서 유통되지 않는 상황 등을 말한다. 가격이 높기 때문에 재정적으로 구입하기가 어렵다고 하는 경제적 이유 및 외국도서이기 때문에 입수하는 데 시간이 걸린다는 등의 이유는 될 수 없다. 이 경우에도 디지털 복제는 허용되지 않는다.

그 밖에 저작권자의 허락이 없어도 도서관 내에서의 열람을 위해 보관된 도서 등을 복제·전송할 수 있다. 다만, 동시 열람 이용자 수는 그 도서관이 보관하고 있거나 저작권자로부터 이용을 허락받은 도서의 부수를 초과할 수 없다. 말하자면 부수를 초과한 수의 이용자가 동시에 열람할 수 있도록 제공할 경우에는 이 규정에 의한 자유이용의 범위를 벗어나는 것이 되고 따라서 허락 없이 그렇게 할 경우에는 저작권자 등의 복제권 및 전송권을 침해한 것이 된다. 이것은 저작권자의 권익보호를 위한 최소한의 제한이라고 할 수 있다. 아울러 도서관 등은 보관하고 있는 도서 등을 다른 도서관 내에서의 열람을 위해 복제 또는 전송할 수 있다. 하지만 다른 도서관 내에서의 열람을 위한 복제·전송은 그 다른 도서관에서의 그 도서 등에 대한 구매 수요를 대체할 수 있기 때문에 자칫 저작권자나 출판권자의 이익을 부당하게 침해할 가능성이 있다. 이 점을 보완하기 위해 저작권법에서는 그 전부 또는 일부가 판매용으로 발행된 지 5년이 경과하지 않은 도서 등의 경우에는 복제·전송할 수 없도록 규정하고 있다. 이에 해당되는 도서는 비매품과 발행일로부터 5년이 경과된 도서이다. 또한 해당 도서가 디지털 형태로 판매되고 있다면 그것을 똑같이 디지털 형태로 복제할 수 없다.

한편, 열람을 목적으로 도서관 사이에 도서 등을 전송하거나 그 도서관에서 보관하고 있거나 다른 도서관으로부터 전송받은 디지털 형태의 도서 등을 출력하는 경우에 일정의 보상금을 당해 저작재산권자에게 지급해야 한다.[17] 다만, 국가 또는 지방자치단체나 대학 등을 저작재산권자로 하는 도서 등은 그 전부 또는 일부가 판매용으로 발행된 것이 아니라면 보상금을 지불하지 않아도 된다(법 제31조 제5항). 그리고 디지털 형태의 복제가 저작권자의 이익을 침해할 수 있는 위험요소를 최대한 회피할 수 있도록 하기 위하여 도서 등을 디지털 형태로 복제하거나 전송하는 경우에 도서관은 복제방지조치를 해야 한다(동조 제7항).

㉯ 학교의 입학시험, 학식 및 기능에 관한 시험 또는 검정시험을 위해 공표된 저작물을 복제하여 이용하는 것은 저작권침해가 되지 않는다. 그러나 영리를 목적으로 이용하는 것은 저작권침해에 해당한다. 예컨대 공표된 저작물을 각종 평가를 위한 시험문제에 복제하는 것은 면책되지만 이미 시험을 치른 기출문제를 문제집으로 발행하거나 각종 참고서나 수험서 혹은 잡지 등에 수록하는 것은 면책되지 않는다. 왜냐하면 시험문제는 법적으로 보호받는 저작물에 해당하기 때문이다.

⑽ 시각·청각장애인 등을 위한 점자복제·배포(법 제33·34조)

공표된 저작물은 시각·청각장애인 등을 위하여 점자로 또는 한국수어로 변환 및 복제·배포할 수 있다. 그리고 시각장애인 등의 복리증진을 목적으로 하는 시설 중 대통령령이 정하는 시설은 영리를 목적으로 하지 아니하고 시각

---

17) 개정 전 법에서는 지정단체에 관한 규정이 없어 저작재산권자를 개별적으로 찾아 지급하거나 공탁을 하였었으나, 개정법에서는 보상금청구권의 행사는 개별적으로 할 수 없고, 소속장관이 지정하는 권리자 단체를 통해서만이 할 수 있도록 하고 있다(법 제31조 제6항).

장애인 등의 이용에 제공하기 위하여 공표된 어문저작물을 녹음하거나 시각장애인 등을 위한 전용 기록방식으로 복제·배포 또는 전송할 수 있다. 본 규정은, 시각장애인 등을 위한 복제 등은 복지정책상의 필요성 및 공공성과 관련된 것으로 복제 등을 허용하더라도 저작권자의 경제적 이익을 해할 우려가 크지 않기 때문에 둔 규정이다. 여기서 시각장애인은 범위는 장애인복지법 시행규칙상 5급 정도에 해당되는 것으로 '앞을 못 보는 사람', 즉 중증시각장애인보다는 넓은 개념[18]이므로 독서 장애를 가지고 있는 사람도 이 규정의 적용을 받는다고 할 수 있다. 특히 본 규정을 적용받기 위해서는 영리를 목적으로 하지 않아야 하며, 동시에 시각장애인 등의 이용에 제공하기 위한 목적을 가져야 한다. 법령이 정하는 일정한 시설, 즉 ㉮ 장애인복지법 제58조 제1항의 장애인복지시설 중 시각장애인 등을 위한 장애인 생활시설, 점자도서관, 장애인지역사회재활시설 및 장애인직업재활시설 중 시각장애인 등을 보호하고 있는 시설 중의 1에 해당하는 시설, ㉯ 초·중등교육법 및 특수교육진흥법의 규정에 의한 특수학교와 시각장애인 등을 위하여 특수학급을 둔 각급학교, ㉰ 「도서관법」에 따른 국립중앙도서관·공공도서관·대학도서관·학교도서관·전문도서관 등이 해당되며, 영리목적의 법인이나 단체의 전문도서관으로서 그 소속원만을 대상으로 봉사가 주된 목적인 도서관은 해당되지 않는다. ㉱ 국가·지방자치단체, 영리를 목적으로 하지 아니하는 법인 또는 단체에서 시각장애인 등의 교육·학술 또는 복리증진을 목적으로 설치·운영하는 시설 등에서 수행하여야만 한다. 그리고 공표된 어문저작물을 대상으로 한 것만 허용되므로 미공표 저작물이나 어문저작물이 아닌 다른 종류의 저작물은 그 대상이 될 수 없다. 이렇게 어문저작물로 한정한 이유는 음악저작물 등은 복제 기타 방법으로 무단 이용될 가능성이 매우 높기 때문이다. 위와 같은 요건을 갖추게 되면 위의 시설이 할 수 있는 행위는 공표된 어문저작물을 녹음하거나 시각장애인 등을 위한 전용방식으로 복제·배포 또는 전송하는 것에 한정된다. 말하자면 점자(디지털점자)로 나

---

18) 최경수, "저작권의 새로운 지평: 2003년 저작권법(하)," 계간 저작권 2004년 봄호(제64호), 저작권심의조정위원회, 73면 참조.

타나게 하는 것을 목적으로 하는 전자적 형태의 정보기록방식, 인쇄물을 음성으로 변환하는 것을 목적으로 하는 정보기록방식, 시각장애인을 위하여 표준화된 디지털음성정보기록방식, 시각장애인 외에는 이용할 수 없도록 하는 기술적 보호조치가 적용된 정보기록방식 등이다.

청각장애인을 위하여 공표된 저작물 등에 포함된 음성 및 음향 등을 자막의 방법으로 청각장애인이 인지 또는 이용할 수 있도록 복제·배포·공연 또는 공중송신할 수 있다.

(11) **방송사업자의 자체방송을 위한 일시적 녹음·녹화(법 제34조)**

저작물을 방송할 권한을 갖고 있는 방송사업자는 자신의 방송을 위해 자체 수단으로 저작물을 일시적으로 녹음하거나 녹화할 수 있다. '방송사업자'란 방송을 업으로 하는 자를 말한다(법 제2조 제9호). '방송'이란 공중송신 중 공중이 동시에 수신하게 할 목적으로 음·영상 또는 음과 영상 등을 송신하는 것을 말한다(법 제2조 제8호). 이에 따라 만들어진 녹음물 또는 녹화물은 녹음일 또는 녹화일로부터 1년을 초과하여 보존할 수 없다(법 제34조 제2항 본문). 다만, 그 녹음물 또는 녹화물이 기록의 자료로서 다음의 시설 내에 보존되는 경우에는 그렇지 않다(법 제34조 제2항 단서, 동법 시행령 제16조).

㉮ 기록의 보존을 목적으로 국가나 지방자치단체가 설치·운영하는 시설,
㉯ 방송용으로 제공된 녹음물이나 녹화물을 기록 자료로 수집·보존하기 위해 「방송법」 제2조 제3호에 따른 방송사업자가 운영하거나 그의 위탁을 받아 녹음물 등을 보존하는 시설 등이다. 그 밖에 저작물을 방송할 권한을 가지는 방송사업자는 자신의 방송을 위해 자체 수단으로 저작물을 일시적으로 녹음하거나 녹화하는 경우 출처를 명시하지 않아도 되므로 출처의 명시의무는 없다.

(12) **미술저작물·건축저작물·사진저작물의 전시 또는 복제(법 제35조)**

저작권법상 미술저작물, 건축저작물 및 사진저작물을 묶어서 '미술저작물

등'이라고 부르고 있다. 미술저작물 등의 원본의 소유자는 그 저작물을 원본에 의하여 전시할 수 있다. 다만, 가로·공원·건축물의 외벽 그 밖에 공중에게 개방된 장소에 항상 전시하는 경우에는 저작권자의 동의를 받아야 한다.

저작물이 판매되어 저작권자(매도인)인 화가와 그림을 매수한 소유권자(매수인)가 달라지는 경우에 이해관계를 적절히 조정하기 위한 필요성이 있다. 즉 화가가 그림을 그린 후 그 그림을 타인에게 팔았다면 저작권은 여전히 화가가 가지게 되므로, 그 그림의 매수인은 실질적 소유자이지만 이를 복제하거나 전시 또는 개작 등을 하려면 저작권자인 화가의 허락을 받아야 하는 문제가 발생한다. 그러나 그림전시의 경우에는 일반거래관행에서 볼 때 소유자(매수인)가 저작권자인 화가의 동의없이도 전시할 수 있다는 점을 전제로 하기 때문에 저작권법은 일정한 요건 하에 그 저작물(그림)을 전시할 수 있다. 이 때 원본 전시만 가능하므로 복제물로 전시를 하는 것은 저작권자의 동의가 필요하다. 예컨대 달력에 있는 사진을 오려내어 액자에 넣어 허락 없이 병원복도에 걸어놓은 것은 저작권자의 전시권을 침해하는 행위이다.[19]

또한 건물의 외벽처럼 일반인들에게 항시 개방되어 있는 장소에 전시를 하려면 저작물의 소유자라 할지라도 저작권자의 동의를 받아야 한다. 즉 처음부터 공중에게 개방된 장소에 항시 전시할 목적으로 설치된 것이 분명하다면 저작자인 화가도 그 전시를 용인한 것으로 볼 수 있지만, 그렇지 않고 처음에는 저작자의 뜻에 따라 공중에게 개방되지 않은 장소에 설치하였던 것을 이후 소유자인 매수자의 의사에 따라 개방된 장소로 옮기거나 설치장소를 개방하는 경우에는 저작자인 화가의 뜻에 반하는 경우가 있을 수 있으므로 허용되지 아니한다.

또한 법 제35조 제2항은 "개방된 장소에 항시 전시되어 있는 미술저작물 등은 어떠한 방법으로든지 이를 복제하여 이용할 수 있다." 즉 사진을 찍는 것도 복제의 한 형태이므로 조각작품을 조각작품으로 복제하는 것뿐만 아니라 사진으로 복제하는 방법으로도 이용할 수 있다. 그러나 이때에도 저작권자의 이익을 보호하기 위하여 다음의 경우에 제한된다.

---

19) 서울지방법원 2004. 11. 11. 선고 2003나51230 판결 참조.

㉮ 건축물을 건축물로 복제하는 경우이다. 즉 건축저작물로 인정된 건축물을 전제로 하므로 창작성이 없는 일반 주택은 자유롭게 복제할 수 있다. 건축저작물을 사진촬영하거나 모형을 만드는 것은 허용된다.

㉯ 조각 또는 회화를 조각 또는 회화로 복제하는 경우이다. 조각 또는 회화를 사진이나 녹화물의 영상에 수록하는 것은 가능하다. 다만 이종복제, 즉 조각을 회화로, 회화를 조각으로 바꾸는 것에 대하여는 견해대립이 있다.

㉰ 개방된 장소 등에 항시 전시하기 위하여 복제하는 경우이다. 개방된 장소에 설치된 조각을 촬영하더라도 그 사진을 공개된 건물 외벽 등에 항시 전시하기 위해 하는 것은 허용되지 아니한다.

㉱ 판매의 목적으로 복제하는 경우이다. 예컨대 광화문광장의 이순신장군상을 작은 크기로 복제하여 기념품으로 판매하거나 사진을 찍어 기념엽서로 만들어 판매하려고 한다면 저작권자의 이용허락을 받아야 한다.

⒀ 저작물 이용과정에서의 일시적 복제(법 제35조의2)

현행 저작권법은 컴퓨터에서 저작물을 이용하는 경우에는 원활하고 효율적인 정보처리를 위하여 필요하다고 인정되는 범위 안에서 그 저작물을 일시적으로 복제할 수 있도록 복제의 범위를 확대하고 있다. 이것은 컴퓨터 환경에서의 저작물 이용을 위해 부수적으로 일시적 복제가 이루어지는 경우이어야 하며, 원활한 재생을 위해 그 안에 수록된 정보를 RAM에 일시적으로 저장하거나 정보검색의 속도를 높이기 위하여 캐시파일을 PC 하드디스크의 임시폴더에 저장하는 경우를 말한다. 저작권법의 개정 후 일시적 복제도 침해가 된다는 취지의 첫 판결이 최근에 나왔다.

최근 법원은 판결(서울지법 2013가합25649 판결)을 통해 소프트웨어를 사용하는 동안 프로그램의 일부가 일시적으로 컴퓨터 메모리에 저장되는 '일시적 저장'도 저작권법상의 복제로 보아야 하고 이에 따라 저작권료를 지급해야 하는 프로그램 사용으로 봐야 한다는 국내 첫 판결이 나왔다. 이 판결에 따르면 처음에는 무료로 배포되었던 소프트웨어가 나중에 유료로 전환하여 사용할 경우, 즉 국내에서 많이 사용되는 컴퓨터 화면 캡쳐 프로그램인 '오픈캡쳐'가 무료에서 유료로 바뀐 경우 기업을 포함한 사용자들은 프로그램을 사용할 때 컴퓨터가 자동으로 복제하는데 따른 저작권료를 내야 한다고 판시하였다. 말하자면 기존 프로그램을 업데이트하는 행위 자체는 저작권법이 금지하는 복제에 해당하지 않지만, 업데이트한 프로그램을 사용하면서 프로그램 일부가 컴퓨터 메모리에 저장되는 것은 복제에 해당한다는 것이다. 이 의미는 일시적 저장은 컴퓨터 프로그램이 구동될 때 컴퓨터 메모리에 입력돼 메모리 공간을 차지하는 현상을 의미하는 것을 말하는 것이다. 말하자면 프로그램이 실행과정에서 메모리에 지속적으로 탑재되어 존재하고 있음이 기술적으로 명백하고 이것은 유형물인 반도체에 일시적이나마 전기적인 형태로 고정되는 것을 의미하는 것을 강조한 것이다. 따라서 저작권법은 저작물의 전부에 대한 복제뿐만 아니라 부분적 복제도 금지하고 있으므로 복제권을 침해하였다고 본 판결이다.

제7절 저작권침해에 대한 구제

Ⅰ. 서 언

최근 인터넷과 IT 기술의 급속한 발전 및 세계 각국들의 지적재산 관련 산업을 보호하기 위한 수단을 강화해 나가는 경향에 있다. 특히 저작물의 불법복제로 인한 경제적 손실규모는 매우 크다고 할 수 있다(다음 표 참고. 출처: 저작권 통계집, 한국저작권위원회, 2018년 제7권 제8호, 160쪽~161쪽 인용). 더불어 저작물을 쉽게 이용할 수 있는 새로운 이용방법이 등장하고 저작물의 사회적, 재산적 가치가 부각되면서 저작권을 둘러싼 법률분쟁이 급격히 증가하고 있다. 분쟁원인은 당사자 사이에 거래사실이나 법리에 대한 의견의 대립이 대부분을 차지하지만 디지털, 온라인 기술이나 그 기술구현내용에 대한 견해가 대립되는 양상도 나타나고 있다. 이와 같은 저작권 분쟁은 당사자의 협상에 따라 해결되는 경우도 있지만 협상이 결렬되는 경우 법에 의한 구제절차를 밟게 된다.

▶ 년도 별 불법복제에 따른 연간 경제적 손실규모(단위: 억 원, 명)

연도	산업	생산감소	고용손실	부가가치 감소	세수손실	영업잉여 감소
2012	음악산업	7,482	8,936	4,110	223	646
	영화산업	8,102	9,699	3,081	342	521
	방송산업	1,938	557	845	8	146
	출판산업	3,093	1,965	1,100	131	124
	게임산업	5,361	3,764	2,736	32	520
	콘텐츠산업합계	25,976	24,921	11,872	735	1,957
	기타산업	14,626	9,353	6,394	731	2,333
	전체산업	40,602	34,274	18,266	1,466	4,289
2013	음악산업	7,901	9,406	4,345	235	682
	영화산업	9,469	11,286	3,602	400	609
	방송산업	2,166	784	940	9	164
	출판산업	3,338	3,435	1,187	142	134
	게임산업	5,348	4,152	2,730	32	518
	콘텐츠산업합계	28,223	29,062	12,803	817	2,107
	기타산업	15,876	11,092	6,945	794	2,533
	전체산업	44,099	40,154	19,748	1,611	4,639
2014	음악산업	5,289	7,420	3,425	185	539
	영화산업	8,633	12,138	3,874	430	654
	방송산업	2,123	897	1,089	10	189
	출판산업	3,649	4,429	1,531	183	173
	게임산업	3,454	3,171	2,085	24	396
	콘텐츠산업합계	23,160	28,056	12,004	833	1,950
	기타산업	13,371	10,942	6,829	783	2,483
	전체산업	36,532	38,998	18,833	1,616	4,433
2015	음악산업	4,132	4,938	2,292	125	356
	영화산업	8,292	9,909	3,165	354	530
	방송산업	3,209	1,101	1,410	13	240
	출판산업	4,094	4,213	1,456	174	164
	게임산업	4,425	3,435	2,259	26	429
	콘텐츠산업합계	24,152	23,595	10,581	692	1,719
	기타산업	13,989	9,723	6,039	691	2,195
	전체산업	38,141	33,318	16,621	1,383	3,915

2016	음악산업	4,191	5,008	2,325	127	361
	영화산업	9,752	11,654	3,722	416	623
	방송산업	3,092	1,061	1,359	13	231
	출판산업	4,032	4,148	1,434	171	162
	게임산업	4,127	3,204	2,106	25	400
	콘텐츠산업합계	25,193	25,075	10,945	751	1,778
	기타산업	14,527	10,079	6,297	720	2,290
	전체산업	39721	35,154	17242	1472	4,068
2017	음악산업	5,306	6,341	2,943	161	457
	영화산업	10,774	12,875	4,112	460	689
	방송산업	3,255	1,117	1,431	13	244
	출판산업	5,775	5,942	2,054	245	232
	게임산업	5,188	4,027	2,648	31	503
	콘텐츠산업합계	30,298	30,302	13,188	910	2,125
	기타산업	17,997	12,514	7,722	882	2,805
	전체산업	48,295	42,816	20,910	1,792	4,930

▶ 소프트웨어 불법복제율

구분		연도					
		2009년	2010년	2011년	2013년	2015년	2017년
불법 복제율(%)	대한민국	41	40	40	38	35	32
	세계 평균	43	42	42	43	39	37
	아시아 평균	59	60	60	62	61	57
대한민국 피해액(백만달러)		575	722	815	712	657	598

Ⅱ. 침해에 대한 구제절차(방법)

저작권침해에 대한 구제는 민사상 구제와 형사상 제재로 나누어진다. 민사상 구제방법에는 침해정지 및 예방청구, 가처분 신청, 복제물의 폐기조치 등의 청구, 손해배상 청구, 명예회복 등의 청구가 있다. 형사상 제재방법은 저작재산적 권리를 복제·공연·공중송신·전시·배포·대여·2차적 저작물 작성의 방법으로 저작재산권을 침해한 자는 5년 이하의 징역 또는 5천만원 이하의 벌금에 처하거나 이를 병과할 수 있고, 저작인격권을 훼손한 경우에는 3년 이하의 징역 또는 3천만원 이하의 벌금에 처하거나 이를 병과할 수 있으며, 저작권의 출처 또는 표지 등을 표시하지 아니한 자에게는 500만원 이하의 벌금에 처하도록 규정(법 제136조 내지 138조)하고 있고 침해에 대한 형벌을 친고죄로 규정하고 있다.

[저작권침해에 대한 법적 구제절차]

저작권분쟁을 해결하기 위한 민사절차와 형사절차를 보면 다음과 같다.[20]

1. 민사절차

민사절차는 본안절차와 보전절차로 나뉜다. 본안절차는 법원의 판결을 통해 분쟁을 종국적으로 해결하는 절차이다. 이러한 본안소송은 당사자가 법원에 소장을 제출함으로써 개시된다. 원고가 소장을 제출하면 법원은 소장 부본을 피고에게 송달하고, 피고는 이에 대한 답변서를 제출하게 되는데 이러한 서면의 공격과 방어의 절차를 거쳐 변론절차에 들어간다. 이에 관하여 재판부는 당사자가 주장하는 쟁점과 입증방법 등을 당사자에게 확인·정리하는 과정을 밟고 경우에 따라서는 미비된 주장내용을 보완하거나 증거신청절차를 취할 것을 요구한다. 원고와 피고의 증인 등 '증거조사절차'를 거쳐 변론을 종결하고 판결을 선고한다.

1심 재판에서의 패소자는 판결문을 송달받은 날로부터 2주일 내에 항소심 법원에 항소할 수 있다. 항소심은 1심 재판에서 제기된 당사자의 주장 또는 입증방법이 어느 정도 걸러진 내용을 기초로 진행되므로 집중된 쟁점을 중심으

---

20) 다음의 내용은 전문영변호사의 글을 토대로 작성한 것임을 밝혀둔다(저작권 침해에 대한 민·형사상 책임: 저작권침해에 대한 법적 구제 절차에 대하여, http://cpcstory.blog.me/70187117488).

로 신속하게 진행된다. 항소심의 재판 결과에 불복을 하는 자는 대법원에 상고할 수 있으나 대법원은 법리판단에 불복이 있는 경우로 제한하고 있으므로 정해진 상고이유에 해당하지 않는 상고에 대하여는 심리 불속행사유에 해당한다는 이유로 기각된다. 물론 항소하지 아니하거나 항소가 기각된 경우에 선고된 판결은 확정된다.

이와 같은 재판절차를 거친 본안소송에서 제기되는 청구는 매우 다양하다.

① 저작재산권, 저작인접권, 저작인격권 등의 침해에 대한 금전적 배상을 청구하는 손해배상청구

② 저작인격권 또는 실연자의 인격권에 대한 침해가 있는 경우에 손해배상과 함께 손해배상에 대신하여 명예회복을 위한 공고문(일간지신문, 인터넷신문 또는 침해자의 홈페이지에 침해사실 게재) 등 게재청구 —헌법재판소의 위헌결정에 따라 사죄광고는 청구할 수 없음—

③ 동일한 저작물에 대하여 서로 다른 사람이 권리를 주장하는 등 저작권 등 권리의 존재에 대한 다툼이 있어 그 확인을 구하는 저작권존재, 부존재확인 청구소송 또는 등록된 저작권에 대한 저작권등록말소청구

④ 저작권 등에 대하여 침해행위가 계속되고 있거나 침해가 예상되는 경우에 침해정지청구 또는 침해예방청구

⑤ 권리자의 권리를 침해하는 행위로 만들어진 물건에 대하여 폐기 또는 기타 필요한 조치의 폐기청구 침해행위로 만들어진 물건이 폐기청구의 대상이 되는 반면 범죄에 제공된 물건은 폐기청구의 대상이 아님은 형사상 몰수와 다르다. 형사상 몰수는 복제물과 그 복제물의 제작에 주로 사용된 도구 또는 재료 등을 몰수대상으로 한다.

⑥ 부당이득반환청구 등이 있다. 손해배상청구는 침해자의 침해사실에 대한 고의 또는 과실을 요하는 반면 부당이득반환청구는 침해자의 이러한 주관적 요건을 필요로 하지 아니한다. 부당이득반환청구는 저작권법 제정 당시 규정되었으나 그 후 개정(1986. 12. 31)을 통해 삭제되었다. 따라서 현재의 근거규정은 민법 제741조이다.

저작권 등에 대한 침해가 진행 중인 경우에는 단순히 손해배상만을 청구

하는 것만으로는 현재 진행되고 있는 침해를 막을 수 없으므로 침해정지청구를 손해배상청구와 함께 병합하여 청구할 필요가 있다. 또한 이미 침해행위는 종료되었더라도 재산적 손해가 있으면 손해배상청구를, 명예가 침해된 경우에는 명예회복청구를 할 수 있으며 저작권이 누구에게 귀속되는지에 대한 다툼의 경우에는 저작권확인청구도 함께 구함으로써 분쟁을 종식시킬 수 있다.

저작권침해현상을 방치하면 후일 승소판결을 얻더라도 이미 침해로 인한 피해가 크거나 피해회복이 현저하게 곤란하게 될 염려가 있는 경우, 잠정적으로 판결이 있을 때까지 현상의 변경을 금지하거나 더 이상의 침해행위를 금지시켜 장래의 강제집행을 보전하는 절차가 '보전절차'이다.

이와 같이 보전절차는 분쟁의 궁극적인 해결을 목적으로 하는 본안절차와 달리 권리의 보전을 목적으로 하는 것으로 가처분과 가압류절차가 이에 해당한다. 저작권분쟁에서 채권보전을 목적으로 하는 가압류절차도 이용되지만, 침해의 금지 등을 구할 수 있는 가처분신청절차도 적절히 이용할 필요도 있다.

가처분은 본안소송을 제기하거나 고소하기 이전에 현재의 계속되는 권리침해를 방지하기 위해 신청하는 제도이다. 가처분신청은 그 신청내용에 대한 증거에 대하여 엄격한 증명까지 요구하지 않고 그 보다 낮은 소명만으로 가능하도록 하고 있고 또한 대부분 1회로 종결되는 심리절차로 인하여 신속히 결정을 하게 되어 저작물의 불법사용행위를 금지시킬 수 있고 나아가 장래에 발생할 수 있는 손해도 막을 수 있기 때문에 저작물 침해행위가 진행되는 경우에 많이 이용하고 있다. 일반적인 가압류 또는 가처분의 경우 담보를 제공하여야 하나 저작권법에서는 담보제공 없이 침해정지, 압류 등 필요한 조치를 할 수 있다. 다만 보호되는 권리의 침해가 없다는 뜻의 판결이 확정된 때에는 신청자는 그 신청으로 인하여 발생한 손해를 배상하여야 한다. 말하자면 저작권분쟁이 발생한 경우에 장시간 소요되는 본안소송을 진행하여 원고가 패소판결을 받게 되면 상대방인 피고는 이미 돌이킬 수 없는 손해가 발생할 수 있음을 염두에 둔 것이다. 사전·예방적 차원에서 저작물의 복제배포의 금지를 구하는 가처분은 본안승소판결에 의한 강제집행에 의한 저작권자의 종국적 만족과 동일한 내용의 권리관계를 형성하는 것으로 '만족적 가처분'이라고 한다. 가처분은 '피보전 권

리'와 '보전의 필요성' 요건을 충족해야 받아들여진다. 즉 상대방도 저작권권리
관계에 대한 이해관계를 가지고 있어야 하고, 현저한 손해를 피하거나 급박한
위험을 막기 위한 고도의 특별한 사정에 대한 소명이 있어야 한다.

2. 조정

민사소송으로 분쟁을 해결하지 아니하고 당사자 상호간 조정을 통해 분쟁
을 해결할 경우에는 '한국저작권위원회의 조정절차'를 택하면 된다. 저작권법은
'저작권위원회조정제도'를 두고 있는데, 당사자 간의 사실관계 또는 법리에 대
한 무지나 오해에 따른 소모적인 대립이 있는 경우 또는 법리적 판단보다는 거
래실정에 맞추어 상식적인 해결을 하는 것이 적절한 사안의 경우에는 조정제
도를 이용하여 분쟁을 해결하는 것이 더 효율적인 방법이 될 수 있다.

3. 형사절차

당사자 사이에 민사적 또는 조정방법으로 해결하지 아니하고 국가형벌권
을 발동시켜 해결하고자 할 경우에는 형사고소를 하여 문제를 해결하기도 한
다. 침해당한 피해자가 형사고소를 제기하면 수사가 개시되는데, 저작권법 위
반의 범죄는 원칙적으로 피해자고소가 있어야 하는 친고죄이지만 예외적으로
영리목적 또는 상습적으로 일정한 침해행위를 하는 경우에는 고소와 관계없이
검찰에서 직권으로 공소를 제기할 수 있다.

[형사사건 처리절차]

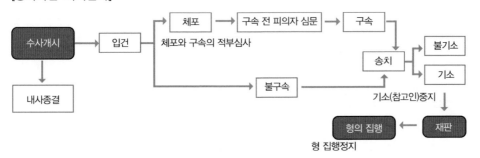

출처: 법무부 형사사법포털(http:/www.kics.go.kr/index.html)

피해자가 국가형벌권의 발동을 구하기 위해 침해자를 상대로 형사고소를 하면 수사가 개시되고 수사결과 피의자에게 범죄혐의가 있다고 판단되면 검찰은 법원에 벌금형을 구하는 약식기소를 하거나 징역형을 구하는 공판기소를 하게 된다. 검사의 공판기소가 있거나 또는 피의자가 약식기소에 불복하여 정식재판을 구하게 되면 법원에서 형사재판절차가 진행된다. 이때의 형사재판은 공소권을 갖는 '검사'와 저작권침해의 혐의가 있는 '피고인'이 당사자가 되는 구조를 가지며 판결을 통하여 저작권법에 근거한 국가형벌권이 확정되고 집행을 하게 된다.

저작권법 위반사범에 대한 법원처분 결과를 보면([표 7] 참고), 저작권법으로 기소되는 경우에도 정식재판에 회부되는 경우는 0.3% 정도에 불과하며, 대부분은 약식 기소되어 벌금형을 선고받는다. 그리고 정식으로 형사재판에 회부된 경우에도 1심판결을 기준으로 실형이 선고된 경우는 2012년에 1명뿐이고 대부분은 벌금형이 선고되었다. 이렇듯 저작권 침해행위의 대부분은 불법정도가 극히 경미하거나 공판절차에 회부되어질 이유가 없는 사건이라는 것을 의미하고, 이들의 불법행위들은 단적으로 형벌을 통한 범죄억제효과가 무의미함을 나타낸다고 할 수 있다. 이런 면에서 볼 때, 저작권법이 예정했던 저작권침해에 대한 형사제재의 실효성이 확보될 수 있을 것인가에 대해서는 회의적이다.

[표 7] 저작권법 위반사범 제1심 공판사건 처리결과(%)

	2008	2009	2010	2011	2012
자유형	–	–	–	–	2(0.0)
집행유예	9(0.3)	19(0.5)	22(0.6)	13(0.4)	20(0.6)
선고유예	22(0.6)	64(1.6)	15(0.4)	26(0.8)	19(0.6)
벌금형	3.226(94.2)	3.785(93.7)	2.531(71.9)	2.633(77.4)	2.790(85.6)
무죄	1(0.0)	–	1(0.0)	12(0.4)	3(0.1)
기타 (공소기각, 형면제, 소년부송치)	168(4.9)	173(4.3)	951(27.0)	719(21.1)	426(13.1)
계	3.426(100)	4.041(100)	3.520(100)	3.403(100)	3.259(100)

출처: 법무연수원, 범죄백서, 2012, 549면.

저작권법 위반은 피해자의 고소가 있어야 수사가 개시되는데, 친고죄와 비친고죄의 유형이 있는 저작권법 위반죄에서 친고죄인 경우에는 반드시 권리자의 고소가 있어야 처벌할 수 있고, 고소는 범인을 알게 된 날로부터 6개월 이내에 하여야 하며, 한 번 고소를 취하하면 다시 고소를 할 수 없다는 제한이 있다.

이상과 같이 저작권관련 분쟁이 발생하고 이로 인하여 당사자에게 재산적, 정신적 침해 또는 침해가능성이 발생된 경우에 저작권침해를 구제하기 위한 법적 구제방법은 위와 같다. 다만 구제방법 중 어떤 방법을 선택할 것인가는 당사자가 결정할 몫이다. 구제방법을 선택할 경우에는 구제절차를 통한 분쟁해결가능성, 즉 침해형태에 적절히 대응하고 분쟁을 종국적으로 해결할 수 있는지의 여부, 소요기간과 구제절차를 진행함에 있어 소요되는 경제적 비용의 감안, 구제절차를 통한 피해회복가능성과 같은 구제절차의 실효성 등을 고려하여 가장 효율적인 법적 구제방법을 선택하여야 한다.

제8절 퍼블리시티권(Publicity Right)

Ⅰ. 서 언

얼마 전부터 배우, 운동선수 등 유명인의 성명이나 초상을 사용하여 법적 다툼이 벌어진 사건들이 있었다. 법원도 이 사건에 대하여 판단할 법규범도 없다보니 하급심에서 조차 각기 다른 판결을 내리고 있고, 정확한 개념정의도 내리기 어려운 상황이다. 그러나 지금까지 여러 분야에서 논의되었던 내용을 모아서 정리하면 다음과 같이 정의를 내릴 수 있겠다. 일반적으로 퍼블리시티권이라 함은 유명인의 성명 또는 초상, 행동, 목소리, 연상시키는 물건 등을 사용하여 자기임을 보여주는 이미지에 관한 법적·경제적 권리라고 말할 수 있다. 애초 퍼블리시티권은 광고산업이 발달한 미국에서 프라이버시권과 관련한 권리로 인정되면서 발전된 권리인데, 그 후 유럽 여러 나라에 수용되었다.

Ⅱ. 타국의 실태 및 입법의 찬반론

1. 타국의 실태

퍼블리시티권은 지적재산권분야 중 어느 영역에서 다룰 것인가, 즉 상표권을 다루는 특허청에서 다룰 것인지, 아니면 저작권 분야에 속한다면 그 주무관청인 문화체육관광부에서 다룰 것인지는 차치하더라도 현재 우리 저작권법에는 명문의 규정을 두고 있지 않는 상태에서 이 권리를 인정하는 또는 불인정하는 하급심 판결이 연속하여 나오고 있다. 우선 퍼블리시티권이 어느 분야에 속하는가에 대한 외국의 실태를 살펴보면 다음과 같다.

(1) 미국

미국 연방 제2항소법원은 1953년 Haelan판결을 통하여 최초로 퍼블리시티권을 인정한 이래 여러 학자들은 퍼블리시티권이 성질상 저작권법에 가깝지만 상표나 부정경쟁방지법상의 권리와는 거리가 먼 것이라고 생각하였다. 그러나 권리의 침해성립요건인 혼동을 요구하지 않는 점 때문에 상표 및 부정경쟁방지분야와 결코 무관하지 않다고 함으로써 그 무게를 저작권에 두지 않는 경향이 짙다는 점을 파악하게 되었다.21)

(2) 영국

영국에서는 프라이버시권이나 퍼블리시티권을 공식으로 인정하고 있지 아니하다. 타인의 성명 또는 초상을 허락없이 이용한 경우에도 그 자체를 이유로 권리침해를 주장할 수 없고, 단지 명예훼손이나 계약위반의 문제가 될 수 있을 뿐이다.

---

21) 미국의 부정경쟁방지법의 최고 권위자인 Mccarthy의 저술서 및 Nimmer의 저술서인「Nimmer on Copyright」에서 퍼블리시티권을 전혀 취급하지 않은 점은 결코 우연히 아니라는 점 등을 볼 때, 저작권법에 가까운 것이 아니라 부정경쟁방지법 분야에 속하거나 적어도 그것에 가까운 것으로 취급되고 있다는 것이다(박준석, "퍼블리시티권의 법적 성격－저작권과 상표관련 권리 중 무엇에 더 가까운가?"「산업재산권 제30호」 295면에서 인용, (사)한국산업재산권법학회. 보다 자세한 내용은 이하 참조.

(3) 독일

독일에서는 성명 또는 초상은 인격권으로 다루고 있다. 별도의 퍼블리시티 권규정은 없다. 다만 연방대법원은 유명인의 성명, 초상 등이 광고 등에 사용된 경우에는 퍼블리시티권을 인격권의 한 권리로 보고 무단사용에 따른 책임에 대한 손해배상책임을 져야 한다는 판결을 내림으로써 미국과 유사한 입장에 서 있다.

(4) 일본

일본의 경우도 독일처럼 초상권과 성명권을 인격권으로 보고 있었다. 그런 데 일본은 더 나아가 이 권리를 경제적 권리로 인정한다는 퍼블리시티권에 관 한 최초판결(마크 레스터사건; 동경지방재판소 1976. 6. 29. 선고판결)이 나온 후, 법 원판례는 용어사용을 하는 경우도 있고, 그렇지 않은 경우도 있지만 대체로 인 정하는 태도를 보이고 있다.

2. 입법의 찬반론[22]

(1) 입법이 필요하다는 주장

첫째, 유명인의 성명이나 초상이 무단으로 사용되더라도 정신적 손해를 인 정받지 못하는 사례가 있으므로 재산적 피해를 배상받을 수 있는 제도가 필요 하고, 둘째, 민법은 재산 이외의 손해에 대하여는 정신상 고통에 대한 배상책 임만 인정하고, 저작권법의 저작인격권도 재산적 가치가 있는 성명·초상 등 개인의 이미지에 대한 권리를 보호하지 못하여 보호에 공백이 있고, 셋째, 특 정인의 성명·초상의 독점적 사용권을 제도적으로 보장함으로써 퍼블리시티권 시장이 형성되고 관련 산업이 활성화 된다.

(2) 입법이 필요없다는 주장

첫째, 이용자측면에서 헌법 제21조가 보장하는 언론·출판의 자유에 대한 제한으로 작용하고, 둘째, 노력을 통하지 않고 얻은 성명·초상 등에 대하여 배 타적 재산권을 주는 것은 일반인과 비교할 때 형평에 반하는 과도한 보호라는 점 등을 근거로 한다.

---

22) 홍승기, 퍼블리시티권에 관한 국내실태조사(인하대학교 산학협력단), 한국저작권위원회, 2013. 4.

Ⅲ. 판례의 동향

1. 인정 판례

소설가 망 이효석의 초상을 상품권에 사용한 것이 망인의 퍼블리시티권 침해라고 하여 그 상속인이 소를 제기한 데 따른 판결이다.

☞ **참고:** 서울동부지방법원 2006. 12. 21. 선고2006가합6780판결 – "이효석" 사건

> 재판부에 따르면 "소위 퍼블리시티권이라 함은 사람이 그가 가진 성명, 초상이나 기타의 동일성(identity)을 상업적으로 이용하고 통제할 수 있는 배타적 권리를 말하는데, 이러한 권리에 관하여 우리 법에 명문의 규정은 없으나 대부분의 국가가 법령 또는 판례에 의하여 이를 인정하고 하고 있는 점, 이러한 동일성을 침해하는 것은 민법상의 불법행위에 해당하는 점, 사회의 발달에 따라 이러한 권리를 보호할 필요성이 점차 증대하고 있는 점, 유명인이 스스로의 노력에 의하여 획득한 명성, 사회적인 평가, 지명도 등으로부터 생기는 독립한 경제적 이익 또는 가치는 그 자체로 보호할 가치가 충분한 점 등에 비추어 해석상 이를 독립적인 권리로 인정할 수 있다."고 판시하여 퍼블리시티권을 인정하였다. 뿐만 아니라 "퍼블리시티권은 인격권보다는 재산권에 가까운 점, 즉 성질상 민법상의 명예훼손이나 프라이버시에 대한 권리를 유추적용하는 것보다는 상표법이나 저작권법의 규정을 유추적용함이 상당한데 이러한 상표권이나 저작권은 상속가능한 점, 상속성을 부정하는 경우 사망이라는 우연적 요소에 의하여 그 재산적 가치가 크게 좌우되므로 부당한 결과를 가져올 우려가 큰 점 등에 비추어 상속성을 인정함이 상당하다."고 판시함으로써 퍼블리시티권의 상속성까지도 인정하였다.

2. 부정 판례

☞ 사례[23]

---

23) 이 밖에 같은 취지의 판결(서울고등법원 2002. 4. 16. 선고 2000나42061 판결취하(표장사용금지등)): 상고; 서울지방법원 2013. 8. 8. 선고 2013가단26959 판결: 확정; 수원지방법원 성남지원 2014. 1. 22. 선고 2013가합201390 판결(항소); 서울지방법원 2013. 12. 20. 선고 2013가합737 판결: 항소); 서울민사지방법원 1988. 5. 18. 선고 87가합6175 판결(5일장); 서울민사지방법원 1991. 7. 25. 선고 90가합76280 판결(윤정)은 재산상 손해 외에도 정신적

☞ 참고: 서울서부지방법원 2014. 7. 24. 선고 2013가합32048 판결: 항소(각공2014하, 688)

【판시사항】

　[1] 우리 법상 유명인의 성명이나 초상·서명 등이 갖는 재산적 가치를 독점적·배타적으로 지배하는 권리인 퍼블리시티권(Right of Publicity)을 인정할 수 있는지 여부(소극)

　[2] 연예인 등이 자기의 성명과 초상이 권한 없이 사용됨으로써 정신적 고통을입었다는 이유로 손해배상을 청구하기 위한 요건

　[3] 연예인으로 활동하는 甲등이 인터넷 포털 사이트를 운영하는 乙주식회사가 제공하는 키워드 검색광고 서비스를 통하여 광고주들이 甲 등의 성명과 상품명 등을 조합한 문구를 키워드로 이용함으로써 甲 등의 퍼블리시티권 또는 성명권이 침해되었다는 이유로 乙회사를 상대로 손해배상 등을 구한 사안에서, 퍼블리시티권을 인정할 수 없고, 키워드 검색광고를 통하여 甲 등의 성명권이 침해되었다거나 키워드 검색광고가 부정경쟁방지 및 영업비밀보호에 관한 법률 제2조 제1호 (차)목의 부정경쟁행위에 해당한다고 볼 수 없다고 한 사례.

【재판요지】

　고유의 명성, 사회적 평가, 지명도 등을 획득한 배우, 가수, 운동선수 등 유명인의 성명이나 초상 등이 상품에 부착되거나 서비스업에 이용되는 경우 상품의 판매 촉진이나 서비스업의 영업활동이 촉진되는 효과가 있는데, 이러한 유명인의 성명, 초상 등이 갖는 고객흡인력은 그 자체가 경제적 이익 내지 가치로 취급되어 상업적으로 거래되고 있으므로, 성명권, 초상권 등 일신에 전속하는 인격권이나 종래의 저작권, '부정경쟁방지 및 영업비밀보호에 관한 법률'의 법리만으로는 이를 설명하거나 충분히 보호하기 어려움. 우리나라에서도 근래에 이르러 연예, 스포츠산업 및 광고산업의 급격한 발달로 유명인의 성명이나 초상 등을 광고에 이용하게 됨으로써 그에 따른 분쟁이 적지 않게 일어나고 있으므로 이를 규율하기 위하여 성명이나 초상, 서명 등이 갖는 재산적 가치를

손해를 인정한 사건; 서울지방법원 1995. 6. 23. 선고 94카합9230 판결(소설 이휘소)은 처음으로 미국법상의 '퍼블리시티권' 개념을 적용한 사건; 서울지방법원 1995. 9. 27. 자 95카합3438 결정(김우중)은 평전 집필과정에서의 사진, 성명, 가족관계 등의 노출을 문제삼은 사건; 서울지방법원 1996. 4. 25. 선고 95가합60556 판결(윤석화)은 최초의 '성명권' 침해사건이라고 하나 재산적 손해가 아닌 위자료를 청구한 사건; 서울지방법원 1997. 8. 1. 선고 97가합16508 판결(임꺽정)은 초상권침해를 이유로 위자료 청구를 하였다. 위자료 판단에서는 재산적 손해의 요소를 고려한 판결; 서울고등법원 1998. 3. 27. 선고 97나29686 판결(황인정)은 '초상권'의 법적 성격을 재산권이라 보았고, 재산상의 손해배상을 인정한 판결.

독점적, 배타적으로 지배하는 권리인 퍼블리시티권(Publicity Right)이라는 새로운 권리 개념을 인정할 필요성은 충분히 수긍할 수 있음. <u>그러나 민법 제185조는 …물권법정주의를 선언하고 있고, …법률(성문법과 관습법)이 인정하지 않는 새로운 종류의 물권을 창설하는 것은 허용되지 아니함. 그런데 재산권으로서의 퍼블리시티권은 성문법과 관습법 어디에도 근거가 없음. 따라서 법률, 조약 등 실정법이나 확립된 관습법 등의 근거 없이 필요성이 있다는 사정만으로 물권과 유사한 독점배타적 재산권인 퍼블릭시티권을 인정하기 어렵고, 퍼블리시티권과의 성립요건, 양도·상속성, 보호대상과 존속기간, 침해가 있는 경우의 구제수단 등을 구체적으로 규정하는 법률적인 근거가 마련되어야만 비로소 퍼블리시티권을 인정할 수 있다.</u>는 일관된 태도를 보이고 있다.

Ⅳ. 퍼블리시티권의 내용과 범위

법원의 판결은 퍼블리시티권이 법률상 명문화되어 있지 않고, 침해의 기준의 모호성 때문에 부득이 개별 사안에 따라 법원의 판단도 달리 나올 수밖에 없었다고 생각한다.

하급심법원은 동일성을 침해하는 것은 민법상의 불법행위에 해당하며, 사회의 발달에 따라 이 권리를 보호할 필요성이 점차 증대하고 있는 점, 유명인의 스스로의 노력에 의해 획득한 명성, 사회적 평가, 지명도 등으로부터 생기는 독립한 경제적 이익 또는 가치는 그 자체로 보호할 가치가 있다고 판시하였는데, 문제는 향유 주체에는 일반인 또는 법인이나 단체의 포함 여부와 내용의 범위가 문제된다.

1. 주체

일반적으로 자연인으로서의 유명인은 퍼블리시티권을 가진다는 점에 대하여는 의문의 여지가 없지만, 일반인도 퍼블리시티권을 가질 수 있는가이다. 즉 유명인과 일반인(비유명인)의 구별기준의 모호성이다. 일반인도 자신의 성명, 초상을 광고 등에 상업적으로 이용할 경우 광고료를 받으므로 오로지 유명인만이 퍼블리시티권을 가진다고 하는 것은 수긍할 수 없다. 그리고 법인 또는 단체의 경우는 애당초 퍼블리시티권의 인정여부에 대하여, 자연인은 아니므로 대상에 포함될 수 없다고 보는 것이 다수의 견해24)인 듯하다. 따라서 법인은 상법상의 보호만으로도 어느 정도의 보호의 효과가 있다고 판단되므로 주체가 될 수 없다고 보는 것이 타당하다.

2. 내용

일반적으로 성명(예명이나 별명, 이명 포함), 초상, 사진, 목소리(모창 포함), 극중에서의 독특한 역할 등은 퍼블리시티권의 대상이 된다. 그러나 특정인을 연상시키는 물건도 그 대상에 포함해야 한다는 견해25)도 있으나, 이는 퍼블리시티권의 범위를 지나치게 확장한 것이라고 생각한다.

V. 침해의 유형

타인의 성명, 초상 등을 그의 허락없이 광고에 이용하거나 포스터, 티셔츠, 기념품 등의 상품에 사용한 경우 또는 건축물의 외벽에 붙이는 행위 등은 모두 퍼블리시티권을 침해한 것이라고 볼 수 있다.

VI. 결　어

국내에서 퍼블리시티권에 대한 사회적 관심의 증가와 논의가 활발하게 개진되고 있음에도 법규미비 및 그에 따른 하급심의 각기 다른 판결로 혼선이 일어나고 있다. 그동안 법원의 판례축적과 학계의 활발한 논의가 된 상태이므로

---

24) 유대종, "퍼블리시티권(Right of Publicity)에 관한 소고." 저작권연구 창간호(2002. 5.), 한국저작권법학회, 141면; 이해완, 앞의 책, 715면.

25) 프로자동차경주선수의 차를 담배광고에 사용한 사안에서 그 선수에 대한 퍼블리시티권의 침해를 인정한 미국판례(Motschenbacher v. R.J.Raynolds Tobacco Co., 498 F. 2d 821(9th Cir. 1974)가 있다(이해완, 앞의 책, 718면 각주 1)에서 재인용).

이제는 관계당사자 및 관련업계의 활성화를 위한 발전적 모색을 강구해야 할 분야이다.

제9절 이러닝 콘텐츠와 관련한 저작권 고려 사항

I. 서 언

문화산업의 중심이 콘텐츠로 빠르게 변모하고 있는 현대 사회에서 교육현장도 그 영향을 받게 되었다. 즉 대학의 강단에서 강의를 받았던 종전의 교육환경에서 벗어나 원거리에 떨어진 학습자가 원하는 시간에 필요한 교육을 받을 수 있는 환경이 만들어진 것이다.[26] 국내에서는 2000년경을 전후하여 '사이버대학'이 설립되고 각종 교육기관 및 교육지원기관에서 이러닝(e-learning)을 활성화 하면서 이와 관련한 콘텐츠가 제작되기 시작하였고, 반면 제작된 이러닝 콘텐츠도 저작권 침해사고 및 분쟁이 발생하기도 하였다. 이는 콘텐츠제작에 있어서 저작권에 대한 인식의 결여 결과라고 할 수 있다.

본 절에서는 이러닝의 개념정의를 살펴보고, 콘텐츠 제작과정에서 저작권 침해가 발생되지 않도록 하기 위한 기본적 사항과 분쟁요소 및 대처 방법에 관하여 살펴본다.

II. 이러닝의 개념과 논의필요성

2004년 1월 29일 제정된 '이러닝(전자학습)산업발전법'을 기초로 하여 교육 분야에서도 이러닝을 중심으로 하는 교육을 제공받게 되었다. 전자적 수단을

---

26) 소속대학의 학생뿐만 아니라 유료등록한 일반 수강생도 소속 교수의 강의를 인터넷을 통하여 제한된 기간에 강의동영상을 전송하는 것은 이미 미국의 MIT에서 2001년부터 실시한 바 있다. 현재 MIT 공개강의 사이트(http://ocw.mit.edu/index.htm)에는 약 2,000개의 강의가 공개되어 있고 누적인원 1억 명이 방문하였다고 한다.

통한 교육을 지칭하는 '이러닝'은 동법 제2조 1호에서 다음과 같이 정의하고 있다. '전자적 수단, 정보통신 및 전파·방송기술을 활용하여 이루어지는 학습'이라고 하고 있다. 그러므로 여기에는 '방송'에 의한 경우도 포함하고 있으므로 이른바 디지털방송에 국한된다고 볼 수 있다.27)

　이러닝의 장점은 교육주체인 학교가 자신의 교육시설이 가진 물리적 수용능력의 한계를 극복하고 교육의 주체와 객체 모두 시간과 장소의 제약없이 신축적으로 교육과정을 진행하거나 참여할 수 있다는 점을 들 수 있다. 반면 단점으로는 이러닝은 전송을 수단으로 삼을 경우 자칫하면 이러닝에 등장하는 저작물의 시장 수요를 대폭 감소시킴으로서 저작물의 유통발전을 저해시키는 결과를 가져올 수 있다.

Ⅲ. 이러닝 콘텐츠의 제작과정

　일반적으로 이러닝 콘텐츠제작은 교육기관 또는 교육지원기관이 자체적으로 진행하기도 하고 또는 외주에 위탁하는 경우도 있으나 대체로 제작 진행과정은 동일하며 그 과정은 다음과 같다.

　이 과정을 통해 제작된 이러닝 콘텐츠에 대한 저작권분쟁의 사전예방 조치를 살펴본다.

　첫째, 제작과정 중 발생한 창작을 누구의 권리로 할 것인가의 여부,

　둘째, 제작과정에서 타인의 저작물을 이용 또는 초상을 촬영할 경우 그 이용허락여부,

　셋째, 콘텐츠의 편집·가공에 사용할 영상 소스 또는 배경음악, 효과음, 서체 등의 이용에 대한 비용지불

　넷째, 서비스 탑재 전, 저작권의 침해여부 확인 및 관련 메타 데이터의 기록 등이다.

---

27) 한국방송통신대학의 교육처럼 특수한 경우가 있다. 즉 공중파 방송을 활용하는 방법 이외에도 녹음테이프 강의, 출석수업 등의 다른 형태도 존재한다.

개발업체의 선정 및 위탁개발계약체결
(입찰, 공모, 수의계약 선택)

⇩

집필자 및 출연자 선정과 계약체결
(섭외 및 계약)

⇩

수업 설계
(수업전략 수립 및 강의 시나리오 집필, 수업자료선정)

⇩

촬영준비
(수업자료에 대한 촬영허가 및 이용허락계약, 촬영장소 확정 및 강연예정자 초상촬영, 이용거부의사 확인 등)

⇩

촬영
(소재자료 및 수업 촬영)

⇩

품질평가 및 서비스 탑재
(저작권침해여부 확인 및 완성된 수업동영상 서비스 상에 탑재)

⇩

편집 · 가공
(내용편집, 디지털영상처리 및 타이틀 작업, 자막처리, 배경음악/효과음삽입, 인코딩, Intro 및 Ending제작 등)

1. 이러닝 콘텐츠의 개발유형

① 교육기관[28] 또는 교육지원기관[29]이 직접 이러닝 콘텐츠를 개발하는 경우

---

[28] 저작권법 제25조 제2항은 그 적용받는 교육기관으로 "특별법에 따라 설립되었거나 유아교육법, 초·중등교육법 또는 고등교육법에 따른 학교, 국가나 지방자치단체가 운영하는 교육기관을 나열하고 있다. 따라서 이 규정에 적용받는 교육기관으로는 초·중등교육법에 의한 학교 외에 유아교육법에 의한 유치원, 고등교육법에 의한 대학, 산업대학, 교육대학, 전문대학, 방송대학, 통신대학, 방송통신대학, 기술대학 및 이에 준하는 각종 학교 등과 특별법에 의한

② 교육기관 또는 교육지원기관이 이러닝 콘텐츠제작을 제작전문 업체에 위탁하여 개발하는 경우

위의 ①의 개발형태를 취할 경우에는 교육기관 또는 교육지원기관이 직접 공모를 통해 이러닝 콘텐츠 개발에 참여할 자를 선정한 후 그 자가 진행하는 수업을 동영상으로 촬영하여 그 내용에 대한 기획, 강의, 시나리오집필, 강의진행을 위한 출연 등을 맡고, 교육기관 또는 교육지원기관의 자체 설비 및 인력을 통해 촬영 및 편집·가공을 하게 된다. 이렇게 제작된 이러닝 콘텐츠는 별도의 계약을 맺지 않은 경우에는 강연자와 교육기관 또는 교육지원기관이 공동으로 저작권자가 된다. 이 공동저작물은 저작권자 전원의 합의가 필요하고, 만약 합의가 없으면 해당 저작물에 대한 수정 또는 서비스제공 등이 어려울 수 있다. 따라서 교육기관 또는 교육지원기관은 이러닝 콘텐츠의 원활한 서비스와 저작물의 수정, 편집, 가공을 위해서는 공동저작권자인 강연자로부터 저작권을 양도받을 필요가 있다.

②의 개발형태를 취할 경우에는 기본적으로 그 이러닝 콘텐츠에 대한 저작권을 위탁개발업체와 그 이러닝 콘텐츠 개발에 참여한 강연자가 가지게 된다. 이런 경우에 교육기관 또는 교육지원기관이 해당 수업 동영상을 위탁받아 제작한 업체와 참여강연자로부터 해당 이러닝 콘텐츠에 대한 저작권을 양도받아야 한다. 만일 추후에 해당 저작물에 대한 수정이나 서비스제공이 어려울 수 있다.

각종 교육기관 등이 해당한다. 그리고 특별법에 의한 교육기관은 '평생교육법'에 의한 각종 평생교육기관, '근로자직업능력개발법'에 의한 공공직업훈련시설과 지정직업훈련시설, '산업교육진흥 및 산학협력촉진에 관한 법률'에 의한 산업교육기관, '장애인등에 대한 특수교육법'에 의한 특수교육기관 등이 이에 해당한다. 또한 국가 또는 지방자치단체가 운영하는 중앙 및 지방공무원연수원, 각 시도 교육연수원 등도 포함된다. 그러나 '학원의 설립·운영 및 과외교습에 관한 법률'에 의해 설립된 학원 또는 교습소 나아가 교육기관을 간접적으로 지원하는 지위에 있는 교육청 기타 행정기관 등은 포함되지 않는 것으로 본다(임원선, 실무자를 위한 저작권법, 저작권심의조정위원회, 2006, 189쪽).

29) 교육지원기관이라 함은 각급 학교 또는 국가나 지방자치단체가 운영하는 교육기관의 '수업 지원'을 목적으로 하는 기관을 말한다. 예컨대 학교나 중앙공무원교육원 등 교육기관의 수업을 지원하기 위한 '학습센터' 등이 이에 해당한다. 또한 해당 교육지원기관 구성원의 신분은 국가공무원법 또는 지방공무원법상의 공무원에 해당되어야 한다. 따라서 그 구성원이 공무원 신분이 아닌 한국교육개발원 또는 한국교육학술정보원, 한국교육과정평가원 등은 이에 해당하지 않는다(문화체육관광부 등, 개정 저작권법 해설, 2009, 29쪽).

2. 소재자료에 대한 이용허락

저작권법 제46조 제1항에 의하면, '저작재산권자는 다른 사람에게 그 저작물의 이용을 허락할 수 있다'고 규정하고 있다. 여기서의 '허락'은 저작재산권자가 타인으로 하여금 자신의 저작물을 이용할 수 있도록 정당화하는 의사표시를 말한다. 따라서 '이용의 허락'은 양도와는 달리 저작권자가 자신의 저작재산권을 보유하면서 단지 타인에게 자신의 저작물을 이용할 수 있도록 허용하는 의사표시일 뿐이므로, 이용자가 저작권자와의 이용허락계약에 의하여 취득하는 '이용권'은 준물권으로서의 성질이 아니라, 저작권자에 대한 관계에서 자신의 저작물이용행위를 정당화할 수 있는 채권으로서의 성질을 가진다.

저작권은 저작자를 보호하기 위해 부여된 배타적 권리이므로 타인의 저작물을 복제 등의 방법으로 이용할 경우에는 그 저작자의 허락을 받아야 하고, 만약 허락없이 이용할 경우에는 저작권침해가 성립하는 것이 원칙이다. 그러나 문화의 발전이나 공익적 목적의 달성을 위해서는 때로는 저작자의 저작물을 자유롭게 이용하게 하여야 한다. 이런 점을 감안하여 저작자의 권익을 보호하기 위해 저작자에게 저작물에 대한 배타적 권리로서의 저작권을 부여하되, 일정한 예외적인 경우에는 저작물의 공공성과 사회성을 감안하여 자유이용을 보장하는 규정을 두고 있다. 말하자면 저작물을 저작권법으로 보장하면서도 다른 한편으로는 개별적인 저작재산권을 제한하여 사회통념상 공정한 이용에 해당할만한 사유가 있으면 제한적으로 허용하는 것이 문화 및 관련산업의 향상발전을 꾀할 수 있다고 생각한다.

교육의 일환으로 교육기관 또는 교육지원기관의 수업 또는 지원목적상 필요하다고 인정되는 경우가 이에 해당한다. 그러나 이러닝 콘텐츠제작은 이용과는 다른 개념이므로, 이러닝 콘텐츠내용의 질을 높이기 위해 저작권자의 소재자료 즉 사진, 영상, 음악, 어문 등을 활용하게 되는 경우에는 그 이용에 앞서 저작권자의 이용허락을 받아야 한다. 유념할 것은 소재자료가 교육기관의 수업 또는 수업지원 목적상으로만 활용된다고 보기 어렵기 때문에 타인의 공표된 저작물을 활용할 경우에는 반드시 저작물의 저작권자로부터 이용허락을 받아야 한다.

3. 촬영허락과 초상권 문제

이러닝 콘텐츠를 제작하기 위하여 촬영을 함에 있어서 초상권(프라이버시권)의 침해가 문제될 수 있다. 사람의 초상을 민법상의 인격권으로 판단하여 인격적 이익을 해치는 부당한 이익으로부터 보호하고 있다. 따라서 이러닝 콘텐츠의 수업을 교수가 동영상으로 홀로 진행하는 모습을 촬영하여 제작하거나 또는 장소불문하고 학생들과 함께 수업하는 모습을 촬영하여 제작을 할 경우 이에 관여된 모든 사람들로부터 촬영허락을 받아야 한다. 다만 관여자에게 특별한 명예훼손이나 모욕이 되지 않는다면 반드시 허락을 받지 않아도 된다. 왜냐하면 명예훼손이나 모욕의 수단으로 촬영된 초상이 아닌 이상 일반인의 초상은 단순한 촬영만으로 형사처벌의 대상이 되지 않기 때문이다. 그리고 관여자 중에서 본인의 초상이 나오길 꺼려하는 경우에는 적절한 방법으로의 처리, 즉 모자이크 편집이나 삭제의 방법으로 처리하는 것이 바람직하다. 그 밖에 이러닝 콘텐츠제작자는 이러닝 콘텐츠 관여자의 초상에 대한 사용범위는 이러닝 콘텐츠의 목적 달성에 필요한 범위 내에서만 허용될 수 있다.

4. 편집, 가공 작업

이러닝 콘텐츠를 촬영할 때 그 내용을 극대화시키기 위하여 여러 대의 카메라를 사용하는 경우가 있다. 이때 가장 효과가 좋은 화면만을 선택하기 위하여 편집을 하거나 자막 또는 영상, 배경음악 등 다양한 미디어 파일을 넣기도 한다. 이 때 미디어 파일을 사용함에 있어서 무료이용의 가능여부를 확인해야 하고, 만약 유료인 경우에는 정당한 라이선스 비용의 지불뿐만 아니라 라이선스 상의 허가이용범위를 벗어난 사용은 절대 아니 된다.

5. 완성된 이러닝 콘텐츠 점검

이러닝 콘텐츠가 완성되기 까지 각 과정별 검토 및 확인사항을 점검하였다고는 하지만 예기치 않은 저작권침해문제가 발생할 소지가 있다. 따라서 완성된 이러닝 콘텐츠가 서비스에 탑재되기 전에 저작권 침해요소는 없는지를 최종 점검하는 것이 좋다.

Ⅳ. 제작과정별 유의사항

1. 소재자료 제공자와의 저작물 이용허락

앞에서 설명한 바와 같이 저작물의 이용허락이란 소재자료 제공자의 저작물을 활용하려는 자가 저작권자로부터 이용허락을 받는 것을 말한다. 이용허락에는 '독점적 이용허락'과 '비독점적 이용허락'으로 구분된다. 전자는 저작권자가 그 이용자 이외의 사람에 대해서는 이용허락을 할 수 없도록 의무를 지는 경우이며, 후자는 그러한 의무를 지지 아니하는 허락을 말한다.[30] 이용허락을 계약화할 경우에는 허락을 얻은 이용자는 허락의 이용방법 또는 조건의 범위 내에서만 해당 저작물을 이용할 수 있다. 예컨대, 저작물의 복제를 허락받았다면 해당 저작물을 인터넷 홈페이지에 업로드 할 수 없다. 왜냐하면 업로드 된 저작물은 서버에 저장된 후 인터넷을 통해 불특정 다수인에게 임의로 전송될 수 있으므로 이 경우에는 복제권과 전송권에 대한 별도의 허락이 필요하다. 물론 음악연주를 녹음하거나 녹화하는 행위도 음악에 대한 복제가 이루어지는 것이기 때문에 별도의 허락이 필요하다. 따라서 다른 사람이 저작권을 가지고 있는 저작물을 소재자료로 활용하여 이러닝 콘텐츠를 개발할 경우에는 해당 소재자료에 대한 저작물 이용허락 계약을 맺어야 하며, 그 내용에는 복제권 및 전송권, 그 외에 제작의 목적범위 내에서만 사용하겠다는 이용허락이 포함되어야 한다.

2. 저작물 이용방법(저작권자가 명확한 경우)

(1) 어문저작물

이러닝 콘텐츠를 제작할 때, 관련 자료인 어문저작물을 이용하려면 반드시 미리 저작권자의 허락을 받아야 한다. 예컨대, 유명한 책이나 소설, 시, 연설집, 각본 등 그 안에 담긴 내용을 이용하려면 저작권자의 허락을 받아야 한다. 다

---

30) 이러닝 콘텐츠 제작업계의 일반적 관례를 보면, 양자를 명확하게 구분하지 않는 듯하며, 따라서 비독점적인 이용허락을 취하고 있다.

만 어문저작물의 일부 내용만을 인용하는 경우라면 그 저작자 표시, 출처표시를 명확히 밝히고 이용할 수 있다.

(2) 음악저작물

음악저작물은 음에 의해 인간의 사상, 감정을 표현한 창작물을 말한다. 예컨대 교향곡, 현악곡, 오페라, 재즈, 샹송, 대중가요 등이 이에 속한다. 음악저작물을 이러닝 콘텐츠제작에 이용할 경우에는 사전에 저작권위탁관리 또는 저작권신탁관리업체[31]에 위탁되었는가를 알아보아야 하고, 위탁되었다면 저작권자의 허락을 받을 필요 없이 이 단체와 사용료에 관하여 협의하여 정한 금액을 지불한 후 이용하면 된다.

(3) 사진 및 그림

저작권자가 명확한 사진 또는 그림의 경우에도 이것을 이러닝 콘텐츠로 이용할 경우에는 저작권자와 저작물 이용허락을 맺어야 한다. 인터넷 홈페이지에 게재된 사진 또는 이미지 등도 그 대상이 되며, 이를 축소 또는 확대하는 것도 허락을 받아야 한다. 다만 사진 및 그림의 일부를 적절한 범위 내에서 인용을 할 경우에는 그 출처를 밝히면 허락을 받지 않아도 된다.

(4) 영상

(사)한국영상산업협회가 위탁받아 관리하는 영상물을 이러닝 컨텐츠로 제작하고자 할 경우에도 제작자는 협회와의 사용 계약을 체결하여야 한다. 이에 지불되는 사용료는 징수규정에 따르면 된다. 제작자는 영상저작물의 사용을 허락한 범위, 즉 형태의 변환, 사용의 방법, 사용의 지역 등의 범위 내에서만 가능하나 부득이 범위를 변경해야 할 경우에는 협회의 허락을 받아야 한다.

(5) 방송 프로그램

지상파 방송국 또는 프로덕션에서 제작한 방송 프로그램인 뉴스, 쇼, 드라마, 라디오 프로그램 등의 내용의 전부 또는 일부가 이러닝 콘텐츠제작에 필요

---

31) 현재 허가를 받은 저작권신탁관리업체는 (사)한국음원제작자협회, (사)한국음악저작권협회, (사)한국문예학술저작권협회, (사)한국복제전송저작권협회, (사)한국언론진흥재단, (사)한국영상산업협회 등이 있다.

할 경우에 저작물 이용허락을 맺은 후 사용료를 지불하면 소재자료로서 이용할 수 있다.

V. 저작권 계약

이러닝 콘텐츠를 교육기관 또는 교육지원기관이 직접 제작하는 경우에는 크게 문제가 되지 않지만, 외주 업체에게 위탁하여 개발하는 경우에는 종종 위탁자와 수탁자간에 저작권분쟁이 발생하는 경우가 있다. 따라서 분쟁의 미연방지를 위해선 이러닝 콘텐츠를 개발하기 앞서 저작권관련 계약서를 작성할 필요가 있다. 즉 '저작권 양도·양수 계약' 또는 '저작물 이용허락 계약'이다. 이 계약서에 누락해서는 아니 될 내용으로는 '완성된 이러닝 콘텐츠에 대한 저작권을 을(수탁자)이 갑(위탁자)에게 양도한다'는 내용이 집필의뢰계약이나 외주제작계약에 포함되지 않으면 해당 이러닝 콘텐츠에 대한 저작권은 양도되지 않는다. 왜냐하면 저작권법상 저작권은 저작물을 창작한 자에게 주어지는 권리이므로 외주에 위탁을 하여 개발한 경우에는 기본적으로 수탁자측이 권리자가 된다. 비록 시나리오 집필료 또는 제작보수를 지불하고 완성된 이러닝 콘텐츠를 납품받았다 할지라도 해당 이러닝 콘텐츠나 그것의 복제물만 양도되는 것이지, 해당 이러닝 콘텐츠에 대한 저작권까지 양도되는 것이 아님을 알아야 한다. 따라서 위탁자가 해당 이러닝 콘텐츠에 대한 저작권까지 양도를 희망할 경우에는 반드시 그 사항을 계약서에 명기해야 하며 그 내용은 다음과 같다.[32]

　㉠ 이러닝 콘텐츠 제작시 위탁자와 수탁자간에 체결되어야 할 내용
　㉡ 소재자료의 이용이 필요한 경우 맺어야 할 저작물 이용허락 계약의 내용
　㉢ 저작권 양도·양수 계약시 유의 사항
　㉣ 소재자료 제공자와의 저작물 이용허락 계약의 내용

---

32) 최은희·박정호 공저, 이러닝 콘텐츠 제작과 저작권, 남두도서, 2010년 9월 30일, 260쪽에서 인용.

제6장

기타 법

제6장
기타 법

제1절 부정경쟁방지 및 영업비밀보호에 관한 법률(약칭: 부정경쟁방지법)

I. 서 언

부정경쟁이라 함은 불공정한 수단으로 행하는 영업상의 경쟁을 말한다. 즉 영업주체가 사업활동을 함에 있어서 경쟁상의 우위를 정당한 대가의 지불없이 타인의 경쟁력에 편승하여 확보하려는 행위를 말한다. 말하자면 영업상 국내에 널리 알려진 타인의 상표·상호 등을 자신의 노력 또는 정당한 거래에 의하여 취득·사용하는 것이 아니라 이미 타인의 노력에 의하여 거래사회에서 널리 알려진 것을 사용함으로써 수요자로 하여금 오인·혼동을 일으키게 하여 경쟁상의 우위를 확보하려는 것이다.[1] 따라서 부정경쟁행위와 타인의 영업비밀을 침해하는 행위를 방지함으로써 상업상 건전한 거래질서를 유지할 수 있다.

부정경쟁행위로 인하여 자신의 영업상의 이익이 침해되거나 침해될 우려가 있다고 인정되는 자는 부정경쟁행위를 하거나 하고자 하는 자에 대하여 법원에 그 행위의 금지 또는 예방을 청구할 수 있다. 그 청구에는 부정경쟁행위

---

[1] 황의창·황광연 공저, 세창출판사, 2006년, 22쪽.

를 조성한 물건이나 설비의 폐기, 기타 부정경쟁행위의 금지 또는 예방을 위하여 필요한 조치를 함께 청구할 수 있다. 고의 또는 과실에 의한 부정경쟁행위로 타인의 영업상 이익을 침해하여 손해를 가한 자는 그 손해를 배상할 책임을 진다. 법원은 고의 또는 과실에 의한 부정경쟁행위로 타인의 영업상의 신용을 실추하게 한 자에 대하여는 부정경쟁행위로 인하여 자신의 영업상의 이익이 침해된 자의 청구에 의하여 손해배상에 대신하거나 손해배상과 함께 영업상의 신용을 회복하는데 필요한 조치를 명할 수 있다.

최근 개정된 내용을 보면, 새롭고 다양한 유형의 부정경쟁행위에 적절하게 대응하기 위해서 타인의 상당한 투자나 노력으로 만들어진 성과 등을 공정한 상거래 관행이나 경쟁질서에 반하는 방법으로 자신의 영업을 위하여 무단으로 사용함으로써 타인의 경제적 이익을 침해하는 행위에 대해 부정경쟁행위에 관한 보충적 일반조항을 신설하였고, 기업의 영업비밀보호를 강화하기 위하여 보호대상이 되는 영업비밀의 요건을 완화하고, 영업비밀 침해행위에 대하여 손해액의 3배의 범위에서 징벌적 손해배상제를 도입하며, 영업비밀 침해행위의 유형을 확대하고, 영업비밀 유출에 대한 벌칙 수준을 상향하였다. 과태료 부과기준 등 규제관련 규정에 대하여 2015년 1월 1일 기준으로 최근 3년간 같은 위반행위를 한 경우 그 타당성을 검토하여 개선 등의 조치를 하도록 하였다(2014년 12월 9일). 그리고 영업비밀 침해관련소송을 할 때 영업비밀을 포함하고 있는 전자문서의 원본여부를 증명하기 위하여 그 전자문서로부터 고유의 식별값인 전자지문을 추출하여 원본증명기관에 등록하고, 필요한 경우 원본증명기관이 전자지문을 이용하여 그 전자문서가 원본임을 증명하는 영업비밀 원본증명제도를 도입함으로써 영업비밀 침해관련소송을 할 때 영업비밀 보유사실에 대한 입증 부담을 완화할 수 있게 되어 영업비밀 보유자의 권익을 효과적으로 보호할 수 있을 것으로 기대된다. 그 밖에 위조상품의 유통을 효과적으로 단속하고 그 불법성과 폐해에 대한 국민의 인식을 제고하기 위하여 위조상품신고포상금제도, 기업 외에 개인이나 비영리기관이 보유한 영업비밀 보호의 필요성이 증대됨에 따라 개인이나 비영리기관의 영업비밀을 유출한 자도 형사처벌의 대상이 되도록 하였다. 그리고 위조상품의 유통을 효과적으로 단속하기 위하여 위조상품 신고포상금제도, 기업 외에 비영리기관 등이 보유한 영업비밀의 유출 행위자의 처벌 등 제도 운영상의 미비점을 개선 및 보완하는 법률적 근거를 마련하였다. 종전의 부정경쟁방지법이 규율하고 있는 사항 중 영업비밀의 보호에 관한 내용의 비중이 커지고 있으므로 이를 반영하여 법명은 「부정경쟁방지 및 영업비밀보호에 관한 법률」로 변경하여 1999년 1월부터 시행하였다. 아래에서는 부정경쟁행위와 영업비밀보호에 관한 내용을 구분지어 설명하겠다.

Ⅱ. 부정경쟁행위

부정경쟁행위의 대표적인 예로 모조품판매를 들 수 있다. 모조품의 판매처가 오프라인에서 온라인으로 변화하고 공급도 해외로 넓어지며 모조품을 손쉽게 구할 수 있게 되면서 모조품판매로 인한 상표법 및 부정경쟁방지법 위반도 늘어나고 있는 추세이다. 모조품판매는 진품과 혼동을 야기하고, 상품의 품질 또한 진품과 다르기 때문에 부정경쟁행위로 판단될 수 있다.

따라서 모조품판매 단속에 적발되거나 진품업체에 의해 부정경쟁방지법 위반으로 기소될 경우 벌금부과 또는 처벌을 받을 수 있다. 현행 법이 인정하는 부정경쟁행위를 살펴보면 다음과 같다.

　　㉠ 상품주체의 혼동야기 행위
　　㉡ 영업주체의 혼동야기 행위
　　㉢ 타인의 표지의 식별력이나 명성을 손상하는 행위
　　㉣ 원산지 허위표시행위
　　㉤ 상품출처지 오인야기 행위
　　㉥ 상품의 품질 등 오인야기 행위
　　㉦ 대리인 또는 대표자의 유사상표 사용 또는 그 상품판매 또는 수입·수출행위
　　㉧ 동일 또는 유사한 도메인이름의 등록·보유·이전 또는 사용행위
　　㉨ 타인의 상품형태를 모방한 상품을 양도·대여 또는 이를 위한 전시를 하거나 수입·수출행위
　　㉩ 공정한 상거래 관행 또는 경쟁질서에 반하는 방법으로 무단사용하여 타인의 경제적 이익을 침해하는 행위 등이다.

Ⅲ. 특 성

1. 상품주체의 혼동야기 행위(법 제2조 제1호 가목)

상품주체의 혼동야기 행위는 주지된 상품표지를 전제로 사칭통용의 전형적인 형태이다. 상품에 대하여 상표가 소비자들에게 널리 알려져 있는가(주지성)가 중요한 전제요건이다. 그러므로 상품주체의 혼동야기 행위에 해당하려면 주지성에 대한 인정여부 검토가 중요하다. 주지성에 관하여는 상표법과 부정경쟁방지법상의 주지성의 범위에 관하여 상이한 점이 있다.

상표법상의 주지성이란 일반적으로 당업자 또는 거래자 사이에만 알려져 있는 정도를 말하고, 저명성이란 당업자 및 거래자는 물론 일반 수요자에 이르기 까지 널리, 그리고 잘 알려져 있는 정도를 말한다. 따라서 저명성은 주지성보다는 높은 성가(good will)를 가지고 거래자뿐만 아니라 일반수요자에 이르기까지 신뢰를 얻고 있어 그 자체가 상품의 주체나 영업의 주체까지를 나타내는 힘을 갖고 있는 경우가 많아 소비대중으로부터의 인식도가 높다고 볼 수 있다. 반면 부정경쟁방지법상의 주지성은 "국내에 널리 인식된", 즉 '주지성'이란 자기의 업무에 관계되는 상품 및 영업을 나타내기 위한 표지를 그 보호대상이라고 보고 있다. 따라서 상표법상의 주지성보다는 조금 넓고, 저명성보다는 조금 좁은 개념으로 이해할 수 있다. 여기서의 "혼동"이라 함은 상품주체(출처)간의 혼동을 말하므로 상품간의 혼동은 부차적인 것으로서 당업자 및 거래자 또는 수요자와 일반공중의 이익을 함께 보호하려는 것이다. 예컨대 甲이 자사의 TV에 주지의 '명품'상표를 붙여 출하하고 있고, 乙도 자사의 TV에 甲의 '명품'상표를 붙여 판매함으로써 甲과 乙 양사의 TV가 시중에 판매되고 있을 경우 소비자에게 甲의 TV인지 乙의 TV인지를 혼동하게 하는 乙의 행위를 부정경쟁행위로 보고 규제하는 것이다. 이는 甲의 TV 자체보다는 TV에 실려 있는 甲의 영업상의 신용에 비중을 두고 있는 것이다.[2]

---

2) 황의창·황광연 공저, 앞의 책, 42쪽.

(1) 혼동과 유사와의 관계

이 법은 타인의 주지표지와 유사한 것을 사용하였을 경우 타인의 상품출처의 오인이나 영업의 혼동을 일으키면 이를 부정경쟁행위로 보고 있다. 주지표지의 유사표지라 함은 2개의 표지가 거래의 경험칙 또는 거래의 실제에 비추어 양 표지가 칭호·외관·관념 중 어느 한 가지 이상의 점에서 혼동이 일어나면 그들 표지가 동일 또는 유사한 상품이나 영업에 사용될 경우에 거래자 또는 수요자들이 그 상품이나 영업의 출처에 혼동을 일으킬 우려가 있는 경우이다. 따라서 자기가 사용하고 있는 상품이나 영업표지가 타인의 주지표지와 유사한가의 판단은 표지의 칭호·외관·관념 중 어느 하나가 유사하여 거래상 상품출처의 오인이나 영업혼동의 우려가 있는 표지는 유사한 것으로 보아야 한다. 그러나 전체적으로 현격한 차이가 있으면 유사표지는 아니다.

(2) 혼동과 비유사와의 관계

이것의 문제는 타인의 상품 또는 영업임을 표시하는 표지와 유사하지 않은 표지를 사용한 경우에도 상품 또는 영업의 출처에 혼동이 일어날 수 있느냐 하는 점이다. 주지의 성명·초상·상표·상호 등과 칭호나 외관 또는 관념 등을 대비해 보아도 유사표지라고까지는 볼 수 없는 표지가 주지표지를 연상시켜 이를 상품이나 영업에 사용하는 경우에는 출처의 혼동을 야기시킬 수 있다. 이에 관한 우리나라의 대법원도 상표가 그 주지 또는 저명한 상품에 사용된 타인의 상표와 유사하지 않아도 상표의 구성이나 아이디어 등을 비교해 볼 때 용이하게 연상되거나 또는 타인의 상표, 상품 등과 밀접한 관련성이 있는 것으로 인정되어 상품의 출처에 오인·혼동을 일으키는 경우에는 수요자간에 인식되어 있는 타인의 상품이나 영업과 혼동을 일으키게 할 염려가 있으므로 상표등록을 받을 수 없다고 판시[3]함으로써 출처와 오인·혼동을 방지하기 위한 목적에 무게를 두고 있다.

---

3) 대법원 1980. 4. 22. 선고 80후17 판결; 대법원 1987. 8. 18. 선고 86후181 판결.

2. 영업주체의 혼동야기 행위(법 제2조 제1호 나목)

영업주체의 혼동야기 행위는 "국내에 널리 인식된 타인의 성명, 상호, 표장 그 밖에 타인의 영업임을 표시하는 표지와 동일하거나 유사한 것을 사용하여 타인의 영업상의 시설 또는 활동과 혼동하게 하는 행위"를 부정경쟁행위로 규정하고 있다. 여기에서 규정한 성명, 상호, 표장은 영업을 나타내는 표지인 이상 상법에 의한 상호보호의 대상보다도 넓은 광의의 개념이다. 따라서 등록되지 아니한 서비스마크, 프랜차이즈, 연쇄점, 상품화권자 등도 주지성을 얻어 영업표지화된 경우에는 여기에 해당한다.

☞ 참고: 대법원 2015.1.29. 선고 2012다13507 판결 - "부정경쟁행위금지등('뮤지컬 CATS' 제목에 관한 사건)"

【판시사항】

　뮤지컬의 제목 자체가 상품이나 영업의 출처를 표시하는 기능을 가진다고 볼 수 있는지 여부(원칙적 소극) / 뮤지컬의 제목이 단순히 창작물의 내용을 표시하는 명칭에 머무르지 않고 부정경쟁방지및영업비밀보호에관한법률 제2조 제1호(나)목에서 정한 '타인의 영업임을 표시한 표지'에 해당하는 경우.

【판결요지】

　뮤지컬은 각본·악곡·가사·안무·무대미술 등이 결합되어 음악과 춤이 극의 구성·전개에 긴밀하게 짜 맞추어진 연극저작물의 일종으로서, 제목은 특별한 사정이 없는 한 해당 뮤지컬의 창작물로서의 명칭 또는 내용을 함축적으로 나타내는 것에 그치고 그 자체가 바로 상품이나 영업의 출처를 표시하는 기능을 가진다고 보기는 어렵다. 그러나 뮤지컬은 제작·공연 등의 영업에 이용되는 저작물이므로, 동일한 제목으로 동일한 각본·악곡·가사·안무·무대미술 등이 이용된 뮤지컬 공연이 회를 거듭하여 계속적으로 이루어지거나 동일한 제목이 이용된 후속 시리즈 뮤지컬이 제작·공연된 경우에는 공연의 기간과 횟수, 관람객의 규모, 광고·홍보의 정도 등 구체적·개별적 사정에 비추어 뮤지컬의 제목이 거래자 또는 수요자에게 해당 뮤지컬의 공연이 갖는 차별적 특징을 표상함으로써 구체적으로 누구인지는 알 수 없다고 하더라도 특정인의 뮤지컬 제작·공연 등의 영업임을 연상시킬 정도로 현저하게 개별화되기에 이르렀다고 보인다면, 뮤지컬의 제목은 단순히 창작물의 내용을 표시하는 명칭에 머무르지 않고 부정경쟁방지및영업비밀보호에관한법률 제2조 제1호(나)목에서 정하는 '타인의 영업임을 표시한 표지'에 해당한다. — 이유는 기재생략함 —

☞ 참고: 대법원 2014.5.16. 선고 2011다77269 판결 — 대학명칭과 영업주체 혼동행위

【사건개요】

① 사실관계

원고가 운영하고 있는 '이화여자대학교'는 2010.2.경까지 약 145,870명의 대학 졸업생과 35,561명의 대학원 졸업생을 배출하고, 2003.5.31.자로 창립 117주년을 맞이하였으며, 현재 그 산하에 65개 (전공)학과와 일반대학원 및 6개의 전문대학원, 8개의 특수대학원 등을 개설하고 있을 뿐 아니라, 그 부속기관 및 연구기관으로서 이화미디어센터, 언어교육원, 평생교육원, 음악연구소, 공연문화연구센터 등을 설립하여 교육정보제공업무, 교육지도업무, 서적출판, 정기간행물 발행 및 공연·음악관련 업무 등과 같은 여러 사업을 하고 있는 등 우리나라 최고 여성교육기관으로서의 위치를 확고히 차지하고 있다.

이화여자대학교는 1930년경 이후부터 현재까지 계속 동일한 교표를 사용하고 있는데, 위 교표에는 한자 '梨花' 및 영문 'EWHA'가 새겨져 있고, 이화여자대학교를 비롯한 원고 산하의 각 교육기관은 그 약칭 및 그에 대한 영문표기로서 위 문자들과 함께 위 '梨花'의 한글표기인 '이화' 및 위 'EWHA'의 영문소문자인 'ewha'를 공통적으로 널리 사용하고 있다.

피고는 1999.2.9.자로 도메인이름 등록기관에 'ewha.com'이라는 인터넷 도메인이름을 등록하였으며, 또한 피고는 2003.10.28.자로 원고가 운영하고 있는 이화여자대학교와 같은 행정동인 서울 서대문구 대현동 OO—XX에 사업장 소재지를 두고 '이화미디어'라는 상호로 사업자등록을 한 다음 2004년 무렵부터 이화여자대학교 재학생을 포함하여 비영리 재단, 관공서, 교회, 일반기업체, 학교, 학원 등을 상대로 하여 공연기획, 사진, 레코딩, 영상서비스 등의 사업을 하고 있다.

그리고 피고는 2006년 무렵 자신이 운영하고 있는 '이화미디어의 인터넷 홈페이지

'http://www.ewha.com'을 개설하여 위 '이화미디어'에 관한 정보 제공 및 홍보 등에 사용하고 있으며, 인터넷 뉴스서비스제공 업체의 블로그에는 'ewhamedia'를 도메인이름으로 등록하여 사용하고 있다.[4]

② 원고의 소송상의 청구내용

원고의 소송상의 청구내용을 정리하여 보면 다음과 같다. 첫째, 원고는 이화여자대학교 사범대학 부속 이화여자고등학교를 비롯하여 대학교에서 유치원에 이르는 여러 교육기관을 관리, 운영하여 오고 있는 학교법인으로서 '이화', '梨花', 'EWHA', 'ewha' 등의 표지(이하 '이 사건 영업표지'라 함)을 오랫동안 사용해 온 결과, 이 사건 영업표지는 원고의 영업활동을 나타내는 표지로서 국내에 널리 인식된 상태이다.

둘째, 피고는 이화여자대학교 인근에서 '이화미디어'라는 상호로 공연기획, 사진, 레코딩. 영상미디어 등의 사업을 하고 있는 사람으로서, 'ewha.com' 및 'ewhamedia'를 도메인이름으로 등록하여 사용함으로써 거래자 내지 수요자들로 하여금 피고의 영업활동을 원고의 영업활동으로 오인·혼동하게 하고 있다.

셋째, 이와 같은 피고의 행위는 부정경쟁방지법 제2조 제1호 나목[5]이 정한 부정경쟁행위(영업주체 혼동행위)에 해당하므로, 피고는 원고의 금지청구에 응하여야 한다. 즉 해당 금지청구의 청구취지는 "① 피고는 이 사건 표장 중 일부 또는 전부를 포함하는 문자를 인터넷 도메인이름으로 사용하거나 그 홈페이지·간판·층별 안내도·안내판·표찰·전단지 등에 사용하여서는 아니 된다. ② 피고는 'ewha.com', 'ewhamedia'라는 도메인이름의 등록말소절차를 이행하라. ③ 피고는 사무실 및 영업소에 보관 중인 이 사건 영업표지 중 일부 또는 전부를 포함하는 문자가 표시된 간판 및 선전광고물, 포장용기, 층별안내도, 안내판, 표찰을 폐기하라. ④ 피고는 서울에서 발간되는 일간지 제1면 하단 부분에 판결문 요지를 게재하라."는 것이다.

③ 소송의 결과

이에 대해서 1심[6]은 위의 ①, ②, ③에 대해서는 청구인용, ④에 대해서는 청구 기각

---

4) 피고가 등록 및 사용하고 있는 도메인이름 'ewha.com' 및 'ewhamedia'를 합하여 '이 사건 도메인이름'이라고 한다.

5) 국내에 널리 인식된 타인의 성명, 상호, 표장(標章), 그 밖에 타인의 영업임을 표시하는 표지와 동일하거나 유사한 것을 사용하여 타인의 영업상의 시설 또는 활동과 혼동하게 하는 행위.

6) 서울서부지방법원 2010.12.23. 선고 2010가합6550 판결.

을 하였고, 피고가 이에 대해 피고 패소부분과 관련하여 항소하였으나 원심[7])에서는 항소 기각 판결을 내렸으며, 피고가 역시 이에 대해 상고하여 대법원에서 판단한 것이 바로 대상판결에서의 이 사건이다.

【판시내용】

① 이 사건 영업표지가 국내에 널리 인식된 표지인지 여부(= 적극)

여기서 '국내에 널리 인식된 타인의 영업임을 표시하는 표지'는 국내의 전역 또는 일정한 범위 내에서 거래자 또는 수요자들이 그것을 통하여 특정의 영업을 다른 영업으로부터 구별하여 널리 인식하는 경우를 말하는 것으로서, '국내에 널리 인식된 타인의 영업임을 표시하는 표지'인지 여부는 그 사용의 기간, 방법, 태양, 사용량, 거래범위 등과 거래의 실정 및 사회통념상 객관적으로 널리 알려졌는지 여부가 일응의 기준이 된다.

원심판결 이유와 기록에 의하면, 원고는 1930년부터 현재까지 이화여자대학교를 운영해 오면서, 그 교육 관련 영업 활동에 '이화'(이 사건 영업표지) 등을 사용하여 온 사실, 이화여자대학교는 2010.2.경까지 약 145,870명의 대학졸업생과 35,561명의 대학원졸업생을 배출하고, 2003.5.31. 창립 117주년을 맞이한 우리나라 최고 여성교육기관으로서의 위치를 확고히 차지하고 있는 사실, 2004.10.경 시행한 브랜드 인지도 전화설문 조사결과에 따르면 응답자의 약 73.9%가 '이화'하면 가장 먼저 연상되는 것으로서 '이화여자대학교'라고 응답한 사실 등을 알 수 있으므로, 이 사건 영업표지는 일반 거래자나 수요자에게 원고의 교육 관련 영업 활동을 표시하는 것으로 현저하게 인식되어 그 자체로서 주지·저명성을 취득하였다고 할 것이다.

② 이 사건 영업표지와 피고의 영업표지의 동일·유사성 여부(= 적극)

'영업표지의 유사'는 동종의 영업에 사용되는 두 개의 영업표지를 외관, 호칭, 관념 등의 점에서 전체적·객관적·이격적으로 관찰하여 구체적인 거래실정상 일반 거래자나 수요자가 영업표지에 대하여 느끼는 인식을 기준으로 하여 그 영업의 출처에 대한 오인·혼동의 우려가 있는지의 여부에 의하여 판별되어야 한다.

이 사건 영업표지는 피고가 '공연기획, 공연장 대관, 레코딩, 영상서비스'등의 영업에 사용하는 영업표지인 '이화미디어' 중 수요자의 주의를 끌기 쉬운 중심적 식별력을 가진 요부인 '이화'부분과 동일하여, 이들 표지는 동종 영업에 사용되는 경우, 구체적인

---

7) 서울고등법원 2011.8.25. 선고 2011나13496 판결.

거래실정상 일반 거래자나 수요자가 영업출처에 관하여 오인·혼동할 우려가 있으므로, 서로 유사하다고 할 것이다.

③ 혼동가능성 여부(=적극)

한편, '타인의 영업상의 시설 또는 활동과 혼동하게 하는 행위'는 영업표지 자체가 동일하다고 오인하게 하는 경우뿐만 아니라 국내에 널리 인식된 타인의 영업표지와 동일 또는 유사한 표지를 사용함으로써 일반 거래자나 수요자로 하여금 당해 영업표지의 주체와 동일·유사한 표지의 사용자 간에 자본, 조직 등에 밀접한 관계가 있다고 잘못 믿게 하는 경우도 포함한다. 그리고 그와 같이 타인의 영업표지와 혼동을 하게 하는 행위에 해당하는지 여부는 영업표지의 주지성, 식별력의 정도, 표지의 유사 정도, 영업 실태, 고객층의 중복 등으로 인한 경업·경합관계의 존부 그리고 모방자의 악의(사용의도) 유무 등을 종합하여 판단하여야 한다.[8]

나아가 위와 같이 이 사건 영업표지는 주지의 정도를 넘어 저명정도에 이르렀고, 피고의 영업표지와 유사한 점, ~ 원고도 연주회 등 공연을 기획·주최하거나 ~ 부설 공연장을 대관하고 있는 점, 피고는 ~ 도메인이름을 등록하여 놓았다가, 상당한 기간이 지난 2006년 무렵에야 홈페이지를 개설하여 '이화미디어'에 관한 정보제공 및 홍보 등에 사용하고 있는 점 등을 종합하여 보면, 피고의 위 영업행위는 원고의 영업상의 시설 또는 활동과 혼동하게 할 우려가 있다고 할 것이다.

④ 판결의 결론

따라서 '이화미디어'라는 영업표지를 사용한 피고의 위 영업행위는 부정경쟁방지법 제2조 제1호 (나)목이 정한 부정경쟁행위에 해당한다(상고기각).

⑤ 판결에 대한 검토

ⅰ) 이 사건 영업표지의 주지성 판단에 관한 검토

원고의 '이화' 등을 표시하는 표장으로 계속 사용 및 브랜드 인지도와 이미지에서의 인정사실 등을 종합하여 볼 때, 주지성과 저명성을 취득한 것으로 판단한다.

ⅱ) 이 사건 영업표지와 피고의 영업표지의 유사 판단에 대한 검토

이 사건에서 원고의 '이화'와 피고의 '이화미디어' 사이의 유사 여부가 문제되는 것인데, 이는 전체관찰 또는 요부관찰에 의하여 유사 여부를 판단할 수 있다. 그런데 피고

---

8) 대법원 2007.4.27.선고 2006도8459 판결; 대법원 2011.12.22.선고 2011다9822 판결 등 참조.

의 '이화미디어' 중 '미디어'는 정보를 전송하는 매체를 의미하는 일반 명사로서, 피고의 공연기획, 영상서비스 등의 사업에 관하여는 식별력이 없거나 미약한 것이라고 볼 수 있으므로 중요부분이 될 수 없다. 다만 피고의 '이화'부분은 수요자의 주의를 끌고 식별력이 인정되는 요부이므로 원고의 영업표지와 동일하다고 할 수 있다. 따라서 원고의 '이화'와 피고의 '이화미디어'가 전체적으로 유사한 것으로 판단한 판결은 대법원 판례상의 요부관찰에 의한 것이라고 할 수 있다.

iii) 혼동성 판단에 대한 검토

대학명칭을 영업표지로 사용하는, 즉 대학주변의 소규모 다수 사업자들이 대학명칭을 자신의 사업장의 상호로 사용하고 있는 실제의 환경을 고려할 때, 대학명칭의 영업표지로서 주지성에 의한 혼동성은 주요사업과의 관련성인 대학의 영업실태, 고객층의 중복 등을 중요하게 고려하여야 한다.[9]

첫째, 원고의 '이화'는 이미 저명성을 취득하였고, 식별력도 가지고 있다.

둘째, 유사 정도에 관하여는 당사자의 영업표지의 유사 정도가 강할수록 혼동가능성도 높아지므로 피고의 '이화미디어'는 원고의 '이화'부분에, '미디어'를 부가한 것이어서 양 영업표지는 일단 혼동성 판단의 전제로서 유사의 정도가 매우 높은 것이라고 보아야 한다.

셋째, 영업에 관하여, 원고는 비영리 교육사업을 영위하는 반면, 피고는 영리를 목적으로 하는 개인사업체를 운영하는 점에서 차이가 있다. 이러한 차이점은 피고의 영업표지 사용으로 인하여 수요자 등에게 혼동을 초래하는지의 여부이다. 즉 피고의 영업실태는 대학의 문화교육사업과 관련이 있고, 원고도 공연을 기획 및 주최하기도 함으로써 양자의 영업에는 상호 밀접한 관련을 맺고 있음을 알 수 있다. 다만 영업의 규모, 즉 피고가 대학주변의 소규모 사업장들이 출처의 혼동없이 대학명칭을 해당 사업장들의 상호에 사용하고 있는 현실에 비추어 볼 때, 피고의 영업규모가 원고의 영업과 혼동을 일으킬 정도가 되는지의 여부가 문제 될 수 있다.

넷째, 모방자의 악의(사용의도) 유무에 대해서도 살펴본다. 인터넷 도메인이름의 등록 및 사용행위의 경과 등 피고의 영업실태에 비추어 볼 때, 피고가 원고의 주지·저명한 영업표지인 '이화', 'ewha' 등에 체화된 신용에 무임승차하려는 의도를 가지고 있다고 볼 수 있다.

따라서 위의 여러 요소를 종합하여 판단해 볼 때, 원고의 영업표지는 주지·저명하고, 피고가 원고의 유사영업표지를 사용함으로써 원고의 영업과 중복되거나 밀접한 관련을 갖는 사업을 하고 있고, 피고의 영업규모가 크며, 도메인이름에 대한 등록 및 사용행위도 부정경쟁행위에 해당할 수 있다는 점 등에 비추어 보면, 원고와의 오인·혼동의 우려가 있다고 할 수 있다.

3. 타인의 저명표지의 식별력이나 명성을 손상하는 행위(법 제2조 제1호 다목)

상품주체 또는 영업주체를 혼동하게 하는 행위 외에 비상업적 사용 등 법령이 정하는 정당한 사유없이 유명상표의 식별력이나 명성을 손상하게 하는 행위는 부정경쟁행위이다. 이 유형은 새로이 채택한 부정경쟁행위로서 종전에는 국내에 널리 인식된 주지상표 등과 혼동을 하게 하는 행위만을 부정경쟁방지행위로 하였으나 그 범위를 확대하여 전국적으로 널리 인식된 주지상표의 식별력이나 명성을 손상시키는 행위도 추가하고, 부정경쟁행위에 대한 손해배상책임과 부정경쟁행위로 실추된 신용의 회복에서는 이러한 행위는 소비자에게 직접적인 손해를 가져오는 다른 부정경쟁행위와 다르므로 고의가 있는 경우에만 손해배상과 신용회복의 책임을 묻도록 하였다.[10]

이 규정을 저명상표 희석화 행위라고 부르기도 하는데, 문언상의 식별력을 손상하게 하는 행위란 '특정한 표지가 상품표지나 영업표지로서의 출처표시 기능이 손상되는 것'을 말하고, 이러한 식별력의 손상은 저명한 상품표지가 타인에 의하여 영업표지로 사용되는 경우에도 발생할 수 있다.[11] 그리고 명성을 손상하게 하는 행위란 어떤 좋은 이미지나 가치를 가진 저명표지를 '부정적인 이미지를 가진 상품이나 서비스에 사용함으로써 그 표지의 좋은 이미지 또는 가치를 훼손하는 행위'를 말한다.

---

9) 정태호, 부정경쟁행위의 특수사례연구, 한국지식재산연구원, 2015, 18면.
10) 황의창·황광연 공저, 앞의 책, 49면.
11) 대법원 2004. 5. 14. 선고 2002다13782 판결.

4. 원산지 허위표시행위(법 제2조 제1호 라목)

원산지 허위표시행위라 함은 허위로 원산지표시를 하거나 또는 허위의 원산지표시를 한 상품판매 및 상품의 반포, 수입, 수출 등에 의하여 원산지의 오인을 일으키게 하는 행위를 말한다.12) 이 규정은 오인을 일으키게 하면 족하다는 점에서 상품의 생산, 가공지 등의 오인야기 행위보다 좁은 개념이다.

5. 상품출처지 오인야기 행위(법 제2조 제1호 마목)

이 규정은 허위의 출처표지일 것을 요하는 것은 아니므로 허위표지가 아니라도 오인을 일으키게 하면 족하다. 여기에서의 '오인'이란 허위여부를 불문하고 당업자 및 거래자 또는 수요자에게 오인을 일으키게 하는 표지이면 충분하고 오인을 일으키게 하는 표지는 직접적 표지이든 암시적·간접적 표지이든지의 여부와는 관계없다.13) 또한 원산지 오인뿐만 아니라 생산지·제조지 또는 가공지의 오인야기 행위까지 포함한다.

6. 상품의 품질 등 오인야기 행위(법 제2조 제1호 바목)

품질 등 오인야기 행위란 상품 또는 그 광고에 상품의 품질·내용·제조방법·용도 또는 수량의 오인을 일으키게 하는 선전 또는 표지를 하거나 이러한 방법으로 표지로써 상품을 판매·반포 또는 수입·수출하는 행위를 말한다. 예컨대, 60kg 백미 한 가마를 80kg으로 표시하여 소비자가 백미 60kg 한 가마를 80kg 한 가마로 오인하게 하거나, 오리고기를 닭고기로 오인하도록 광고

---

12) 현재 이와 유사한 제도가 있다. 즉 국내에 유통되는 국산농수산물의 경우 농산물품질관리법과 수산물품질관리법상의 원산지 표시제도이다. 이 원산지표시제는 공정한 유통질서를 확립하여 생산자와 소비자를 보호하기 위하여 생산지(국명) 또는 시·군명을 포장재에 인쇄 또는 표시하는 제도를 말하는데, 국내에서 생산·판매되는 공산품은 원산지표시의무가 없으나, 사실과 달리 허위로 표시하는 경우에는 관계법에 의거하여 벌칙과 과태료 및 시정·공표 명령의 대상이 될 수 있다.

13) 황의창·황광연 공저, 앞의 책, 55면. 따라서 국산제품에 "Made in USA"라고 표기하거나 자유의 여신상을 붙여 시판한 경우와 같이 소비자가 마치 미국제품인 것으로 오인하거나 오인할 우려가 있는 경우도 적용된다.

를 하는 경우이다. 이와 같이 상품광고를 함에 있어 허위광고 또는 과대광고 등과 같이 상품의 품질 등에 오인을 일으키게 하는 것은 자기의 영업상의 취약점을 정당한 노력으로 극복하지 아니하고 부정한 방법으로 영업상의 이익을 얻으려는 행위로서 이는 거래질서를 문란하게 하여 거래자와 수요자의 이익을 물론 일반공중의 공익을 침해하게 된다. 따라서 부정행위가 조직화되어 가는 추세를 감안하여 본다면 소비자 또는 소비자단체 등에게도 소권을 인정해야 할 것이다.

7. 대리인 또는 대표자의 유사상표 사용 또는 그 상품판매 또는 수입 · 수출행위(법 제2조 제1호 사목)

이 규정은 파리협약의 내용을 반영한 것으로, 상표권자의 허락을 받지 않은 대리인 등의 상표사용행위를 저지하기 위한 것이다. 대표자 등의 상표사용행위가 부정경쟁행위로 성립하기 위해서는 대리인 등이 사용하는 상표는 파리협약 당사국 또는 상표법조약 체약국에 등록된 것이어야 하고, 등록상표 또는 이와 유사한 상표사용의 주체는 그 상표에 관한 권리를 가진 대리인이나 대표자 또는 그 행위를 한 날부터 1년 이내에 대리인이나 대표자이었던 자이어야 한다. 그리고 대표자 등의 상표사용은 상표권자의 동의를 얻지 아니하고는 사용할 수 없다.

8. 타인의 상품형태를 모방한 상품을 양도 · 대여 또는 이를 위한 전시를 하거나 수입 · 수출행위(법 제2조 제1호 자목)

"상품형태의 모방"이란 다음과 같다. 우선 상품형태란 트레이드 드레스 (Trade Dress), 즉 물건이나 서비스의 전체적 · 시각적인 이미지를 포괄하는 광범위한 의미로서 "물품의 크기, 형상, 색채 또는 색채의 조합, 소재, 도형, 설계, 광고주제 등을 포함하는 다수의 상이한 물리적 형태 등으로 구성된 것"을 말한다. 예컨대 독특한 색채와 형태를 가진 콜라병, 특이한 색상의 타일로 된 벽면, 서비스방식의 판매기법 등은 마치 상품도 사람과 같이 옷을 통해 독특한 이미지를 구성하여 그 고유한 식별기능과 출처표시 기능을 한다는 뜻으로 유래된 개념이다. 여기에 더하여 타인의 상품형태(형상·모양·색채·광택 또는 이들을 결합한 것을 말하며, 시제품 또는 상품소개서상의 형태를 포함)를 모방한 상품을 양도, 대여 또는 이를 위한 전시하거나 수입·수출하는 것을 말한다.

　　트레이드 드레스와 관련한 기타의 법에서 보호받을 수는 없는가이다. 우선 디자인보호법에 의한 보호여부이다. 이 법 제2조의 디자인은 "물품의 형상, 모양, 색채 또는 이들을 결합한 것으로서 시각을 통하여 미감을 일으키게 하는 것"이 마치 트레이드 드레스와 그 개념이 상호 유사하다는 점이다. 이 법에서의 디자인은 신규성과 창작성의 등록요건과 절차를 밟아야 비로소 보호받을 수 있지만 트레이드 드레스는 특정인의 것으로 식별력과 주지성만 있으면 된다. 따라서 트레이드 드레스는 디자인보호법으로 보호받을 수 없다. 그 밖에 상표법으로 보호받을 수는 없는가이다. 상표법 제2조 제1항 가목의 "기호·문자·도형·입체적 형상 또는 이들을 결합하거나 이들에 색채를 결합한 것"의 입체상표제도를 인정하고 있다. 입체상표의 도입배경은, 타인의 상품형태를 모방하는 데드카피(dead copy)행위는 창작자의 노력, 투자, 시간 등의 집합적 결과물에 대한 침해행위이므로 상품형태와는 관계가 없는 자의 편승행위가 정당 권리자의 권익침해 및 거래자나 일반 수요자에게도 상품의 오인, 혼동을 일으킬 우려가 있고 불측의 경제적 손해, 정신적 피해를 입을 수 있기 때문에 타인의 모방행위는 부정경쟁행위로 봄으로써 트레이드 드레스는 상표법으로도 보호받을 수 있다.

9. 공정한 상거래 관행 또는 경쟁질서에 반하는 방법으로 무단 사용하여 타인의 경제적 이익을 침해하는 행위(법 제2조 제1호 차목)

　　기술의 변화 등으로 나타나는 새롭고 다양한 유형의 부정경쟁행위에 적절하게 대응하기 위하여 타인의 상당한 투자나 노력으로 만들어진 성과 등을 공정한 상거래 관행이나 경쟁질서에 반하는 방법으로 자신의 영업을 위하여 무단으로 사용함으로써 타인의 경제적 이익을 침해하는 행위를 부정경쟁행위로 인정하게 되었다. 예컨대 타인의 등록상표와 동일하거나 본질적으로 유사한 상표를 사용하여 상표권자의 권리를 침해하는 위조상품 및 외관이나 기능 등을 정품을 본떠서 만들어 내는 가짜상품인 모조상품 등은 소비자로 하여금 상품에 대한 출처를 혼동시키고 품질을 오인시켜 소비자를 기만하고 유통질서에 대한 문란을 초래하며 나아가 제품에 대한 개발의욕을 저하시켜 국내 산업발전을 저해하게 된다. 또한 대외 통상마찰을 야기하며 대외무역상에 불이익을 초래할 수 있으므로 그 제조 또는 판매한 자에 대한 단속을 강화할 수밖에 없다.

부정경쟁방지법 위반사례를 살펴보자.

직업가수가 영리의 목적으로 나이트클럽 등에서 하는 공연은 본 법에서의 영업상의 활동에 해당하고 TV, 라디오, 신문, 잡지 등 일반대중이 접하는 매체를 통하여 공연활동을 하면서 사용하는 가수의 성명이 일반인들에게 장기간 계속적, 독점적으로 사용되거나 지속적인 방송출연 등에 의해 그 가수의 속성이 갖는 차별적인 특징이 그 가수가 가지는 고객흡인력 때문에 일반인들 대부분에게 해당 가수를 인식시킬 정도로 현저하게 개별화되고 우월적 지위를 취득한 경우, 이러한 가수의 성명은 본 법 제2조 제1호(나)목의 '국내에 널리 인식된 영업표지'에 해당한다고 보아야 한다.

☞ 참고: 대법원 2012.12.13. 선고 2011도6797 판결

【판시사항】

상품의 판매 당시 구매자는 그 출처를 혼동하지 않았으나 구매자로부터 상품을 양수하거나 구매자가 지니고 있는 상품을 본 제3자 등 일반 수요자의 관점에서 혼동할 우려가 있는 경우, 그러한 상품표지를 사용하거나 상품표지를 사용한 상품을 판매하는 등의 행위가 부정경쟁방지 및 영업비밀보호에 관한 법률 제2조 제1호 (가)목에서 정한 '타인의 상품과 혼동하게 하는 행위'에 해당하는지 여부(적극)

【판결요지】

상품의 품질과 가격, 판매장소, 판매방법이나 광고 등 판매 당시의 구체적 사정 때문에 그 당시 구매자는 상품의 출처를 혼동하지 아니하였더라도, 구매자로부터 상품을 양수하거나 구매자가 지니고 있는 상품을 본 제3자가 상품에 부착된 상품표지 때문에 상품의 출처를 혼동할 우려가 있는 등 일반 수요자의 관점에서 상품의 출처에 관한 혼동의 우려가 있다면 그러한 상품표지를 사용하거나 상품표지를 사용한 상품을 판매하는

등의 행위는 부정경쟁방지및영업비밀보호에관한법률 제2조 제1호 (가)목, 제18조 제3항 제1호에서 정한 '타인의 상품과 혼동하게 하는 행위'에 해당한다. 따라서 부정경쟁방지 법에 위반되는 행위를 하지 않도록 주의를 하여야 한다.

☞ 참고: 루이비통 로고 따라한 루이비통닭 사건[14]

(조선일보(2016. 4. 18), A12면 캡처)

서울중앙지방법원은 통닭집을 운영하는 A씨의 강제집행청구부당소송(2016 가단6871)에 대하여 원고패소 판결을 내렸다.

A씨는 'LOUIS VUITTON(루이비통)'의 알파벳 철자에서 'T'를 하나 뺀 뒤 뒤에는 'DAK'(닥)을 붙여 'LOUIS VUITON DAK(루이비통닭)'이라는 간판의 치 킨가게를 열었다. 뿐만 아니라 A씨는 루이비통의 제품로고에 'D'를 붙인 모양 의 냅킨이나 포장지 등에 사용하기도 했다. 이 가게가 인터넷에 소개되면서 루 이비통 측이 이를 발견하여 작년 9월 부정경쟁방지법위반을 이유로 자신들과 유사한 이름과 로고 사용을 금지해 달라고 가처분신청을 낸 결과 법원은 "A씨 는 본안판결이 확정될 때까지 루이비통 브랜드이름이 연상되는 가게 이름을 사용해서는 안되고 이를 위반하면 하루에 50만원씩 루이비통 측에 지급하라" 는 화해권고 결정을 내렸다.

그런데 A씨는 결정을 받고 나서 기존에 사용하던 'LOUIS VUITON DAK' 이라는 가게 이름 대신 영문 철자 간 띄어쓰기를 바꾸고 앞에 'cha(차)'를 붙여 'cha LOUISVUI TONDAK(차 루이비 통닭)'이라는 이름의 간판으로 바꾼 뒤 영

업을 계속했다. 그러자 루이비통은 "A가 법원의 결정을 위반해 여전히 비슷한 이름을 사용하고 있다"며 "간접강제금 1,450만원을 지급하라"는 강제집행신청을 서울중앙지법에 냈다. 이에 A씨는 "현재 사용 중인 가게 이름은 법원이 금지한 것과는 다른 것"이라며 "강제집행을 막아 달라"는 소송을 냈다.

이에 재판부는 "A씨가 비록 띄어쓰기를 달리해 가게 이름을 바꿨다고는 하지만, 문자 표장을 이루는 알파벳이 완전히 동일하며 루이비통닭 혹은 루이비통닭으로 읽히는 것은 루이비통 상표를 연상시킨다는 점에서 상표가 갖는 식별력이나 명성을 손상하는 행위에 해당한다"고 하여 재판부는 A씨의 명령 위반에 따른 책임을 물어 1,450만원을 강제집행해야 한다고 판단했다.

이와 동일취지의 판결(켈리백 착시 효과 노린 진저백 사건)도 있다.

(조선일보(2016. 4. 23), B3면 캡처)

국내 한 회사가 홍콩에서 수입해 판매하던 '진저 백(Ginger Bag)'이다. '에르메스' 가방인 '버킨 백'과 '켈리 백'을 놓고 사진을 찍은 다음, 그 사진을 자신들이 만들 천 가방이나 나일론 가방에 인쇄하여, 멀리서 보면 진짜 가죽으로 만들어진 버킨 백이나 켈리 백을 들고 있는 것처럼 보였다. 이른바 '페이크(fake)' 기법을 쓴 것이다. 에르메스 측은 2014년 7월 진저 백이 디자인을 침해했다고 법원에 소송을 냈고, 2015년 2월에 1심 승소와 항소심(2016년 1월)에서도 승소하였다. 재판부는 "소재가 다르다고 해도 멀리서 보면 소비자들이 버킨 백과 켈리 백, 진저 백을 구별하기 어렵다. 이는 에르메스의 상당한 투자나 노력으로 만들어진 성과에 해당하는 제품을 무단으로 사용하는 것으로 부정행위에 해당한다" 면서 "해당제품의 제조 및 판매를 중단하고 1억5000만원을 배상하라"는 판결을 하였다. 재판부는 유사품에도 디자인권 침해가 아니라 부정경쟁방지법을 바탕으로 진저 백이 '남의 성과를 무단으로 사용했다'고 판단한 점이 주목된다.[15]

Ⅳ. 부정경쟁행위 등에 대한 구제

부정경쟁방지 및 영업비밀보호법상 구제에 관하여 두 가지, 즉 부정경쟁행위와 영업비밀침해행위(다음의 절에서 다루기로 한다)로 구분하고 있다. 부정경쟁행위에 대한 구제수단으로 침해금지예방청구권, 손해배상청구권, 신용회복청구권 등의 민사적 구제와 형사적 제재, 행정적 제재를 규정하고 있다. 침해금지예방청구권은 사전적 구제수단이며 나머지는 사후적 조치이다. 부당이익반환청구권은 규정사항은 없으나 민법의 통설에 의해 부당이득반환청구도 가능하다.

그러나 동 법은 민사적 구제수단에 대해 "영업상의 이익이 침해되거나 침해될 우려가 있는 자"에 한정하여 인정하므로 소비자단체나 일반소비자에게도 해당 청구권을 인정하고 있는 외국법제에 비해 일반소비자에 대한 보호가 미흡하다. 부정경쟁의 행위 중에는 상품의 질, 양, 오인야기 행위 등과 같이 소비자의 이익을 명백히 침해하는 행위가 규정되어 있음에도 주지표시 소유자의 개인적 권리 보호에만 그치는 면이 있으므로 이는 소비자보호 측면에서도 개선의 여지가 있다. 구제방법에 관한 민사적, 형사적, 행정적 면에서 살펴보자.

1. 민사적 구제

부정경쟁행위로 인하여 영업상의 이익이 침해되거나 침해될 우려가 있는 자는 부정경쟁행위를 하거나 하는 자에 대하여 그 행위의 금지 또는 예방을 법

---

15) 조선일보(2016. 4. 23), B3면.

원에 청구할 수 있다(법 제4조 제1항). 그러나 이 절차를 밟을 경우 소요기간의 장기화 및 계속되는 침해를 방지할 조치가 필요한데, 이 조치의 일환으로 '부정경쟁행위금지 가처분신청제도'를 활용하기도 한다.

가처분신청은 보전처분제도 중 하나로 금전채권 이외의 권리를 대상으로 하는 청구권에 대해 확정판결의 강제집행을 보전하기 위한 제도로서 부정행위의 금지 또는 예방청구권 등의 수단을 통해 방지함으로써 소비자에게 파급되고 있거나 파급될 피해를 사전에 막는다는 장점은 있으나 남용될 경우 산업발전에 저해요인이 될 수 있으므로 몇 가지 요건을 갖추어야 한다. 첫째, 부정경쟁행위를 하거나 하고자 하는 자일 것, 둘째, 영업상의 이익이 침해되거나 침해될 우려가 있을 것 등이다.

그 밖에 부정경쟁행위를 조성한 물건의 폐기, 부정경쟁행위에 제공된 설비의 제거, 부정경쟁행위의 대상이 된 도메인 이름의 등록말소 등의 조치를 청구할 수 있다. 또한 부정경쟁행위로 손해를 입은 자는 민법상 손해배상을 청구할 수 있다. 이 경우 법원의 판결을 받는데 상당한 기일이 초래될 수 있으므로 우선 이 기간 동안 배상판결의 강제집행을 위한 부정경쟁행위자의 재산확보를 위한 가압류 신청을 하여 '가압류결정'을 받아두는 것이 좋다.

이 외에도 침해행위에 의하여 타인의 업무(영업)상의 신용을 실추케 한 경우 신용회복에 필요한 조치를 할 수 있다. 즉 신문, 라디오, TV 등을 통한 합의각서의 공개, 승소판결문의 공고 등도 고려될 수 있다. 또한 부당이득반환도 청구할 수 있다.

2. 형사적 구제

앞에서 설명한 내용과는 달리 질서를 문란하게 한 자에 대한 처벌로서 형사적 책임을 함께 물을 수 있도록 하고 있다. 즉 부정한 이익을 얻거나 영업비밀 보유자에게 손해를 입힐 목적으로 그 영업비밀을 -또는 외국에서 사용하거나 외국에서 사용될 것임을 알면서- 취득·사용 또는 제3자에게 누설한 자는 징역 또는 벌금에 처하게 된다. 말하자면 부정행위의 구성이 사회질서나 신의성실의 원칙에 반할 의도로 행해졌든, 그러한 의도없이 행해졌든 묻지 않고 부정행위의 요건(제2조 제1호의 아목, 차목 및 카목은 제외함)을 갖추면 3년 이하의 징역 또는 3천만원 이하의 벌금에 처한다(법 제18조 제3항).

3. 행정적 구제

특허청장은 부정경쟁행위의 확인을 위하여 필요한 경우 증표를 가진 관계공무원으로 하여금 영업시설 또는 제조시설에 출입하여 관계 서류나 장부·제품 등을 조사하게 하거나 조사에 필요한 최소분량의 제품을 수거하여 검사하게 할 수 있다(법 제7조 제1항). 조사한 결과 부정행위가 있다고 인정되면 기간을 정하여 그 행위를 중지하거나 표지를 제거 또는 폐기할 것 등의 시정을 권고할 수 있고(법 제8조), 필요한 경우 당사자·이해관계인 또는 참고인의 의견을 청취하여야 한다(법 제9조). 만약 관계공무원의 조사 또는 수거거부·방해 또는 기피한 자에게는 특허청장이 과태료를 부과하고 있다(법 제20조). 문제는 부정경쟁행위에 대한 조사 및 수거 권한을 행사하기 위한 요건은 단순히 필요하다고 인정하는 경우로 규정되어 있어 자칫 권한자의 편의에 따른 자의적 행사가 이루어질 우려가 있다. 따라서 국민의 기본권제한에 해당하는 행사요건을 강화하여 기업의 자유로운 영리활동을 보다 보장하고, 영업비밀 침해행위의 금지·예방청구권의 행사기간, 과태료 부과기준 등은 지금보다도 더 완화할 필요가 있다.

제2절 영업비밀 침해행위

Ⅰ. 서 언

냉전체제의 종식과 WTO(World Trade Organization: 세계무역기구) 체제의 출범 등으로 기술 및 지식이 무한경쟁시대의 핵심적인 생산요소로 등장하면서 기업이 보유한 기술상 또는 경영상 정보는 기업의 경쟁력을 좌우하는 중요한 요소로서 부각되었다. 반면 기업간 경쟁심화 및 산업의 전문화, 세분화와 벤처기업의 창업활성화, 컴퓨터 등 정보통신수단의 발달 등으로 기업이 보유한 각종 정보의 유출가능성은 더욱 커지고, 기업이 보유한 이러한 비밀정보를 법적으로 보호하기 위하여 영업비밀의 요건, 영업비밀침해행위의 유형, 침해시의 법적 구제수단 등을 법으로 규정해야 할 필요성이 생겼다. 즉 기업은 막대한 시간과 비용을 투자하여 개발하고 축적한 유용한 정보가 제대로 보호받지 못하고 침해된다면, 해당 기업은 막대한 손해를 입거나 심지어는 기업의 존립에 위험을 받을 수도 있다. 영업비밀이 유출되는 과정에서 주요한 수단이 기술 인력이다. 종종 우리는 언론을 통해 인력 혹은 산업 스파이활동에 따른 비밀유출 사고가 계속해서 발생하고 있음을 접할 수 있었다. 즉 전문 인력이 동종 산업 간에 경쟁사로 이동하는 경우에 기존에 일하던 기업의 영업비밀이 유출될 가능성이 계속해서 높아지고 있는 것이다. 또한 외국인 산업스파이 활동도 지속적으로 증가추세에 있다. 그 활동영역도 IT분야에서 자동차나 조선 등 다양한 분야로 확대되고 있다. 기술 유출사고가 증가되면서 각국은 이에 대한 대응책을 제시하고 있다. 일본은 2002년 11월 지식재산기본법을 제정하였고, 2005년 2월부터 부정경쟁방지법을 개정하여 외국에서 영업비밀을 사용, 공개하지 못하도록 하였고, 퇴직자도 영업비밀을 사용·공개하지 못하도록 하였다. 중국은 2003년 2월 국가안전법을 제정하여 산업기밀누설도 국가안전에 위해를 가하는 행위로 간주할 뿐만 아니라 산업기밀유출자뿐만 아니라 관련자 모두 중형으로 처벌하고 있다. 또한 인터넷 관련기밀보호법을 통하여도 첨단기술이나 국가기밀을 유출한 사실이 적발될 경우 관련자를 중형으로 처벌하고 있다.

미국은 1996년 경제스파이법(Economic Espionage Act)을 제정하여 외국기업이나 정부기관 등과 연계해서 영업비밀을 유출할 경우 '산업스파이죄'를 적용하고 있다. 특히 2002년에는 방첩활동강화법을 제정하여 CIA·FBI·법무·국방·국무·에너지부 등 모든 방첩기관이 참여하는 중앙집중식 활동체계를 구축하고 있다.

Ⅱ. 영업비밀의 개념

'비밀'이라는 용어는 형법이나 민법 등 여러 법률에서 사용되고 있지만, 통일적으로 규정된 정의는 없다. 예컨대 '우주의 비밀'은 '아무도 알지 못하는 사실'을 의미하지만 법적 의미의 비밀과는 거리가 있다. 이때 '우주의 비밀'과 같은 비밀을 절대적 의미의 비밀이라고 한다면 법률상 비밀은 상대적 의미의 비밀에 속한다. 영업비밀도 법률상 비밀이기 때문에 상대적 의미의 비밀이다. 따라서 몇몇 사람이 정보의 내용을 알고 있는 경우라도 이를 알고 있는 구성원 전원이 비밀유지 서약을 한 경우에는 정보를 영업비밀로 공유하는 것으로 볼 수 있다.[16]

따라서 영업비밀보호법상의 영업비밀이란 공공연히 알려져 있지 아니하고 독립된 경제적 가치를 가지는 것으로서 상당한 노력에 의하여 비밀로 유지된 생산방법, 판매방법 그 밖에 영업활동에 유용한 기술상 또는 경영상의 정보를 말한다.[17] 아래에서는 영업비밀의 개념과 유사한 개념을 살펴본다.

1. 기업비밀

기업비밀은 넓은 의미로는 산업비밀을 의미하고, 좁은 의미로는 영업비밀을 뜻한다. 즉 영업비밀은 일종의 기업비밀이며, 기업비밀의 일부를 구성하고 있는 정보이다. 하지만 영업비밀이 영업비밀보호법상의 요건을 구비하는 정보인데 반하여 비업비밀은 요건의 충족과는 관계없이 기업의 비밀에 속하는 것은 무엇이든지 포함된다는 점에서 차이가 있다.

2. 산업기술

산업기술의유출방지및보호에관한법률 제2조의 산업기술이라 함은 '제품 또는 용역의 개발·생산·보급 및 사용에 필요한 제반 방법 내지 기술상의 정보 중에서 행정기관의 장이 산업경쟁력 제고나 유출방지 등을 위하여 이 법률

---

16) '비밀성' 상대성에 관한 판결(2001노868 판결); 영업비밀의 비밀성은 절대적인 비밀성을 의미하는 것이 아니라 상대적인 것으로서 비밀을 지킬 의무가 있는 사람들로서 제한 상태가 유지되고 있는 한 비밀성이 있다고 보아야 하고, 다른 사람들이 그 정보의 대체적인 윤곽을 알고 있더라도 구체적인 상세 정보를 갖지 못했다면 역시 비밀성이 있다.

17) 한국특허정보원 영업비밀보호센터, part 1 영업비밀관리비법, 2012, 12, 1. 8쪽.

또는 다른 법률이나 이 법 또는 다른 법률에서 위임한 명령에 따라 지정·고시·공고·인증하는 다음 각 목[18]의 하나에 해당하는 기술을 말한다. 영업비밀보호법은 기술뿐만 아니라 경영상 정보도 보호대상으로 하고 있으며 비공지성, 경제적 유용성, 비밀관리성을 성립요건으로 하는데 반하여, 산업기술보호법 상의 산업기술은 이러한 요건을 두지 않는다. 또한 산업기술은 대학 또는 공공연구기관 등 다양한 범위까지 보호범위로 하며, 위의 세 가지 요건을 갖춘 경우에는 영업비밀로 보호받을 수도 있다.

3. 국가핵심기술

산업기술보호법은 '산업기술'이라는 개념 외에 국가핵심기술을 별도로 정의하고 있다. '국가핵심기술'이라 함은 국내외 시장에서 차지하는 기술적·경제적 가치가 높거나 관련 산업의 성장잠재력이 높아 해외로 유출될 경우에 국가의 안전보장 및 국민경제의 발전에 중대한 악영향을 줄 우려가 있는 기술로, 산업기술보호법 제9조에 의해 지정된 산업기술을 뜻한다.

Ⅲ. 영업비밀의 보호 필요성과 보호제도의 목적

1. 보호의 필요성

막대한 시간과 비용을 투자하여 개발한 기술과 정보를 제대로 보호받지 못하면 기업들 간에는 새로운 기술을 개발하지 않고 타인의 노력과 성과에 편승하여 부당한 이익을 취득하려는 풍조가 만연하게 될 것이다. 이는 건전한 경쟁질서 형성을 방해하여 장기적으로 기업은 물론 국가경쟁력을 떨어뜨리는 원인이 되는데 이를 방지하기 위해 법을 제정한 법이 바로 부정경쟁방지 및 영업비밀보호에 관한 법률(약칭: 부정경쟁방지법)이다.

---

18) 산업기술 관계법률
① 산업발전법 제5조에 따른 첨단기술 ② 부품·소재전문기업 등의 육성에 관한 특별조치법 제19조에 따른 부품·소재기술 ③ 조세특례제한법 제18조 제2항에 따른 고도기술 ④ 전력기술관리법 제6조의2에 따른 신기술 ⑤ 뿌리산업진흥과 첨단화에 관한 법률 제14조에 따른 핵심뿌리기술 ⑥ 환경기술 및 환경산업지원법 제7조 제1항에 따른 신기술.

2. 보호제도의 목적

영업비밀보호제도의 목적은 크게 두 가지로 구분할 수 있다. 첫째, 건전한 경쟁질서의 형성이다. 영업비밀보호제도는 타인의 노력과 성과에 편승하여 부당한 이익을 취득하려는 행위를 금지하는 '부정경쟁금지의 법리'를 실현하여 건전한 경쟁질서를 형성하기 위해 만들어진 제도이다. 둘째, 기업의 기술개발 및 이전계약 촉진이다. 새로운 기술 및 경영정보의 개발의욕을 고취시켜 기업의 연구·개발활동을 촉진하고 기술이전에 발생할 수 있는 비밀누출 가능성을 예방하여 국내기업 간 또는 국가 간 기술이전을 순조롭게 하여 기술이전시장 형성 및 해당기술의 효율적 이용을 촉진하는 것을 목적으로 한다.

Ⅳ. 영업비밀 보호제도의 특성

영업비밀의 개념을 보다 정확하게 이해하기 위해서는 지적재산권과 그 특성을 비교해 보고자 한다.

1. 영업비밀의 유지상태

영업비밀보호제도는 영업비밀을 사실상의 재산(de facto assets)으로 보고 비밀로 유지하고 있는 사실상태를 말한다. 이러한 의미에서 학문적·예술적 저작물에 대한 창작노력과 그것이 갖는 재산적 가치로 인한 일정기간 독점적·배타적 권리를 인정하는 저작권과 다르고, 발명·고안자에게 일정기간 독점적·배타적 권리를 인정하는 산업재산권과도 다르다. 영업비밀은 공개되지 않는 한 영구히 그 재산적 가치를 누릴 수 있지만, 반면 비밀성이 상실되면 보호받지 못한다. 그리고 비밀성이 유지되는 한 존속기간 없이 보호받지만 아무런 제약 없이 안정하게 행사할 수 있는 것이 아니라 그 비밀이 유지되도록 상당한 노력을 하여야 한다. 따라서 정보를 비밀로 유지하는 상태를 보호하고 이를 침해하는 행위를 금지함으로써 영업비밀을 보호한다.

2. 독점배타권이 없음

영업비밀의 보호는 일정기간 독점·배타권을 부여하는 것이 아니라 관리하고 있는 영업비밀을 부당하게 침해하는 행위를 금지함으로써 영업비밀을 보호한다. 그러므로 영업비밀이 유지되는 동안 지속적인 보호가 가능하고 독점·배타적 권리가 아니므로 제3자가 동일한 영업비밀을 독자적으로 가지고 있거나 사용하는 경우에는 침해금지 또는 손해배상을 청구할 수 없다. 또한 영업비밀은 양도나 실시계약을 체결할 수 있지만 등록은 할 수 없다.[19]

V. 영업비밀의 요건

부정경쟁방지법은 "영업비밀"이란 공공연히 알려져 있지 않고 독립된 경제적 가치를 가지는 것으로서, 비밀로 관리된 생산방법, 판매방법, 그 밖에 영업활동에 유용한 기술상 또는 경영상의 정보로 정의한다(법 제2조 제2호). 그동안 중소기업의 경우 영업비밀을 관리하는 요건을 충족하지 못해 50% 이상 소송에서 패소했는데, 지금까지는 영업비밀 인정요건이 중소기업 입장에서는 너무 강화된 것이 사실이어서 이를 완화해 줌으로써 중소기업의 영업비밀 보호가 한층 두터워졌다.

이 규정의 핵심은, 영업비밀로 보호받기 위해서 세 가지 요건이 필요하다. 즉 비밀성, 독립된 경제적 유용성, 비밀 관리성이다.

첫째, 영업비밀은 공연히 알려져 있지 않은 비밀이어야 한다. 여기서의 공연히 알려져 있지 않은 비밀이라 함은 영업비밀은 말 그대로 '비밀'이다.

---

19) 이러한 단점을 보완하기 위하여 특허청에서는 "영업비밀 원본증명서비스"제를 운영 중에 있다. 이 서비스는 영업비밀이 담긴 전자문서는 개인이나 기업이 자체적으로 보관하면서 정보를 외부에 공개하지 않고 해당 전자문서로부터 추출된 고유의 식별값, 즉 전자지문의 등록을 통해 영업비밀의 보유사실을 증명해 주는 서비스이다. 이 서비스는 특허청 산하기관인 "한국특허정보원(www.tradesecret.or.kr)"에서 운영하고 있으며, 중소기업청 산하기관인 "대중소상생협력재단(http:www.kescrow.or.kr)"에서도 이와 유사한 "기술자료임치제도"를 제공하고 있다.

☞ **참고: 대법원 2008.7.10. 선고 2006도8278 판결**

'동종업계에 공연히 알려져 있거나 별다른 노력을 하지 않아도 확보할 수 있는 자료는 영업비밀이 아니다'라는 판결.

재판부는 "부정경쟁방지및영업비밀보호법에관한법률 제2조 제2호의 영업비밀은 공연히 알려져 있지 않고 독립된 경제적 가치를 가지는 것으로 상당한 노력에 의해 비밀로 유지된 생산방법·판매방법 기타 영업활동에 유용한 기술상 또는 경영상의 정보"라며 "공연히 알려져 있지 않다는 것은 그 정보가 동종업계에 종사하는 자 등 경제적 이익을 얻을 가능성이 있는 자들 사이에 알려져 있지 않은 것을 뜻하고, 독립된 경제적 가치란 정보의 보유자가 그 정보의 사용을 통해 상대방 경쟁자에 대해 경쟁상의 이익을 얻을 수 있거나 정보의 취득·개발을 위해 상당한 비용이나 노력이 든 경우"라고 밝혔다.

재판부는 이어 "피고용인이 퇴사 후 고용기간 중에 습득한 기술상 또는 경영상의 정보 등을 사용해 영업을 했다더라도 피고용인이 고용되지 않았더라면 그 같은 정보를 습득할 수 없었다는 사정만으로 곧바로 그 정보가 영업비밀에 해당한다고 볼 수 없다"며 "정보가 동종업계 등에 널리 알려져 있지 않고 독립된 경제적 가치를 가지며 상당한 노력에 의해 비밀로 유지되고 있을 경우에만 영업비밀에 해당한다"고 덧붙였다.

판시내용을 역설하면, 영업비밀은 '공연히 알려지지 않은' 상태여야 한다. 즉 불특정 다수가 그 정보를 알고 있거나 알 수 있는 상태에 있지 않은 것으로서, 정보의 내용이 공개된 간행물 등에 게재되지 않고 비밀상태인 것을 의미하며, 정보의 보유자는 정보가 비밀상태에 있기 때문에 경제적 이익과 시장에서 경쟁상의 우위를 가질 수 있는 상태를 의미한다. 따라서 이미 해당 산업 내에서 공연히 알려져 있거나 누구나 제한없이 입수할 수 있다면 그 정보는 영업비밀로서 자격을 상실한 것이 된다. 비밀성의 입증은 침해를 주장하는 자, 즉 영업비밀 보유자가 증명하여야 한다. 그리고 비밀성은 누구도 알 수 없는 절대적인 비밀이 아니라 일정한 범위를 한정하여 비밀이 유지된다면 충분하다.

둘째, 비밀이라 할지라도 독립된 경제적 관점에서의 유용성이 없다면 영업비밀에 해당하지 않는다. 독립된 경제적 유용성이라 함은 영업비밀은 독립된 경제적 가치를 가지고 있어야 하고, 원칙적으로 비밀로 지켜지기 때문에 경제적 가치를 가지면 된다. 따라서 즉시 영업활동에 이용할 수 있을 정도로 완성된 단계에 이르지 못한 것이라도 영업비밀이 된다. 다만 위법한 정보, 예컨대 뇌물 정보나 스캔들 정보는 영업비밀로 보호되지 않지만 위법성을 직접적으로 판단하기 어려운 경우에는 영업비밀로 보호받을 수 있다(2004노1493 판결).

　　셋째, 영업비밀은 상당한 노력에 의해서 비밀로 관리되어야 한다. 즉 정보가 영업비밀임을 표시하거나 고지하여야 하고, 정보에 접근할 수 있는 대상이나 접근방법을 제한하며 정보에 접근한 자에게 비밀 준수의무를 부과하여야 한다. 예컨대 창으로 침입한 자에 대하여는 정보를 기재한 서류를 책상 서랍에 넣어두는 정도만으로도 영업비밀을 관리하고 있다고 할 수 있지만, 서류를 자유로이 열람하는 사내의 종업원에 대하여는 그 정도로는 부족하고, 서류에 비밀표시를 붙여두던지, 라커에 잠금장치를 하여 보관할 필요가 있다.[20]

　　이와 관련하여 법원은 영업비밀 침해를 판단하기 위하려 비밀 관리를 위한 노력이 충분하였는지 판단할 때에 기업의 규모를 고려한다. 즉 기업의 규모에 비추어 과도한 정도의 비밀관리 노력을 요구하지 않지만 충분히 감당할 수 있는 비밀관리 노력(주관적 의지와 객관적 관리 노력 등)조차 취하지 않았다면 비밀관리 노력이 부정될 수 있다고 판단한다.

VI. 영업비밀 침해행위

　　부정경쟁방지법 제2조 제3호에서 규정하고 있는 여섯 가지 "영업비밀 침해행위" 유형은 다음과 같다. 우선 영업비밀의 침해행위 유형은 ① 부정취득행위, ② 부정취득자로부터의 악의취득 행위, ③ 부정취득행위에 관한 사후적 관여행위, ④ 부정공개행위(비밀유지의무 위반행위), ⑤ 부정공개자로부터의 악의취득행위, ⑥ 부정공개행위에 관한 사후적 관여행위 등이다.

　　'부정취득행위'라 함은 정당한 수단으로 영업비밀을 입수할 지위에 있지 않은 자가 위법한 수단을 사용하여 영업비밀을 취득하는 행위뿐만 아니라 취

---

20) 같은 취지의 판결이 있다(2008도3435판결; 2006가합17631 판결).

득한 그 정보를 스스로 사용하여 경쟁상의 이득을 얻거나 특정한 타인 또는 불특정 다수인에게 그 비밀을 전득, 공개하는 행위를 말한다(법 제2조 제3호 가목). 따라서 비밀로 관리되고 있는 영업비밀을 취득하는 과정에 절취, 기망, 협박 등의 불법한 행위가 개입한 경우에는 영업비밀 침해행위로 보고 있다. 예컨대 경쟁업체의 직원을 스카우트하는 행위, 회사의 생산시설에 잠입하여 영업비밀을 탐지한 제3자의 행위, 영업비밀을 기억하는 사람으로부터 사기, 협박, 도청 등의 수단에 의해 영업비밀을 취득하는 행위 등이다.

'부정취득자로부터의 악의취득행위'라 함은 영업비밀의 부정취득자로부터 다시 이를 부정한 수단으로 취득하는 행위를 말한다. 따라서 영업비밀에 관하여 부정취득행위가 개입된 사실을 알거나 중대한 과실로 알지 못하고 그 영업비밀을 취득하는 행위 또는 그 취득한 영업비밀을 사용하거나 공개하는 행위는 영업비밀 침해행위가 된다.

'부정취득행위에 관한 사후적 관여행위'라 함은 적법하게 영업비밀을 취득한 후 사후에 그 영업비밀에 대하여 부정취득행위가 개입된 사실을 알거나 중대한 과실로 알지 못하고 그 영업비밀을 사용하거나 공개하는 행위를 말한다. 예컨대 취득 당시에는 부정취득의 개입 여부에 관해 선의, 무중과실이었던 자가 영업비밀의 보유자로부터 경고 또는 통보를 받거나 금지청구의 소장을 송달받게 되면 사후적 악의자가 된다. 그리고 보유자 등으로부터 경고나 소장의 송달을 받지 못했더라도 약간의 주의로 부정취득이 개입되었음을 알 수 있었던 경우에도 사후적 중과실이 된다.

'부정공개행위(비밀유지의무 위반행위)'라 함은 계약관계 등에 의하여 영업비밀을 비밀로서 유지하여야 할 의무가 있는 자가 부정한 이익을 얻거나 그 영업비밀의 보유자에게 손해를 가할 목적으로 그 영업비밀을 사용하거나 공개하는 행위를 말한다. 이 행위는 전형적인 영업비밀의 침해행위에 해당한다. 부정공개행위를 규제하는 근본적인 이유는 영업비밀의 정당한 보유자로부터 정당하게 영업비밀을 취득한 자가 영업비밀 유지의무를 부담하고 있음에도 불구하고 부정한 목적을 가지고 그 영업비밀 유지의무를 위반하여 당해 정보를 사용 또는 공개하는 행위를 규제함에 있다. 이에 해당하기 위해서는 세 가지의 요건이 필요하다.

첫째, 계약관계 등에 의하여 영업비밀을 비밀로서 유지해야 할 의무가 있는 자일 것. 둘째, 부정한 이익을 얻거나 그 영업비밀의 보유자에게 손해를 가할 목적이 있을 것. 셋째, 영업비밀을 사용하거나 공개하는 행위일 것 등이다. 특히 영업비밀을 외국에서 사용하는 행위, 외국에서 사용될 것임을 알면서 영업비밀을 취득·사용하거나 제3자에게 누설하는 행위, 영업비밀에 대한 보유 또는 사용권한이 소멸됨에 따라 영업비밀 보유자로부터 저장된 자료의 반환이나 삭제를 요구받고도 이를 거부 또는 기피하거나 계속 보유하는 것도 처벌의 대상이 된다.

'부정공개자로부터의 악의취득행위'라 함은 부정공개행위가 개입되어 있는 사실을 인식하거나 또는 영업비밀을 취득함을 인식하는 경우도 포함한다. 따라서 이에 의거하여 부정공개행위가 개입된 사실을 알거나 중대한 과실을 알지 못하고 영업비밀을 취득, 사용 또는 공개 및 다시 전달받은 자가 취득, 사용, 공개하는 행위도 적용된다.

'부정공개행위에 관한 사후적 관여행위'라 함은 영업비밀을 취득한 후에 그 영업비밀이 비밀유지 의무자에 의해 부정공개된 사실 또는 그러한 공개행위가 개입된 사실을 알거나 중대한 과실로 알지 못하고 그 영업비밀을 사용하거나 공개하는 행위를 말한다. 이는 비밀유지의무자가 부정한 이익을 얻거나 그 영업비밀 보유자에게 손해를 가할 목적으로 공개한 영업비밀에 사후적으로 관여하는 것을 금지하기 위함이다.

Ⅶ. 영업비밀의 관리

영업비밀은 비밀로 유지·관리되고 있는 동안 그 재산적 가치를 인정하여 보호를 해주는 것이기 때문에 비밀유지는 영업비밀의 생명이다. 그런데 영업비밀 보호를 위한 제반 장치가 마련되어 있다 하더라도 영업비밀을 보유한 기업 스스로의 보호노력과 관리가 선행되지 않는 한 영업비밀의 위험에 노출될 수밖에 없다. 따라서 기업은 스스로 자신이 개발하고 연구한 영업비밀 보호를 위하여 제반 노력을 기울여야 한다.

1. 영업비밀로 관리할 정보의 선정

기업의 정보를 영업비밀로 보호하는 것이 정보의 성질상 또는 영업전략 상 유리하고, 이렇게 분류하려면 체계적인 관리가 필요하다. 그 예를 나열하면 다음과 같다.

① 정보가 자연법칙을 이용한 기술적 사상의 창작으로서 산업의 이용성, 신규성, 진보성이 있는 발명 또는 고안으로 특허등록의 요건은 되지만 공개하고 싶지 않을 때

② 특허등록은 받고 싶으나 특허등록요건이 충족되지 않을 때

③ 해당 정보를 보다 포괄적으로 보호하고 싶을 때

④ 해당 정보를 영구독점하고 싶은 때

⑤ 침해여부가 명확하지 않고 모방이 용이한 기계 등과 같은 분야의 정보

⑥ 해당 정보의 수명주기가 거의 반영구적이라고 판단할 때 등이다.

2. 영업비밀의 기본방침의 책정

영업비밀 관리규정 제정, 영업비밀 관리업무 전담부서 설치, 영업비밀 관리기구 운영 등이다.

3. 실시계획 확정

현재의 관리상황 파악, 목표관리수준 설정, 영업비밀 관리 실시계획의 내용

4. 실시

접근 권한자 및 비밀 취급방법 지정, 실시사항 주지, 합리적 관리실현

5. 관리상황 감사

Ⅷ. 영업비밀 침해행위에 대한 구제

영업비밀 유출시 위기관리 및 대응에 관하여 살펴본다.

1. 영업비밀 유출과 위기관리

영업비밀의 유출은 곧 기업의 위기를 말하므로, 관리자는 영업비밀이 유출되었다고 판단하면 현황을 분석하고, 전략을 수립하여 이에 대응과 실행을 하며 지속적인 개선 및 감사를 하여야 한다. 특히 증거확보를 위한 다양한 조치를 취하여야 한다. 예컨대 서류관리, 종업원의 관리, 출입통제시스템, 퇴직자 및 전직자에 대한 관리가 무엇보다 중요하다. 반면 관리자가 취하여야 할 조치는 증거자료를 수집 및 유출자에 대한 기본 정보조사를 바탕으로 침해여부를 판단하고, 영업비밀 사용에 대한 경고를 한 후 가처분, 소송, 중재 및 조정을 통한 민사적 구제수단에 대한 실현절차를 하며 동시에 형사고소를 하여야 한다.

말하자면 퇴사 후에도 영업비밀을 계속 보유하던 자가, 퇴사 전 회사로부터 삭제 또는 반환요구에 불응하는 경우에 대한 영업비밀의 형사처벌을 강화함으로써 영업비밀의 침해 위험성이 있는 상황을 극복할 수 있도록 하였다.

2. 영업비밀 유출시 세부 대응 절차

영업비밀이 유출될 경우 시간의 경과와 함께 영업비밀이 확산되어 기업의 손해가 커질 가능성이 높다. 따라서 영업비밀의 유출이 의심될 경우에 신속한 대응을 할 수 있도록 관리담당자가 취해야 할 조치, 예컨대 경고장 송부, 증거확보 등에 관하여 사내규정 등으로 정하는 것이 바람직하다.

3. 분쟁발생 시 구제수단

영업비밀이 유출되면 유출에 관한 증거를 확보해야 한다. 그리고 피해기업은 민사적·형사적 구제를 받을 수 있다. 이에 관하여 설명을 요약하면 다음과 같다.

[민사적 구제 수단(부정경쟁방지법)**]**

금지 및 예방청구권 (법 제10조 제1항)	영업비밀의 보유자는 영업비밀 침해행위를 하거나, 하고자 하는 자에 대하여 그 행위에 의하여 영업상의 이익이 침해되거나 침해될 우려가 있는 때에는 법원에 그 행위의 금지 및 예방을 청구할 수 있다.
폐기·제거 등 청구권 (법 제10조 제2항)	영업비밀의 보유자가 제10조 제1항의 규정에 의한 청구를 할 때에는 침해행위를 조성한 물건의 폐기, 침해행위에 제공된 설비의 제거 기타 침해행위의 금지 또는 예방을 위하여 필요한 조치를 함께 청구할 수 있다.
손해배상청구권 (법 제11조)	고의 또는 과실에 의한 영업비밀 침해행위로 영업비밀 보유자의 영업상의 이익을 침해하여 손해를 가한 자는 그 손해를 배상할 책임이 있다.
신용회복청구권 (법 제12조)	법원은 고의 또는 과실에 의한 영업비밀 침해행위로 영업비밀 보유자의 영업상의 신용을 실추하게 한 자에 대하여는 영업비밀 보유자의 청구에 의하여 제11조의 규정에 의한 손해배상에 갈음하거나 손해배상과 함께 영업상의 신용회복을 위하여 필요한 조치를 명할 수 있다.
부당이득청구권 (민법 제741조)	법률상 원인 없이 타인의 특허권 또는 전용실시권으로 인하여 이익을 얻고, 이로 인하여 권리자에게 손해를 가한 자에게 그 이익을 반환하도록 청구할 수 있다.

[민사적 구제 수단의 실현절차(부정경쟁방지법)**]**

가처분 (민사집행법 제300조)	영업비밀 침해행위의 금지 및 예방청구권(법 제10조)에 관하여는 통상 영업비밀보유자의 신청에 의해 법원이 제소 전후를 불문하고 본안에 관한 최종심리 이전의 단계에서 침해피의자에게 잠정적으로 침해금지 명령을 내리는 가처분 신청을 할 수 있다.
소송	민사소송절차는 보통절차와 특별절차 및 부수절차로 나누어진다. 보통절차는 판결절차와 강제집행절차로 나누어진다. 판결절차는 다시 제1심·항소심·상고심·항고심·재심절차로 세분되고, 강제집행절차는 그 채권의 종류와 집행목적물에 따라 세분된다.
기타	중재 및 조정

[형사적 구제 수단(부정경쟁방지법)]

영업비밀 침해행위에 대한 징역과 벌금	부정경쟁방지법 제18조 제1항, 제2항, 제4항, 제18조의2, 제18조의3, 제19조
	영업비밀을 침해한 자는 누구든지 형사처벌이 가능하며, 양벌규정을 통해 침해자 개인뿐만 아니라 침해에 관여한 조직, 기업 등도 처벌받게 된다. 국내유출보다 국외유출을 더 엄중하게 처벌하고, 침해의 예비음모의 경우도 처벌 대상이 된다. 징역형 상향(국내: 5년에서 10년, 국외: 10년에서 15년), 벌금상한액 상향(국내: 5천만 원에서 5억 원, 국외: 1억 원에서 15억 원).

[형사적 구제 수단(형법)]

	횡령죄 (형법 제355조 제1항)	타인의 재물을 보관하는 자가 그 재물을 횡령하거나 반환을 거부하는 경우
영업 비밀을 침해한 기업의 내부자	업무상 횡령죄 (형법 제356조)	업무상 임무에 위배하여 횡령죄를 범하는 경우
	배임죄 (형법 제 355조 제2항)	타인의 사무를 처리하는 자가 그 임무에 위배하는 행위로써 재산상의 이익을 취득하거나 제3자로 하여금 이를 취득하게 하여 본인에게 손해를 가하는 경우
	업무상 배임죄 (형법 제356조)	업무상 임무에 위배하여 배임죄를 범하는 경우
	상법상 특별배임죄 (상법 제622조 제1항)	회사의 발기인, 업무집행사원, 이사, 감사, 지배인 기타 회사영업에 관한 어느 종류 또는 특정한 사항의 위임을 받은 사용인이 그 임무에 위배한 행위로서 재산상의 이익을 취득하거나 제3자로 하여금 이를 취득하게 하여 회사에 손해를 가한 경우
	특정경제범죄가중처벌법 상 가중처벌 (특경법 제3조)	상기 행위를 통하여 얻은 재산상 이득액이 50억 원 이상일 경우
기업의 내부자 가 아닌 제3자	비밀침해죄 (형법 제316조)	봉함 기타 비밀장치한 사람의 편지, 문서 또는 도화를 개봉한 자나 전자기록 등 특수매체 기록을 기술적 수단을 이용하여 그 내용을 알아낸 경우
	절도죄(형법 제329조)	타인의 재물을 절취한 경우

영업비밀 침해 및 유출의 대응 지원기관으로는 특허청, 영업비밀보호센터, 경찰청 산업기술유출수사대, 국가정보원 산업기밀보호센터, 한국산업기술보호협회, 기술보호상담센터 등이 있다.

제3절 반도체집적회로의 배치설계에 관한 법률(약칭: 반도체설계법)

I. 서 언

얼마 전 한 일간지에 "짝퉁 반도체"의 유통을 방지하는 반도체칩의 보안기술이 미국의 한 대학에 의해 개발되었다는 기사가 게재되었던 일이 있었다. 이는 반도체칩에 대한 불법 복제가 아직도 행해지고 있으며 그것이 반도체 산업 발전에 악영향을 미치고 있다는 것을 보여주고 있는 것이다.[21] 반도체칩의 개발에 막대한 비용과 노력이 필요하다는 점을 감안하면 반도체산업의 발전을 위해서 타인의 노력의 결과에 무임승차하는 것은 철저히 방지되어야 하며 이러한 방지대책의 하나로 반도체칩을 보호하는 지적재산권이 필요하기도 하였다. 특히 전통적인 지적재산권이 반도체칩을 적절히 보호하지 못한다는 지적에 대한 오랜 논의 끝에 1984년 미국에서 이와 관련한 법을 제정하였고 이후 주변국에서도 미국의 영향을 받아 이에 상응하는 법을 제정하기 시작하였다. 우리나라도 영향을 받아 반도체 배치설계에 관한 창작자의 권리를 보호하고 배치설계의 공정한 이용을 도모하기 위하여 1992년 12월 8일 '반도체집적회로의 배치설계에관한법률'을 제정하게 되었고, 미국의 '반도체칩 보호법'(Semiconductor Chip Protection Act: SCPA)에서 그 기원을 찾을 수 있다.

반도체라 함은 전기를 통하는 도체와 전기를 통하지 않는 부도체의 중간

---

21) "짝퉁 반도체 유통방지 암호화 기술 공동 개발", 전자신문(2008. 3. 10) 종합 해설면; 박재훈, 미국의 반도체칩 보호법 및 관련판례연구, 지식재산21 통권 제103호(2008년 4월호), 특허청, 110쪽.

에 해당하는 성질의 고체물질을 말한다. 반도체는 순수한 상태에서는 부도체에 가까운 성질을 나타내지만 적당한 양의 불순물을 첨가하면 전기, 열, 자기 등의 자극에 의하여 전기를 통하게 되어 전류의 정도와 방향을 조절할 수 있게 되는 성질을 가지게 되는 물질로서 실리콘, 게르마늄 등과 같은 단원소로 된 반도체와 갈륨비소 등과 같은 화합물로 된 반도체로 구별된다.

반도체칩, 즉 반도체집적회로란 반도체 기판위에 수천 개 내지 수백만 개의 트랜지스터, 콘덴서, 저항 등의 회로소자들을 연결하여 집적시킨 전자회로[22]로서 반도체칩이 사용되고 있는 각종 전자제품에서는 핵심에 해당한다. 특히 한 변이 수 mm에 불과한 한정된 기판의 공간적 배치가 용량의 많고 적음을 가름할 수 있는 잣대가 되기 때문이다. 예컨대 64MD램 메모리 반도체칩을 제조할 경우 손톱정도 크기의 반도체기판 위에 6천4백만 개의 트랜지스터와 6천4백만 개의 콘덴서를 내장하고 이들을 연결하는 서브마이크론(머리카락 굵기의 1/1200)의 미세한 도선을 공간적으로 배치한 설계도면이 필요한데 이를 육안으로 식별할 수 있도록 확대한다면 축구장 면적에 해당하는 크기의 특수한 설계도이며, 이러한 배치설계는 기술집약도가 높고 개발에 막대한 비용과 고도의 기술을 필요로 하는 반도체산업의 핵심 기술분야이다. 이 외에도 반도체집적회로의 공정과정이 제품에 대한 구상, 제품의 기능설계와 회로설계, 포토마스크제작 및 포토마스크에 따라 반도체집적회로의 제조 등의 복잡한 과정에 대한 무단 복제가 일어날 가능성이 있고 이를 보호해야 한다는 점에는 모두 공감하고 있다.

☞ 참고: 배치설계에 관한 국가별 용어

한국	미국	일본	유럽
배치설계(Layout Design)	Mask Work	회로배치(Circuit Layout)	Topography

---

22) 송영식·이상정·김병일 공저, 지적재산권법, 310쪽에서 인용.

Ⅱ. 보호방안

1. 특허법을 통한 보호

특허요건을 충족한다면 반도체 배치설계 역시 특허로서 보호받을 수 있다. 즉 발명의 성립성, 산업상 이용가능성, 신규성, 진보성 등이 충족되면 된다. 그러나 반도체 회로배치설계는 종래의 특허분야와는 다른 특징을 가지고 있다. 말하자면 반도체집적회로의 제조과정은 통상적으로 "특정기능을 위한 시스템설계 → 기능실현의 논리회로설계 → 논리실현의 전자회로 설계 → 회로의 공간적 배치설계 → 제조공정 → 시험검사"의 순서로 진행되는데 이중에서 회로의 배치설계는 특허권으로 보호되지 못하는 경우가 많다. 즉 배치설계의 특성상 특허권으로서 보호받지 못하는 회로배치 설계부분을 보호하기 위하여 탄생한 권리가 회로배치설계권이다.

대다수의 회로배치설계의 경우 이론 설계상의 연구, 레이아웃상의 연구 등경험에 의한 시행착오의 반복에 의해 기술적 향상이 도모되고 있다고 판단되기 때문에 반도체 회로배치는 특허요건에 대입시켜 특허권으로 인정하기에는다소 적절치 않다.

2. 저작권법을 통한 보호

회로배치설계는 일종의 설계도면이며 이는 저작권법상의 도형저작물에해당한다(저작권법 제4조 제1항 8호). 즉 회로배치설계는 불법복제에 의한 침해가 발생하면 반도체산업에 막대한 영향을 미치므로 산업의 발전을 위하여서는배치설계를 산업재산권의 일종으로 보호하되, 반도체제품은 특성상 라이프 사이클이 짧기 때문에 보호기간을 제한하고 권리가 발생하려면 반드시 등록을해야 한다는 면에서 보면 특허권적 성격을 지니고 있다. 그러나 회로배치설계의 일차적 보호대상은 설계도면이며, 이에 대한 창작성 여부에 관한 실체심사는 하지 않고 등록함으로써 권리가 발생한다는 점에서는 저작권적 성격을 띠고 있다. 이처럼 회로배치설계의 일차적 보호대상은 배치설계이지만 실질적 보호대상이 배치설계를 이용하여 제조된 반도체칩, 반도체칩이 내장된 완성제품까지 확장되기 때문에 특허권적 성격이 강하지만 회로배치설계의 창작에 대하여 신규성, 진보성 등을 판단하기는 불가능하므로 특허권을 인정하기에는 적절치 않다는 것이며, 저작권에 의한 보호 또한 적절하지 못하다. 왜냐하면 저작권은 표현을 보호하는 것이지 기능 또는 기술사상을 보호하는 것이 아니기 때문에 저작권적 개념과도 적절하지 못하다. 영업비밀도 적절한 보호수단이 되지 못하는데, 그 이유는 영업비밀로 보호할 경우 특히 리버스 엔지니어링(reverse engineering)에 취약할 수밖에 없기 때문이다.

※ 리버스엔지니어링

리버스 엔지니어링을 국역하면 역공학이라고 하며, 약칭하여 리버싱이라고도 한다. 리버스 엔지니어링이란 장치 또는 시스템의 기술적인 원리를 그 구조분석을 통해 발견하는 과정이다. 이것은 종종 대상(기계장치, 전자 부품, 소프트웨어 프로그램 등)을 조각내어 분석하는 것을 포함한다. 뿐만 아니라 유지보수를 위해 또는 같은 기능을 하는 새 장치를 원본의 일부를 이용하지 않고 만들기 위해 대상의 세부적인 작동을 분석하는 것을 포함한다. 요약하면 이미 기계어화된 프로그램을 역으로 뜯어 어셈블리어형태로 분석하는 것이다. 예컨대 업무를 보는 사람들은 대개 완성된 제품을 분석하여 제품의 기본적인 설계개념과 적용기술을 파악하고 재현한다. 말하자면 설계개념 → 개발작업 → 제품화의 과정을 거꾸로 수행한다. 그러면 왜 이 과정을 거꾸로 수행할까? 그것은 물건이라는 기계장치 또는 시스템 등의 구조, 기능, 동작 등을 분석하여 그 원리를 이해하며 단점을 보완하고 새로운 아이디어를 추가함으로써 기존 제품보다 더 나은 제품으로 발전하기 위함이다.

---

3. 특별법을 통한 보호 및 국제적 추세

반도체 산업분야에서 우리나라가 세계 2·3위의 생산국으로 부상하게 됨에 따라 반도체집적회로배치설계에 대한 보호 및 기술개발 유도를 위한 정책의 필요성이 대두되었다. WTO/TRIPs 협상에서는 선진국과 후진국간의 반도체 칩 보호문제가 타결됨에 따라 국내에 영향을 미치게 되었으며 반도체집적기술의 고도화에 따라 그 개발에 소요되는 시간이나 비용이 증대됨에도 불구하고 배치설계에 대한 국내에서의 법적 보호 수단이 결여되어 있었다. 이러한 점들을 고려하여 특별법인 '반도체집적회로의배치설계에관한법률'을 1992년에 제정하였다.

문제는 배치설계도면의 중요성이 시대의 발전에 따라 변화되고 있다는 점이다. 즉 1980년대 반도체 배치설계기술에서 요구되던 전문가의 반복적인 노력, 장기간의 시간투입과 막대한 개발비용을 들여 독창적으로 만들어진 배치설계도면 자체가 중요했던 시대가 저물어 가고 있고, 1990년대 급속히 확산된 컴퓨터 하드웨어와 소프트웨어 기술의 발전으로 인해 반도체 배치설계기술은 1990년대 후반부터 표준화된 재사용가능 배치설계를 하나의 반도체 기판 위에 집적시키고 필요한 배선을 함으로써 제품을 개발하는 방법인 SOC(System On a Chip)개발 방향으로 가닥이 잡혀가고 있다. 이것은 하나의 반도체칩에 모든 시스템 회로를 집적시키는 것으로 재사용가능 배치설계를 적극 활용하는 방향으로 발전하고 있어 현재는 반도체 회로배치설계도면 그 자체보다 재사용가능 배치설계블록을 이용한 배치설계방법이 더욱 중요한 시대로 접어들고 있다.

최근에는 이러한 기술진보에 따른 시대적 흐름에 따라서, 설계요구자가 필요로 하는 재사용가능 배치설계의 상품 유통이 매우 중요해졌고, 이를 뒷받침하기 위해 반도체 배치설계의 전자상거래를 위한 기술의 표준화 및 법적 제도적 장치를 구축하려는 계획이 현재 미국과 유럽을 중심으로 활발히 전개되고 있다.

이러한 국제적 추세로 볼 때, 반도체 회로배치설계권에서 보호대상으로 하는 배치설계 자체는 기존의 배치설계도면 개념에서 확장되어 재사용가능 배치설계를 포함하여야만 반도체 배치설계권은 기술진보에 따른 시대적 요구사항을 반영하는 살아있는 권리로서 지속적으로 인정받게 될 것으로 전망된다.23)

---

23) http://www.kipo.go.kr/ 지재권제도 해설의 자료인용.

Ⅲ. 내 용

1. 보호대상

반도체회로배치설계법상의 직접 보호대상은 창작된 반도체집적회로의 배치설계이다. 배치설계는 한 변이 수 mm에 불과한 한정된 기판의 공간에 많은 용량을 담기 위하여 각종 부품들을 도선으로 평면적 또는 입체적 연결하기 위한 설계를 말한다. 이때의 설계는 창작을 수반으로 한다. 따라서 배치설계 그 자체, 배치설계에 의해 제조된 반도체집적회로, 반도체집적회로를 사용하여 제조된 물품(컴퓨터, 통신기기 등 최종제품) 등이 보호대상이 된다.

2. 권리주체

회로배치의 주체는 이 회로를 배치설계한 제작자로서 자신의 지적노력의 결과로써 통상적이 아닌 특성이 나타나 있어서 기존의 제작물과 구별될 수 있도록 배치설계를 창작한 자 또는 그 승계인이 된다.

3. 보호요건

배치설계권에는 배치설계권의 발생, 존속기간, 효력 등이 중심 내용이 된다. 배치설계권이 보호받기 위해서는 창작성이 있어야 하고 특허청에 등록을 하여야 한다(법 제6조). 여기서의 창작성은 타인의 배치설계의 모방이 아니라 저작권적인 성격을 의미하고, 특허청에 설정등록을 해야 한다는 점에서 특허권적인 성격을 가진다고 할 수 있다. 그러나 특허법상의 신규성이나 진보성과는 다르다. 또한 등록은 배치설계권의 발생요건이다. 등록신청을 할 수 있는 기간이 제한되어 있어 창작자는 영리를 목적으로 그 배치설계를 최초로 이용한 날로부터 2년 이내에만 설정등록을 할 수 있고, 이때 관련 증빙서류를 함께 제출하여야 한다(법 제19조).

4. 권리의 내용

창작자는 설정등록이 되면 비로소 배치설계권을 갖게 된다. 배치설계권은 배타적 권리로서 배치설계를 영리를 목적으로 이용할 수 있는 권리를 가진다. 여기서의 이용이란 ⅰ) 배치설계를 복제하는 행위, ⅱ) 배치설계에 따라 반도체집적회로를 제조하는 행위, ⅲ) 반도체집적회로 등을 양도 또는 대여하는 행위, 반도체집적회로 등을 양도나 대여를 위하여 전시하거나 수입하는 행위를 말한다(법 제2조 제4호).

5. 배치설계권의 효력이 미치지 아니하는 범위

배치설계권의 효력은 교육·연구·분석 또는 평가 등의 목적이나 개인이 비영리적으로 사용하는 경우 및 리버스 엔지니어링의 결과에 의해 제작된 창작성이 있는 배치설계에는 미치지 아니한다. 또한 적법하게 제조된 반도체집적회로를 인도받은 자가 그 반도체집적회로 등에 대하여 영리를 목적으로 반도체집적회로 등을 사용하여 제조된 물품을 양도·대여하거나 전시 또는 수입하는 행위 및 타인의 등록된 배치설계를 불법으로 복제하여 제조된 반도체집적회로 등을 선의이며 과실없이 인도받은 자가 영리를 목적으로 반도체집적회로 등을 사용하여 제조된 물품을 양도·대여하거나 전시 또는 수입하는 행위에 대해서는 배치설계권의 효력이 미치지 않도록 하고 있다(법 제9조).

효력이 미치지 아니하는 범위와 관련하여 문제점으로는 그 범위가 상대적으로 매우 넓다는 것이다. 특허권의 경우 그 효력이 제한되는 경우로는 연구 또는 시험 등에 제한되고 있고 예외가 인정되는 연구 또는 시험의 범위도 제한되는 데 반하여 배치설계권의 경우에는 교육이나 연구의 범위를 넘어 분석 또는 평가를 위한 경우, 나아가 개인이 비영리적으로 사용하는 것으로 보여지는 경우에도 그 효력이 미치지 않는다. 이처럼 권리의 효력범위의 예외가 넓다는 것은 독점배타권의 약화를 가져오고 배치설계법의 이용을 꺼리는 이유가 될 것이다.[24]

---

[24] 육소영, 반도체산업의 발전과 반도체집적회로의 배치설계에 관한 법률적 재고찰, IT와 법연구 제5집(2011. 2), 경북대, 130쪽에서 인용.

6. 배치설계권의 존속기간 및 소멸사유

존속기간은 설정등록일로부터 10년이 원칙이다. 다만 그 배치설계의 최초 상업적 이용일부터 10년 또는 그 배치설계의 창작일로부터 15년을 초과할 수 없다.

배치설계권은 다음과 같은 사유로 소멸한다.

존속기간이 만료되었거나 설정등록취소사유(조약의 규정에 위반, 사위 기타 부정한 방법에 의한 설정등록, 창작성이 없는 배치설계, 법 또는 법에 의한 명령이나 처분에 위반한 경우)에 의해 취소된 경우, 배치설계권자인 법인·단체 등이 해산되어 그 권리가 민법에 의해 국가에 귀속되는 경우, 배치설계권자의 상속인 부존재로 그 권리가 민법에 의해 국가에 귀속된 경우, 배치설계권자의 설계권을 포기한 경우 등이다.

Ⅳ. 권리침해에 대한 구제

권리자가 침해행위에 대하여 침해의 정지 또는 예방을 청구할 수 있고 그 밖에 침해예방에 필요한 조치를 청구할 수 있다(법 제35조). 손해배상과 관련하여 손해배상액의 추정규정을 두고 있고, 배치설계의 설정등록 전에 고의로 영리를 목적으로 배치설계를 이용한 자에게 보상금의 지급을 청구할 수 있도록 일종의 손실보상청구권제도를 두고 있다(법 제37조).

그 밖에 형사상의 구제방법으로 배치설계 등의 침해죄와 거짓표시의 죄, 속임수 행위의 죄, 비밀누설의 죄를 규정하고 있다(법 제45조 내지 제48조).

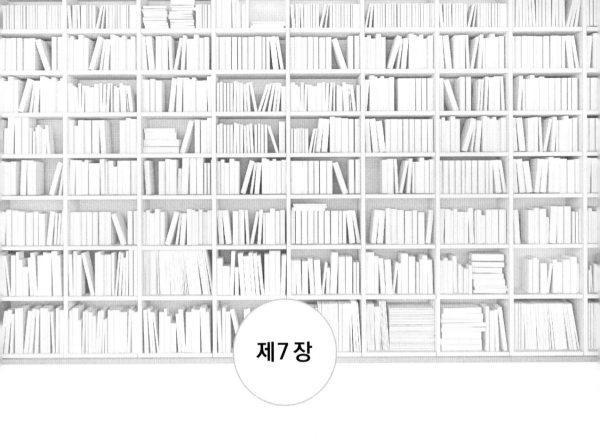

제 7 장

지적재산권관련 국제조약

제 7 장
지적재산권관련 국제조약

제1절 산업재산권 관련조약

Ⅰ. 파리협약

1. 총설

"산업재산권보호를 관한 파리협약(Paris Convention for Protection of Industrial Property of March 20, 1883)"은 지적재산권분야(산업재산권과 저작권포함)에 관한 최초의 국제조약으로서 이후에 체결된 각종 조약들의 표본이 되었다. 이 조약의 탄생배경은, 당시 강한 속지주의원칙의 지배와 국가간 대립시 자국의 산업재산권의 배타적 독점권 주장으로 국제분쟁이 발생하면 해결방법이 없었고 주로 국제사법에 의존할 수밖에 없었다.

당시의 시대적 상황은 산업재산권의 국제적 보호의 필요성 증대와 함께 각국 대표들 사이에 통일법의 제정시도가 오스트리아 빈에서 있었다. 그 당시 각 대표자들은 각국마다 상이한 산업재산권제도의 독자성을 인정하는 전제위에서 통일이 가능한 사항에 한하여 국제적 보호를 위한 성문화 규범수립을 하게 되었다. 이 때 체결된 협약이 "산업재산권보호를 위한 파리협약"이다. 이 협약에는 세 가지 기본원칙을 밝히고 있다. 첫째, 내·외국인평등의 원칙, 둘째,

우선권주장의 원칙, 셋째, 특허독립의 원칙이다.[1) 파리협약은 이 세 개의 원칙을 기초로 하여 산업재산권을 국제적으로 보호하려는 것이다.

많은 동맹국들은, 파리협약이 혹시 자국의 산업발전에 미칠 부정적 영향을 염두에 두고 있었지만 가입국의 숫자는 늘어났다.[2) 이렇게 가입국의 증가가 말해 주듯이 대부분의 국가들은 산업재산권법의 체계가 갖추어져 있다고 할 수 있다.

(1) 내·외국인평등의 원칙

내·외국인평등의 원칙(the principles of assimilation with nationals)이란 산업재산권의 보호에 관하여 보호를 청구한 다른 동맹국의 국민에 대해서 각 동맹국의 영역 내에 주소 또는 영업소가 없더라도 내국민에 과하는 조건 및 절차에 따르는 권리능력을 인정하여 산업재산권의 보호에 있어서 자국민과 동등한 이익을 부여하는 원칙을 말한다. 이를 내국민대우의 원칙(the principle of national treatment)이라고도 한다.

(2) 우선권주장의 원칙

우선권주장의 원칙이라 함은 파리조약상의 어떤 동맹국에서 정규로 가장 먼저 출원한 자 또는 승계인은 일정기간 내에 다른 동맹국에 동일목적물을 출원하는 경우 출원순위 및 신규성판단에 있어 그 최선 출원일을 기준으로 할 수 있는 권리의 원칙을 말한다. 즉 동맹 제1국에 출원(선출원)한 후 일정기간(우선권기간) 내에 동맹 제2국에 동일 목적물을 출원(후출원)을 한 자는 후출원이 선출원일에 출원한 것으로 취급받을 수 있는 권리를 말한다. 따라서 우선권주장은 선출원의 신규성과 진보성이 후출원에 소급되는 것이라고 할 수 있으므로 파리협약체결의 원동력이 되었다고 할 수 있다. 대부분의 주요 국가는 선원주의를 채택하고 있으므로 외국에서 특허를 확보하기 위하여 출원일을 소급받는 것은 매우 중요하므로 외국에서 특허권을 확보하려면 한국 출원일로부터 1년 이내에

---

1) 정진섭·황희철 공저, 국제지적재산권법, 육법사, 1995, 69면; 송영식·이상정·김병일 공저, 앞의 책, 세창출판사, 2015, 426면.
2) 2010년 11월 현재 가입국 수는 174개국이고, 우리나라는 1980년 5월 4일 가입하였다.

우선권주장을 하면서 해외출원하는 것이 바람직하다. 다만 한국에서 공개되지 않은 경우에는 1년을 초과하더라도 우선권주장 없이 해외에서 출원할 수 있다.

3) 특허독립의 원칙(속지주의)

특허독립의 원칙이라 함은 동일발명에 대하여 복수의 동맹국에서 취득한 특허는 각각 독립적으로 존속, 소멸한다는 원칙을 말한다. 말하자면 각국이 자기 나라에서 부여한 권리에 대해서만 보호하며, 다른 나라에서 부여된 권리의 효력은 그 나라에서만 미치고 제3국에는 미치지 않는다는 원칙이다. 그러므로 특허독립의 원칙에 기초하면 다른 나라에서 특허권을 확보 및 행사하기 위해서는 원칙적으로 해당 국가마다 특허출원하여 심사를 받은 후 특허등록을 받아야 한다. 즉 한국에서 특허등록을 받은 경우에는 한국에서만 특허권을 가지며, 다른 나라에서의 생산, 판매 등 실시행위에 대해서는 아무런 권리행사를 할 수 없다. 따라서 이 원칙은, 산업재산권제도가 본래 자국의 산업보호정신에 기초를 두고 각국이 독립된 제도로서 발전시킨 제도이므로 속지주의를 기반으로 한다고 할 수 있다.

2. 문제점

산업재산권보호를 관한 파리협약은 다음과 같은 문제점이 있다. 첫째, 구조상으로 개발도상국과 선진공업국간의 구조상 차이를 해결할 방안제시가 없다. 즉 선진공업국들의 주장에 의하면, 자신들의 산업기술은 오랜 기간 동안 파리협약의 정신을 실천함으로써 구축되었다고 주장하는 반면 개발도상국들의 주장은, 파리협약은 애당초 선진공업국들의 중심으로 출발한 것이며 후진국에 대한 경제적 지배수단으로 사용함으로써 결국 피해자는 개발도상국이며 이에 대한 개혁을 주장하고 있다. 이와 같이 파리협약은 개발도상국과 선진공업국간의 구조적 문제점을 가지고 있다. 둘째, 규범적인 문제점이다. 일반적으로 산업재산권은 여러 국가에 등록된 경우라도 모두 별개의 권리로 각국의 법체계에 의하여 보호를 받고, WIPO 산하의 국제협약의 보호기간 등의 핵심부분의 최소한도만을 규정하고 있을 뿐 그 밖의 많은 부분은 체약국의 국내법에 위임하고 있는 실정이다. 이러한 현실적인 문제를 개선하기 위하여 WIPO는 자구책을 강구하고 있는 상황이다. 셋째, 내용상의 문제이다. 체약국 중 지적재산권을 침해받은 경우, 침해국가에 대한 제재내용이 미흡하고, 그 국가의 정부도 적극 해결하려는 조치가 미흡하다고 볼 수 있다. 특히 체약국에 거주 중인 외국인이 자신의 권리를 행사하기 위하여 소송을 할 경우 이에 관한 절차의 복잡성과 편파성으로 소기의 목적을 달성하지 못하는 경우가 많다. 그 밖에 분쟁발생시 그 해결수단도 매우 미흡하다고 할 수 있다.

Ⅱ. 특허협력조약(Patent Cooperation Treaty: PCT)

1. 성립배경

특허협력조약은 파리협약 제19조 특별협정의 하나로 1966년 9월 파리동맹 집행위원회의 미국대표의 제안에 따라 1970년 5월 25일부터 6월 19일까지 개최된 워싱턴 외교회의에서 파리동맹 가맹 55개국의 심의를 거쳐 조인되었다(일명 워싱턴조약). 이 조약은 오늘날 급격한 기술혁신의 결과로 외국출원이 증가 추세에 있고, 특허출원의 절반 이상이 우선권주장을 수반한 외국출원인 점을 감안하여 동일발명에 대한 중복출원 및 중복심사로 야기된 문제점을 국제적 차원에서 해결하기 위한 목적으로 성립된 다자조약이다.

특허협력조약의 목적은 위의 탄생배경에 기초하여 특허출원절차 면에서의 협력 및 기술정보확산과 기술원조 조직화 면에서의 협력 등이라고 할 수 있다. 즉 국제특허출원제도가 없었을 때에는 출원인은 국가별로 그 국가의 언어로 출원서류를 작성하여야 하고 우선기간인 12개월 내에 출원절차를 밟아야 했다. 뿐만 아니라 국가별 동일한 방식으로 행하는 기술정보수집, 특허기술조사, 이에 입각한 특허성 판단 등에 대하여는 중복심사를 하게 되는 모순을 겪게 된다. 말하자면 특허독립의 원칙상 각 국의 특허는 서로 독립적으로 반드시 특허권 등을 획득하고자 하는 나라에 출원을 하여 그 나라의 특허권을 취득하여야만 해당국에서 독점배타적 권리를 확보할 수 있다. 만약 우리나라에서 특허권 등의 권리를 취득하였더라도 다른 나라에서 권리를 취득하지 못하면 그 나라에서는 독점배타적인 권리를 행사할 수가 없다. 이러한 1국 1특허의 원칙 때문에 해외출원이 필요하다. 따라서 이러한 1회의 국제출원으로 출원인이 모든 PCT 체약국의 특허청에 직접 출원한 효과가 발생하고, 지정한 나라에서 특허심사를 받기 전에 국제조사 및 국제예비심사를 받게 함으로써 출원인이 특허요건 충족여부를 사전에 파악할 수 있으며, 출원인이 특허획득가능성이 있는 출원에 대해서만 지정한 나라에 특허심사를 청구함으로써 번역료, 출원비용 및 대리인 선임료 등의 불필요한 비용지출을 방지하는 등의 모순을 해결하고 절차의 통일성을 기하기 위하여 국제협력조약이 탄생한 것이다.3)

2. 주요내용

국제특허조약은 3개의 카테고리로 구분된다. 즉 ⅰ) 국제출원제도에 관한 실체규정 ⅱ) 조약의 운용에 관한 관리규정 ⅲ) 최종조항이다. 국제출원제도에 관한 실체규정은 절차에 관한 것으로 국제출원(international application), 국제조사(international search), 국제예비조사(international preliminary examination)의 3단계이다. 이 부분이 본 조약의 내용 중 가장 중요하다. 이 중 국제출원 및 국제조사는 모든 출원의 필수적인 절차로서 '제1단계 절차'로 불리 운다. 국제예비조사는 출원인 필요하다고 인정하는 경우에 선택할 수 있는 임의적 절차이어서 '제2단계 절차'라고 부르기도 한다.

국제특허조약에 가입하면 몇 가지 이점이 있다. 첫째, 외국출원을 하고자 하는 출원인의 입장에서 보면 국제출원절차의 통일에 의하여 시간적 노력 및 비용을 절약할 수 있다. 뿐만 아니라 출원루트(파리루트)의 우선기간이 파리협약의 1년보다 8개월이 연장된 20개월로 되므로 시간적 여유가 있다는 장점이 있다. 둘째, 각국 특허청의 입장에서 볼 때, 국제조사보고서에 의해 심사관의 심사부담을 크게 경감할 수 있다. 그 외에 조사관에 의해 작성된 국제조사보고서를 활용함으로써 개별국가의 심사수준차가 존재하더라도 심사결과의 객관성

을 높이고, 특허제도의 신뢰를 높일 수 있으며, 각종 정보의 교류증진으로 각국 특허청의 현대화를 촉진시키는 역할을 할 수 있다. 셋째, 개발도상국의 기업은 선진공업국가의 특허정보교류의 기회가 확대되어 산업재산권분야의 국제적 협력이나 국제적 지위 향상에 기여하며 국제출원내용의 국제공개를 통하여 선진국의 기술정보를 신속히 활용할 수 있다.

반면 이 제도의 문제점으로는 PCT국제출원비용이 별도로 소요되고, 지정국의 국내단계에 진입하는 경우에는 개별국 출원시와 동일한 비용이 추가된다. 또한 국제예비심사를 받았음에도 불구하고 국내단계 진입시 각국마다 새로운 심사를 받게 되므로 심사절차가 이중적으로 진행될 가능성이 있다. 이와 달리 개별국가출원을 하였을 경우에는 각국마다 심사관이 제시하는 선행기술을 고려하여 권리범위를 보정함으로써 국가에 따라서는 의외로 큰 권리를 얻을 가능성이 있다.

PCT제도의 이러한 이점과 문제점이 있음에도 불구하고 이를 효과적으로 이용하면 보다 간편하고 저렴하게 해외출원절차를 밟을 수 있다. 아래의 표는 해외출원시 전통적인 출원방법과 PCT국제출원방법의 방법을 소개한다.

3. PCT국제출원시 유의사항

(1) 이중의 단계

PCT국제출원은 1회의 출원으로 세계적으로 특허를 받는 것이 아니라 일단 국제출원일을 인정받은 후, 검증단계(국제조사 및 또는 국제예비심사)를 거쳐 각 지정국에 번역문을 제출하여야 비로소 각 국에서 특허부여 여부에 관한 심사가 진행된다. 따라서 PCT국제출원 한번으로 외국의 특허권을 획득할 수 있는 것으로 이해하여서는 아니 된다.

(2) 엄격한 절차

PCT는 각 단계별로 기간(수수료납부기간, 국내단계 진입기간 등)이 엄격히 정해져 있으므로 준수기간을 넘겨 불이익을 당하지 않도록 출원인의 주의를 요한다.

1) 전통적인 출원방법(Traditional Patent System)

특허획득을 원하는 모든 나라에 각각 개별적으로 특허출원하는 방법으로 Paris루트를 통한 출원이라고도 한다. 다만, 선(先) 출원에 대한 우선권을 주장하여 출원하는 경우 선출원의 출원일로부터 12개월 이내에 해당 국가에 출원하여야 우선권을 인정받을 수 있다.

2) PCT에 의한 출원방법(PCT System)

국적국 또는 거주국의 특허청(수리관청)에 하나의 PCT출원서를 제출하고, 그로부터 정해진 기간 이내에 특허획득을 원하는 국가(지정(선택)국가)로의 국내단계에 진입할 수 있는 제도로 PCT국제출원의 출원일이 지정국가에서 출원일로 인정받을 수 있다. 다만, 선(先) 출원에 대한 우선권을 주장하여 출원하는 경우 선출원의 출원일로부터 12개월 이내에 PCT국제출원을 하여야 우선권주장을 인정받을 수 있다.

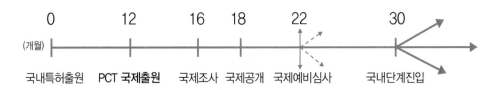

해외출원의 방법: 특허청 홈페이지 – 지식재산제도 – 해외특허출원(PCT)에서 캡처

PCT 국제출원절차와 일반해외 출원절차 비교도

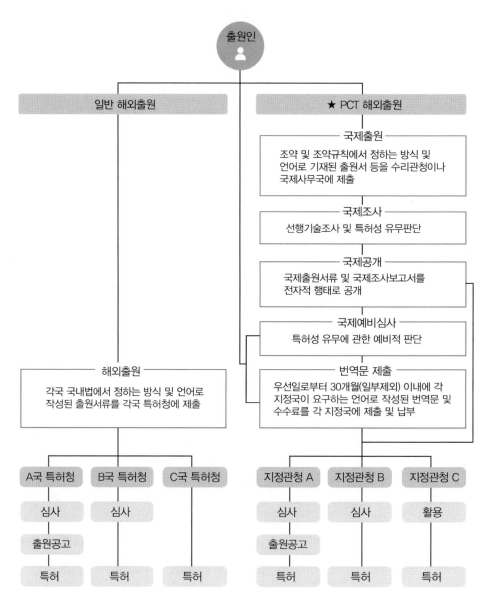

Ⅲ. 상표법조약(TLT: Trademark Law Treaty)

1. 조약의 적용 표장(제2조)

본 조약은 시각으로 인식할 수 있는 표시로 구성된 표장에 적용한다. 입체표장의 등록을 허용하는 체약국에게도 본 조약을 적용한다. 다만 홀로그램 표장과 소리표장 및 냄새표장과 같은 시각적으로 인식할 수 없는 표장에는 적용하지 않는다.

상품에 관한 표장(상표)이나 서비스업에 관한 표장(서비스표) 또는 상품 및 서비스업에 관한 표장에 적용하고, 단체표장, 증명표장 및 보증표장에는 적용하지 않는다.

2. 출원

상표법조약은 출원서에 기재 또는 첨부되어야 할 내용, 즉 등록신청, 출원인의 국가명, 성명과 주소, 출원인이 법인인 경우 그 법인의 법적 성질 및 설립근거가 되는 법령의 국가명과 지역명칭, 대리인이 있을 경우 대리인의 성명 및 주소, 현실상의 송달주소 등을 요구하고 있다.

3. 언어사용 및 서명

체약국은 출원서가 자국 관청이 요구하는 하나의 언어 또는 2 이상의 언어중 하나로 작성되도록 요구할 수 있다. 만약 관청이 2 이상의 언어를 허용하는 경우 출원인에게 당해 관청이 요구하는 언어를 사용하여야 한다. 다만 2 이상의 언어로 작성하도록 요구할 수 없도록 하고 있다.

서명은 출원인 또는 대리인이 하지만, 대리인이 있더라도 출원인 자신이 서명해야 하는 경우를 제외하고는 자필서명을 하여야 한다. 그러나 인쇄, 날인 기타 다른 형식의 서명 또는 도장사용도 가능하다. 다만 도장사용의 경우에는 도장의 소유자의 성명을 문자로 부기할 것을 요구할 수 있다.

4. 대리 및 위임장

업무진행이 허용되는 대리인은 그 업무를 수행하도록 허용된 대리인일 것을 요구할 수 있다. 위임장은 대리인의 권한을 특정한 행위에 한정하여야 하며, 체약국은 대리인이 출원의 철회나 등록포기 권한을 가지는 위임장에는 그 취지를 명시할 것을 요구할 수 있다. 만약 대리인이 위임장이 없을 경우 체약국은 체약국이 정한 기한 내에 관청에 위임장제출을 요구할 수 있다. 위임장 미제출시 관청에의 통지는 그 효력을 상실한다. 제출한 서면위임장의 효력은 확정된다.

5. 출원일

본 조약이 요구하는 언어로 된 표시는 자국관청이 수리한 날을 출원일로 인정한다. 예컨대 표장등록을 요구하는 명시적 또는 묵시적 표시, 출원인을 특정하는 표시, 출원인 또는 대리인이 있는 경우 당해 대리인에게 우편으로 연락가능한 표시 등이다.

6. 2 이상의 류에 속하는 상품 및/또는 서비스업류의 단일등록

니스분류상 2 이상의 류에 속하는 상품 및 서비스업이 하나의 동일한 출원서에 기재된 경우 그 출원은 하나의 동일한 등록이 된다,

7. 권리의 이전

권리자의 변경이 있는 경우 각 체약국은 자국 관청에 대하여 표장등록원부상의 이전기록변경신청에 권리자 또는 그 대리인이 서명하거나 권리를 취득한 자 또는 그 대리인이 서명하고 등록번호와 변경사항을 기재한 서류를 제출할 경우에는 이를 인정하여야 한다.

권리이전이 계약에 의한 경우, 체약국은 신청서에 이전계약 사실을 표시하고 관련 서류를 제출하도록 요구할 수 있다.

권리이전의 합병인 경우, 체약국은 신청서에 그 사실을 기재하고 관청이 발행하는 합병증명서의 사본을 첨부하도록 요구할 수 있다.

상표법조약은 각국이 서로 상이한 상표출원과 등록절차를 단순화·통일화해서 출원인에게 간편하고 손쉬운 절차를 제공하기 위하여 마련된 조약이다. 1994년 10월 27일 스위스 제네바에서 채택되어 1996년 8월 1일부터 발효되었다. 현재 가입국은 총 30여 개국이며 우리나라는 2003년 2월 25일 가입하였다.

그 밖에 상표법조약은 오역의 정정, 등록의 존속기간 및 갱신, 신청에 대한 거절 및 이에 대한 의견진술의 기회부여, 파리협약의 규정 중 표장과 관련된 조항의 준수의무, 파리협약 중 상표와 관련된 규정을 서비스표에도 적용하도록 요구하고 있다.

제2절 저작권보호 관련조약

Ⅰ. 국제협약의 탄생배경

저작권이란 국내법이 자국의 저작자에게 부여하는 권리이므로, 국제적으로 보호되는 저작권은 사실상 없다. 그러나 복제기술의 혁신과 통신수단의 발전에 의하여 저작물의 국제적 교류 활발 및 저작물시장이 확장됨에 따라 저작물의 국제적 보호의 필요성이 절실하게 나타나기 시작하였다. 그 보호의 출발은 매우 한정된 국가에서 출발하게 되었다. 예컨대 양국 간 상호 호혜주의에 입각한 저작물보호를 바탕으로 하였으나, 점차 관련국가의 확대로 국제적 규범의 정립이 절대적으로 필요하게 되는 상태로 발전하게 되었다. 그 결과로 탄생된 국제적 규범이 1886년 다자간 협약인 이른바 '문학적 및 예술적 저작물의 보호에 관한 베른협약(Berne Convention for the Protection of Literary and Artistic Works)'이 영국, 프랑스 등 유럽 국가를 중심으로 체결된 이후 가맹국의 입장을 수용하여 여러 차례 개정을 함으로써 이제는 국제조약으로 인정받고 있다. 제2차 세계대전 전까지만 하더라도 본 협약에는 미국은 미가입 국가였으나 UN교육과학문화기구(United Nations Educational, Scientific and Cultural Organization: UNESCO)의 주도 하에 베른협약 가입국과 미주국가와의 합의를 거쳐 서로 다른 문화적 전통을 가진 국가들 간의 저작권보호를 위하여 1952년 세계저작권협약(Universal Copyright Convention: UCC)이 체결되었다.

지적재산권 보호와 관련하여 국제기구로는 세계지적재산기구(World Intellectual Property Organization: WIPO)와 UNESCO가 있으며, 이들 기구를 통해 저작권을 포함한 지적재산권의 국제적 보호가 이루어져 왔으나 각종 협약이 가입국의 입장을 고려하여 지적재산권 권리보호를 각국의 국내입법에 맡기다 보니 권리침해에 대한 국제적 구제수단 및 제재수단의 결여 및 그 밖의 컴퓨터프로그램, 데이터베이스, 반도체칩회로배치설계 및 생명공학분야의 지적재산권에 대한 보호체계가 마련되어 있지 않아 이에 대한 보호가 미흡하다는 지적이 있어 왔다.

이후 미국 등 선진국의 강력한 보호의지에 따라 지적재산권 문제가 세계무역 기구(World Trade Organization: WTO)에 흡수되어 무역관련지적재산권(Agreement on Trade−Related Aspects of Intellectual Property Rights: TRIPs협정)에 관한 협정이라는 국제협정으로 나타났다. 그 결과 WTO체제가 1995년 1월 1일 출범함에 따라 우리나라도 WTO회원국으로서 TRIPs협정의 준수의무 이행국이 되었다. 동 협정은 원칙적으로 베른협약 수준의 저작권 보호기준을 적용하도록 하고 있어 베른협약은 국제 저작권 보호의 척도로서 그 중요성이 더해졌다.

저작인접권자에 대한 국제적 보호방안의 하나로, 1961년에 '실연자, 음반 제작자 및 방송사업자 보호를 위한 협약(Rome Convention for the Protection of Performers, Producers of Phonograms and Broadcasting Organizations)', 1971년에는 '음반의 무단복제로부터 음반제작자를 보호하기 위한 협약(Geneva Convention for the Protection of Producers of Phonograms Against Unauthorized Duplication of Their Phonograms)'을, 1974년에는 '위성에 의하여 송신되는 프로그램전달신호의 배포에 관한 협약(Brussels Convention Relating to the distribution of Programs− Carrying Signals Transmitted by Satellite)'이 체결되었다.

한편 멀티미디어화, 디지털화 등 컴퓨터기술과 초고속통신망 등 통신기술의 발달은 기존의 아날로그 기술수준을 전제로 했던 저작권 제도의 변화, 즉 컴퓨터통신이나 인터넷을 통한 저작물의 간편한 복제로 인한 저작권보호 환경에 심각한 위협을 초래하게 되었다. 이에 대한 대처방안의 하나로 1996년 12월에 개최된 'WIPO저작권조약'과 'WIPO실연 및 음반조약'을 채택함으로써 그 동안 저작권 보호에 있어 간과되거나 불완전했던 부분이 두 조약을 통해 보완되었다. 더 나아가 1997년에 시작된 시청각실연보호에 대한 논의를 2012년 6월 24일 중국 베이징에서 '시청각실연에 관한 베이징조약'을 채택하게 되어 시청각 실연자에게도 성명표시권, 동일성유지권 등의 저작인격권을 부여하고, 고정되지 않은 실연뿐 아니라 고정된 실연에 대해서도 복제권과 배포권 등의 권리를 부여하며, 최소 50년의 보호기간을 부여하는 등의 시청각 실연의 국제적인 보호를 강화하였다.

우리나라는 1987년에 세계저작권협약 및 음반협약에 가입하였고, 1995년

TRIPs 협정, 1996년 베른협약, 2004년에는 WCT가입 등 우리의 저작권법제를 국제적 수준으로 향상시켜 왔다. 2008년에는 실연자와 음반제작자의 권리를 강화하고 저작인접권 보호를 위하여 로마협약과 WPPT에 가입하였고, 2011년에는 위성으로 송출된 프로그램 전달신호의 불법적인 배포를 방지하기 위한 브뤼셀협약에도 가입하였다.4)

Ⅱ. 문학적 및 예술적 저작물의 보호에 관한 베른협약(Berne Convention for the Protection of Literary and Artistic Works)

베른조약의 정식명칭은 '문학적 및 예술적 저작물의 보호에 관한 베른협약' 이다. 저작물을 구체적으로 보호할 것을 목적으로 하는 국제조약으로, 1886년 10월 9일 스위스 베른에서 체결된 이후 여러 차례, 즉 1896년 5월 4일(파리 추가규정), 1908년(베를린 개정), 1914년(베를린 추가규정), 1928년(로마 개정), 1948년(브뤼셀 개정), 1967년(스톡홀름 개정), 1971년과 1979년(파리 개정) 개정되었다. 이 협약의 내용을 보면, 등록(登錄) 등을 필요로 하지 않고, 저작물의 완성이 곧 저작권의 발생으로 간주한다는 '무방식주의', 가맹국 국민의 저작물이라도 가맹국 이외의 장소에서 최초로 발표된 것은 보호를 받지 못한다는 '속지주의', 보호를 필요로 하는 외국인의 저작물에 대해서도, 그 국가가 자국민(自國民) 저작물에 대하여 부여하고 있는 것과 같은 보호를 해야 한다는 '내국민대우' 등이다. 그러나 상대국의 보호기간이 자기 나라의 기간보다 짧을 경우에는 짧은 쪽의 기간만큼만 보호하면 된다는 점(이것을 보호기간의 상호주의라 한다) 등이 있으며, 그 조항들이 이 협약의 핵심이다. 우리나라는 1996년 5월 21일 가입하였고, 2016년 4월 현재 동 협약의 가입국 수는 총 171개국에 이르고 있다.5)

---

4) http://cafe.naver.com/ideaconcert/804에서 인용.

5) www.wipo.int/treaties/en/ShowResults.jsp?lang=en&treaty_id=15 참조.

1. 베른협약의 기본원칙

(1) 내국민대우와 동맹국 국민대우

내국민대우와 동맹국 국민대우는 본 협약내용 중 가장 중요한 기본원칙이다. 동 협약 제5조 제1항은 "저작자는 이 협약에 따라 보호되는 저작물에 관하여 본국 이외의 동맹국에서 각 법률이 현재 또는 장래에 자국민에게 부여하는 권리 및 이 협약이 특별히 부여하는 권리를 향유한다."고 규정하고 있다. 본 조항은 협약가입국들은 자국민에게 현재 부여되고 있거나 또는 장래 부여될 권리와 동등한 권리 및 조약에서 특히 정한 권리를 동맹국민에게도 주어야 한다는 원칙을 천명한 것이다.

(2) 무방식주의와 법정지법

본 협약 제5조 제2항의 전단인 "저작자의 권리의 향유와 행사는 어떠한 방식에 따를 것을 조건으로 하지 아니한다. 그러한 향유와 행사는 저작물의 본국에서 보호가 존재하는 여부와 관계가 없다. …"고 규정하여 무방식주의를 취하고 있으며, 이어서 본조의 후단인, "… 따라서 이 협약의 주장과는 별도로, 보호의 범위와 저작자의 권리를 보호하기 위하여 주어지는 구제의 방법은 오로지 보호가 주장되는 국가의 법률의 지배를 받는다."고 규정함으로써 법정지법에 의한다는 원칙이다. 말하자면 저작자의 저작물의 등록, 복제본의 납본, 요금의 납입, 저작권유보의 표시와 같은 어떠한 방식과 절차도 요구하지 않는다는 원칙이다.

(3) 소급보호

본 협약 제18조 제1·2항은 이른바 "소급효"를 인정함으로써, 협약이 발효되기 전에 창작된 저작물이라 하더라도 조약발효시에 저작물의 본국에서 보호기간이 만료되어 공유로 된 것을 제외하고는 모든 저작물에 조약이 적용되도록 하고 있다. 그러나 보호가 주장되는 국가에서 어느 저작물이 종래 주어진 보호기간의 만료에 의하여 저작권이 소멸된 상태에 놓인 경우의 저작물은 보호되지 않는다. 나아가 조약발효 전에 이미 발행된 복제물의 재고에까지 효력이 미치는 것을 의미하는 것은 아니다. 다만 제3항의 내용인, "이 원칙의 적용은 그러한 효과를 가지는 기본을, 또는 장래 체결될 동맹국들 사이에 특별 협약에 담긴 규정을 준수할 것을 조건으로 한다. 그러한 규정이 없는 경우에 각 국가는 자국에 대하여 이 원칙이 적용될 조건을 결정한다." 이 규정은 소급효 원칙의 완전하고 절대적인 적용을 제한하는 의미를 가진 규정이다.

Ⅲ. 세계저작권협약(Universal Copyright Convention: UCC)

1. 체결배경

세계저작권협약은 1952년 9월 6일 스위스 제네바에서 체결된 저작권에 관한 국제협약이다. 당시 존재하던 베른협약은 개정 때마다 가입국가 수의 확대보다는 주로 저작권보호의 수준을 향상시키는데 노력함으로써 선진국위주의 저작권제도로서 보편성을 잃고 있다는 비판과 함께 미국과 소련 및 UN회원국 중 많은 나라가 가입하지 않았다는 약점을 가지고 있었다. 그리하여 UNESCO를 통해 미국 주도하에 베른협약 기타 다른 저작권조약에 저촉되지 않으면서 모든 나라가 가맹할 수 있는 새로운 협약을 만들려고 시도하였다. 그 결과 탄생된 것이 세계저작권협약[6]이다.

2. 주요내용

이 협약의 내용은 첫째, 상호주의 원칙에 따라 그 가입국들의 저작권을 보호하기 위하여 '©'라는 저작권 표시기호를 복제물에 표시하면 방식주의[7]국가에서도 아무런 방식을 요함이 없이 그 저작권이 보호되도록 한 것이다(제3조 제1항). 즉 무방식주의와 등록주의의 중간형태를 취함으로써 저작물의 발생표시

---

6) 정진섭·황희철 공저, 앞의 책, 130면에서 인용. 유네스코의 주도 아래 성립된 것이어서 속 칭 국제저작권협약 또는 유네스코협약이라고도 부른다.

7) 국가 간의 저작권보호 방식에는 두 가지가 있는데, 방식주의와 무방식주의이다. 전자는 저작권의 발생 및 행사에 일정한 방식, 예컨대 등록·저작권표시·납본 등의 이행을 요건으로 하는 것이고, 후자는 어떠한 방식이나 절차도 없이 일단 저작물이 창작되면 당연히 저작권을 취득하는 것을 말한다.

인 '©'기호와 저작자의 성명이나 명칭, 저작물의 최초 발생연도가 표시되어 있으면 요식을 갖추어 등록한 것과 같게 취급한다. 다만 베른협약과의 관계성을 의식하여 베른협약 체약국 상호간에 있어서는 베른협약을 우선 적용하도록 하였다(제17조 제2항). 둘째, 협약가입 전 저작권에 대한 비소급원칙을 규정한 점. 셋째, 저작권의 존속기간을 저자 사후 25년으로 한 점(제4조 제2항). 넷째, 개발도상국에 대한 번역권과 복제권의 제한과 예외규정(제5조)을 둔 점이다. 이 규정은 교육목적에 한하여 가능하고, 배타성과 양도성은 없다. 특히 복제권은 체계적인 교수활동을 위하여, 그리고 번역권은 수업, 학문, 연구 등을 위해서만 허락을 얻을 수 있고, 이 허락에 의하여 제작된 복제물의 수출은 금지된다.

Ⅳ. 로마협약(International Convention for the Protection of Performers, Producers of Phonogram and Broadcasting Organization)

1. 연혁

이 협약의 정식명은 "실연가, 음반제작자 및 방송사업자의 보호에 관한 로마협약"이다. 이 명칭을 약칭하여 로마협약(Rome Convention)이라고 부르기도 한다. 이 협약은 저작권자와 밀접한 관련이 있는 실연가·음반제작자·방송사업자의 3자의 권리를 국제적으로 보호하기 위한 대표적인 국제협약이다. 이들 3자를 보호하기 위한 움직임은 이미 오래 전부터 있었다. 예컨대 1928년의 베른협약개정 로마회의에서, 1939년 스위스에서의 저작권전문가위원회 및 1948년 베른협약 브뤼셀회의에서 있었다. 그 후 결실은 1961년 10월 로마에서 인접권협약 외교회의에서 성립되었다. 우리나라는 2008년에 가입하였고, 2009년 3월 18일자로 국내에 공표되었다. 이 협약에 의해 보호받는 실연가란 배우, 가수, 연기자, 무용가 기타 문학·예술 저작물을 연기·가창·낭독·웅변 등으로 표현하거나 기타 실연하는 사람을 말한다(동 협약 제3조의 a). 협약에 의해 보호되는 '방송'이란 공중이 수신하도록 무선방법에 의해 음 또는 음과 영상을 송신하는 것을 말하고(동 협약 제3조의 f), '재방송'이란 어느 방송업자가 다른 방송업자의 방송을 동시에 방송하는 것을 말한다(동 협약 제3조의 g).

2. 협약의 특징

(1) 내국민대우의 원칙

내국민대우의 원칙이라 함은 실연가 등의 최소한의 보호에 대하여 국가가 타국의 국민에 대하여 자국민과 차별없이 동등하게 대우하는 로마협약상의 원칙을 말한다. 다만 이 원칙이 적용되기 위해서는, 실연자에 대해서는 동 협약 제4조의 실연이 타국에서 행하여 질 때, 음반 취입될 때, 방송에 의하여 보내어 질 때이다. 음반제작자에게 대해서는 음반제작자가 타 체약국의 국민일 때, 음의 최초고정이 타 체약국에서 이루어 질 때, 음반이 타 체약국에서 최초 발행되었을 때, 타 체약국에서 최초로 발행된 음반이 최초발행일로부터 30일 이내에 체약국에서도 발행되면 그 음반은 최초발행된 것으로 간주한다. 방송사업자에 대해서는 주사무소가 타 체약국에 있을 때, 방송이 타 체약국에 있는 송신기로부터 송출 등의 조건을 갖추어야 한다.

(2) 최저한의 보호원칙

실연자에게 주어진 최저한의 권리보호로서는, ⅰ) 실연자의 동의를 얻지 않고 실연을 방송 또는 공중에 전달(다만, 방송 또는 공중에의 전달에 시용되는 실연이 그 자체가 이미 방송된 것이거나 또는 고정물에서 이루어지는 것은 제외)하는 행위, ⅱ) 실연을 실연자의 동의를 얻지 않고 유형물에 고정하는 행위, ⅲ) 최초의 고정 그 자체가 실연자의 동의를 얻지 않고 이루어졌을 때나, 실연자가 동의한 목적과 다른 목적을 위해 복제가 이루어졌을 때 혹은 최초의 고정이 국내법에 의해 인접권 제한규정(동 협약 제15조)에 근거하여 이루어졌으나 당해 규정이 정하는 목적과 다른 목적을 위하여 행한 복제 등에 대하여 실연자는 그것을 금지시킬 수 있다(동 협약 제7조).

음반제작자에 대해서는 그 음반을 직접 또는 간접으로 복제하는 것을 허락 또는 금지하는 권리 등을 부여하고 있다(동 협약 제10조).

또 방송사업자에게는 ⅰ) 방송의 재방송, ⅱ) 방송의 유형물에의 고정, ⅲ) 방송사업자의 동의를 얻지 않고 만들어진 방송의 고정물에의 복제 및 인접권

제한규정(동 협약 제15조)에 근거하여 만들어진 방송의 고정물이 규정한 목적과 다른 목적을 위해 행하여지는 복제, iv) 입장료를 지급하고 공중이 입장하는 장소에서 행하여지는 '텔레비전' 방송을 공중에게 전달하는 행위(다만, 이 권리행사에 관한 조건을 정하는 일은 이 권리의 보호가 요구되는 나라의 국내법령에 유보) 등에 대해서 허가 또는 금지하는 권리가 최저한의 보호로써 보장되어 있다(동 협약 제13조).

(3) 음반의 2차적 사용

음반제작자는 자신의 음반을 직접 또는 간접적으로 복제하는 것을 금지하거나 허락할 권리와 음반의 2차적 사용에 대하여 정당한 보상금을 받을 권리를 가진다(동 협약 제10조, 제12조). 2차적 사용이란 상업음반을 방송이나 공중전달에 사용하는 것을 말한다. 이에 관하여 음반의 2차적 사용을 협약에 규정할 것인지의 여부가 논의되었으나 결국 "상업 목적을 위하여 발행된 음반 또는 이와 같은 음반의 복제물이 방송 또는 공중의 전달에 직접 사용될 경우에는 정당한 단일보수(a single equitable remuneration)가 사용자에 의하여 실연자 혹은 음반제작자 또는 이 양자에게 지불되지 않으면 아니 된다. 당사자 간에 협약이 없을 경우 이 보수의 지급조건은 국내법령으로 정할 수 있다."고 규정(로마협약 제12조)하기에 이르렀다.

(4) 보호기간

저작인접권의 보호기간은 실연이나 고정, 방송이 행하여진 때부터 최소 20년으로 한다(로마협약 제14조).

Ⅴ. 음반협약(The Phonogram Convention 1971)

1. 보호의 원칙

체약국이 부담하는 의무는 다른 체약국의 국민인 음반제작자를 그의 승낙을 얻지 아니하고 이루어진 공중에 대한 배포를 목적으로 하는 복제물의 작성, 공중에 대한 배포를 목적으로 하는 복제물의 수입 및 공중에 대한 배포로부터 보호하는 것이다(동 협약 제2조).

2. 보호의 수단

각 체약국의 국내법령이 정하는 자에 따라 이 협약을 실시하기 위한 수단이 결정되며, 저작권 기타 특정의 권리부여에 의한 보호, 불공정경쟁에 관련된 법률에 의한 보호 또는 형벌에 의한 보호 중 하나 이상을 포함하여야 한다(동 협약 제3조).

3. 보호기간

각 체약국의 국내법이 특정한 보호기간을 정한 경우에는 음반에 수록되어 있는 음이 최초로 고정된 연도의 말부터 또는 음반이 최초로 발행된 연도의 말부터 기산하여 20년 이상을 보호기간으로 한다(동 협약 제4조).

4. 보호의 방식

복제물 또는 음반제작자는 그의 권리승계인 또는 배타적 허락을 받은 자를 명시하지 않은 경우에는 그 표시의 제작자, 그의 권리승계인 또는 배타적 허락을 받은 자의 성명을 표시해야 한다(동 협약 제5조).

5. 보호의 제한

강제허락은 다음과 같은 요건을 충족해야 한다. ㉠ 복제는 교육 또는 학술적 연구만을 목적으로 한다. ㉡ 강제허락에 관한 허가는 그 권한을 부여할 권한이 있는 기관이 속한 체약국의 영역 내에서 행하여지는 복제에 대해서만 유효하고, 그 복제물의 수출에 대하여는 적용되어서는 아니 된다. ㉢ 강제허락에 관한 허가에 의해 행하여지는 복제에 대하여는 제조된 복제물의 수를 고려하여 권한있는 기관이 정한 공정한 보상금을 지급해야 한다.

6. 실연자의 보호

음반에 고정되어 있는 실연을 행한 실연자의 보호에 대해서는 각 체약국의 국내법에 위임한다(동 협약 제7조 제2항).

7. 불소급의 원칙

체약국은 자국에서 이 협약의 효력이 발생하기 전에 고정된 음반에 대해서는 보호의무를 부담하지 아니한다(동 협약 제7조 제3항).

제3절 세계지적재산권기구(World Intellectual property Organization : WIPO)

Ⅰ. 성립배경

1883년 산업재산권에 관한 파리동맹의 결성 및 1886년 저작권에 관한 베른동맹의 결성을 계기로 지적재산권 분야는 독자적인 국제화의 길을 걷게 된다. 양 동맹의 소재지는 베른에 두고 있었지만 관리업무는 스위스연방정부의 감독 아래에 있었다. 스위스연방정부는 관리업무의 효율화를 위하여 1892년 11월 11일 두 동맹에 각각 설치되어 있던 사무국을 하나로 통합한 「지적재산권보호국제합동사무국(Bureax Internationaux Réunis pour la Protection de la Propriété Intellectuelle : BIRPI)」을 설치하게 된다. 그 후 1962년부터는 각 동맹과 BIRPI를 보다 현대적 정부간 기구의 체제에 적합하도록 하기 위한 작업이 이루어졌고, 1967년 스톡홀름에서 파리협약과 베른협약 등의 개정 때 범세계적인 지적재산권보호촉진을 목적으로 한 국제기구설립협약을 체결하기로 합의하였으며, 이를 이행하기 위한 세계지적재산권기구(WIPO)가 설립되었다. WIPO설립조약은 1967년 7월 14일 서명되어 1970년 4월 26일 발효되었다. WIPO는 UN과의 협정에 의하여 1974년 12월 17일부터 UN의 전문기관이 되었다.

Ⅱ. 주요내용

WIPO는 기본문서 및 WIPO가 관리할 조약과 협정에 따른 창작적·지적 활동을 촉진하고 경제적·사회적·문화적 발전을 추진하기 위하여 산업재산권에 대한 기술이전을 용이하게 할 조치를 취할 책임을 진다. 또한 특허, 상표 등 산업재산권에 대해서는 "산업재산권보호에 관한 파리협약", 일반저작물에 대해서는 "문예저작물의 보호에 관한 베른협약", 저작인접권에 대해서는 "실연자, 음반제작자 및 방송기관의 보호에 관한 로마협약" 등 WIPO의 주관아래 각종 협약을 통하여 지적재산권을 주체적으로 보호한다. 그러나 각종 협약의 다수 존재에도 불구하고 이행을 강제할 수단이 없었고 WIPO 회원국이라고 해도 WIPO가 관장하는 모든 조약에 의무적으로 가입해야 하는 것은 아니었으므로, 파리협약이나 베른협약은 모든 체약국의 동의를 원칙으로 하다보니 그 보호수준을 높이기 위한 조약의 개정 등의 어려운 문제 때문에 가입국의 수가 그리 많지 않았다.

1. 범위

동 조약 제2조 Ⅷ에서 지적재산권의 정의(定義)를 보면, "(a) 문예·미술 및 학술에 관한 저작물, (b) 실연가의 실연·레코드 및 방송, (c) 인간활동의 모든 분야에서의 발명, (d) 과학적 발견, (e) 의장, (f) 상표·서비스마크 및 상호와 기타 상업상 표시, 부정경쟁에 대한 보호에 관한 권리 및 산업·학술·문예 또는 미술분야에서의 지적활동상 발생하는 기타 모든 권리를 총칭한다."라고 규정하고 있다. 이 조약에서 알 수 있듯이 관장범위가 산업재산권을 넘어 지적재산권까지도 아우르고 있을 뿐만 아니라 노하우 기타 영업비밀, 나아가 컴퓨터 프로그램까지도 그 범위가 확대되고 있다.

2. 주요활동

(1) 세계특허법 통일화운동

종래 WIPO를 주축으로 한 특허제도의 국제적 규율에 관한 논의는 파리조약의 속지주의원칙에 따라 특허보호는 각국의 기술수준이나 경제사정에 따라 독자적으로 국내법에 위임하는 형식을 취하여 왔다. 그러나 1980년대에 들어서면서 국제교역환경의 변화에 따라 세계교역의 확대 및 기업활동의 다국적화가 가속화되고 특허 등 지적재산권의 비중이 날로 커져감과 동시에 지적재산권관련 분쟁이 빈발하였으나 각국의 상이한 법제로 인해 그 효율적인 보호에 한계가 있었다. 이에 따라 선진국들은 특허제도의 실체적인 면까지 통일화시킨 보편적인 국제규범인 특허법통일화조약안을 만들게 되었다. 이 안은 선출원주의, 출원공개제도 등 절차적인 측면뿐만 아니라 특허보호의 범위, 보호기간, 보호대상, 선사용권, 권리자의 의무규정 등 실체적인 규정도 포함하고 있다. 이를 아래의 [표]로 상세하게 살펴보면 다음과 같다.

항 목	주 요 내 용
상세한 설명	발명의 상세한 설명에는 발명의 명칭, 관련기술분야, 배경기술, 종래기술의 문제점 및 해결책, 도면의 간단한 설명, 실시예, 이용방법의 기재. (A안): 상기 순서에 따라 기재하되 관련기술분야, 배경기술, 도면의 간단한 설명은 생략가능. (B안): 예외를 인정하지 않고 전부기재.
우선권주장기간의 연장	선출원일로부터 12월경과 후 2월내에 출원한 경우 불가피한 사유가 있으면 우선권인정.
선출원번호 인용에 의한 기재대체	출원시 발명의 상세한 설명·청구범위 미제출시 선출원번호를 인용한 대체기재는 허용. (A안): 강행규정으로 함. (B안): 임의 규정으로 함.
출원서 작성언어	발명의 상세한 설명·청구범위는 출원시 공식언어로 작성하지 않아도 무방. 다만 규정기간내 번역문은 제출해야 함.
선출원주의	동일한 발명에 대하여는 최선출원인에게 특허권부여.
신규성의제기간	발명자 또는 제3자에 의해 출원일로부터 12월내에 공개된 경우, 특허성판단에 영향을 미치지 않음.
특허출원의 선행기술효력	선출원의 전체내용을 발명의 진보성판단을 위한 선행기술로 간주가능.
서치(Search)와 실체심사 시한	출원일로부터 3년 내에 실체심사에 착수해야 함.

(2) 저작권 국제모델법 제정추진

저작권보호를 위한 베른협약의 개정으로 복제기술과 저작물의 이용은 날로 발전한 반면, 저작권은 매우 위태로워졌다. 이에 대한 여러 차례 개정논의가 있었으나 베른협약을 과학기술과 발맞추어 매번 개정하는 것은 번거롭고 불가능하므로 개정하지 않되, 협약이 허용하는 범위 내에서 현실 여건에 가장 잘 대응할 수 있는 국제적 저작권모델법을 제정하고 각국은 국내저작권법의 제정·개정시 이 모델법을 기준삼아 저작권법의 국제적 통일화를 도모하자는 것이었다.

이 결정에 따라 WIPO는 이 모델법 초안을 각국에 배포하였는데 그 내용을 보면, 베른협약이 요구하는 최소한의 보호기준과 과학기술의 발달에 대응하여 개별국가가 이미 채택하고 있거나 문제를 제기하고 있는 분야에 도움을 줄 수 있는 대안 등 최소한의 필수사항만을 규정하였다. 그리고 대륙법계와 영미법계의 상이한 점과 선진국과 개발도상국의 보호수준 등의 차이점을 감안한 선택안을 제시하고 있다. 이 모델법의 주요내용을 보면, 첫째, 저작권보호강화를 위하여 음반, 비디오, 도서, 비디오, 컴퓨터프로그램, 데이터베이스 등의 대여권을 보호하도록 하였고, 아울러 추급권도 의무적으로 보호토록 하였다. 둘째, 부과금제도를 인정하여 개인적 목적으로 시청각저작물의 녹화, 음반의 녹음, 출판저작물의 복사 등의 경우에는 일정보상금을 저작자에게 지불하되 이 경우 보상금을 실제 지불하는 자는 직접 사용자가 아닌 녹음기, 녹화기, 복사기와 공테이프 등을 제작한 회사나 수입자로 한정하였다. 셋째, 저작권집중관리제도를 신설하였다. 넷째, 저작권보호를 위하여 DAT(Digital Audio Tape)에 대한 저작권을 보호하였고 신용카드사용의 의무화, TV부정암호해독기의 방지규정을 두었다. 다섯째, 첨단저작용어인 '인공위성방송'과 '컴퓨터제작저작물'의 개념을 정의하였다.

(3) 개발도상국에 대한 개발협력

WIPO는 개발도상국의 산업재산권 및 특허정보분야에 대한 개발협력에 초점을 맞추어 전문가양성, 국내 법제 또는 정부기관의 창설 또는 근대화, 발명활동촉진 및 기술이전촉진, 실무자단체 창설, 특허정보를 포함한 기술정보이용 등의 업무에 노력하고 있다.

(4) 산업재산권에 관한 정보수집 및 공표

산업재산권보호에 관한 문제의 하나로서 기술이나 경제개발 혹은 각국법 제의 조화 측면 외에도 공동발명활동, 컴퓨터소프트웨어, 집적회로(IC), 바이오테크놀로지, 신규성의제, 소비자보호, 부정상품규제 등에 관한 정보를 수집하여 간행물을 공표함으로써 관련산업의 발전을 꾀하는데 기여하도록 하고 있다.

(5) 위조상품방지대책

1986년 5월 위조상품에 관한 WIPO전문가위원회를 구성하여 체약국의 위조상품방지를 효과적으로 규제하기 위한 활동을 하고 있다.

(6) 조약의 개정

WIPO의 모든 조약은 시대의 상황변화 및 필요에 부응하도록 관련 개정의 필요성을 검토하는 한편, 하위규범에 대한 개정필요성이 발생하면 적정한 절차를 거쳐 개정여부를 국가간 협의체에서 다루도록 하고 있다.

제4절 WTO/TRIPs

Ⅰ. 서언: GATT에서의 논의배경

1995년 1월 1일 세계무역기구인 WTO(World Trade Organization)가 본격적으로 출범하였고, 우리나라는 우여곡절 끝에 1994년 12월 30일 WTO설립협정의 국회통과를 계기로 창설회원국이 되었다. WTO체제의 출범은 국제사회의 무역자유화가 실현됨과 동시에 그 위반여부를 감시하는 강력한 국제기구가 탄생하였다는 점에서 그 역사적 의미를 부여할 수 있다. 그런데 이 WTO 등장의 또 다른 면인, 즉 지적재산권분야는 오히려 보호주의를 강화하는 쪽으로 나아가고 있다. 특히 지적재산권 보호의 문제를 GATT에서 다루어야 한다는 논의는 1970년대 말 위조상품에 대한 선진국의 강력한 교역 규제에서 비롯되었다. 물론 당시 그 대상이 상품이었지만 지적재산권도 상품의 경우와 마찬가지로 지적재산권의 국제적 보호를 위한 합일 안에 대하여 기술선진국의 불만고조 또는 개발도상국의 나름의 반대이유가 첨예하게 대립하고 있었다. 즉 기술선진국에 의하면 "GATT에서의 양허"가 지적재산권보호를 위한 개발도상국들의 양허에 대응되는 것이며, GATT체결 이래로 기술후진국들의 상응한 양허없이 일방적으로 양허를 해왔기 때문에 기술후진국들이 이제 와서 GATT의 호혜의 원칙(reciprocity)을 거론하는 것은 부당하다고 주장하였다. 반면 기술후진국은 불가피하게 지적재산권에 관한 기술선진국의 양허(concession)를 수용할 수밖에 없게 될 것이고, 이러한 일방적인 지적재산권보호를 강화하는 어떠한 협약도 자신들에게는 불리할 수밖에 없다고 항변한다. 이러한 입장의 대립 때문에 합일점을 찾는다는 것은 매우 어려운 일이다.

그러나 지적재산권은 인류의 공동재산임을 근거로 TRIPs가 중심이 되어 기술선진국과의 치밀한 전략을 세워 최종협상안을 만들어 기술후진국에게 제안함으로써 타결을 하게 되었다.

즉, 기술선진국들은 상품에 대한 시장접근과 지적재산권보호를 연계하게 하여 기술후진국들이 지적재산권분야만을 떼어서 협상하지 못하도록 하게 하였고, 기술선진국의 상품시장에 대한 시장접근이 지적재산권에 대한 이해관계보다 훨씬 더 중요하기 때문에 결국 상품시장에의 접근을 택할 수밖에 없도록 한 것이었다.

Ⅱ. 기본원칙

1. 최소보호수준의 원칙

TRIPs협정은 협상 때 소위 "국제협정 플러스방식"을 채택하고 있다(본 협정 제2조). 즉 국제협정을 최저 보호수준으로 하여 그 이상의 보호를 해주도록 하자는 것이다. 따라서 체약국은 TRIPs협정에 위배되지 않는 범위 내에서 국내법으로 더욱 강화된 보호를 실시할 수 있다. 이것은 체약국의 재량사항이다. 체약국은 자신들의 고유한 법제도나 관행을 토대로 본 협정의 모든 규정을 이행하는 적절한 방법을 자유롭게 결정할 수 있다.8) 본 협정 제1조에 의하면 "회원국은 이 협정의 규정에 위배되지 아니하는 경우 자국의 법을 통하여 이 협정에 의해서 요구되는 것보다 더 광범위한 보호를 실시할 수 있으나, 그렇게 할 의무를 지는 것은 아니다."라고 규정하여 최소보호수준의 원칙을 두고 있다.

2. 내국민대우의 원칙

TRIPs협정은 내국민대우의 원칙을 명시하고 있다(동 협약 제3조 제1항). 이에 따라 체약국은 저작권보호에 관하여 자국민에 대하여 부여하는 것과 동일한 대우(no less favorable treatment)를 타 체약국의 국민에게 보장하여야 한다. TRIPs협정의 내국민대우의 원칙의 내용은 베른협약의 원칙과 같다.9)

다만 이 원칙의 예외로서 사법 또는 행정절차에 관하여는 예외가 인정된다. 예컨대 송달 시 주소지정 또는 대리인선임 등에 관하여 외국인에 대한 특칙을 둘 수 있다.

3. 최혜국대우의 원칙

TRIPs협정 제4조에서는 최혜국대우의 원칙을 규정하고 있다. 이 원칙은 처음 도입된 것으로, 지금까지 도입되지 않은 이유는 지적재산권 보호체제가 속지주의를 채택하고 있었고, 무엇보다 지적재산권은 무역의 대상으로 인식하지 않고 있었기 때문이다. 그러나 이제 교역상품에 체화된 지적재산권이 상품의 국제경쟁력을 결정하는 중요 요인이 되고, 무역의 대상이 되기 시작하였다. 이 원칙은 지적재산권보호와 관련하여 한 체약국이 다른 체약국의 국민에게 부여되는 모든 이익, 혜택, 특전, 면제혜택은 즉시 그리고 무조건적으로 다른

---

8) 정진섭·황희철, 앞의 책, 188면에서 인용.

9) 파리협약 제2조의 내국민대우 원칙규정에서는 "same treatment"로 규정하고 있음에 반하여, 본 조에서는 "treatment no less favorable than"라는 표현을 사용하고 있다. 따라서 이는 자국민에 대한 보호보다 상위수준의 보호를 해 줄 수 있음을 의미한다.

모든 체약국의 국민에게 부여되어야 한다. 여기서의 특혜조치는 회원국 간의 쌍무 혹은 다자간 협정에서 발생하는 모든 특혜를 포함한다.

　　다만 최혜국대우의 원칙이 면제되는 경우는 다음과 같다. ⅰ) 지적재산권의 보호에 한정되지 않고 일반적인 사법(司法)공조 또는 집행(執行)공조에 관한 국제협약으로부터 파생되는 대우 ⅱ) 로마협약 또는 베른협약의 내국민대우조항에 의해 부여되는 대우가 아니라 동 협약에 의하여 타국에서 부여되는 대우 ⅲ) 실연자, 음반제작자, 방송사업자에 대한 권리로 TRIPs협정에서 규정한 이외의 권리에 관한 대우 ⅳ) WTO설립협정 시행 전에 발효된 지적재산권보호관련 국제협약으로부터 발생한 대우 등이다. 이 경우에는 TRIPs위원회에 통보하여야 하며 타 체약국의 국민에 대한 자의적이거나 부당한 차별대우이어서는 아니 된다. ⅴ) 최혜국대우의 원칙은 WIPO주관아래 체결되는 지적재산권의 획득과 유지에 관한 다자간협정에서 규정한 절차에는 적용되지 아니한다.

4. 투명성의 원칙

　　투명성의 원칙은 GATT 1947 및 UR체제의 기본원칙이다. 이 원칙은 모든 체약국의 법집행절차가 기본적으로 투명하여야 한다는 것이다. 법집행이 투명해야만 협정의 집행을 감시할 수 있고, 실효성을 거둘 수 있다. 투명성의 목표는 모든 법집행절차의 예측가능성을 높이는데 있다. 따라서 공개성, 명료성, 공정성이 보장되어야 하며, 나아가 검증가능성이 확보되어야 한다. 다만 투명성 원칙의 적용에는 다음과 같은 예외가 있다. 공개성은 공개가 법시행을 방해하거나, 공익에 반하거나 특정 공·사기업의 정당한 상업적 이익에 손상을 줄 비밀정보인 경우에는 정보의 공개를 거부할 수 있다.

사 항 색 인

저자 소개

경기대학교 법학과, 동 대학원 졸업(법학박사)
Harvard Law School, California State University East Bay Visiting scholar
변리사시험 위원
(사)한국공법학회 부회장 역임
(사)한국헌법학회 부회장 역임
(사)한국산업재산권법학회 감사 역임
경기대학교 학생지원처장, 인재개발원장, 사회봉사단장, 보건진료소장, 경상대학장,
  지식정보서비스대학장, 등록금심의위원장, 총장선출선거관리위원 등 역임
수원시 정책자문위원회 행정분과위원장 역임
현재 경기대학교 지식재산학과 명예교수
      수원지방법원 민사조정위원
      한국발명진흥회 중앙운영위원회 위원

주요 저서 및 논문

기술과 특허(저), 한국지적재산권법학연구소(2000)
신기술과 특허(저), 도서출판 삼선(2000)
상표법(공저), 도서출판 삼선(2002)
주관식 상표법, 도서출판 삼선(2002)
객관식 상표법 예해, 도서출판 삼선(2001) 외 다수
북한의 발명권과 특허권 고찰
발명·특허 특성화 고교생의 대학진학 방안
특허심결취소소송에 있어서의 당사자의 역할
대학교수연구성과물의 특허권에 관한 법적 고찰
대학교원의 직무발명
적법성확보를 위한 특허심판제도의 적절성 여부
특허침해소송에 관한 연구
특허소송제도에 관한 연구
우리나라에서의 지적재산권 남용에 대한 독점규제법의 적용 외 다수

제2판
지적재산권법 개론

초판발행	2016년 6월 25일
제2판발행	2019년 8월 30일

지은이	홍봉규
펴낸이	안종만 · 안상준

편 집	한두희
기획/마케팅	정연환
표지디자인	조아라
제 작	우인도 · 고철민

펴낸곳	(주) 박영사
	서울특별시 종로구 새문안로3길 36, 1601
	등록 1959. 3. 11. 제300-1959-1호(倫)
전 화	02)733-6771
f a x	02)736-4818
e-mail	pys@pybook.co.kr
homepage	www.pybook.co.kr
ISBN	979-11-303-3481-3 93360

정 가   22,000원